普通高等教育交通工程系列教材

交通运输设备

主　编　赵鲁华

北京理工大学出版社
BEIJING INSTITUTE OF TECHNOLOGY PRESS

内 容 简 介

为适应交通运输业的快速发展，满足交通运输专业人才培养需求，本书结合国内外交通运输的发展和需求，紧密结合相关行业发展的状况，完整地介绍了各运输方式的设施设备及相关技术。本书以培养交通运输设备管理与使用实践型专业人才为目标，对交通运输设备从基本类型、基本构造、发展趋势等多方面进行介绍。全书共分为 8 章，内容包括绪论、铁路运输设备、道路运输设备、水路运输设备、航空运输设备、管道运输设备、特种形式的运输设备及智能运输设备。

版权专有　侵权必究

图书在版编目(CIP)数据

交通运输设备 / 赵鲁华主编. －－北京：北京理工大学出版社，2022.7(2022.8 重印)
ISBN 978-7-5763-1445-8

Ⅰ.①交…　Ⅱ.①赵…　Ⅲ.①交通运输工具　Ⅳ.①U

中国版本图书馆 CIP 数据核字(2022)第 114808 号

出版发行 / 北京理工大学出版社有限责任公司
社　　　址 / 北京市海淀区中关村南大街 5 号
邮　　　编 / 100081
电　　　话 / (010)68914775(总编室)
　　　　　　(010)82562903(教材售后服务热线)
　　　　　　(010)68944723(其他图书服务热线)
网　　　址 / http://www.bitpress.com.cn
经　　　销 / 全国各地新华书店
印　　　刷 / 唐山富达印务有限公司
开　　　本 / 787 毫米×1092 毫米　1/16
印　　　张 / 21
彩　　　插 / 4
字　　　数 / 499 千字
版　　　次 / 2022 年 7 月第 1 版　2022 年 8 月第 2 次印刷
定　　　价 / 54.00 元

责任编辑 / 王玲玲
文案编辑 / 王玲玲
责任校对 / 刘亚男
责任印制 / 李志强

图书出现印装质量问题，请拨打售后服务热线，本社负责调换

前言

交通运输设备是各种交通运输正常运行的必需物质基础和技术条件。随着交通运输业的发展、科学技术的进步和社会需求的变化，各种运输方式的技术装备和组织工作不断更新，技术经济性能的应用也在不断变化。因此，交通运输设备教学内容需要不断更新和完善。

为适应交通运输业的快速发展，满足交通运输专业人才培养需求，本书结合国内外交通运输的发展和需求，紧密结合相关行业发展的状况，完整地介绍了各运输方式的设施设备及相关技术。

全书共分为8章：绪论、铁路运输设备、道路运输设备、水路运输设备、航空运输设备、管道运输设备、特种形式的运输设备及智能运输设备。编写时力求文字简明扼要、内容通俗易懂、图文并茂、结合实际并具有一定的实用价值。本书的主要特色如下：

1. 基于案例，融入思政，知识拓展

每一章的开始有引入案例，每一节后面至少有一个相关案例。通过案例，一是在巩固知识的基础上进行相关知识的拓展、拓深，激发并锻炼学生的创新思维能力，培养前沿知识把握能力，提升交叉学科学习意识、交通法律法规素养；二是挖掘案例中的思政元素，并融入思考与探究任务中，激发学生情感共鸣，了解并思考交通强国战略、中国工匠精神、高铁精神、两路精神、中国力量等思政元素。引导学生建立交通行业信念、交通伦理意识、安全责任心，具备正确的国家发展观、社会观、世界观。

2. 思维导图总结知识点，混合式教学模式引导

每章后面设计了知识点总结思维导图，并点出线上教学资源内容。一是更有利于学生对知识点的把握，二是有利于引导学生进行线上与线下相结合的自主学习模式。

3. 主线清晰，结构合理，系统性强

本书用8个章节对5种运输方式及特种形式运输、智能运输相关的运输设备进行详细介绍。相比目前已有的教材，本书结合我国交通运输发展情况，在航空运输设备中增加了航天运输设备，管道运输设备增加了海洋管道运输设备，智能运输设备中增加了智慧运输、交通新基建等内容，不仅增强了学科的完整性和系统性，而且有利于读者系统学习和查阅。

4. 定位明确，前瞻性强

本书以培养交通运输设备管理与使用实践型专业人才为目标，对交通运输设备从基本类型、基本构造、发展趋势等多方面进行介绍，反映当下交通运输设备的先进性，对各类设备的最新发展趋势进行阐述，增加知识内容的前瞻性。

在资料收集、调研和编写过程中，研究生丁浩楠、孙君静、仇元野、徐小倩、亓建锋

付出了大量的劳动，在此表示感谢。

　　书中参阅了大量国内外著作、教材、学术论文和有关文献，在此谨向这些文献的作者表示深深的谢意。

　　由于交通运输业处于快速发展期，技术设备日新月异，同时，交通运输设备种类繁多，资料收集很难做到齐全和最新，再加上编者水平有限，编写时间仓促，书中技术资料和数据会存在不足之处，在此敬请大家见谅，也恳请大家多提宝贵意见并批评指正。

编　者

目 录

第1章　绪论 ……………………………………………………………………… (1)
　　引入案例　交通强国战略 ……………………………………………………… (1)
　　1.1　交通运输设备种类、特征、作用 ………………………………………… (3)
　　　　1.1.1　交通运输设备种类 ………………………………………………… (3)
　　　　1.1.2　交通运输设备特征 ………………………………………………… (4)
　　　　1.1.3　交通运输设备的作用 ……………………………………………… (5)
　　　　思考与探究——信念与责任 …………………………………………… (6)
　　1.2　交通运输设备发展 ………………………………………………………… (7)
　　　　1.2.1　交通运输设备的发展历程及现状 ………………………………… (7)
　　　　1.2.2　交通运输设备发展趋势 …………………………………………… (11)
　　　　思考与探究——社会观 ………………………………………………… (13)
　　1.3　综合交通运输 ……………………………………………………………… (13)
　　　　1.3.1　综合交通运输概述 ………………………………………………… (13)
　　　　1.3.2　综合交通运输规划下运输设备的发展 …………………………… (13)
　　　　思考与探究——交通系统思维 ………………………………………… (16)
　　案例分析　烟台到大连跨海悬浮隧道真空列车 …………………………… (16)
　　本章知识总结 …………………………………………………………………… (17)

第2章　铁路运输设备 …………………………………………………………… (18)
　　引入案例　中欧班列 …………………………………………………………… (18)
　　2.1　铁路线路 …………………………………………………………………… (20)
　　　　2.1.1　铁路线路组成及等级 ……………………………………………… (20)
　　　　2.1.2　铁路线路平面和纵断面 …………………………………………… (21)
　　　　2.1.3　路基和桥隧建筑物 ………………………………………………… (26)
　　　　2.1.4　轨道 ………………………………………………………………… (32)
　　　　2.1.5　高速铁路 …………………………………………………………… (40)
　　　　案例一　青藏铁路 ……………………………………………………… (42)
　　　　思考与探究——高铁精神 ……………………………………………… (43)
　　2.2　铁路车站 …………………………………………………………………… (44)
　　　　2.2.1　铁路车站定义与分类 ……………………………………………… (44)
　　　　2.2.2　铁路车站线路种类与线间距 ……………………………………… (46)
　　　　案例二　北京铁路枢纽站 ……………………………………………… (46)

思考与探究——以人为本 …………………………………………………… (48)
　2.3　铁路车辆 ……………………………………………………………………… (48)
　　2.3.1　铁路车辆种类及发展趋势 …………………………………………… (48)
　　2.3.2　车辆基本构造 ………………………………………………………… (52)
　　2.3.3　车辆标记、技术参数 ………………………………………………… (61)
　　案例三　高速综合检测列车 ………………………………………………… (64)
　　思考与探究——安全责任 …………………………………………………… (65)
　2.4　铁路机车 ……………………………………………………………………… (65)
　　2.4.1　铁路机车概述 ………………………………………………………… (65)
　　2.4.2　内燃机车 ……………………………………………………………… (67)
　　2.4.3　电力机车 ……………………………………………………………… (69)
　　案例四　大功率电力机车"神24" …………………………………………… (73)
　　思考与探究——多拉快跑 …………………………………………………… (74)
　2.5　高速列车 ……………………………………………………………………… (75)
　　2.5.1　高速列车概述 ………………………………………………………… (75)
　　2.5.2　动车组 ………………………………………………………………… (76)
　　2.5.3　摆式车体列车 ………………………………………………………… (81)
　　2.5.4　磁悬浮列车 …………………………………………………………… (83)
　　案例五　CHR3动车组 ……………………………………………………… (86)
　　思考与探究——和谐与复兴 ………………………………………………… (88)
　2.6　铁路信号与通信设备 ………………………………………………………… (88)
　　2.6.1　铁路信号设备 ………………………………………………………… (88)
　　2.6.2　联锁设备 ……………………………………………………………… (90)
　　2.6.3　闭塞设备 ……………………………………………………………… (92)
　　2.6.4　行车调度及列车运行控制系统 ……………………………………… (94)
　　2.6.5　通信设备 ……………………………………………………………… (95)
　　2.6.6　高速铁路信号设备的发展 …………………………………………… (97)
　　案例六　铁路交通事故 ……………………………………………………… (97)
　　思考与探究——安全与责任 ………………………………………………… (99)
　2.7　城市轨道运输设备 …………………………………………………………… (99)
　　2.7.1　城市轨道交通的发展、分类及特点 ………………………………… (99)
　　2.7.2　城市轨道交通设备构成 ……………………………………………… (102)
　　案例七　轨道交通车辆智能运维系统 ……………………………………… (108)
　　思考与探究——交通协同 …………………………………………………… (111)
　本章知识总结 ……………………………………………………………………… (111)
第3章　道路运输设备 ……………………………………………………………… (112)
　引入案例　车路协同的智慧高速 ………………………………………………… (112)
　3.1　公路线路 ……………………………………………………………………… (114)
　　3.1.1　公路线路设计依据及公路等级 ……………………………………… (114)
　　3.1.2　公路线路的平面、纵断面、横断面 ………………………………… (116)

3.1.3　公路的构成 …………………………………………………………… (123)
　　3.1.4　公路站场 …………………………………………………………… (125)
　　3.1.5　公路交叉 …………………………………………………………… (126)
　　3.1.6　新型公路设施 ……………………………………………………… (131)
　　案例一　青藏公路、川藏公路 …………………………………………… (133)
　　思考与探究——两路精神 ………………………………………………… (135)
3.2　高速公路 ……………………………………………………………………… (135)
　　3.2.1　高速公路的定义及特点 …………………………………………… (135)
　　3.2.2　高速公路沿线设施 ………………………………………………… (136)
　　3.2.3　高速公路养护设施 ………………………………………………… (139)
　　案例二　港珠澳大桥 ……………………………………………………… (140)
　　思考与探究——中国工匠精神 …………………………………………… (141)
3.3　城市道路运输设备 …………………………………………………………… (142)
　　3.3.1　城市道路 …………………………………………………………… (142)
　　3.3.2　城市道路辅助设施 ………………………………………………… (144)
　　3.3.3　城市路网布局 ……………………………………………………… (147)
　　3.3.4　城市道路设施发展 ………………………………………………… (149)
　　案例三　城市智慧交通设施——智慧路灯 ……………………………… (150)
　　案例四　浙江绍兴首条城市智慧快速路 ………………………………… (152)
　　思考与探究——交通伦理 ………………………………………………… (154)
3.4　汽车 …………………………………………………………………………… (154)
　　3.4.1　汽车的类型 ………………………………………………………… (154)
　　3.4.2　汽车的基本结构 …………………………………………………… (159)
　　3.4.3　汽车行驶基本原理 ………………………………………………… (164)
　　3.4.4　汽车技术发展趋势 ………………………………………………… (166)
　　案例五　中国汽车自主发展史 …………………………………………… (168)
　　思考与探究——融合与创新 ……………………………………………… (169)
　本章知识总结 …………………………………………………………………… (170)

第4章　水路运输设备 ………………………………………………………… (171)
引入案例　全自动化码头 …………………………………………………………… (171)
4.1　航道与港口 …………………………………………………………………… (174)
　　4.1.1　航道 ………………………………………………………………… (174)
　　4.1.2　港口 ………………………………………………………………… (176)
　　案例一　内河船舶智慧航道 ……………………………………………… (181)
　　思考与探究——海运强国 ………………………………………………… (183)
4.2　船舶 …………………………………………………………………………… (183)
　　4.2.1　船舶种类及特点 …………………………………………………… (183)
　　4.2.2　船舶组成与基本构造 ……………………………………………… (188)
　　4.2.3　船舶的动力装置 …………………………………………………… (189)
　　4.2.4　船舶设备 …………………………………………………………… (190)

4.2.5　船舶主要技术指标 …………………………………………………（192）
　　4.2.6　高性能船舶 ……………………………………………………………（195）
　案例二　"大智"号智慧船舶 ……………………………………………………（197）
　思考与探究——大国工匠精神 …………………………………………………（198）
4.3　航标 …………………………………………………………………………（198）
　　4.3.1　航标功能、种类 ………………………………………………………（198）
　　4.3.2　航标自动化发展趋势 …………………………………………………（201）
　　4.3.3　水运通信导航系统 ……………………………………………………（202）
　案例三　北斗智慧航标系统构建 ………………………………………………（204）
　思考与探究——志与恒 …………………………………………………………（206）
　本章知识总结 ……………………………………………………………………（207）

第5章　航空运输设备 …………………………………………………………（208）
　引入案例　航空运输设备的发展历程 …………………………………………（208）
5.1　机场 …………………………………………………………………………（210）
　　5.1.1　机场的功能 ……………………………………………………………（210）
　　5.1.2　机场的类别和等级 ……………………………………………………（210）
　　5.1.3　机场构成 ………………………………………………………………（212）
　案例一　北京大兴机场 …………………………………………………………（213）
　思考与探究——卓越工匠精神 …………………………………………………（215）
5.2　飞机 …………………………………………………………………………（215）
　　5.2.1　飞机的分类 ……………………………………………………………（215）
　　5.2.2　飞机的基本构造和飞行原理 …………………………………………（218）
　　5.2.3　飞机的性能技术指标 …………………………………………………（223）
　案例二　中国大飞机三剑客 ……………………………………………………（225）
　思考与探究——中国工匠精神 …………………………………………………（228）
5.3　通信与导航 …………………………………………………………………（228）
　　5.3.1　通信设备 ………………………………………………………………（228）
　　5.3.2　导航设备 ………………………………………………………………（231）
　　5.3.3　监视设备 ………………………………………………………………（233）
　案例三　一种基于北斗的无人机数据通信系统架构 …………………………（236）
　思考与探究——居安思危 ………………………………………………………（238）
5.4　航天运载设备 ………………………………………………………………（238）
　　5.4.1　航天运输概述 …………………………………………………………（238）
　　5.4.2　航天运载设备 …………………………………………………………（238）
　　5.4.3　航天运载设备发展 ……………………………………………………（241）
　案例四　中国航天的发展历程 …………………………………………………（242）
　思考与探究——中国航天梦 ……………………………………………………（244）
　本章知识总结 ……………………………………………………………………（244）

第6章　管道运输设备 …………………………………………………………（245）
　引入案例　"西气东输"管道工程 ………………………………………………（245）

6.1 输油管道及其主要设备 ……………………………………………………………… (246)
6.1.1 输油管道的分类 ………………………………………………………………… (246)
6.1.2 长距离输油管道构成 …………………………………………………………… (247)
6.1.3 输油站的主要设备 ……………………………………………………………… (249)
案例一 中俄原油管道 ……………………………………………………………………… (253)
思考与探究——国家能源战略 …………………………………………………………… (254)
6.2 输气管道及其主要设备 ……………………………………………………………… (255)
6.2.1 输气管道构成 …………………………………………………………………… (255)
6.2.2 输气管道主要设备 ……………………………………………………………… (255)
6.2.3 油气管道发展趋势 ……………………………………………………………… (258)
案例二 天然气地下储气库 ………………………………………………………………… (259)
思考与探究——服务民生 ………………………………………………………………… (260)
6.3 固体物料浆体管道设备 ……………………………………………………………… (260)
6.3.1 管道构成及分类 ………………………………………………………………… (260)
6.3.2 料浆管道设备 …………………………………………………………………… (261)
6.3.3 固体料浆管道输送工艺特点 …………………………………………………… (262)
案例三 神渭输煤管道 ……………………………………………………………………… (264)
思考与探究——创新思维 ………………………………………………………………… (266)
6.4 海洋油气输送管道设备 ……………………………………………………………… (266)
6.4.1 海洋油气输送管道设备构成 …………………………………………………… (266)
6.4.2 海底管道技术问题分析 ………………………………………………………… (269)
案例四 中国海洋油气输送管道的发展 ………………………………………………… (270)
思考与探究——探索与实践 ……………………………………………………………… (272)
6.5 管道运输装备的维护与管理 ………………………………………………………… (272)
6.5.1 输油管道防腐措施与检漏方法 ………………………………………………… (272)
6.5.2 输气管道安全管理与维护 ……………………………………………………… (274)
6.5.3 管道安全生产管理 ……………………………………………………………… (275)
案例五 管道事故 …………………………………………………………………………… (277)
思考与探究——安全与责任 ……………………………………………………………… (278)
本章知识总结 ………………………………………………………………………………… (278)

第7章 特种形式的运输设备 ……………………………………………………………… (280)
引入案例 "超级仆人1号"船舶运输纳科卡科研生产平台 ……………………………… (280)
7.1 大件货物运输设备 …………………………………………………………………… (282)
7.1.1 大件货物运输设备种类 ………………………………………………………… (282)
7.1.2 大件货物运输的特点 …………………………………………………………… (287)
7.1.3 大件货物运输的发展 …………………………………………………………… (287)
案例一 轨道车辆的运送 …………………………………………………………………… (288)
案例二 基于数字孪生的重大件运输智能系固 ………………………………………… (289)
案例三 铁路运输反应炉需要考虑的因素 ……………………………………………… (291)
思考与探究——系统思维 ………………………………………………………………… (292)

7.2 危险货物运输设备 …………………………………………………（292）
　7.2.1 危险货物运输设备种类 ……………………………………（292）
　7.2.2 危险货物运输的特点 ………………………………………（294）
　7.2.3 危险货物运输的发展 ………………………………………（295）
　案例四 危险品运输事故 …………………………………………（296）
　思考与探究——法律法规素养 ……………………………………（297）
7.3 鲜活货物运输设备 …………………………………………………（297）
　7.3.1 鲜活货物运输设备种类 ……………………………………（297）
　7.3.2 鲜活货物运输的特点 ………………………………………（299）
　7.3.3 鲜活货物运输的发展 ………………………………………（299）
　案例五 光明领鲜冷链物流 ………………………………………（300）
　思考与探究——创新思维 …………………………………………（302）
本章知识总结 ……………………………………………………………（302）

第8章 智能运输设备 …………………………………………………（303）

引入案例 深圳市大数据及智慧赋能交通新生态案例 ………………（303）
8.1 智能交通运输 ………………………………………………………（305）
　8.1.1 智能交通运输系统 …………………………………………（305）
　8.1.2 智慧交通运输 ………………………………………………（307）
　案例一 北京智慧交通系统建设 …………………………………（307）
　案例二 智轨列车 …………………………………………………（309）
　案例三 小鹏自动驾驶汽车 ………………………………………（310）
　思考与探究——交叉学科 …………………………………………（311）
8.2 交通新基建 …………………………………………………………（311）
　8.2.1 交通新基建概述 ……………………………………………（311）
　8.2.2 新交通 ………………………………………………………（316）
　案例四 智慧基础设施 ……………………………………………（320）
　思考与探究——行业信念 …………………………………………（321）
本章知识总结 ……………………………………………………………（322）

参考文献 ………………………………………………………………（323）

第1章 绪 论

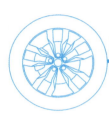

知识目标

掌握交通运输设备的种类、特征及作用。
熟悉交通运输设备发展历程及发展趋势。
理解交通强国发展策略,综合交通运输发展需求。

能力目标

能够描述交通运输设备的发展对社会、经济、国家发展方面的作用,建立行业信念。
能够整体把握未来交通运输设备的发展需求,培养主动创新性思维习惯。
能够分析交通运输设施的系统特性,具备系统思维能力。

 引入案例

交通强国战略

1. 交通强国战略概述

建设交通强国是党的十九大做出的重大战略决策。党的十八大以来,习近平总书记深刻把握新时代我国发展的阶段性特征,对交通事业发展作出一系列重要论述,提出了建设交通强国的时代课题。按照习近平总书记重要论述和党的十九大决策部署,2019年9月党中央、国务院印发了《交通强国建设纲要》。《交通强国建设纲要》中指出要推动交通发展由追求速度规模向更加注重质量效益转变,由各种交通方式相对独立发展向更加注重一体化融合发展转变,由依靠传统要素驱动向更加注重创新驱动转变,构建安全、便捷、高效、绿色、经济的现代化综合交通体系,打造一流设施、一流技术、一流管理、一流服务,建成人民满意、保障有力、世界前列的交通强国,为全面建成社会主义现代化强国、实现中华民族伟大复兴中国梦提供坚强支撑。

2. 交通强国战略目标

发展目标如图1-1所示。

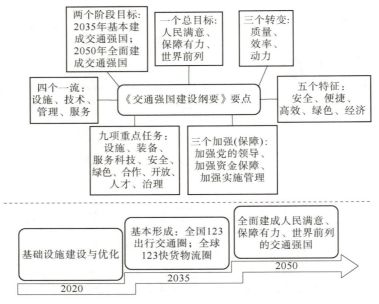

图1-1　《交通强国建设纲要》要点

到2020年，完成决胜全面建成小康社会交通建设任务和"十三五"现代综合交通运输体系发展规划各项任务，为交通强国建设奠定坚实基础。

到2035年，基本建成交通强国。现代化综合交通体系基本形成，人民满意度明显提高，支撑国家现代化建设能力显著增强；拥有发达的快速网、完善的干线网、广泛的基础网，城乡区域交通协调发展达到新高度；基本形成"全国123出行交通圈"（都市区1小时通勤、城市群2小时通达、全国主要城市3小时覆盖）和"全球123快货物流圈"（国内1天送达、周边国家2天送达、全球主要城市3天送达），旅客联程运输便捷顺畅，货物多式联运高效经济；智能、平安、绿色、共享交通发展水平明显提高，城市交通拥堵基本缓解，无障碍出行服务体系基本完善；交通科技创新体系基本建成，交通关键装备先进安全，人才队伍精良，市场环境优良；基本实现交通治理体系和治理能力现代化；交通国际竞争力和影响力显著提升。

到21世纪中叶，全面建成人民满意、保障有力、世界前列的交通强国。基础设施规模质量、技术装备、科技创新能力、智能化与绿色化水平位居世界前列，交通安全水平、治理能力、文明程度、国际竞争力及影响力达到国际先进水平，全面服务和保障社会主义现代化强国建设，人民享有美好交通服务。

《交通强国建设纲要》中指出，基础设施方面：建设现代化高质量综合立体交通网络，构建便捷顺畅的城市（群）交通网，形成广覆盖的农村交通基础设施网，构筑多层级、一体化的综合交通枢纽体系，实现交通基础设施布局完善、立体互连。交通装备方面：加强新型载运工具、特种装备研发，推进装备技术升级，实现交通装备先进适用、完备可控。运输服务方面：推进出行服务快速化、便捷化，打造绿色高效的现代物流系统，加速新业态新模式的发展，实现运输服务的便捷舒适、经济高效。科技创新方面：强化前沿关键科技研发，大力发展智慧交通，完善科技创新机制。交通安全方面：提升本质安全水平，完善交通安全生产体系，强化交通应急救援能力，使安全保障完善可靠、反应快速。交通绿色发展方面：促进资源节约集约利用，强化节能减排和污染防治，强化交通生态环境保护修复，实现低碳环保交通。开放合作方面：构建互连互通、面向全球的交通网络，加大对外开放力度，深化交通国际合作，实现互利共赢。交通人才方面：培育高水平交通科技人才，打造素质优良的交通劳动者大军，建设高素质专业化交通干部队伍。治理体系方面：深化行业改革，优化营商环境，扩大社会参与，培育交通文明，以不断完善治理体系，提升治理能力。纲要指出，通过加强党的领导，加强资金保障，加强实施管理，为交通强国战略的实施提供保障。

案例思考——国家观
1. 思考交通强国战略下各类交通运输设备的发展需求。
2. 从国家发展的角度思考交通强国战略的意义。

1.1 交通运输设备种类、特征、作用

1.1.1 交通运输设备种类

交通运输在人类社会生活中具有极为重要的地位，是国民经济活动和社会发展必不可少的重要组成部分。对保障国民经济持续健康发展、提高人民生活水平、促进国土开发和国防建设具有极其重要的作用。现代化交通运输主要包括铁路运输、道路运输、水路运输、航空运输和管道运输等方式。可以按照交通运输设备的技术经济特征及用途、运输方式、服务对象属性、动力发展阶段及环保属性进行分类，如图1-2所示。

技术经济特征及用途
➤ 固定设备或基础设施
➤ 移动设备或载运工具
➤ 通信控制设备
按服务对象属性划分
➤ 客运设备
➤ 货运设备
按设备的环保属性划分
➤ 环保型设备
➤ 普通型设备

按运输方式划分
➤ 铁路运输设备
➤ 道路运输设备
➤ 水路运输设备
➤ 航空运输设备
➤ 管道运输设备
按不同动力发展阶段划分
➤ 原始自然畜力设备
➤ 机械电气化设备
➤ 综合智能生态型设备

图1-2 交通运输设备分类

交通运输设备按照不同运输方式及应用领域划分，可以分为铁路运输设备、道路运输设备、水路运输设备、航空运输设备和管道运输设备。铁路运输设备包括铁路线路、车站、车辆、机车、信号与通信设备及铁路信息化综合管理系统等。道路运输设备包括公路、客货运站场、车辆及各类基础设施、信息化管理设备等。水路运输设备包括船舶、港口、航道、通信导航设施、各种基础设施及服务设施等。航空运输设备主要包括机场、飞机、通信导航设备及航路等。管道运输设备包括输油管道设备、输气管道设备及固体料浆运输设备等。

按照设备的技术经济特征与用途划分，可以分为固定设备或基础设施，如港站、线路、桥隧等；移动设备或载运工具，如机车、汽车、飞机、轮船等；通信控制设备，如各种固定和移动通信设备、监控管理设备等。

按照设备服务对象的属性划分，可以分为客运设备和货运设备。

按照设备的不同动力发展阶段，可以分为原始自然畜力设备、机械电气化设备、综合智能生态型设备等。按照设备的环保属性，可以分为环保型设备、普通型设备等。

1.1.2 交通运输设备特征

交通运输设备的技术经济特征包括技术速度、运输成本、投资水平、运输能力、能源消耗、运输的通用性与机动性、对环境的影响程度等。不同交通运输设备的技术经济特征差别很大，都有其相应的适用范围，见表1-1。需要综合协调各种运输方式的发展，充分发挥各种运输方式的优势，最大限度地节省运输设施建设投资和运输费用。

表1-1 交通运输设备种类及特征

设备种类	主要技术经济特征	适应范围
铁路	规模大、能耗低、安全、舒适，适用性较强，中、高速	中长途运输、城市间运输
道路	机动、灵活、规模小	专业运输、零担运输、短途运输、集运与分送、支线运输、枢纽内及地方运输
水路	运量大、能耗低、投资少、速度慢、适用性弱	大件货物运输、单位时间价值低的货物运输
航空	运量小、能耗大、高速、舒适	中长距离旅客运输、单位体积价值含量高的货物的运输、中长距离运输
管道	流程连续、安全、可靠，对运输对象有特定要求	总运量及日运量大的不间断液体货物或固体悬浮物的运输

1. 道路运输设备

道路运输设备的主要优点是机动、灵活，是补充和衔接其他交通运输的有效手段。短途运输中，汽车客运速度明显高于铁路，但在长途运输业务方面，道路运输有着难以弥补的缺陷：第一是耗用燃料多，途中费用过高；第二是机器磨损大，折旧费和维修费用高；第三是公路运输所耗用的人力多，如一列列车车组人员只需几个人，若运送同样重量的货物，则需配备几百名司机。相比于其他交通运输设备，道路运输设备（高速公路运输设备除外）投资少，资金周转快，投资回收期短，并且技术改造较容易。

2. 铁路运输设备

铁路运输设备具有运输能力大、速度快、成本低的优势。在轨道上运行的移动设备列车，载运货物和旅客的能力远比汽车和飞机大得多。高速铁路上运行的旅客列车时速可达350 km/h。运输成本也比公路、航空运输成本低，运距越长，运量越大，单位成本就越低。铁路运输设备一般能保障全天候运营，受气候条件限制较小，同时，具有安全和可靠性高的优点。铁路运输设备适合用于运送经常性的、稳定的大宗货物，适合用于运送中长距离的货物运输以及满足城市间的旅客运输的需求。值得指出的是，随着城市交通系统的发展，城市轨道交通以其准确、低耗、大容量，快速、便捷等特点得到人们的青睐，已成为城市交通系统的重要组成部分与发展的重点之一。

3. 水路运输设备

水路运输及其设备具有占地少、运量大、投资少、运输成本低等特点，在运输长、大、重件货物时，与铁路、公路运输相比，水路运输更具有其突出的优点。水路运输设备可以完成铁路、公路无法承担的对过重、过长的大重件货物运输。对大宗货物的长距离运输，水路运输设备更是表现出其最经济的一面。港站设备具有完成水路运输乘客的集散、货质装卸与仓储职能，航道与导航设备能保障运输通道的畅通，船舶设备具有完成水路运输的载运职能。但水路运输设备的综合系统特征又导致此种交通运输方式的运输速度通常比铁路运输慢，而且受自然条件的限制较大，冬季河道或港口冰冻时即须停航，海上风暴也会影响其正常航行。

4. 航空运输设备

航空运输设备与其他运输设备相比，最大的特点是速度快，并具有一定的机动性。现代的喷气运输机，速度一般在 900 km/h 左右，比普通铁路列车快 5～10 倍，比海轮快 20～25 倍。航空运输设备的这些特点，使此种交通运输方式不受地形地貌、山川河流的限制，只要有机场并有航路设施保证，即可开辟航线，如果用直升机运输，则机动性更大。当然，航空设备特别是飞机的特点也导致此种交通运输方式载运能力小，能源消耗大和运输成本较高。

5. 管道运输

管道设备不仅可修建在一国之内，还可连接国与国，甚至洲与洲，成为国际、洲际能源调剂的大动脉。管道运输设备除了泵站、首末站占用一些土地外，一般埋于地下，占用土地少，且不受地形与坡度的限制，易取捷径，可缩短运输里程；埋于地下，基本不受气候影响，可以长期稳定运行；沿线不产生噪声且漏失污染少，每隔一段距离设置的增压站设备为管道输送流体提供压力能。因此，管道运输设备运行比较简单，易于就地自动化和进行集中遥控。由于节能和高度自动化，用地较少，运输费用较低，管道运输是一种很有发展前景的现代化交通运输方式。管道运输设备的这种特点，使其一般适用于长期定向、定点、定品种输送。

1.1.3 交通运输设备的作用

交通运输设备是各种交通运输方式实现的物质保障，交通运输设备的不断发展与进步对促进交通运输业的兴旺和社会经济的发展具有极其重要的作用，主要作用如图 1-3 所示。

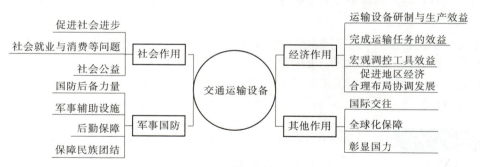

图 1-3 交通运输设备的作用

1. 社会作用

交通运输设备对社会的发展具有重要的作用，这集中表现在以下方面。

首先，每一次新的革命性交通运输设备及其对应交通运输方式的出现，都会促进社会的进步，如近代铁路的出现，实现了工业布局和城市发展由沿江沿海向内陆的转移；飞机的出现，改变了传统地域的时空界限；高速公路网的完善，使城市与城市的联系更加紧密。可以说，一个现代文明社会能够快速地发展，必须有一个完善的现代交通体系与之匹配，而交通运输设备诠释了现代交通运输体系的物质内涵，而且伴随人类文明的发展，不断推陈出新，以适应社会的进步。

其次，交通运输设备的设计与制造，必须满足社会发展需要，是社会生产生活的重要组成部分，如汽车工业、飞机工业、轮船工业、铁路工业等，其生产与制造不仅可创造出巨大的物质财富，而且可解决大量就业与消费等社会问题。

最后，一旦发生灾害（如地震、洪水、大火、海啸等）、爆发战争或国家财产受到威胁，交通运输工具就会被用来抢救危亡，帮助恢复社会正常秩序。在上述情况下，交通运输设备的超经济作用的社会公益作用显得尤为突出。

2. 经济作用

交通运输设备的经济作用十分明显。第一，各种交通运输设备的研制与生产，可以产生巨大的经济效益；第二，各种交通运输设备在完成客货运输任务时，自身所创造的经济价值也是十分可观的；第三，当国民经济失调而需要调整或治理整顿时，交通运输设备作为国家宏观调控工具的作用会更显突出，如抢运煤炭、全国性的粮食调运等，此时，铁路运输设备在其中发挥宏观调控的作用尤为明显；第四，交通运输设备及其对应的交通运输方式，在促进地区经济合理布局、协调发展方面作用显著，对于形成运输大通道，引导形成若干跨地区的经济区域和重点产业带，优化生产布局，优化资源配置，减少重复浪费等，都将起很大的促进作用。交通运输是国民经济的重点战略产业，是国民经济的重要基础，是制约经济与社会发展的一个重要因素。交通运输业要先行，交通运输设备的发展必不可少，它是保持国民经济长期持续、稳定、协调发展的重要物质基础。

3. 军事国防作用

交通运输的军民两用性质是非常鲜明的。交通运输设备不仅是国防的后备力量，而且在战时又是必要的军事辅助设施。例如，高速公路可供军用飞机起降，铁路、水运大通道可以保证部队的快速集结和居民的疏散等。交通运输设备是联系前方和后方、运送武器弹药和粮食等物资的保证。因此，交通运输设备先进与否、布局是否合理、保障是否有力、支援能否及时，关系到民族存亡、国家安危，其作用绝不是经济尺度所能衡量的。

4. 其他作用

交通运输设备也是国际间交往的重要桥梁和纽带，可以促进各国之间的物资交换、经济发展和人民之间的友好往来，是经济全球化的重要保证。

总之，交通运输设备的发展影响着社会生产、流通、分配和消费的各个环节，对人民生活、政治和国防建设以及国际的经济发展和合作都有着重要作用。

思考与探究

信念与责任

1. 总结并分析交通运输设备的种类。
2. 举例分析各种交通运输设备的特征。
3. 调查并思考新冠疫情下各种交通运输设备的作用，分析交通运输行业对社会的作用。
4. 举例分析各类应急条件下对交通运输设备的需求，并分析相关行业人员的责任。

1.2 交通运输设备发展

1.2.1 交通运输设备的发展历程及现状

随着人类历史的发展，交通运输设备也经历了从古老到现代化的发展过程。交通运输设备水平的提高是交通运输业逐步实现现代化和社会进步的重要标志之一。中国的交通运输设备，经历了从"挖潜、改革、改造、自主创新"维持简单再生产，到"开发、引进、改造、自主创新"扩大再生产的过程，以提高运输能力和促进技术装备水平提升为中心，不断推进运输设备的技术进步。

1. 铁路运输设备

在铁路机车方面，如图1-4所示。1825年9月，史蒂芬森驾驶"旅行者号"蒸汽机车在新铺设的铁路上试车，被认为是人类历史上第一列用蒸汽机车牵引，在铁路上行驶的旅客列车。蒸汽机在交通运输业中的应用，使人类迈入了"火车时代"，扩大了活动范围。1890年，英国伦敦首先用电力机车在5.6 km长的一段地下铁道上牵引车辆。1895年，美国开始将电力机车应用于干线运输，德国和日本相继研制出了实用的电力机车。1894年，德国研制成功了第一台汽油内燃机车。20世纪初，美国通用电气公司组装了一辆汽油机车，用内燃机带动发电机，再通过发电机带动电动机，推动机车前进。柴油机发明后，由于其较好的经济特性，很快在铁路上得到广泛应用。中华人民共和国成立后，开始建造自己的机车车辆工厂。1952年开始自制蒸汽机车，1958年开始自制内燃机车，1960年开始自制电力机车。20世纪50年代初期，日本开始研制高速列车，1964年在东海道新干线开始运行。2008年，铁道部与科技部签署了《中国高速列车自主创新联合行动计划》，提出研制新一代时速350 km及以上的高速列车，目标就是形成完全自主的中国高速列车技术、装备、产业化能力和运行服务能力。最终成果就是CRH380系列动车组，其至今仍然是我国高铁运营的主力车型。

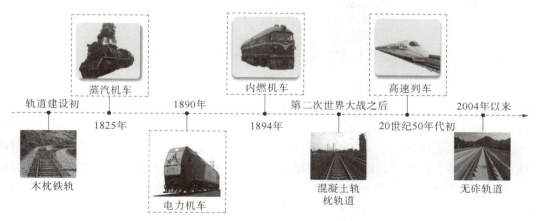

图1-4 铁路运输设备的发展

在轨道基础设施方面，从1863年1月英国建成世界上第一条地下铁路以来，在轨道材料及施工技术等方面都得到了很大的发展。轨道的轨枕最早采用木材制造。木材的弹性和绝缘性较好，受周围介质的温度变化影响小，质量小，维护方便，得到广泛应用。第二次世界大战后，世界各国由于木材资源短缺，逐渐使用钢筋混凝土轨枕；后改进为预应力混凝土轨枕。中国铁路自1957年起也大量采用预应力混凝土轨枕，预应力混凝土轨枕除了能大量节约优质钢材外，还有使用寿命长，轨道稳定性好，能满足高速、大运量要求等优点，对推广无缝线路起了很大的作用。2004年以来，采用混凝土、沥青混合料等整体基础取代散粒碎石道床的轨道结构发展迅速。这种轨道结构称为无砟轨道，是当今世界先进的轨道技术。与有砟轨道相比，无砟轨道避免了道砟飞溅，平顺性好，稳定性好，使用寿命长，耐久性好，维修工作少，列车运行时速可达350 km以上。

目前，我国在高速铁路和重载运输的核心技术方面有了跨越式的发展。截至2020年年底，铁路营业里程14.6万千米，其中高铁3.8万千米。城市轨道交通运营里程7 354.7 km。我国高速铁路里程、城市轨道交通运营里程稳居世界第一。

2. 道路运输设备

在道路载运工具方面，如图1-5所示。1885年，德国工程师卡尔·本茨制成第一辆内燃机汽车。1908年，福特T型车的面世，使汽车以低廉的价格成为一种普通家庭的实用工具，美国开始成为"车轮上的国家"。由于燃油汽车能源消耗大、环保性差，各个国家逐渐加大对新能源汽车的研发力度。目前我国的电动汽车技术及产业都已非常成熟。随着智慧交通的发展需求，智能无人驾驶汽车、智能网联汽车等技术发展迅速，已在港口、场站等获得普遍应用。

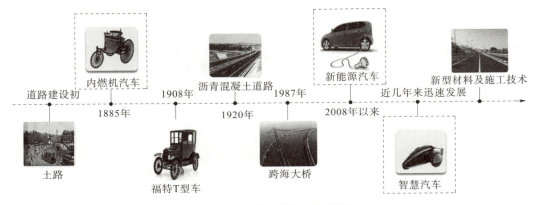

图1-5 道路运输设备的发展

在道路基础设施方面，公路材料、施工工艺及设备都有了突破性发展。从最早的土石路面到水泥混凝土路面，再到沥青混凝土路面，道路的柔韧性、变形性、减震性、平整度等性能不断提升。随着经济的发展，对出行要求更安全、更舒适、更环保，各类功能型、环保型路面材料也应运而生。例如多孔排水降噪沥青混凝土路面、防冻型路面、高黏附性路面、弹性路面、磁性导向路面、辨识型路面、合成树脂彩色路面等，这些新型路面材料赋予了传统路面材料不同的功能和作用，被用于不同需求的环境，更好地提升了道路的服务水平。从近代道路的发展历史来看，中国公路的发展是从无到有、从少到多的，并随着交通量和车辆载重量的增大，线路和桥梁标准逐步提升。截至2020年年底，我国公路通车里程520万千米，其中高速公路16.1万千米，居世界第一。

3. 水路运输设备

在船舶方面，如图1-6所示。人类古代以舟筏作为运输、捕鱼的工具。1956年，在中国浙江出土的古代木桨,据鉴定是4 000年前新石器时代的遗物。说明舟筏的历史最早可追溯到史前时代。中国使用帆船的历史也可以追溯到公元以前,而从15世纪到19世纪中叶,是帆船发展的鼎盛时期。19世纪中叶,美国的飞剪式快速帆船则是帆船发展史上的最后一个高潮。不同地区的帆船,在结构、形式和帆具等方面各有特色。1807年,美国人富尔顿首次在"克莱蒙脱"号船上用蒸汽机驱动装在两舷的明轮,在哈德逊河上航行成功,从此机械力开始代替自然力,船舶的发展进入新的阶段。1903年,俄国的"万达尔"号(Vandal)油轮和法国的"佩迪特·皮埃尔"号成为最早装备柴油机的船舶,它们几乎同时建成服役。柴油机船问世后,发展很快,逐渐取代了蒸汽机船。第二次世界大战结束后,工业化国家经济的迅速恢复和发展,国际贸易的空前兴旺,中东等地石油的大量开发,促使运输船舶迅速发展。

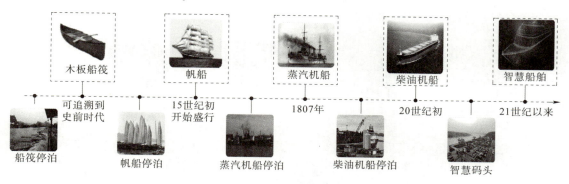

图1-6 水路运输设备的发展

在港口建设方面,最原始的港口是天然港口,有天然掩护的海湾、水湾、河口等场所供船舶停泊。随着商业和航运业的发展,天然港口已不能满足经济发展的需要,具有码头、防波堤和装卸机具等设备的人工港口开始兴建。19世纪以来,随着船舶的吨位、尺度和吃水日益增大,为建造人工深水港池和进港航道,需要采用挖泥机具,至此,现代港口工程建设才发展起来。中华人民共和国成立后,中国港口事业开始了新的发展。20世纪50年代初,建成有万吨级泊位的湛江港和有近代化煤码头的裕溪口港。20世纪70年代中期以来,在大连港建成万吨级石油码头,在宁波北仑港建成万吨级矿石码头。天津、上海、黄埔等港的集装箱码头也已建成投产。截至2020年年底,我国内河航道通航里程12.8万千米,其中高等级航道1.6万千米,沿海港口万吨级及以上泊位数稳居世界第一。随着云计算、大数据、物联网、移动互联网、智能控制等新一代信息技术的发展,诞生了与之深度融合的智慧港口。

4. 航空运输设备

依照国际民航组织(ICAO)第七号附约规定,航空器依其升力来源不同,可分为飞机、旋翼机、滑翔机、飞艇等四个类别。飞机是20世纪初最重大的发明之一。如图1-7所示,1903年12月17日,美国人莱特兄弟进行的飞行被作为"第一次重于空气的航空器进行的受控的持续动力飞行",同年,他们创办了"莱特飞机公司"。1909年11月16日,德国发明家齐柏林创办了德国航空有限责任公司,自1910年开始用飞艇载客收费,确立了航空公司的基本经营型态。20世纪飞机升降时常因故障而失速,导致多人丧生。西班牙工程师谢巴发明了自转旋翼机,试图解决这一问题。旋翼靠旋翼机运动时激起气流转动,产生升力,使旋翼机失速时不会下坠。20世纪20年代以来,在一些工业发达的国家相继出现了动力滑翔机。1965年，美国国家航空航天局工程师罗加洛设计了一种飞翼，当时是为了在地面回收人造卫星用的，经过改进后用于载人飞行，于是就发展成为以"罗加洛"命名的新型飞行器——悬挂式滑翔机。1937年9月，德国的冯·奥亨研制的涡轮喷气发动机第一次运转成功，装有其研制的Hes3B涡轮喷气发动机的He178飞机于1939年8月27日首次试飞成功，成为世界上第一架喷气式飞机。2016年6月，我国首款650 kg推力量级、拥有自主知识产权的涡扇发动机问世。2017年5月5日，中国首款按照最新国际适航标准，具有自主知识产权的干线民用飞机，专为短程到中程的航线设计的C919大型客机，在上海浦东国际机场成功首飞，标志着我国的航空强国梦又迈出了一大步。2020年7月26日上午，国产大型水陆两栖飞机"鲲龙"AG600在山东青岛团岛附近海域成功实现海上首飞。AG600是首次按照中国民航适航规章要求研制的大型特种用途飞机，具有速度快、搜索范围广、安全性好、装载量大等特点。

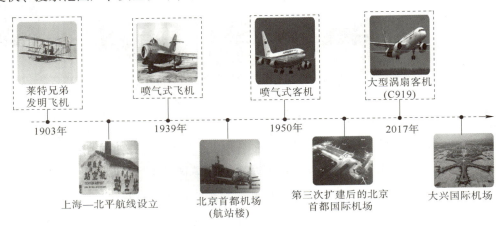

图1-7 航空运输设备的发展

在机场建设方面，最早的飞机起降地点是草地，一般为圆形草坪，飞机可以在任何角度，顺着有利的风向进行起降。1908年建立的亚利桑那州比斯比－道格拉斯国际机场（BisbeeDouglas International Airport）和莱特兄弟于1909年建立的马里兰州大学城机场（College Park Airport）是世界上最早建设的两座机场。1919年后，欧洲一些国家率先开始对机场设计进行初步改进，当年修建完成的巴黎勒布尔热（Le Bourget）机场和伦敦希思罗（Heathrow）机场保证了巴黎至伦敦的定期旅客航班的开通。20世纪50年代，国际民用航空组织（ICAO）为全世界的机场和空港制定了统一标准和推荐要求，使全世界的机场建设有了大体统一的标准。20世纪60年代后，机场的建设随着喷气式飞机的增加而蓬勃发展，跑道延伸至3 000 m长，并利用滑模机筑出连续性的强化混凝土跑道，现代化的机场航站楼开始使用空桥系统。目前，我国民航运输机场已覆盖92%的地级市。

5. 管道运输设备

早在公元2世纪，我国劳动人民就创造了用竹管送水的方法，如图1-8所示。后来在四川省中部发明了用竹管输送天然气和卤水，推动了井盐工业的发展。现代管道运输始于19世纪中叶，1865年美国宾夕法尼亚州建成第一条原油输送管道。20世纪20年代末，焊接技术的诞生使管道和储罐建设进入了飞速发展的时期；20世纪60年代开始，输油管道的发展趋于采用大管径、长距离，并逐渐建成成品油输送的管网系统。同时，开始了用管道输送煤浆的尝试。全球的管道运输承担着很大比例的能源物资运输，包括原油、成品油、天然气、各类油田伴生气体及煤浆等；我国于1958年冬修建了第一条现代输油干线管道——新疆克拉玛依到乌苏独山子的原油管道。截至2020年年底，我国油气管道总里程累计已达到16.5万千米。

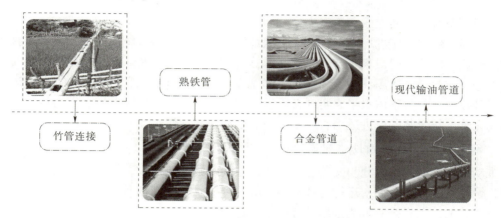

图1-8 管道运输设备的发展

1.2.2 交通运输设备发展趋势

随着世界各国经济的发展和人民生活水平的不断提高，人们对出行的要求越来越高。未来中国交通将更加注重城市间和城市内部交通发展，交通运输设备将朝着运输网络集成化、运输设备大型化、运输速度快捷化、运输组织智能化、运输管理信息化等方向发展。同时，交通运输设备发展要顺应节能环保绿色交通理念，节省建设期的资源，采用新型环保产品，降低运营期的能源消耗，全面推进设备国产化。

1. 旅客运输设备的舒适性和高速化

旅客运输更加注重体现高效、舒适和安全可靠。构建以快速铁路、高速公路为主的客运系统，以高速铁路、民航建设发展为契机，集高速公路长途客运、城市轨道、公交枢纽、水上运输于一体，形成便捷换乘的综合客运枢纽设施。进一步改进和调整运输设施与装备结构，满足人们日益增长的对交通出行的舒适度和时效性需求。

2. 货物运输设备的便捷性和重载化

货物运输更加注重经济性、快捷性和便捷性。快速货运系统的发展要求不同运输方式的协同运作，如多式联运的发展，要求加快多式联运基础设施建设，构建与铁路、机场、公路货运站及管道等能力匹配的集疏运网络基础设施系统。载货汽车将发展甩挂车、集装箱车辆等大型、专业化、智能化、环保型运输装备；货运列车、船舶等将向重载化、智能化、大型化、专业化、标准化方向发展。

3. 交通运输组织的信息化和智能化

注重利用信息技术提升交通运输服务质量。推进交通运输设备信息化、智能化建设，运用移动互联网、物联网、车联网、北斗系统、电子支付等技术手段，对交通运输领域进行全方位、全过程管控。建立不同交通运输方式之间的信息共享机制，推进与相关信息平台间的数据交换，促进信息资源共享共用。构建综合交通运输公共信息平台，实现交通运输基础设施、应急管理和运营服务的一体化。实现综合交通运输换乘换装衔接技术，装备和工艺创新。推进条码管理系统、全球定位系统、行包和邮件自动分拣系统等先进技术的研发和应用。

4. 倡导绿色环保的交通运输基础设施

交通资源将向公共交通、轨道交通和水上运输等绿色方式发展。树立节约的"安全、可靠、适用、经济、先进"的建设理念，因地制宜，通过设备系统的集成与共享，减小相关用地规模，以节省建设期的工程投资。支持新能源的开发和利用，发展和应用安全可靠、先进高效、经济适用、绿色环保的各类装卸设备，运输工具和标准化的成组运载装备，提升技术和装备整体水平。实现交通运输全面、协调和可持续发展，着力构建网络设施布局完善、技术装备先进适用、运输服务安全高效的现代化综合交通运输体系。

5. 推动交通运输基础设施智慧化建设

推动公路交通基础设施与交通感知网络、通信网络同步建设，推动公路交通基础设施规划、设计、建设、养护、运行管理与服务等的全要素、全周期数字化。构建基础设施智能监测传感网，探索路侧智能基站系统应用，建设公路设施资产动态管理系统，构建基于北斗的高速公路应急救援一体化管理系统，提升"人、车、路、云"融合协同能力。加快推进智能感知、5G通信、高精度定位以及车联网等技术在交通基础设施建设和行业管理中的应用。推进既有交通设施智能化升级改造，构建泛在感知的交通运输信息网。加快智能交通基础设施部署，构建数字化、信息化、智能化的设施应用和公共服务体系。

6. 未来交通运输设备畅想

自动驾驶汽车，目前汽车上的辅助驾驶功能已经可以划分到"自动驾驶"范畴了，但距离真正的高度自动驾驶还有不小的距离。关于自动驾驶的未来，一条路是互联网科技公司，不受传统汽车行业的束缚，更具颠覆性。以谷歌为例，在自动驾驶原型车设计之初就考虑过放弃转向盘、油门踏板、后视镜这些为人类服务的部件。另一条路是传统汽车行业，更注重在现有的技术基础上以"搭积木"的方式提升汽车的自动化水平，逐步交出转向盘的"控制权"。自动驾驶所带来的革新可不只是"解放双手"那么简单。汽车的保有量在不断攀升，但实际上汽车的使用率是极低的——在绝大部分时间里，汽车都是闲置在停车场，无法很好地被利用起来，而日益拥堵的交通让人们浪费在路上的时间也越来越长。而自动驾驶技术可以让城市中所有的汽车通过网络连接起来，由控制系统进行统一协调，甚至未来的路口都可以取消红绿灯。自动驾驶汽车在未来甚至可以成为一种公共资源——用手机选择行程的起始地和目的地，汽车就会自己过来并将你送到目的地，行驶效率将极大地提高。空中的士，穿梭在城市上空的"胶囊"，可以在距离地面10 m高的高架轨道上以磁悬浮的形式行驶，形似"胶囊"一样的座舱可以容纳2人，时速接近100 km。就像一个"空中的士"，体积小巧，不会占用太大的城市空间，甚至可以在摩天大楼之间穿梭。太阳能飞机，不借助石油燃料飞翔的"大鸟"。全球第一架太阳能飞机——阳光动力2号从2015年3月9日开始，已经在不借助任何石油燃料的情况下开始了环球飞行。太阳能飞机真正的价值在于探索了"清洁能源实现长距离飞行"的可能性，对未来交通的发展具有很大的价值。超级环路列车：设计思路主要为修建完全封闭的管道平台，乘客坐在梭形座舱内，通过压缩空气在座舱周围形成空气垫，因此，在运行的过程中可以大大降低摩擦阻力，管道的上端将铺设太阳能电池板，用来为座舱提供所需的能量。管道采用悬挂式设计,可以降低工程造价,并提高抗震级别。相距 1 500 km 之内的城市都可以修建这样的超级轨道,可运输人员或者货物。超级环路列车系统每小时可达到 1 223 km,接近每秒 340 m,对未来城际交通而言是个革命性的突破。

> **思考与探究**
>
> **社会观**
> 1. 思考未来交通运输设备的发展。
> 2. 分析交通运输设备的发展与社会发展之间的关系。

1.3 综合交通运输

1.3.1 综合交通运输概述

由水路、公路、铁路、管道和航空等各种运输方式网络及其基础设施和运载工具组成的综合交通运输基础平台称为综合交通体系。对各种运输方式综合规划、综合利用和综合发展,实现综合运输功能的运输工程管理系统称为综合运输体系。由公共交通网络及其基础设施和运载工具组成综合交通运输基础平台,以现代联合运输工程管理技术和信息技术为基础,以安全、便捷、高效、绿色、经济为目标,通过各种运输方式的协调配合,组织实现客货运输过程的运输工程管理系统称为综合交通运输系统。

"十三五"时期,我国综合运输服务快速发展,为服务经济社会发展,特别是对脱贫攻坚和全面建成小康社会提供了有力支撑。各种技术装备加快了创新升级,高速铁路、重载铁路技术日渐成熟,营运车辆自动紧急制动,智能视频监控报警快速推广,新能源营运车辆保有量是"十三五"初期的 8 倍,C919 大型客机成功试飞,运输服务信息化水平也明显提升。但综合运输的发展仍然存在一些问题,如一体化综合运输枢纽体系尚未形成,旅客联程运输和货物多式联运总体处于起步阶段;大宗物资中长距离公路运输占比依然较高,冷链物流、国际物流供应链等短板明显;道路客货运输产能过剩,先进运输组织模式和先进技术推广应用不足;数字化智能化和绿色化水平不高,跨方式跨部门信息资源互联共享不充分,绿色低碳发展任务艰巨;行业安全稳定基础仍不牢固,应急运输体系韧性不强。综合运输的发展仍然需要理顺相应管理体制,全面形成开放有序的运输市场。

为了推进综合运输服务的发展和提质增效,制定了《"十四五"现代综合交通运输体系发展规划》。总体目标是到 2025 年,加快构建"全国 123 出行交通圈"和"全球 123 快货物流圈";多层次、高品质的旅客出行服务系统和全链条、一体化的货运物流服务系统初步建立;现代国际物流供应链体系不断完善,运输结构进一步优化;运输装备水平大幅提高,绿色化、数字化发展水平明显提高;安全应急保障体系更加健全,治理能力显著提升,服务支撑经济社会发展能力进一步增强。

1.3.2 综合交通运输规划下运输设备的发展

"十四五综合运输发展规划"的主要任务有:构建协同融合的综合运输一体化服务系统,构建快速便捷的城乡客运服务系统,构建舒适顺畅的城市出行服务系统,构建集约高效的货运与物流服务系统，构建安全畅通的国际物流供应链服务系统，打造清洁低碳的绿色运输服务体系，打造数字智能的智慧运输服务体系，打造保障有力的安全应急服务体系，打造统一开放的运输服务市场体系，打造精良专业的从业人员保障体系。在"十四五"规划下，交通运输领域新型基础设施建设加快，新型基础设施互联互通水平将全面提升，以数据链为核心，驱动交通基础设施向数字化转型。

1. 智慧交通枢纽设施

"十四五"规划中提出建设多层级一体化综合交通枢纽设施。建设面向世界的国际性综合交通枢纽集群，提高国家综合交通枢纽城市集聚辐射效能，提升枢纽港站服务能力，构建枢纽集群、枢纽城市和枢纽港站"三位一体"综合交通枢纽体系。

推进综合客运枢纽智能化升级，建设旅客联程运输服务设施。综合客运枢纽各种交通方式场站集中布局、空间共享、服务协同、立体或同台换乘，打造全天候、一体化换乘环境。加快既有客运枢纽存量设施的功能改善和整合提升，完善自动步行道、风雨廊道等枢纽公共设施配置。鼓励不同运输方式共建共享售取票、乘降、驻车换乘等设施设备，建立统一、连续、明晰的枢纽导向标识系统。加快城市公共交通枢纽建设，提升集疏运效能和换乘便捷性。

引导建设绿色智慧货运枢纽多式联运等设施，提供跨方式、跨区域的全程物流信息服务。加强枢纽港站集疏运体系及联运换装设施建设，统筹枢纽转运、口岸、保税、冷链物流、邮政快递等功能。推进大型集装箱港口综合货运通道与内陆港系统规划建设。因地制宜，积极推进机场集疏运货运通道建设，设置空铁联运区。

2. 智慧交通基础设施建设

（1）智慧公路。基于先进信息技术的应用，逐步提升公路基础设施规划、设计、建造、养护、运行管理等全要素、全周期数字化水平。推动公路感知网络与基础设施同步规划、同步建设，在重点路段实现全天候、多要素的状态感知。推进车路协同等设施建设。鼓励应用公路智能养护设施设备，提升在役交通基础设施检查、检测、监测、评估、风险预警以及养护决策、作业的快速化、自动化、智能化水平，提升重点基础设施自然灾害风险防控能力。建设智慧服务区，促进融智能停车、能源补给、救援维护于一体的现代综合服务设施建设。

（2）智能铁路。运用信息化现代控制技术提升铁路全路网列车调度指挥和运输管理智能化水平。建设铁路智能检测监测设施，实现动车组、机车、车辆等载运装备和轨道、桥隧、大型客运站等关键设施服役状态在线监测、远程诊断和智能维护。建设智能供电设施，实现智能故障诊断、自愈恢复等。

（3）智慧航道。建设航道地理信息测绘和航行水域气象、水文监测等基础设施，完善高等级航道电子航道图，支撑全天候复杂环境下的船舶智能辅助航行。建设高等级航道感知网络，推动通航建筑物数字化监管，实现三级以上重点航段、四级以上航段重点通航建筑物运行状况实时监控、一线航标遥控遥测全覆盖。建设适应智能船舶的岸基设施，推进航道、船闸等设施与智能船舶自主航行、靠离码头、自动化装卸的配套衔接。

（4）智慧港口。引导自动化集装箱码头、堆场库场改造，推动港口建设养护运行全过程、全周期数字化，加快港站智能调度、设备远程操控、智能安防预警和港区自动驾驶等综合应用。鼓励港口建设数字化、模块化发展，实现建造过程智能管控。

（5）智慧民航。加快机场信息基础设施建设，推进各项设施全面物联，打造数据共享、协同高效、智能运行的智慧机场。鼓励应用智能化作业装备，在智能运行监控、少人机坪、机坪自主驾驶、自助智能服务设备、智能化行李系统、智能仓储、自动化物流、智慧能源管理、智能视频分析等领域取得突破。

(6) 智慧邮政。推广邮政快递转运中心自动化分拣设施、机械化装卸设备。鼓励建设智能收投终端和末端服务平台。推动无人仓储建设，打造无人配送快递网络。建设智能冷库、智能运输和快递配送等冷链基础设施。推进库存前置、智能分仓、科学配载、线路优化，实现信息协同化、服务智能化。

(7) 其他基础设施方面。"十四五"规划中提出：完善城乡交通基础设施，提升城乡客运一体化服务水平，补齐农村物流发展短板。完善主要旅游景区公共客运基础设施，推动在汽车站、机场、火车站、高速公路服务区等建设旅游集散中心；加快构建"快进慢游"的旅游客运网络，加大对重点旅游城市航线和高铁车次保障，完善直达景区景点道路旅游客运网络。推动城市交通智能化发展，全面提升城市交通基础设施数字化管理水平。加快交通领域新能源新材料应用的基础设施建设，如超快充、大功率电动汽车充电设施，光伏发电设施，在高速公路服务区、港口码头和枢纽场站推进智能照明、供能和节能改造技术应用。港口码头岸电设施和船舶受电设施改造，着力提高岸电使用率。推动长寿命、可循环利用材料在基础设施建造、生态修复和运行维护领域的应用。加快新技术交通运输场景应用的安全设施配置部署，强化统一认证和数据传输保护。加强关键信息基础设施保护建设。加强以国家重点实验室、国家技术创新中心等重要载体为引领的交通运输领域科研基地体系建设。

3. 载运工具设施

智能车辆、船舶的研发，发展智能高速动车组，开展时速 600 km 级高速磁悬浮、时速 400 km 级高速轮轨客运列车研制和试验。大力发展清洁化运输装备，推进载运工具装备技术升级。促进交通能源动力系统清洁化、低碳化、高效化发展，优化交通能源结构。积极推动新能源和清洁能源车辆、船舶在运输服务领域的应用，加大运营、通行、停车、充电等政策支持。加快充换电、加氢等基础设施规划布局和建设。打好柴油货车污染治理攻坚战，鼓励各地采取经济补偿、限制使用、加强监管执法等措施，推进高排放营运车辆更新淘汰。严格执行国家和地方污染物控制标准及船舶排放区要求，推进具备条件的船舶靠港后按规定使用岸电。持续推进邮件快件包装绿色化和轻量化发展。

4. 综合运输信息平台建设

完善综合交通运输数据中心，注重分类分层布局，推动跨部门、跨层级综合运输数据资源充分汇聚、有效共享，形成规模、成体系的行业大数据集。推动综合交通运输公共信息资源开放，综合运用政府、科研机构、企业等数据资源，深化行业大数据创新应用，以数据资源赋能交通运输发展。加强大数据、云计算、人工智能、区块链、物联网、第五代移动通信技术（5G）、北斗系统和遥感卫星等在运输服务领域的应用。加速交通基础设施网、运输服务网、能源网与信息网络融合协同建设发展。推动各类各级运输管理、服务信息平台的建设，如城市交通运行监测与信息服务平台；城市货运配送基础公共信息服务平台；冷链货物道路运输市场运行监测与服务平台；应用智能视频分析等技术，建设监测、调度、管控、应急、服务一体的智慧路网云控平台；农村公路建设、管理、养护、运行一体的综合性管理服务平台；港口智慧物流服务平台；实现航空器全球追踪、大数据流量管理、智能进离港排队、区域管制中心联网等的大数据信息平台；国际道路运输全链条信息数据交换和查询服务平台等。

随着信息化建设的不断发展，综合运输行业也在不断进行进步，在实际发展过程中，需要从各个部分入手加强对于综合运输行业发展的建设，形成跨方式、跨部门、跨区域的综合运输集成系统，以确保整体综合运输体系的完备和提升。

思考与探究

交通系统思维

1. 分析综合交通运输发展需求下，各种交通运输方式的协同发展策略。
2. 设计一种未来交通运输设施，画图说明其功能、应用场景、特点及创新性。

案例分析

烟台到大连跨海悬浮隧道真空列车

由中国设计师提出的烟台到大连跨海悬浮隧道真空列车，被誉为继轮船、汽车、火车、飞机之后的第五种交通工具。新设想基于三大核心技术：悬浮隧道技术、水下桥技术、真空管道技术。列车出发时，先经过一个缓冲仓，然后进入真空隧道。行驶过程中，乘客不会有任何异样感觉。真空列车采用磁浮技术，与陆地磁悬浮列车不同的是，它是真空状态下的海底磁悬浮。如图 1-9 所示，由于不占用海面、海上空间，未来人们有可能会看到这样的景象：水下列车急驰，水面百舸争流。目前陆地磁悬浮列车的最高时速是 600 km 左右，没有阻力的真空磁浮列车可达到或超过时速 1 000 km，从烟台到大连有可能用不了 12 min。

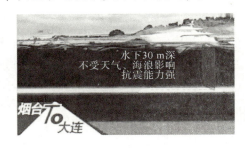

图 1-9 烟台到大连跨海悬浮隧道真空列车

国内有关高校、科研机构已建成了真空管道超高速磁悬浮列车原型测试平台、真空管道试验线等。随着高铁技术的发展，我国车辆生产制造、桥梁隧道建设施工、运行控制系统等多个产业都具备世界领先的科技水平。这些技术与产业能力都为超高速真空管道试验线创造了具备中试条件的良好基础。业内专家一致认为超高速真空管道各分项技术已趋于成熟，项目建设属于集成创新，不存在原理性技术难题。许多企业与科研院校等组成联合体共同进行技术攻关，已完成了技术可行性报告并通过了评审。已申请发明专利 13 项，实用新型 24 项。目前计划在大连皮口—长海段建设交通试验线，一旦建成，将会引起世界范围内的轰动效应，使大连成为世界级旅游热点，可为渤海海峡跨海通道提供示范和资金来源，而且可为大连本地带来巨大的税收收益。

磁浮列车技术的百千米能源消耗为高铁的 1/5、飞机的 1/50，线路每千米造价为高铁的 1/3。而且对环境影响较小，受天气左右程度较低。据测算，采用真空管道方案建设，投资有望控制在 300 亿～500 亿元之间，可为国家节省数千亿元资金，施工周期可缩短 10 年。

案例思考——交通融合学科交叉

1. 分析跨海悬浮隧道真空列车项目涉及的运输方式及其融合思路。
2. 思考建设这样的项目需要用到的学科知识及相关技术。

 本章知识总结

本章知识内容如图 1-10 所示，主要介绍了交通运输设备的种类、特征、作用及发展，并分析了"交通强国战略"及"十四五"综合运输发展规划背景下，交通运输设备的发展需求。在掌握基本知识点的基础上，能基于交通强国战略树立国家观，建立行业信念、责任及担当；基于综合交通运输规划，锻炼系统思维，建立交通协同发展意识。

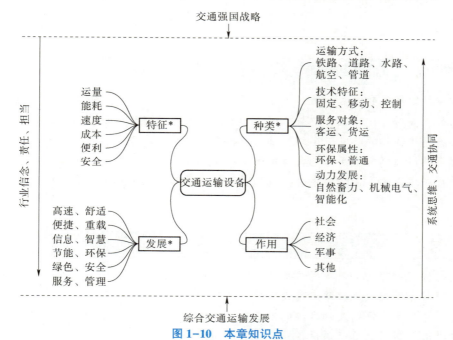

图 1-10 本章知识点

注：带 * 部分为线上自主学习内容。

交通运输设备

第 2 章
铁路运输设备

知识目标

掌握铁路线路的组成、轨道结构、车站分类；铁路车辆、机车、动车组基本构造；信号、联锁、闭塞设备的基本概念和原理；城市轨道交通设备构成。

熟悉高速铁路的特点，车站基础设施种类，车辆技术参数，机车种类、型号及特点，行车调度组织与列车控制运行系统，城市轨道交通的分类及特点。

了解高速铁路、高速列车、城市轨道交通设备的发展历程及未来发展需求。

能力目标

能够描述铁路运输设备的种类、功能及结构组成。
能够整体把握未来铁路运输设备的发展需求。
能够分析高速铁路及动车组的建设及研发过程中的技术创新和工程精神。
能够进行某种铁路运输设备或设施的创新设计。

引入案例

中欧班列

1. 中欧班列概述

中欧班列是指按照固定车次、线路等条件开行，往来于中国与欧洲及一带一路沿线各国的集装箱国际铁路联运班列，如图 2-1 所示。铺划了西、中、东 3 条通道运行线：西部通道由我国中西部经阿拉山口（霍尔果斯）出境，中部通道由我国华北地区经二连浩特出境，东部通道由我国东南部沿海地区经满洲里（绥芬河）出境。2011 年 3 月 19 日，首列中欧班列（重庆—杜伊斯堡）成功开行以来，成都、西安、郑州、武汉、苏州、广州等数十个城市也陆续开行了去往欧洲多个城市的集装箱班列。截至 2021 年 11 月底，中欧班列历年累计开行 47 414 列，运送货物 429.7 万标箱，通达欧洲 22 个国家的 160 多个城市，构建了一条全天候、大运量、绿色低碳的陆上运输新通道。中欧班列是"一带一路"的重要组成部分,为沿线数亿民众送去实惠,开创了亚欧陆路运输新篇章,铸就了沿线国家互利共赢的桥梁纽带。

图 2-1　中欧班列列车

随着开行规模、覆盖范围不断增加,中欧班列逐渐分化为与当地经济特点相结合的两种类型:一种类型的线路强调当地生产的商品在所运货品中的特殊地位,另一种类型的线路重视发挥交通枢纽等区位优势,集结其他地区货物统一运输。在这个过程中,中欧班列所运货物品类扩大到电子产品、机械制品、化工产品、木制品、纺织品、小商品、食品等众多品类。

一般情况下,发往欧洲的中欧班列,全运程分为三段,分别为我国境内段、独联体国家、欧洲。这三个区域内的机车牵引力、铁路轴重、场站换装能力均有所不同,因此需考虑到各方最为兼容的编组数,41车则是三段运程中都能接受且合理的数字。牵引机车方面,目前境内段中铁各局均使用和谐型大功率电力机车或内燃机车,可有效提升列车运行速度。

中欧班列的运营受到沿线各国铁路设施标准和技术等级、运营组织、各国政策及复杂的地缘政治格局影响。为适应日益增长的国际联运货物运输需要,提高运输质量和效益,铁路部门统一品牌标志、运输组织、全程价格、服务标准、经营团队、协调平台,强化机制和装备保障的原则,不断优化班列组织方案及客户服务工作流程和制度办法。在做好整列直达组织的基础上,逐步推进按成组集结、零散中转等运输组织方式,不断深化中欧班列建设。

2. 中欧班列的意义

中欧班列一是显著提升了民营企业投资效率;二是使中国内陆城市在国际物流上有了与沿海地区相类似的条件。中国内陆地区经历了三线建设、西部大开发、中部振兴等各种发展战略的实施,但始终未能从根本上缩小与沿海地区的差距。目前越来越多的贸易导向型产业向内陆转移。中欧班列与国际陆港的新模式有望打破这一困局,促使"内陆城市的沿海化"。

亚欧之间的物流通道主要包括海运通道、空运通道和陆运通道。中欧班列以其运距短、速度快、安全性高、绿色环保、受自然环境影响小的优势,有助于跨国企业降低流通环节总库存,提高市场响应速度。特别是对于那些全球供应链管理十分重要的产业(如汽车、电子电气等)以及跨境电商产业,提供了一种匹配度较好的国际运输方式。

中欧班列已经逐渐成为连接"一带一路"的重要纽带,新冠疫情期间,中欧班列开行数量逆势增长,有力、高效地促进了中欧及沿线国家的抗疫合作,成为各国携手抗击疫情的"生命通道"和"命运纽带"。随着中国的影响力提升,国际间的合作日益密切,中欧班列沿途国家经贸交往日趋活跃,国家间铁路、口岸、海关等部门的合作日趋密切。这些有利条件，为铁路进一步发挥国际物流骨干作用，在"一带一路"倡议中将丝绸之路从原先的"商贸路"变成产业和人口集聚的"经济带"起到重要作用。

案例思考——国家发展观

1. 结合中欧班列的运行，思考铁路运输基础设施标准化的意义及内容。
2. 结合案例从国家发展的角度思考中欧班列的战略意义。

2.1 铁路线路

2.1.1 铁路线路组成及等级

1. 铁路线路组成

铁路线路是机车车辆和列车运行的基础，由路基、轨道及桥隧建筑物组成。路基是轨道的基础，直接承受上部轨道重量和轨道传来的机车车辆及其载荷的压力，并将其传递到大地。路基由本体和防护加固、排水建筑物组成。轨道是用来引导机车、车辆运行方向并直接承受车轮的巨大压力，使之传递、扩散到路基桥隧建筑物上的整体工程结构。它由钢轨、轨枕、连接零件、道床、防爬设备和道岔等组成。铁路线路在跨越江河、深谷，横穿公路或另一条铁路时，应修建桥梁；在穿越山岭时，为避免开挖深路堑或修建过长的迂回线，应修建隧道。

2. 铁路线路种类及等级

（1）铁路线路按用途，可分为正线、站线、段管线、岔线及特别用途线。

①正线是指连接车站并贯穿或直股伸入车站的线路。

②站线是指到发线、调车线、牵出线、货物线及站内指定用途的其他线路。

③段管线是指机务、车辆、工务、电务、供电等段专用并由其管理的线路。

④岔线是指在区间或站内接轨，通向路内外单位的专用线路。

⑤特别用途线是指安全线和避难线等。

（2）铁路线路等级是铁路的基本标准。设计铁路时，首先要确定铁路等级。铁路的技术标准和装备类型都要根据铁路等级去选定。

我国《铁路线路设计规范》规定，新建和改建铁路（或区段）的等级，应根据它们在铁路网中的作用、性质、旅客列车设计行车速度和远期的客货运量确定。我国铁路划分为四个等级，即Ⅰ级、Ⅱ级、Ⅲ级、Ⅳ级，见表2-1。

表2-1 铁路等级

等级	铁路在路网中的意义	远期年客货运量/Mt
Ⅰ级铁路	在路网中起骨干作用的铁路	≥20
Ⅱ级铁路	在路网中起骨干作用的铁路 在铁路网中起联络、辅助作用的铁路	<20且≥10
Ⅲ级铁路	为某一地区或区域服务，具有地区运输性质的铁路	<10且≥5
Ⅳ级铁路	为某一地区或区域服务，具有地区运输性质的铁路	<5

注：（1）近期指交付运营后第10年，远期指交付运营后第20年。（2）年客货运量为重车方向的货运量与由客车对数折算的货运量之和。每天1对旅客列车按1.0 Mt（Mt：百万吨）货运量折算。

2.1.2 铁路线路平面和纵断面

铁路线路在空间的位置是用它的线路中心线来表示的。线路中心线在水平面上的投影叫铁路线路平面,表明线路的直、曲变化状态;线路中心线纵向展开后在铅垂面上的投影叫线路纵断面,表明线路的坡度变化。

1. 铁路线路的平面及平面图

1) 圆曲线

铁路线路在转向处所设的曲线为圆曲线,其基本要素包括曲线半径 R、曲线转角 α、曲线长度 L 及切线长度 T,如图 2-2 所示。

在设计线路时,一般先设计出曲线半径 R 和曲线转角 α,然后确定 T 和 L,T 和 L 的计算公式为

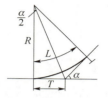

图 2-2 曲线要素图

$$T = R \cdot \tan \frac{\alpha}{2}$$

$$L = \pi \cdot R \cdot \frac{\alpha}{180}$$

曲线转角 α 的大小由线路走向、绕过障碍物的需要等因素确定。曲线半径 R 的大小反映了曲线弯曲度的大小。曲线半径 R 越大,曲线弯曲度越小,行车速度越高,但工程量越大,工程费用越高。

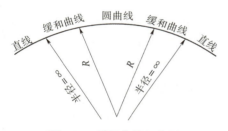

图 2-3 缓和曲线示意图

2) 缓和曲线

在铁路线路上,直线和圆曲线不是直接相连的,而是在它们之间插入一段缓和曲线,如图 2-3 所示。

缓和曲线的作用是使曲线半径由无限大逐渐变化到等于圆曲线半径(或相反),从而使线路平顺地由直线过渡到圆曲线或由圆曲线过渡到直线,以避免车辆离心力的突然产生或突然消失。缓和曲线的设置使列车运行安全平稳,使旅客乘坐较为舒适。

缓和曲线的长度与所衔接圆曲线的半径及路段列车设计行车速度有关,路段设计行车速度越大,缓和曲线的长度也应越大;圆曲线半径越大,所需衔接缓和曲线的长度越小。

3) 夹直线

为了运行的安全与平顺,两相邻曲线间应设置夹直线,夹直线的最小长度 L_j 应根据路段最高行车速度 v_{max} 及地形条件等因素按表 2-2 的数值选用。

表 2-2 夹直线最小长度

$v_{max}/(\text{km} \cdot \text{h}^{-1})$	160		140		120		100		80	
工程条件	一般	困难	一般	困难	一般	困难	一般	困难	一般	困难
L_j/m	130	80	110	70	80	50	60	40	50	30

4) 曲线附加阻力

当列车通过曲线时，由于离心力的作用，外侧车轮轮缘紧压外轨内侧，摩擦增大。同时，由于曲线外轨比内轨长，内侧车轮和外侧车轮滚动的长度不同，因而两侧车轮在轮面上滚动时会产生相对滑动，给运行中的列车造成一种附加阻力，称为曲线附加阻力。曲线附加阻力与列车重量之比，叫单位曲线附加阻力，用 W_r(N/kN) 表示，其大小可按下述三种情况计算。

（1）当曲线长度≥列车长度，列车整列运行在曲线上时：

$$W_r = \frac{600}{R}$$

式中，R 为曲线半径（m）；600 为试验常数。

（2）当曲线长度<列车长度，列车只有一部分运行在曲线上时：

$$W_r = \frac{600}{R} \times \frac{L_r}{L}$$

式中，L_r 为曲线长度（m）；L 为列车长度（m）。

（3）当列车同时运行在几个曲线上时：

$$W_r = \frac{600}{R_1} \times \frac{L_{r1}}{L} + \frac{600}{R_2} \times \frac{L_{r2}}{L} + \frac{600}{R_3} \times \frac{L_{r3}}{L} + \cdots$$

从以上各式看出，曲线附加阻力与曲线半径成反比。曲线半径越小，曲线附加阻力越大，运营条件就越差，但小半径曲线易适用于困难地形条件，可减少工程量，降低工程费用。因此，在设计铁路线时，应结合各因素合理选用曲线半径。不同设计路段的曲线半径优先选用表 2-3 中的序列值，在特殊困难条件下，可采用上列半径间 10 m 整倍数的曲线半径，但线路的最小曲线半径一般不得小于表 2-4 规定的数值。

表 2-3　线路平面曲线半径优先取值范围

路段设计速度/(km·h⁻¹)	160	140	120	100	80
曲线半径/m	2 500~5 000	2 000~4 000	1 600~3 000	1 200~2 500	800~2 000

表 2-4　线路平面最小曲线半径

路段旅客列车设计速度/(km·h⁻¹)		160	140	120	100	80
最小曲线半径/m	工程条件 一般地区	2 000	1 600	1 200	800	600
	困难地区	1 600	1 200	800	600	500

5) 铁路线路平面图

用一定的比例尺（1∶2 000 或 1∶10 000）和规定的符号，把线路中心线及两侧地形、地物投影到水平面上绘出的图，叫作铁路线路平面图，如图 2-4 所示。

铁路线路平、纵断面图是铁路设计的基本文件，在各个设计阶段都要编制要求不同、用途不同的各种平面图。从铁路线路平面图中可以看到线路中心线走向、里程、直曲线情况，以及沿线的车站、桥隧建筑物的数量和位置等。

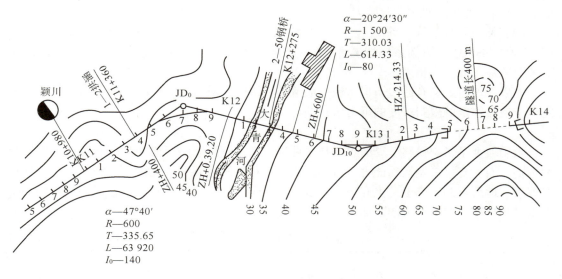

图 2-4　铁路线路平面图

2. 铁路线路纵断面及纵断面图

1) 铁路线路的纵断面

铁路线路纵断面由平道、坡道及设于变坡点处的竖曲线组成。

坡道的陡与缓常用坡度来表示。坡度是指坡道线路中心线与水平夹角的正切值，如图 2-5 所示。坡道坡度的大小通常用千分率来表示。

$$i = \frac{h}{L} = \tan \alpha$$

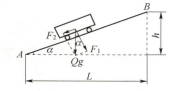

图 2-5　坡度与坡道附加阻力示意图

式中，i 为坡度值，‰；α 为坡道段线路中心线与水平线的夹角。

铁路线路根据地形的变化可分为上坡、下坡和平道。上坡、下坡是按列车运行方向来区分的，通常用"+"号表示上坡，用"-"号表示下坡，平道用"0"表示。例如，+6‰表示 6‰的上坡道。

2) 坡道附加阻力与限制坡度

（1）坡道附加阻力。列车在坡道上运行时，会受到一种由坡道引起的阻力，这一阻力称为坡道附加阻力。从图 2-5 可以看出，机车车辆所受的重力 Q_g（N）可以分解为垂直于坡道的分力 F_1 和平行于坡道的分力 F_2。前一个分力由轨道的反作用力抵消，后一个分力就成为坡道附加阻力，用 W_i 表示。由于铁路线路坡度的夹角 α 很小，$\sin \alpha \approx \tan \alpha$，因此，$W_i$ 可由下式计算：

$$W_i = 1\,000 \cdot Q \cdot g \cdot \sin \alpha \approx 1\,000 \cdot Q \cdot g \cdot \tan \alpha = Q \cdot g \cdot i$$

式中，W_i 为坡道附加阻力（N）；Q 为列车牵引重量（t）；g 为重力加速度（近似取 10 m/s²）。

列车平均每单位重量所受到的坡道附加阻力，叫作单位坡道附加阻力（w_i），计算公式为

$$w_i = W_i / (Q \cdot g) = \pm i$$

这就是说，机车车辆每单位质量上坡时所受的坡道附加阻力等于用千分率表示的这一坡

度值。列车上坡时,坡道附加阻力规定为"+";而当下坡时,坡道附加阻力规定为"−"。

（2）限制坡度。在一个区段上,决定一台某一类型机车所能牵引的货物列车重量（最大值）的坡度,称为限制坡度 i_x。在一般情况下,限制坡度的数值往往和区段内陡长上坡道的最大坡度值相当。

如果在坡道上又有曲线,那么这一坡道的坡道附加阻力值和曲线附加阻力值之和,不能大于该段规定的限制坡度的阻力值,即

$$i + i_r \leq i_x$$

限制坡度是影响铁路全局的主要技术标准。它不仅对线路走向、长度和车站分布有很大影响,而且直接影响运输能力、行车安全、工程费和运营费。在设计线路时,应根据铁路等级、地形类别、牵引种类和运输要求等因素确定限制坡度,并应考虑与邻接铁路的牵引重量相协调,但不得大于表 2-5 所规定的数值。

表 2-5 限制坡度最大值　　　‰

铁路等级		牵引种类	
		电力机车	内燃机车
Ⅰ	平原	6.0	6.0
	丘陵	12.0	9.0
	山区	15.0	12.0
Ⅱ	平原	6.0	6.0
	丘陵	15.0	9.0
	山区	20.0	15.0

一条长大干线所经地区的地形类别差异较大时,可在地形困难地段采用加力牵引坡度。所谓加力牵引坡度,是指为了统一全区段的列车重量标准,而在特定地段进行多机牵引的坡度。加力牵引坡度内燃牵引最大可采用 25‰,电力牵引最大可采用 30‰。

通常情况下,一条铁路线路上下行方向以采用相同的限制坡度为好。但在上下行货流量相差悬殊的铁路上,宜分方向采用不同的限制速度,既可满足运营需要,又可节省工程量。

3）变坡点与竖曲线

平道与坡道、坡道与坡道的交点,叫作变坡点。列车经过变坡点时,坡度的突然变化会使车钩内产生附加应力。坡度变化较大时,附加应力的突然增大甚至容易造成脱钩、断钩事故,如图 2-6 所示。

图 2-6　列车经过变坡点的状态

当相邻坡段的坡度代数差超过一定数值时,为了保证列车的运行平稳和安全,应在相邻坡段间用一圆顺曲线连接,使列车顺利地由一个坡段过渡到另一个坡段,这个纵断面变坡点处所设的圆曲线,叫作竖曲线,如图 2-7 所示。

4）铁路线路纵断面图

用一定的比例尺（水平方向为 1∶10 000,垂直方

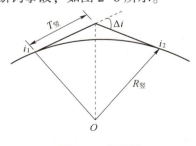

图 2-7　竖曲线

向为 1∶1 000）和规定的符号，把线路中心线（展直后）投影到垂直平面上，并标明平面、纵断面的各项有关资料的图纸，为铁路线路纵断面图，如图 2-8 所示。

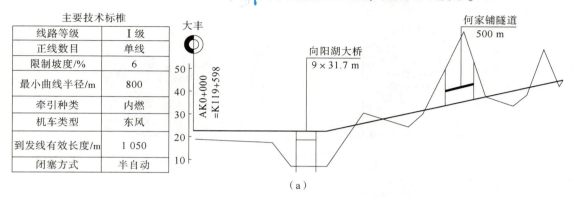

主要技术标椎	
线路等级	I级
正线数目	单线
限制坡度/‰	6
最小曲线半径/m	800
牵引种类	内燃
机车类型	东风
到发线有效长度/m	1 050
闭塞方式	半自动

（a）

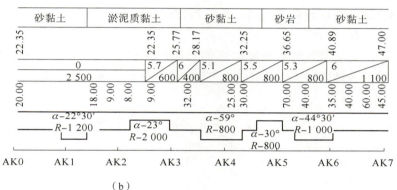

（b）

图 2-8　铁路线路纵断面图

图 2-8（a）表示铁路线路纵断面概貌和沿线主要建筑物的特征。设计坡度线，即设计的路肩标高的连线。此外，还有地面线、填方和挖方的高度等资料。

图 2-8（b）所示主要是路肩设计标高和设计坡度。同时，用千米标、百米标和加标标明线路上各个坡段和设备的位置。此外，还有地面标高等。

3. 线路标志

为满足行车和线路养护维修的需要，在铁路沿线设有许多表明铁路建筑物及设备位置和状态的标志。常见的线路标志如下。

（1）千米标、半千米标。千米标、半千米标是线路的里程标，如图 2-9 所示。千米标设于线路前进方向整千米处，表示从铁路起点开始计算的连续里程，每 1 km 设置 1 个；半千米标设于线路的半千米处，即相邻两个千米标的中间。

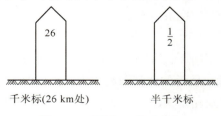

图 2-9　千米标、半千米标

(2)曲线标。曲线标设在曲线中部，其上标有曲线长度、缓和曲线长度、曲线半径、外轨超高和轨距加宽，侧面标有曲线中部里程，如图2-10所示。

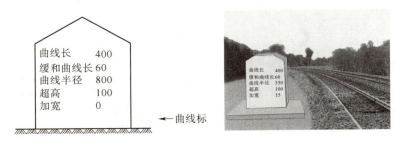

图 2-10　曲线标

(3)圆曲线和缓和曲线的始终点标。圆曲线和缓和曲线的始终点标设在直缓、缓圆、圆缓、缓直各点处，呈三棱柱形，侧面标有直、缓、圆字样，表明所进入路段分别为直线、缓和曲线、圆曲线。

(4)坡度标。坡度标设在线路坡度的变坡点处，两侧各标明其所进入路段的上、下坡状况及坡度，箭头向上斜为上坡、向下斜为下坡，横线为平道，侧面标有变坡点里程，如图2-11所示。

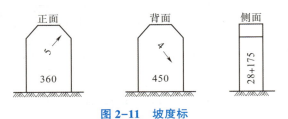

图 2-11　坡度标

(5)桥涵标。桥涵标设在桥梁中心里程（或桥头）处，表明桥梁编号和中心里程。

(6)管界标。管界标设在铁路局、工务段、领工区、养路工区、供电段、电务段所管辖地段的分界点处，两侧标明所向的单位名称。

此外，还有隧道标、鸣笛标、作业标等。

2.1.3　路基和桥隧建筑物

1. 路基

路基是指经开挖或填筑而形成的直接支承轨道结构的土工结构物。它是铺设轨道的基础，并直接承受轨道自身的重量及其传递来的列车荷载压力。因此，路基状态的好坏直接关系到线路的质量并影响行车速度及行车安全。

1)路基横断面形式

垂直于线路中心线的路基断面，称为路基横断面。铁路路基按横断面形式分为6种。

(1)路堤式路基。当铺设轨道的路基面高于天然地面时，路基以填筑方式构成，这种路基称为路堤式路基。路堤式路基由路基顶面、边坡、护道和取土坑（或纵向排水沟）等组成，如图2-12所示。

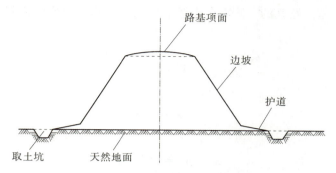

图 2-12　路堤式路基（一）

（2）路堑式路基。当铺设轨道的路基低于天然地面时，路基以开挖方式构成，这种路基称为路堑式路基，如图 2-13 所示。

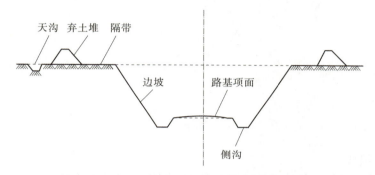

图 2-13　路堑式路基（一）

（3）不填不挖式路基。线路标高与天然地面相同，无须填方和挖方的路基称为不填不挖式路基，如图 2-14 所示。

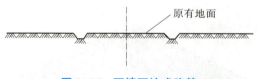

图 2-14　不填不挖式路基

（4）半堤式路基。路基的一侧需在天然地面上填方修筑而成的路基称为半堤式路基，如图 2-15 所示。

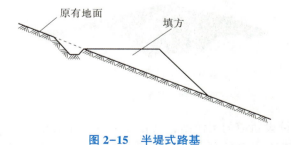

图 2-15　半堤式路基

（5）半堑式路基。路基的一侧需在天然地面上挖方修筑而成的路基称为半堑式路基，如图2-16所示。

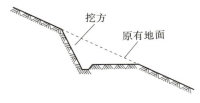

图2-16　半堑式路基

（6）半堤半堑式路基。路基的一侧需在天然地面上填方修筑，而另一侧需在天然地面上挖方修筑而成的路基称为半堤半堑式路基，如图2-17所示。

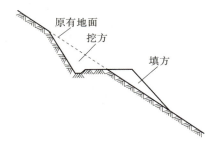

图2-17　半堤半堑式路基

2）路基的组成

路堤和路堑是最基本和最常见的路基形式。路堤式路基由路基顶面、边坡、护道和取土坑（或纵向排水沟）等组成，如图2-18所示。直线地段一般黏性土路堑式路基由路基顶面、侧沟、边坡、隔带、弃土堆、天沟等组成，如图2-19所示。以路堤式路基为例，说明路基组成。

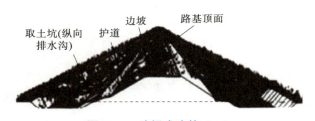

图2-18　路堤式路基（二）

图2-19　路堑式路基（二）

（1）路基顶面是铺设轨道的工作面，其宽度为两侧路肩边缘之间的距离。所谓路肩，是指路基顶面两侧无道砟覆盖的部分，用于增强路基的稳定性，防止道砟滚落至路基面外，以及设置线路标志和信号标志，便于人员避车和暂放维修材料和机具。路基顶面形状应设计成三角形路拱，由路基中心线向两侧设4%的人字排水坡。

（2）边坡是指路肩边缘两侧的斜坡，其作用是增强路基的稳定性。边坡的坡度是以边坡上任意两点间的垂直高度与水平距离之比来表示的，一般为1:1.5或1:1.75。

（3）护道是指路堤坡脚与取土坑（或排水沟）之间的斜坡，其宽度一般不小于2 m，并向外做成2%~4%的排水坡。作用是保持路基边坡的稳定，防止雨水冲刷坡脚造成边坡塌方。

（4）取土坑（兼作排水沟）位于路堤护道外侧，用于排除路堤范围内的地面水。在地形平坦地段，取土坑宜设在路堤一侧。当地面横坡陡于1:10时，取土坑宜设在路堤上侧。兼作排水沟的取土坑应确保水流畅通排出。

3) 路基面宽度和高程

（1）路基面宽度。区间路基面宽度应根据旅客列车设计行车速度、远期采用的轨道类型、正线数目、线间距、路基面两侧沉降加宽、路肩宽度养路形式等通过计算确定，必要时还应考虑光、电缆槽及声屏障基础的位置。区间单线路基面宽度由铺设轨道部分和路肩组成，区间双线路肩面宽度由线间距加左、右两侧线路中心以外轨道的铺设宽度和路肩宽度取得。路堤的路肩宽度不应小于0.8 m，路堑的路肩宽度不应小于0.6 m，高速铁路路肩宽度为1.2~1.4 m。区间单双线地段的路基面应在曲线外侧按相应的规范加宽，加宽值应在缓和曲线范围内线性递减。

（2）路基面高程。路肩边缘处的标高为路基标高。路基面的高程应使轨面标高和线路纵断面设计要求相一致。当路基面的高程可因路基面以下土体压密出现变化时，应先做好加大路基面的宽度等的预处理工作，以便用加厚道床的措施保持轨面标高不变。

4) 路基排水及防护加固

（1）路基排水。为保持路基经常处于干燥、坚固和稳定的状态，路基上应设置一套完整的排水系统，包括排地面水设施和排地下水设施。

地面水：在路堤式路基天然护道外，可设置单侧或双侧排水沟，也可用取土坑排水；路堑式路基应于路肩两侧设置侧沟；堑顶外可设置单侧或双侧天沟。地面横坡明显地段的排水沟天沟可在横坡上方一侧设置，不明显时宜在路基两侧设置。天沟不应向路堑侧沟排水，路堑式路基侧沟的水不得流经隧道流出。地面排水系统如图2-20所示。

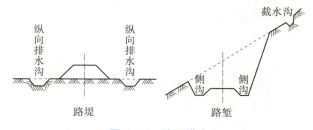

图2-20 地面排水

地下水：当地下水埋藏浅或无固定含水层时，可采用明沟、排水槽、渗水暗沟、边坡渗沟、支撑渗沟排水；当地下水埋藏深或为固定含水层时，可采用渗水隧洞、渗井、渗管或仰斜式钻孔排水。渗水暗沟和渗水隧洞的纵坡不应小于5%，条件困难时也不应小于2%。地下排水设施如图2-21所示。

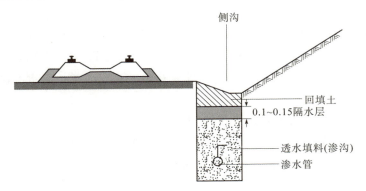

图2-21　地下排水

（2）路基防护加固。路基坡面长期裸露在自然中，受自然风化及雨水冲刷的破坏作用，会出现边坡剥落、局部凹陷、表土溜滑、坡脚被掏空崩塌等不同的坡面变形。为保证路基的坚固和稳定，路基坡面常用种草、铺草皮、砌石、抹面、喷浆、修建挡土墙等方式加以防护加固。挡土墙防护加固如图2-22所示。

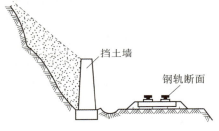

图2-22　挡土墙防护加固

2. 桥隧建筑物

当铁路线路要通过江河、溪沟、谷地以及山岭等天然障碍，或要跨越公路、铁路时，就需要修建桥隧建筑物，以使铁路线路得以继续向前延伸。桥隧建筑物包括桥梁、涵洞、明渠、隧道等。在修筑铁路时，桥隧建筑物投资占整个工程投资相当大的比重，大型桥隧的工期也是影响整个工程工期的关键。

1）桥梁

铁道桥梁由上部结构和下部结构两大部分组成。上部结构也称桥跨结构，包括桥面、梁、支座等；下部结构包括桥墩、桥台和基础，如图2-23所示。

桥面指桥上的路面，即铺设轨道和供人行走的部分，通常分有砟桥面和无砟桥面两种。有砟桥面的钢轨是铺在轨枕与道砟上的，而无砟桥面的钢轨和轨枕直接铺在钢梁或木梁上。梁是桥梁上部结构的主体，支承桥面和承受桥面传来的重力，应有足够的强度。其式样有钢桥梁、钢桁梁及钢筋混凝土梁等。支座是桥梁墩台上支承桥跨的构件，分为固定支座和铰支座。

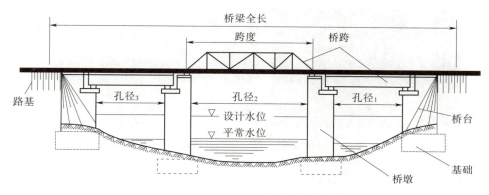

图 2-23 桥梁结构图

桥墩是桥梁中部支承桥跨结构的建筑物。桥台是桥梁两端支承和连接路基的建筑物。基础设置在桥墩和桥台的下部，支承桥墩自身的重量、桥跨重量、列车重量和冲击力等，并把这些力传到地基。

两端桥台挡碴墙之间的距离为桥梁全长，每个桥跨两支点间的距离叫跨度，每个桥孔在设计水位处的距离叫孔径，从设计通航水位（或设计洪水位）至跨桥结构最下缘的垂直高度叫桥下净空高度。

桥梁按桥梁长度，分为小桥：桥长<20 m。中桥：20 m≤桥长<100 m。大桥：100 m≤桥长<500 m。特大桥：桥长≥500 m。按桥跨结构，分为拱桥、梁式桥、刚架桥、斜拉桥、悬索桥（图 2-24）。按桥跨结构的建筑材料，分为钢桥、钢筋混凝土桥、石桥。按桥面所在位置，分为上承桥、中承桥、下承桥。按桥梁跨越的障碍，分为跨河桥、跨线桥、高架桥。

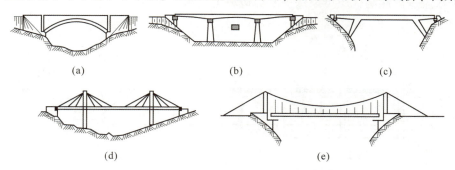

图 2-24 桥梁示意图

（a）拱桥；（b）梁式桥；（c）刚架桥；（d）斜拉桥；（e）悬索桥

2）隧道

隧道是修建在地下或水下并铺设轨道供机车车辆通行的建筑物，大多建筑在山中，用于避免开挖很深的路堑，或修筑很长的迂回线，以改善线路条件，提高运输效率。也有为穿越河流或海峡而从河下或海底通过的水下隧道，以及为适应铁路通过大城市的需要而在城市地下穿越的城市隧道。隧道一般由洞身、衬砌、洞门和避车洞、避人洞几部分组成。图 2-25 所示为隧道洞口及洞身。

洞身是隧道的主体部分，是列车通过的车道，应具有一定的净空，以保证行车安全；衬砌指沿隧道周边用石料、混凝土等砌筑的支撑结构，主要作用是承受地层压力，阻止坑道周围地层的变形，防止岩石的风化、坍塌；洞口指隧道进出口的建筑装饰结构，它的作

图 2-25　隧道洞口及洞身

用是保持洞口上方及两侧坡面的稳定，并将洞口上方流下的水通过洞门处的排水沟引离隧道；避车洞与避人洞指设于隧道内两侧边墙上交错排列的附属建筑物，它是为列车通过时便于工作人员、行人及运料小车躲避而修建的，避车洞每隔 300 m 设一个，避人洞在相邻避车洞之间每隔 60 m 设一个。

铁道隧道按长度，可分为一般隧道（长度小于 2 000 m）、长隧道（长度为 2 000～5 000 m）和特长隧道（长度大于 5 000 m）；按所在位置和埋藏条件，又可分为傍山隧道、越岭隧道、地下隧道；按洞内行车线路的多少，还可分为单线隧道、双线隧道及多线隧道等。

3. 涵洞

涵洞是埋设在路堤下部填土中，用于通过水流或行人的建筑物。涵洞主要由洞身、基础、端墙、翼墙和出入口等部分组成，如图 2-26 所示，其孔径一般为 0.75～6 m。洞身埋在路基中，从进口向出口有一定的纵向坡度，以利于排水。两端进出口处，可砌端墙和翼墙，便于水流进出涵洞，还可以保护路堤边坡免受水流冲刷。

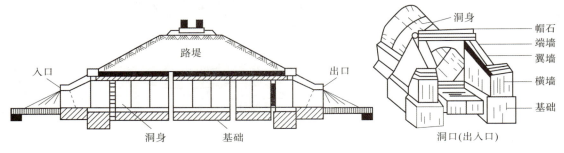

图 2-26　涵洞构造

涵洞按其使用的建筑材料的不同，分为石涵、混凝土涵、钢筋混凝土涵等；按其结构形式不同，分为管涵、箱涵及拱涵等。涵洞的类型应根据水流情况、排水量、地质条件、材料来源及施工期限等因素综合考虑确定。

2.1.4　轨道

路基、桥隧建筑物修成之后，即可在上面铺设轨道。轨道是一个整体性工程结构，主要由钢轨、轨枕、连接零件、道床、防爬设备以及道岔等组成，如图 2-27 所示，主要起引导列车和机车车辆运行，直接承受车轮传来的巨大压力，并把它传给路基及桥隧建筑物的作用。因此，应使轨道的各部分均有足够的强度和稳定性，以保证列车按规定的速度安全、平稳、不间断地运行，适应旅客列车高速及货物列车重载的发展需要。

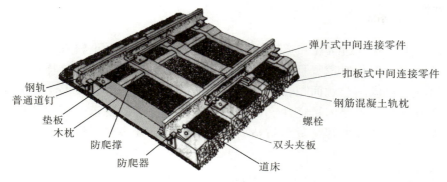

图 2-27 轨道的基本组成

1. 轨道的组成

1) 钢轨

钢轨直接承受并传递机车车辆传来的压力、冲击和振动,引导车轮运行方向。在电气化铁道或自动闭塞区段,钢轨还兼作轨道电路。

钢轨的断面形状为"工"字形,由轨头、轨腰和轨底组成,如图 2-28 所示。钢轨头部呈弧形,以适合轮轨的接触,同时,应具有足够的面积和厚度。轨腰应有足够的高度,以提高钢轨抵抗挠曲的能力。轨底应有足够的厚度和宽度,以保证其稳定性。在我国,钢轨的类型(或强度)以每米长度的质量(kg)表示,我国钢轨的主要类型有 75 kg/m、70 kg/m、60 kg/m、50 kg/m 等几种。我国钢轨的标准长度为 12.5 m 和 25 m 两种,此外,还有专供曲线地段使用的标准缩短轨若干种。

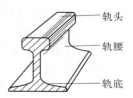

图 2-28 钢轨横断面

2) 轨枕

(1) 轨枕的类型。轨枕按材料分为木枕和钢筋混凝土枕两种,如图 2-29 所示。按用途分,主要有普通轨枕、岔枕和桥枕。

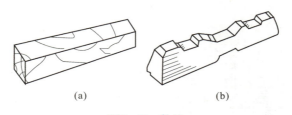

图 2-29 轨枕
(a) 木枕;(b) 钢筋混凝土枕

(2) 轨枕的作用。轨枕是钢轨的支座,主要承受从钢轨传来的压力并传给道床,同时,轨枕还起到保持钢轨位置和轨距的作用。

木枕具有弹性好、易加工、铺设和养护维修方便、绝缘性能好等优点,但使用寿命短,耗费木材多,强度、弹性和耐久性不完全一致,在机车车辆荷载作用下易出现轨道不平顺现象。钢筋混凝土枕既不受气候、腐朽、虫蛀及火灾的影响,又能保证尺寸一致,使轨道的弹性均匀,并且稳定性好,坚固耐用,并可节省大量木材。但和木枕相比较,也有重量大、弹性较差等缺点，因而要求道床质量高，铺设厚度大，并在钢轨底部增设缓冲垫层。

钢筋混凝土枕有普通轨枕和宽轨枕两类。宽轨枕也叫混凝土轨枕板，外形和普通混凝土轨枕相似，但相对较宽且稍薄。它在线路上是连续铺设的，这样可以增大钢轨与轨枕、轨枕与道床的接触面积，从而有效降低道砟应力，防止线路不均匀下降，使轨道平顺性好，提高线路的稳定性，适于重载和高速行车的要求。宽轨枕以前主要在隧道内、大桥桥头和大型客、货运站站场内铺设，现已在主要干线上逐步扩大了其使用范围。

3) 连接零件

连接零件分为接头连接零件和中间连接零件两类。

(1) 接头连接零件。接头连接零件包括夹板、螺栓螺帽和弹性垫圈等，用于把钢轨连接成一个整体。连接时，先用两块鱼尾板夹住钢轨，然后用螺栓拧紧。在普通线路上两节钢轨之间一般要预留适当的轨缝，以保证钢轨可自由地伸缩。

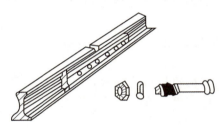

图 2-30 钢轨接头连接零件

目前，广泛采用的是悬接而又对接的钢轨接头形式，如图 2-30 所示。悬接是指钢轨的接头正好处在两根轨枕之间，这种形式弹性较好。对接是指轨道上两股钢轨的接头恰好彼此相对在同一坐标点，从而避免机车车辆通过时左右摇摆。

(2) 中间连接零件。中间连接零件也称钢轨扣件，其功能是将钢轨紧扣在轨枕之上，并保持其稳固位置，防止钢轨做相对于轨枕的纵、横向移动。

木枕扣件主要包括道钉和垫板。钢筋混凝土轨枕按其结构分为扣板式、弹片式和W形弹条式三种。其中，W形弹条式扣件主要由W形弹条、螺旋道钉、轨距挡板、挡板座及弹性垫板等组成，如图 2-31 所示。用弹条代替了扣板式扣件的扣板，改善了钢轨与混凝土枕连接的弹性，增强了紧扣力，因此在主要干线和无缝线路上得到了广泛使用。

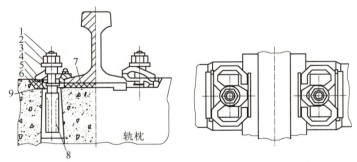

1—螺旋道钉；2—螺母；3—平垫圈；4—弹条；5—轨距挡板；6—挡板座；
7—橡胶垫板；8—硫黄锚固剂；9—绝缘防锈涂料。

图 2-31 钢筋混凝土枕用连接扣件

4) 道床

道床是铺设在路基面上的石砟（道砟）垫层，如图 2-32 所示。其主要作用是支承轨枕，保持轨枕位置，阻止轨枕纵向或横向移动；把轨枕上部的压力均匀地传给路基；排除地面雨水，使轨道具有足够的弹性，缓和机车车辆轮对对钢轨的冲击作用。

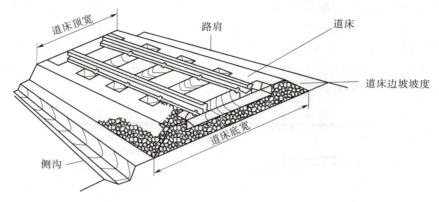

图 2-32 道床断面

我国道床常用的材料主要是碎石和筛选的卵石等，道床断面包括道床顶宽、道床底宽及道床边坡坡度 3 个主要特征。

如果将碎石道床灌注水泥浆，使它成为一个整体来支承钢轨，或者用混凝土、钢筋混凝土直接在路基面上筑成基础来支承钢轨，就形成整体道床。整体道床的强度高、维修工作量少，适用于列车高速运行，目前我国在隧道内和高速铁路上均铺设了整体道床。

5) 防爬设备

列车运行时，常常产生纵向力带动钢轨做纵向移动，有时甚至带动轨枕一起移动，这种纵向移动叫作爬行。轨道爬行后，会造成轨枕歪斜，或一端轨缝被顶严实而另一端轨缝被拉大的轨缝不匀等现象。为了阻止线路爬行造成的行车危险，必须采取有效措施防止爬行。除加强轨道其他有关组成部件外，通常还采用防爬器和防爬撑来防止线路爬行。

穿销式防爬器是由带挡板的轨卡和穿销组成的，如图 2-33 所示。安装时，将轨卡的一边紧紧地卡住轨底，另一边楔进穿销，使整个防爬器牢固地卡住轨底。另外，为了充分发挥防爬器的抗爬能力，通常在轨枕间还安装防爬撑，把 3~5 根轨枕连接起来组成一组防爬设备，共同抵抗钢轨的爬行。

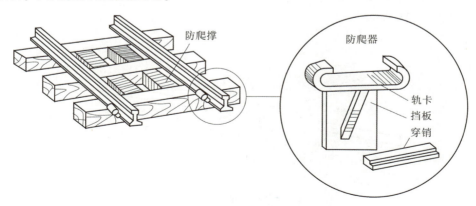

图 2-33 防爬器与防爬撑

6）道岔

道岔是铁路线路相连接或交叉设备的总称，它可以使机车车辆由一条线路转往另一条线路，通常设于车站上，是铁路轨道的一个重要组成部分。道岔种类很多，常见的有普通单开道岔、双开道岔、三开道岔、交分道岔和交叉设备等。

（1）普通单开道岔。单开道岔是最常用、最简单的线路连接设备，主要由转辙器、辙叉及护轨、连接部分组成。对于普通单开道岔，直线向左分岔称为左开道岔，向右分岔称为右开道岔，如图2-34所示。

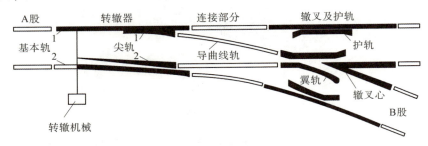

图 2-34　普通单开道岔

①转辙器：包括两根尖轨和两根基本轨，是引导机车车辆转线的部分。两根尖轨是整个道岔中可以活动的部分，用连杆相连，处于两根基本轨的内侧，并且总是一根尖轨同一根基本轨密贴，而另一根尖轨与一根基本轨分离。机车车辆通过直线线路时，就要求上边的尖轨离开基本轨的同时，下边的尖轨和基本轨密贴，以便使机车车辆轮缘顺利地通过该部位。

②辙叉及护轨：包括辙叉心、两根翼轨和两根护轮轨。作用是保证车轮安全通过互相交叉的两根钢轨。辙叉心两个工作边所夹的角α称为辙叉角，其交点称为辙岔尖端；两翼轨间的最小距离处称辙叉咽喉。从辙叉咽喉至辙岔尖端之间有一段轨线中断地带，车轮有失去引导误入异线而发生脱轨事故的可能，因此此处被称为有害空间。为保证车轮在有害空间处进入正确的轮缘槽，防止进入异线，通常在辙岔两侧相对应位置的基本轨内设置护轨。道岔上有害空间的存在，是限制过岔速度的一个重要因素。为了消灭有害空间，适应高速行车的要求，许多国家都设计制造了各种活动心轨道岔，以活动心轨辙叉代替原来的固定辙叉。活动心轨辙叉主要包括翼轨、长短心轨拼装的活动心轨、叉跟基本轨、帮轨等几部分，如图2-35所示。

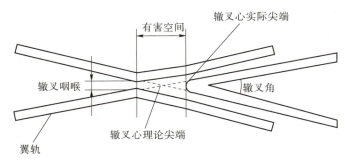

图 2-35　活动心轨辙叉

③连接部分：包括两根直轨和两根导曲线轨，是将转辙器和辙叉连接起来的部分。在

导曲线上一般不设缓和曲线和超高,所以列车在侧向过岔时,速度要受到限制。

此外,还有电控式转辙设备,但使用较少。

(2) 其他类型道岔与交叉设备。

①双开道岔:也叫对称道岔,如图2-36所示,由主线向两侧分为两条线路。在构造上,道岔对称于线路的中线,道岔连接部分有4条导曲线轨而无直轨,所以无直向及侧向之分。

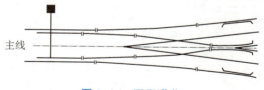

图2-36 双开道岔

②三开道岔:如图2-37所示,衔接3条线路;有两对尖轨,每对由一组转辙机控制,决定尖轨的位置;连接部分有2根直轨、2对导曲线轨,辙叉及护轨部分有3副辙叉、4根护轨。

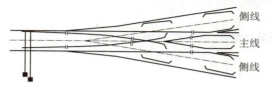

图2-37 三开道岔

③交分道岔:如图2-38所示,它有4个辙叉,其中2个锐角、2个钝角;有4条导曲线轨和8条尖轨;2根拉杆,每根带动4条尖轨同时工作。

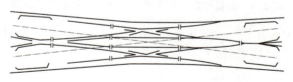

图2-38 交分道岔

④菱形道岔:是指一条线路与另一条线路在平面上相交,使机车车辆能跨越运行,交叉角度小于90°的连接设备,如图2-39所示。锐角辙叉的结构与单开道岔中的辙叉结构基本相同,钝角辙叉分为固定型和可动心轨型两种。菱形道岔可以单独使用,也可以与4组单开道岔组成渡线。

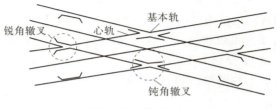

图2-39 菱形道岔

⑤渡线:为了使机车车辆能从一条线路进入另一条线路,应设置渡线,包括普通渡线和交叉渡线两种。普通渡线设在两平行线路之间,由2副辙叉号数相同的单开道岔及2道岔间的直线段所组成。交叉渡线设在两平行线路之间,它由4副普通单开道岔和1副菱形

道岔组成，如图 2-40 所示。

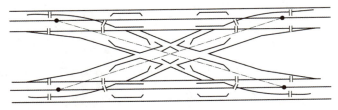

图 2-40　交叉渡线

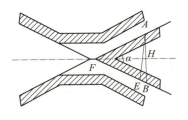

图 2-41　道岔号数计算示意图

(3) 道岔辙叉号数及允许过岔速度。

①辙叉号数。辙叉号数也称道岔号数（N），以辙叉角（α）的余切值来表示，如图 2-41 所示，即

$$N = \cot \alpha = \frac{FE}{AE}$$

式中，N 为道岔号数；α 为辙叉两个工作边的夹角；FE 为辙叉心理论尖端沿工作边至垂足的距离；AE 为辙叉心一个工作边任意一点至另一个工作边的垂直距离。

由公式可知，辙叉角越大，辙叉号数越小，这时与辙叉部分连接的导曲线轨半径也就越小；辙叉角越小，辙叉号数越大，导曲线半径越大。我国常见道岔号数、辙叉角及导曲线半径的对应关系见表 2-6。

表 2-6　道岔号数、辙叉角及导曲线半径的对应关系

道岔号数 N	6（对称）	7（三开）	9	12	18
辙叉角 α	9°27′44″	8°07′48″	6°20′25″	4°45′49″	3°10′47″
导曲线半径/m	180	180	180	330	800

②允许过岔速度。由于导曲线部分不设缓和曲线和超高，列车通过道岔时，如果速度过高，突然产生的离心力就很大，特别是当列车侧向通过时，车轮对尖轨、护轨和翼轨都有冲击，速度过大时，冲击力就很大，这样不仅会造成很大程度的摇晃，使旅客感到不适，而且威胁行车安全，因此列车的过岔速度不能超过一定的范围。

允许过岔速度包括直向过岔速度和侧向过岔速度，其中侧向过岔速度受限制较大。道岔号数 N 越大，允许过岔速度也就越高，我国铁路主要线路上使用较多的 9、12、18 号 3 个型号道岔的侧向允许速度分别为 25 km/h、45 km/h、80 km/h，当侧向列车速度超过 80 km/h 时，应用 18 号以上的道岔，如 30 号道岔等。

2. 轨道的几何形位

轨道几何形位是指轨道各部分的几何形状、相对位置和基本尺寸。为确保行车安全，轨道的两股钢轨之间应保持一定的距离；两股钢轨顶面应保持一定的相对高度；在小半径曲线地段，曲线轨距应考虑适当加宽，从而保证机车车辆能够顺利通过曲线。列车速度越高，对轨道的技术标准要求就越高。

1）轨距

轨距为两股钢轨头部踏面下 16 mm 范围内两股钢轨工作边之间的最小距离，如图 2-42 所示。

（1）直线轨距。我国铁路标准直线轨距为 1 435 mm。大于 1 435 mm 者称为宽轨距，小于 1 435 mm 者称为窄轨距。中国铁路昆明局集团有限公司有部分线路轨距为 1 000 mm，我国台湾地区铁路采用的轨距为 1 067 mm。此外，世界其他国家还有采用 1 524 mm、1 676 mm 等轨距的。

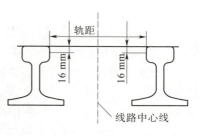

图 2-42 轨距示意图

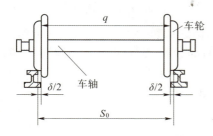

图 2-43 轮对和钢轨的相对位置

为使机车车辆能在线路上两股钢轨间顺利滚动，轨距应略大于轮对宽度，当轮对的一个车轮轮缘紧贴钢轨作用边时，另一个车轮轮缘与钢轨作用边之间就留有一定的空隙，此空隙称为游间（也称为活动量），如图 2-43 所示，在直线地段：

$$S_0 = q + \delta$$

式中，S_0 为轨距；q 为轮对宽；δ 为活动量。

轮轨活动量 δ 既不能过大，也不能过小。δ 过大，会造成列车运行时产生较大摇晃，影响轨道的稳定性，危及行车安全；δ 过小，会增加行车阻力和轮轨磨耗，严重时，轮对有可能被钢轨卡住。

（2）曲线轨距。机车车辆走行部中，固定在转向架上始终保持平行而不能做相对运动的车轴中心线间的距离称为固定轴距。车辆在曲线上运行时，由于机车车辆固定轴距的影响，可能引起转向架前一轮对的外轮轮缘和后一轮对的内轮轮缘挤压钢轨，致使行车阻力增大和轮轨磨耗加剧，如图 2-44 所示。为使机车车辆顺利通过曲线，对小曲线半径的轨距要适当加宽，表 2-7 为我国《铁路线路设计规范》规定的曲线轨距加宽的数值。

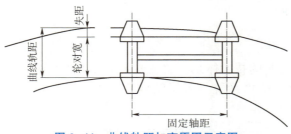

图 2-44 曲线轨距加宽原因示意图

表 2-7 轨距加宽数值

曲线半径/m	加宽值/mm	轨距/mm
$R \geq 350$	0	1 435
$350 > R \geq 300$	5	1 440
$R < 300$	15	1 450

2) 水平

(1) 钢轨的水平位置。在线路同一断面处左、右两股钢轨踏面的高度差,简称"水平"。水平也是用道尺进行检测的,与轨距的检测同步进行。

为使两股钢轨受力均匀,直线地段两股钢轨顶面应保持在同一水平,但在保证列车安全的前提下,也允许有一定的误差。水平允许误差:正线、到发线上不得大于 4 mm,其他线不得大于 6 mm,水平变化率也不得超过 1‰。否则,即使两股钢轨的水平误差不超过允许范围,也会引起机车车辆的剧烈振动。

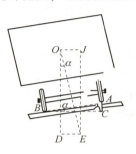

图 2-45 外轨超高

(2) 曲线外轨超高。机车车辆在曲线上运行时,由于离心力的作用,使曲线外轨承受了较大的压力,因而造成两股钢轨磨耗不均匀现象,并使旅客感到不适,严重时还可能造成翻车事故。因此,通常要将曲线上的外轨抬高,使机车车辆内倾,以平衡离心力的作用。外轨比内轨高出的部分称为外轨超高,如图 2-45 所示。

曲线外轨超高可采用如下公式计算:

$$h = 11.8 \frac{v_p^2}{R}$$

式中,h 为外轨超高(mm);v_p 为列车平均运行速度(km/h);R 为曲线半径(m)。

外轨超高计算后,取 5 mm 的整数倍。

曲线地段超高一旦设定,一般情况下,旅客列车最高速度不应超过曲线允许的最高速度;货物列车不应低于一定的行车速度,否则会产生过超高(所需超高大于设定超高)或欠超高(所需超高小于设定超高),危及行车安全。因此,我国铁路规定曲线地段外轨超高双线不得超过 150 mm,单线不得超过 125 mm。高速客运铁路,行车速度很高,又无低速运行的货车,一般设置的超高较高,但为保证列车在曲线上的停车安全,最大超高也不超过 200 mm。

2.1.5 高速铁路

1. 高速铁路设施构成

高速铁路是一个完整的技术体系,它主要由工务工程系统、牵引供电系统、通信信号系统、动车组系统、信息系统、运用维修系统等组成,高速铁路的组成如图 2-46 所示。

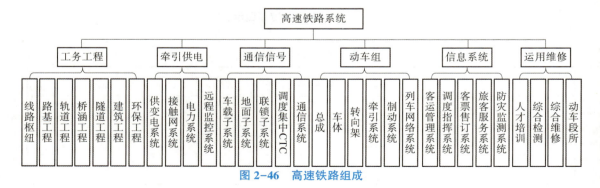

图 2-46 高速铁路组成

1）高速铁路工务工程系统

高速铁路工务工程系统是高速铁路的主要基础设施，主要由轨道、路基、桥梁、隧道、站场等组成，是确保高速行车的基础。高速铁路与常规铁路相比，最大的区别在于线路的高平顺度特性。高平顺性最终体现在轨道上，无论轨道是在路基上还是在桥梁上，也无论是何种类型的轨道，都要求它不仅在空间上具有平缓的线型、高精度的允差、高光洁度的轨面，还必须具有稳固的高保持性。高速铁路基础设施的路基、桥梁、隧道等组成部分的主要技术参数与技术规定必须互相协调，使之整体上满足高速行车在运动学、动力学、空气动力学及运输质量等方面的各项技术指标。

（1）无砟轨道。我国 250 km/h 高速铁路以有砟道为主，350 km/h 高速铁路以无砟道为主。无砟轨道具有结构稳定性高、轨道平顺性高、刚度性好、耐久性强、轨道几何尺寸能持久保持、维修工作量显著减少等特点。

（2）新型桥梁。高速铁路桥梁具有跨度大、组合结构多的特点。大跨度桥梁采用梁拱组合、斜拉等新型结构，可满足高速铁路跨越江河的需要，能有效减小车桥动力效应，降低高速列车通过时的噪声与振动，其造型也十分美观。

（3）高架长桥。高速铁路沿线跨越的城市道路、公路、既有铁路、地下管线多，沿海地区河道水网密布，软土等特殊性土分布广泛，采用高架桥结构代替路基，可有效保持轨道平顺性，控制结构变形，减少土地占用，并具有安全、耐久、美观的优点。

（4）宽大隧道。高速铁路隧道与普速铁路隧道最大的区别，在于列车高速通过隧道时产生的空气动力学效应，其对于列车运行、旅客舒适度、车体变形和密闭性、洞口环境的不利影响十分明显，同时，对于防排水标准、防灾救援和耐久性等方面也有较高的要求。为减小空气动力学效应对旅客舒适度和车厢变形的影响，高速铁路采用大断面隧道。

（5）站场设备。高速铁路的车站设备由车站、站台、股道等组成，一般建成综合客运交通枢纽，是集铁路、地铁和市政交通设施于一体的大型综合交通枢纽，极大地方便了旅客的出行，做到了高铁与城市轨道交通、公交系统的无缝接驳。

2）高速铁路牵引供电系统

高速铁路的机车都是电力机车，由于电力机车本身不带原动机，需要靠外部电力系统经过牵引供电装置供给电能，故电气化铁路是由电力机车和牵引供电系统组成的。牵引供电系统主要由牵引变电所和接触网两部分组成。

3）高速铁路信号系统

铁路信号用于保证行车安全、指挥行车和提高行车效率。高速铁路信号系统主要包括列车运行控制系统（CTCS）、分散自律调度集中（CTC）系统、计算机联锁系统（CBI）以及相应的监测系统。其中，前三个系统直接与行车相关联。

高速铁路信号系统的核心设备是列车运行控制系统，由它来实现列车的超速防护功能，保证行车安全。高速铁路信号系统的工作原理是：CTC 系统把排列进路的命令发给联锁系统，联锁系统将排好的进路信息发给列控地面设备，列控地面设备根据联锁进路信息、列车追踪信息、允许速度信息、线路坡度信息等形成列车行车许可，列控车载设备通过接收行车许可来控制列车的运行。

4）高速铁路通信系统

通信系统为高速铁路运输生产和经营管理提供了稳定、可靠、畅通的通信手段，提供了语音、数据和图像等综合业务，满足了高速、宽带通信业务的需要。

通信系统包括传输系统、数据通信网、调度通信系统、铁路数字移动通信系统（GSM-R）、会议电视系统、应急通信系统、时间及时钟同步系统、综合视频监控系统、通信电源与机房环境监控系统、通信电源、通信线路、防雷与接地系统、通信综合网管系统等。

2. 高速铁路线路设施的发展

高速铁路一般指运行速度在 200 km/h 以上的铁路，是由适合高速运行的基础设施、固定设备、移动设备，完善且科学的安全保障系统和运输组织方法有机结合起来的庞大的系统工程，是当代高新技术的综合集成。中国中长距离客户量需求巨大，而铁路是经济又快捷的运输方式，并且中国已掌握了高铁技术，因此有很大的发展潜力。各种新兴技术结合，加强了技术创新，实现了技术装备自主化、智能化、标准化，降低成本，优化高铁产业结构。

发展高速铁路智能基础设施，优化与完善路基基床结构，通过先进的监测技术实现对基础设施状态及业务流程状态的全面感知；通过构建智能运维管理体系实现由感知到执行的全局最优运维决策；通过开发智能修复执行终端，实现运维执行的合理化、无人化。

高速铁路基础设施检测监测体系，按照全覆盖感知、自动化检测监测、智能化判别的原则，通过对供电系统进行继承发展、持续融合创新。

案例一 青藏铁路

1. 青藏铁路概述

青藏铁路（Qinghai-Tibet Railway），简称青藏线，是一条连接青海省西宁市至西藏自治区拉萨市的国铁 I 级铁路，全长 1 956 km，途经青海湖、昆仑山、可可西里、三江源、藏北草原、布达拉宫等景区，如图 2-47 所示。青藏铁路分为青藏铁路西格段和青藏铁路格拉段。

图 2-47 青藏铁路地图

青藏铁路西格段全长814 km，东起青海省西宁市，西至格尔木市，于1958年开工建设，1984年5月建成通车，为双线电气化铁路；青藏铁路格拉段全长1 142 km，东起青海省格尔木市，西至西藏自治区拉萨市，于2001年开工建设，2006年7月全线通车，为单线非电气化铁路。

2. 青藏铁路的主要技术难点

与普通铁路相比，青藏铁路的修建存在以下技术难点：①高寒缺氧：沿线年平均气温在0 ℃以下，最低气温-40 ℃；每吸一口气，得到的氧气只有平地上的40%左右。②多年冻土：与美国阿拉斯加常年不化冻土不同，青藏铁路沿线在夏天地表冻土就融化成烂泥。③生态脆弱：青藏高原是珍稀野生动物的天然栖息地和高原物种基因库，是中国乃至亚洲重要的生态安全屏障，是中国生态文明建设的终点地区之一。④地震带：唐古拉山地区是地震高发地区。图2-48表现了青藏铁路所处的雪山高寒，及距离与海拔的地理环境。

 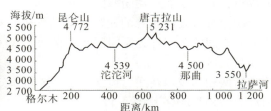

图2-48 雪山高寒、海拔

为避免恶劣环境危害施工人员安全，青藏线沿途建立了高压氧舱和17座制氧站，施工期间未发生一例高原病死亡事故。与此同时，为保护野生动物，除选线尽量避开野生动物栖息、活动区域，还修建了33个野生动物迁徙通道；唐古拉山地区是地震高发地区，沿途修建了几十个自动地震监视器。青藏铁路相应采取"主动降温、冷却地基、保护冻土"的设计准则，尽量绕避有不良冻土现象的地段，修建桥墩直通地底深处的高架桥、长达111 km的片石通风路基、路基上插竖直的液氨管和水平的通风水泥管、路基上覆盖遮阳板等。

青藏铁路作为我国最伟大的工程之一，突破技术难题，完成既定目标，实现东西贯通。

由于青藏地区从我国整体环境中来看相对落后闭塞，但是中华人民共和国成立后，国家急需发展，则青藏地区的发展就成了必不可少的一环，因此，青藏铁路建设就提上了日程。另外，由于西藏地区地处我国西部地区，需要加强其与内陆的联系，加快其发展来巩固国防。此外，由于我国需带动西藏地区的经济的发展和促进民族的团结，两地交流必不可少。因此，青藏铁路的建设是必不可少的环节。

思考与探究

高铁精神

1. 铁路线路的组成设施有哪些？轨道的结构组成有哪些？
2. 铁路线路平面和纵断面的组成要素有哪些？
3. 探究高速铁路基础设施的发展需求及"中国高铁精神"对其的支撑作用。

2.2 铁路车站

2.2.1 铁路车站定义与分类

1. 车站的定义

为了保证行车安全和必要的线路通过能力，满足人们对运输的需要，铁路上每隔一定距离需要设置一个车站。两相邻车站间的线路称为区间。而车站就成为相邻区间之间的分界点，因此，区间和分界点是组成铁路线路的两个基本环节。

车站上除了正线以外，还配有其他线路（到发线、调车线、牵出线、货物线及站内指定用途的其他线路等），所以把车站定义为在铁路线上设有配线的分界点。此外，还有无配线的分界点，它包括非自动闭塞区段两车站间设置的线路所及自动闭塞区段两车站间划分为若干个闭塞分区处所设置的通过色灯信号机。车站与车站之间的区间称为站间区间；车站与线路所之间的区间称为所间区间；自动闭塞区段上两个通过色灯信号机之间的铁路线段叫作闭塞分区。

区段是指两相邻技术站间，包含若干个区间和分界点的铁路线段。区段的长度一般取决于牵引动力的种类或路网状况。

2. 车站的分类

1）按业务性质分类

车站按业务性质，可分为客运站、货运站、客货运站和不办理客/货运业务的车站。

客运站是专门办理售票、行李与包裹运送、旅客乘降等客运业务和旅客列车的始发、终到、技术检查等行车工作以及客车整备等作业的车站，通常设在作为全国或地区政治、经济、文化中心的大城市和旅游胜地等有大量旅客出行、中转和到达的地点，如北京、上海、广州、郑州、西安等车站。

货运站是专门办理货物承运、交付、中转、装卸和货物列车到发、车辆取送，以及货物联运、换装等作业的车站，一般设在大城市、工矿地区和港口等有大量货物装卸和中转的地点，如上海东、郑州东等车站。

客货运站是既办理客运业务又办理货运业务的车站。我国铁路大多数车站属于客货运站。

此外，路网上还有一部分既不办理客运业务也不办理货运业务，专为列车交会和越行而设立的车站，称为会让站（单线）和越行站（双线）。

2）按技术作业性质分类

车站按技术作业性质，可分为编组站、区段站和中间站。

（1）编组站。编组站通常设置在大城市和大厂矿所在地或衔接3个及以上方向铁路线、有大量车流集散的地点，其主要工作是改编车流，即解体和编组各种货物列车，以及机车换挂、整备；乘务组换班、列车的技术检查、车辆检修等。

为完成上述作业，在编组站上设有以下设备：

调车设备：是编组站的核心设备，包括调车驼峰、调车场、牵出线等。驼峰调车时，利用高差的位能，车辆溜放的动力以其自身的重力为主、调车机车的动力为辅，适合列车的解体作业，如图2-49所示。

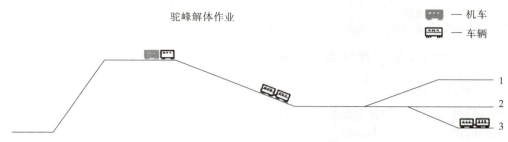

图 2-49 驼峰调车解体作业

行车设备：即接发货物列车的到发线，用于办理货物列车的到达和出发作业。

机务设备：即机务段，编组站的机务段规模比较大，供本务机车和调车机车办理检修和整备作业。

车辆设备：包括列检所、站修所和车辆段。

客运设备：编组站客运业务很少，一般利用正线接发旅客列车。

货运设备：编组站一般不设专门的货运设备，按照具体情况可设零担中转换装站台、冷藏车加冰设备以及牲畜车、鱼苗车的上水换水设备。

此外，编组站还必须有信号、联锁、闭塞、通信和照明等设备。

（2）区段站。区段站设在机车牵引区段的分界处，主要工作是办理货物列车的中转作业，进行机车的更换或机车乘务组的换班，以及解体、编组区段列车和摘挂列车。区段站和编组站拥有较多的技术设备，并主要办理货物列车和车辆的技术作业，故又统称为技术站。

为了保证上述作业的完成，在区段站上设有以下设备：

客运业务设备：主要有旅客站房、站台、雨棚及跨越线路设备等。

货运业务设备：货场及其有关设备，如装卸线、货物站台、仓库及装卸机械等。

运转设备：主要有旅客列车到发线、货物列车到发线、调车场、牵出线（有时设简易驼峰）、机车走行线等。

机务设备：机务段或机务折返段。在机务段所在的区段站上，当采用循环运转制时，在到发场应设有机车整备设备；当采用长交路轮乘制时，可设置机车运用段或换乘点。

车辆设备：车辆部门在区段站上设有车辆段、列车检修所和站修所等。

除上述设备外，还有信号、通信、照明、办公房舍等设备。

（3）中间站。中间站是为沿线城乡人民及工农业生产服务，提高铁路区段通过能力，保证行车安全而设的车站。一般设在技术站之间的区段内或支线上，它主要办理列车的接发、会让和越行、摘挂列车的调车作业以及客货运业务。有些中间站还办理市郊列车的折返和列车的始发和终到作业。中间站应根据作业的性质和工作量大小而设置以下设备：

客运设备：包括旅客站舍（售票房、候车室、行包房）、旅客站台、雨棚和跨越设备（天桥、地道、平过道）等。

货运设备：包括货物仓库、货物站台和货运室、装卸机械等。

站内线路：包括到发线、牵出线和货物线等，用于接发列车、进行调车和货物装卸作业。

信号及通信设备：包括信号机、信号表示器等。

3）按客货运量和技术作业量的大小分类

无论哪种车站，按照所担负的任务量及在国家经济中的地位，车站共分为特等站及

一、二、三、四、五等站 6 个等级。车站数量每年都在变化之中，核定车站等级应依据《铁路车站等级核定办法》相关规定。车站等级是车站设置相应机构和配备定员的依据。

2.2.2 铁路车站线路种类与线间距

1. 车站线路种类

车站应设有正线，根据车站作业的需要，还需配置各种用途的站线，正线是直接与区间连通的线路；站线包括到发线、牵出线、调车线、货物线及站内指定用途的其他线，如图 2-50 所示。

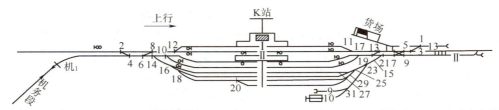

1、3—到发线；2—正线；4~8—调车线；9、10—站修线；11、13—牵出线；12—货物线；机₁—机车走行线。

图 2-50 车站线路图

到发线：用于接发旅客列车与货物列车的线路。

牵出线：用于进行调车作业时将车辆牵出的线路。

货物线：用于货物装卸作业时货车停留的线路。

调车线：用于列车解体和编组并存放车辆的线路。

站内指定用途的其他线主要有机车走行线、车辆站修线、驼峰迂回线及驼峰禁溜线等。

此外，有些车站还连接有某些段管线和特别用途线。所谓段管线，是指机务段、车辆段、工务段、电务段等专用并由其管理的线路；特别用途线是指安全线和避难线。

2. 线间距

线间距是指相邻两线路中心线间的距离，它一方面要保证行车及车站工作人员进行有关作业的安全与便利性，另一方面还要考虑通行超限货物列车所需宽度和在两线间装设行车设备的需要。

线间距的大小通常由机车车辆限界、建筑限界、超限货物装载限界、设置在相邻线路间有关设备的计算宽度、在相邻线路间办理作业的性质等因素确定。

案例二 北京铁路枢纽站

1. 铁路枢纽

在铁路网中，由各种铁路线路、专业车站以及其他为运输服务的有关设备组成的总体，称为铁路枢纽。我国铁路枢纽有 500 多个，一般也是全国或者省区的政治、经济、文化中心或工业基地和水陆联运中心等，具有代表性的大型铁路枢纽有北京、天津、上海、哈尔滨、郑州、兰州、沈阳、广州、武汉和重庆铁路枢纽站。

2. 北京铁路枢纽

北京铁路枢纽是全国最大的铁路枢纽，属环形、放射状铁路枢纽。核心区形成以北京—北京南—广安门—北京西为主的内环和以北京丰台、丰台西—东南环—双桥—东北环—西北环—丰沙—北京丰台、丰台西为主的外环二重环线,其总平面布置如图2-51所示。通过环线连接京广、京山、京包、京原、京九、京承、京秦、京通、丰沙等9条铁路干线,呈辐射状通向全国各地,并有国际列车通往朝鲜、蒙古和俄罗斯。

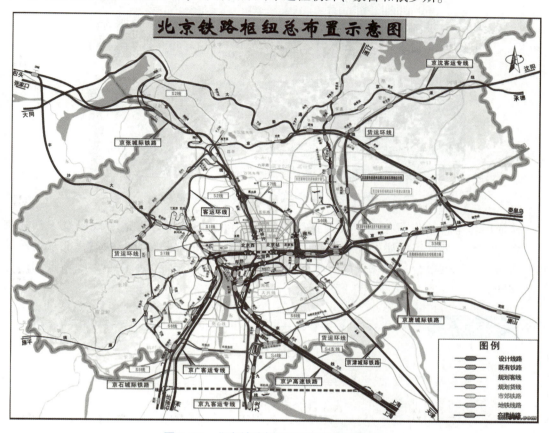

图2-51 北京铁路枢纽总平面布置示意图

北京铁路枢纽是以特大型客运站:北京站、北京西站、北京南站、北京丰台站和编组站丰台西站为主,辅之以北京北站、北京朝阳站等客运站和枢纽辅助编组站丰台站、三家店站、双桥站,以及北京东站、广安门站、大红门站、石景山站等货运站组成。枢纽内共有车站77个,其中特等站4个,一等站6个,二等站8个,三等站22个,四、五等站37个。

3. 北京丰台站

北京丰台站改造工程于2018年8月动工,2022年2月竣工。作为铁路部门践行新发展理念精心打造的重点工程之一,北京丰台站创造了铁路站房建设多项之最。车站总规模17台32线,建筑面积39.88万平方米,是北京南站的1.2倍,成为亚洲最大的铁路交通枢纽工程。丰台站采用"平屋面带柱廊"建筑造型,融合铁路、地铁、市政、公交以及相关配套设施。地上四层、地下三层的设计,引入北京地铁10号线和16号线,形成了"顶层有高铁、地面跑普速、地下通地铁"的独特格局,如图2-52所示,是我国首座采用高速、普速客运车场重叠布置的特大型、综合型交通立体枢纽站。

图 2-52　改建后的北京丰台站示意图

建成后，丰台站将承担京广高速铁路、京石城际铁路、京九客运专线以及丰沙、京原、京沪线及市郊铁路的始发终到作业，并与北京站、北京北站、北京西站、北京南站等北京铁路枢纽深度融合，优化首都交通运输结构，完善首都综合交通体系，强力带动社会经济发展。

> **思考与探究**
>
> **以人为本**
>
> 1. 铁路车站可以分为哪些类型？
> 2. 分析铁路中间站、区段站、编组站的设备区别。
> 3. 探究基于出行需求规律，以人为本的铁路车站设施规划设计原则。

2.3 铁路车辆

2.3.1 铁路车辆种类及发展趋势

铁路车辆，也称火车车厢，是指除了专门提供动力的机车以外，其他各种在铁路上行走的车辆。这些车辆少部分有动力，大部分都没有动力。铁路车辆连接在一起即成为列车或火车，由机车牵引行走。铁路车辆是运送旅客和货物的工具。

1. 铁路车辆种类

铁路车辆的类型很多，如图 2-53 所示，通常按用途、轴数、重量进行分类。按轴数分，铁路车辆分为四轴车、六轴车和多轴车。四轴车的四根轴分别组成两个相同的转向架，缩短了车辆的固定轴距，并能相对于车底架自由转动，便于通过曲线。目前，我国铁路上大部分车辆都采用这种形式。对于载重较大的车辆，为使每一车辆加在线路上的重量（即轴重）不超过按线路强度所规定的吨数，一般做成六轴或多轴车。按载重量分，货车有 50 t、60 t、75 t、90 t 等多种。按用途分，铁路车辆可分为客车、货车及特种用途车。

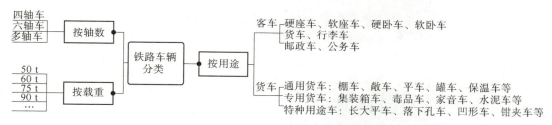

图 2-53　铁路车辆分类

1）客车

铁路客车是指运送旅客的车辆、为旅客提供服务的车辆以及挂运在旅客列车中有其他用途的车辆。客车按照旅客旅行生活上的需要和长、短途旅客的不同要求，有硬座车、软座车、硬卧车、软卧车、餐车、行李车、邮政车、公务车、医疗车等。图 2-54 所示为双层客车和普通硬座车。

图 2-54　客车

2）货车

为了运送千差万别的货物，铁路货车也设计有很多种类。按照运送货物的适用范围，装运货物的车辆可分为通用货车、专用货车及特种用途货车。

（1）通用货车。指适合装运多种类型货物的车辆，对运送的货物无特殊要求，在铁路车辆中所占比例较大，有棚车、平车、敞车、罐车、保温车、砂石车等，如图 2-55 所示。

棚车的车体有地板、顶棚、车墙及门窗，主要用于装运粮食、日用品及仪器等贵重和怕晒、怕湿的货物，以及各种箱装、袋装的货物，适应叉车等机械化装卸作业，一部分棚车还可以运送人员和马匹。

敞车的车体无顶棚，有固定的车墙，主要用来装运煤炭、矿石、钢材等不怕日晒雨淋的货物，也可用来运送重量不大的机械设备。如装货后加盖篷布，可装运怕日晒雨淋的货物，因此，敞车具有很大的通用性，是货车中数量最多的一种。敞车按卸货方式的不同，可分为两类：一类是适合人工或卸车作业机作业的通用敞车。另一类是适用于大型工矿企业、专用码头，用翻车机卸货的专用敞车；对装卸地点固定的散装货物，还可采用漏斗车或自翻车。

平车的车体为一平板或设有可翻下的活动侧、端墙板，可装运大型钢梁、木材、混凝土梁、大型机械以及汽车等体积或重量较大的货物，也可借助集装箱装运其他货物。有的平车装有活动墙板，可用来装运矿石、砂石等散粒货物。

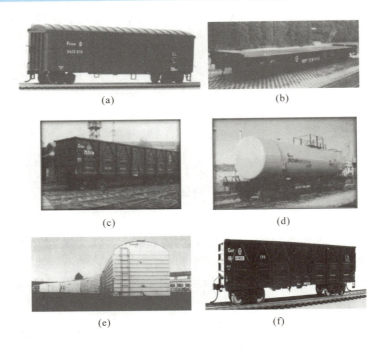

图 2-55　通用货车
(a) 棚车；(b) 平车；(c) 敞车；(d) 罐车；(e) 保温车；(f) 砂石车

保温车又称冷藏车，用于运送易腐货物。其外形似棚车，周身遍装隔热材料，侧墙上有可密闭的外开式车门。车内有降温装置，可使车内保持需要的低温；有的车还有加温装置，在寒冷季节可使车内保持高于车外的温度。按制冷方式的不同，保温车有冰箱冷藏车、机械冷藏车、无冷源冷藏车等不同类型。另外，还有用干冰（固态二氧化碳）、液态二氧化碳、液态氮等作制冷剂的冷藏车。

罐车是车体呈罐形的车辆，用来装运各种液体、液化气体和粉末状货物等。罐车通常有纵向水平置放的圆柱形罐体，以及排卸装置和安全阀等附属装置。罐体内有表示装载量的容积标尺。罐体为全封闭型结构，本身有足够的强度和刚度，因此有些新型罐车取消了枕梁间的部分底架，称为无底架罐车。这种罐车自重较轻，但由于所装货物多属易燃品或危险品，为了保证运输安全，罐体连接处必须有极高的可靠性。

（2）专用货车。一般指只运送一种货物的车辆。用途单一，同一种车辆要求装载的货物重量或外形尺寸比较统一。有时在铁路上的运营方式也比较特别，如固定编组、专列运行。专用货车一般有集装箱车、长大货物车、毒品车、家畜车、水泥车、粮食车等，如图 2-56 所示。

集装箱车专门用于运送集装箱，无车底板和车墙板。车底架上设固定式、翻转式锁闭装置和门止挡，以便锁闭集装箱，如图 2-56（a）所示。

粮食漏斗车主要用于装运小麦、玉米和大豆等散粒粮食。其中 L 系列粮食漏斗车中的 L18 型粮食漏斗车，如图 2-56（b）所示，载重 60 t，容积 85 m³。该车由车体、底门卸货装置、制动装置、车钩缓冲装置、转向架等部分组成。采用 K2 型转向架。人力制动装置采用 NSW 型手制动机。车体采用圆弧包板结构，具有自重轻、容积大等特点。采用连续式装货口，能满足定点装货和边走边装的要求。该车还具有卸货速度快、卸净度高的特点。

散装水泥车是高效、经济装运散装水泥的大型专用车辆。以 U61WT 型卧式散装水泥罐车为例，如图 2-56（c）所示，该车车辆长度 12 m，自重 22 t，载重 61 t，有效容积 50.8 m³。装料口数目及尺寸为 2×418 mm，卸货速度为 2 t/min，耗风量为 10 m³/t，卸料口径为 150 mm，最大工作压力为 0.35 MPa。

矿石漏斗车是为了适应大型冶金企业生产的需要，用于装运矿石、石灰石、煤块、建筑材料等。我国相继研制了 K19 型自卸式矿石漏斗车、K16A 型矿石漏斗车、KF60H 自翻型漏斗车、KM70H（KM70）型煤炭漏斗车。图 2-56（d）所示的是 KM70H（KM70）型煤炭漏斗车，主要由车体、底门、底门开闭机构、风控管路装置、转向架、制动装置及车钩缓冲装置等组成。卸货口在车辆底部两侧，可风动快速卸货，也可手动卸货。

毒品车，可装运农药等毒品，以及危规中第 8 类毒害品和其他贴有 9 号标志的有毒物品。图 3-56（e）所示是 W6 型毒品车，载重 60 t，容积 126 m³，构造速度达到 120 km/h。

家畜车用于装运家畜或家禽，结构与普通棚车类似，但侧墙、端墙由固定和活动栅格组成，可以调节开口改变通风，如图 3-56（f）所示。车内分为 2~3 层，并有押运人员休息和放置用具、饲料的小间，以及相互连通的水箱。

图 2-56 专用货车

(a) 集装箱车；(b) L18 型粮食漏斗车；(c) 水泥罐车；(d) 煤炭漏斗车；(e) 毒品车；(f) 家畜车

(3)特种用途车。特长和特重货物无法用一般的铁路货车来装运，必须使用专门的长大货物车。特种用途车有长大平车、落下孔车、凹型车、钳夹车等。如车辆长度一般在19 m以上的长大平车；纵向梁中部做成下凹而呈元宝形的凹底平车；底架中央部分做成空心，货物通过支承架坐落在孔内的落下孔车；将车辆制成两节，货物钳夹在两节车之间或通过专门的货物承载架装载在两节车之间的钳夹车等。长大货物车可适应电力、冶金、化工、重型机械等行业运输大型发电机定子、主变压器、轧钢机牌坊、核电站压力壳等超限、超重长大货物。图2-57所示为D26型折角式凹底平车，是我国目前载重量最大的一种凹底平车，载重260 t。D30A型钳夹式长大货车于1996年研制，最高运行速度达到50 km/h。

图2-57　D26型折角式凹底平车

2. 铁路车辆发展趋势

铁路车辆将向高速化、能源效率、提高载重、车体轻量化、舒适安全等方向发展。

车辆大型化，提高载重是一种发展趋势。一种是保持原有轴数不变，通过提高轴重来提高车辆的载重；另一种是通过增加轴数来提高车辆的载重量。此外，在车体材料上，采用各种高强度耐腐蚀的钢和铝合金等新型材料，以减轻车辆自重。

车辆多品种化。为了适应所运货物的种类和性质，国外一些国家还研制了各种专用车，如运输托盘货物的全侧门棚车；使货物免受雨雪浸湿的机械敞篷平车；用于运输冶金产品的活顶车以及为开展驮背运输、运送小轿车用的特种平车等。

2.3.2　车辆基本构造

多年来，由于不同的目的、用途及运用条件，车辆形成了许多类型，但其构造基本相同。以四轴车为例，铁路车辆的基本构造由车体及车底架、走行部、车钩缓冲装置、制动装置和车辆内部设备等组成，如图2-58所示。

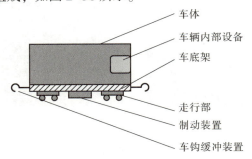

图2-58　铁路车辆基本构造示意图

1. 车体及车底架

车体是车辆供旅客乘坐和货物装载的部分，它一般和车底架构成一个整体。不同种类和用途的铁路车辆车体结构差别很大。车体按其承载特点，可分为底架承载结构、侧墙和底架共同承载结构、整体承载结构三类。

1）底架承载结构

该结构为全部荷载由底架承担的车体结构。车底架由中梁、枕梁、横梁及端梁等组成，如图2-59所示。中梁位于车底架的中央，两端是安装车钩缓冲装置的地方，是车底架的骨干，承担全部垂直荷载和纵向作用力。枕梁是车底架和转向架摇枕衔接的地方。在枕梁下部安装的上旁承和上心盘，分别与转向架摇枕上的下旁承和下心盘相对，并通过上下心盘将重量传给走行部。这种结构的车型大部分为平板车、集装箱车等。

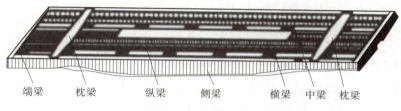

图2-59 货车车底架

2）侧墙和底架共同承载结构

该结构为荷载由侧墙、端墙与底架共同承担的车体结构。该结构可减轻底架的负担，因而减轻了底架的重量。这种结构的车型有棚车、敞车、保温车等。

3）整体承载结构

该结构车体各部分均能承受载荷。底架结构更为轻巧，可制成无中梁的底架结构，如新型罐车具有较大的强度和刚度，能够承担作用在罐体上的纵向力，因此新型罐车可不设底架。

2. 走行部

走行部主要由轮对、侧架、摇枕、弹簧减震装置、轴箱油润装置等组成。其作用是引导车辆沿着轨道运行，并把重量传给钢轨。

1）转向架

转向架是车辆的关键组成部分，它直接承载车体自重和载重，引导车辆沿轨道运行，保证车辆顺利通过曲线，并具有减缓来自车辆运行时带来的震动和冲击的作用，因此转向架的设计也直接决定了车辆的构造速度、走行的稳定性和乘坐的舒适性。

转向架根据使用轴数不同，分为二轴转向架、三轴转向架和多轴转向架，其中二轴转向架使用较为普遍。每一个二轴转向架由两组轮对轴箱油润装置、侧架、摇枕、弹簧减震装置等组成一个整体结构，并通过摇枕上的下心盘、中心销和车体底架枕梁上的上心盘对接后与车体连接为一体。图2-60所示是我国铁路货车上广泛使用的铸钢侧架式转向架示意图。

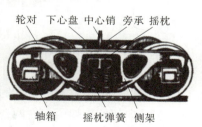

图2-60 铸钢侧架式转向架

2）车辆轴距

图2-61所示是车辆的轴距示意图，图中 A 为固定轴距；B 为全轴距。

3）轮对

轮对是由两个车轮和一根车轴按规定的压力和尺寸牢固地压装在一起形成的一个整体，如图2-62所示。它承受着车辆的全部动、静荷载，并在负重的条件下以较高的速度引导车辆在钢轨上行驶。

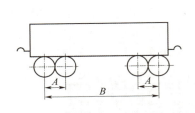

图2-61 车辆轴距示意图

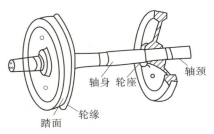

图2-62 轮对

（1）车轮。车轮与钢轨接触的外圆周表面称为车轮踏面。车轮踏面应保证一定的斜度，从而使车辆重心落在线路中心线上，以减少或避免车辆的蛇行运动和滑行，并使轮对较顺利地通过曲线。车轮内侧外缘凸起的部分叫作轮缘，它的作用是防止轮对脱轨，保证车辆在线路上安全运行。

（2）车轴。铁路车辆所用的车轴均为实心轴，根据使用轴承类型不同，可分为滚动轴承车轴和滑动轴承车轴两种。车轴两端伸进轴箱的部分叫作轴颈，安装车轮的地方叫作轮座，车轴的中部为轴身。

4）轴箱油润装置

轴箱油润装置使轮对和侧架或构架连接在一起，并将车辆重量经该装置传给轮对，其主要作用是润滑轴颈，减少摩擦，降低运行阻力，使车轴在高速运行时不致发生热轴现象，并防止尘土、雨水等异物侵入，保证车辆安全运行。

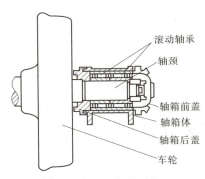

图2-63 滚动轴承轴箱

轴箱装置按轴承的工作特性，分为滚动轴承轴箱装置和滑动轴承轴箱装置，现在大量推广采用的是滚动轴承轴箱，如图2-63所示。这种轴箱由滚动轴承、前盖、后挡、密封罩、密封座等组成。在轴箱内加入适量干油，当轴颈和滚子转动时，就能将油脂带入摩擦表面。滚动轴承轴箱不仅可以减小运行阻力，延长检修周期和缩短检修时间，而且可以减少热轴、燃轴、切轴事故，同时，在牵引力相同的条件下，还可提高牵引列车的重量和速度。

5）侧架、摇枕及弹簧减震装置

货车转向架的构架由左右两个独立的侧架与摇枕组成。每个一侧架联系前后两个轮对一侧的轴箱，两个侧架的中央部位通过一根横向放置的摇枕连接。

侧架把转向架的各个零部件联系在一起构成一个整体，它的两端有轴箱导框，以便安装轴箱，其中部设有弹簧承台，是安装弹簧减震装置的地方，如图2-64所示。

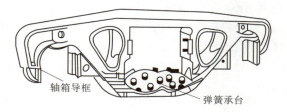

图2-64　侧架

摇枕中间用螺栓固定下心盘，两旁有旁承座，车体的重量和荷载通过下心盘经摇枕传给两侧的枕弹簧及侧架，如图2-65所示。当车辆通过曲线时，向内倾斜一侧的上旁承和下旁承相接触，可以防止车体过分摇动和倾斜。

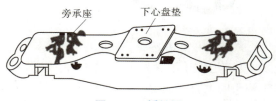

图2-65　摇枕图

弹簧减震装置能缓和车辆在运行中的垂直震动，并减轻车辆对线路的冲击。弹簧减震装置的结构如图2-66所示。

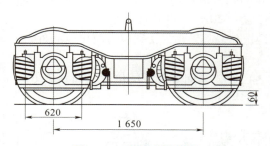

图2-66　弹簧减震装置

3. 车钩缓冲装置

车钩缓冲装置安装在车体两端的牵引梁上，用于使车辆与车辆、车辆与机车相互连挂，传递牵引力、制动力并缓和纵向冲击力。它由车钩、缓冲器、钩尾框、从板等零部件组成。图2-67所示为货车车钩缓冲装置的一般结构形式。

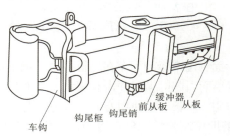

图2-67　车钩缓冲装置组成

1）车钩

车钩由钩头、钩身和钩尾等部分组成，图2-68所示为货车车钩的示意图。车钩前端粗大的部分称为钩头，钩头内装有钩舌、钩舌销、锁提销、钩舌推铁和钩锁铁；车钩后部称为钩尾，在钩尾上开有垂直扁销孔，以便与钩尾框连接；钩头与钩尾之间的部分为钩身。

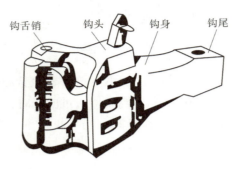

图2-68 车钩

车钩在车辆上的安装方法有上作用式和下作用式两种。上作用式是货车上采用的主要方式，是指车钩提杆位于钩头的上方，向上提起锁提销，才能使钩舌全开。下作用式车钩的提杆则位于钩头下方，由下向上推动抬起锁提销，才能使钩舌全开。

为了实现挂钩或摘钩，使车辆连接或分离，车钩具有锁闭、开锁和全开三种作用位置，即车钩三态。

（1）锁闭位置：车钩的钩舌被钩锁铁挡住而不能向外转开的位置。两个车辆连挂在一起时，车钩就处在这种位置，如图2-69（a）所示。

（2）开锁位置：钩锁铁被提起，钩舌受到拉力就可以向外转开的位置，如图2-69（b）所示。

（3）全开位置：钩舌已经完全向外转开的位置，如图2-69（c）所示。

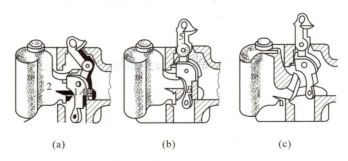

图2-69 车钩三态作用位置图
(a) 锁闭位置；(b) 开锁位置；(c) 全开位置

2）缓冲器

缓冲器安装在车钩的后面，用来缓和列车在运行中由于机车牵引力的变化或在启动、制动及调车作业时车辆相互碰撞而引起的纵向冲击和震动，从而提高列车的平衡性，减轻对车体结构和装载货物的破坏作用，延长车辆使用寿命，并为车上人员提供舒适的旅行条件。

缓冲器的工作原理是借助压缩弹性元件来缓和冲击作用力，同时，在弹性元件变形过程中利用摩擦和阻尼吸收冲击能量。根据缓冲器的结构特征和工作原理，可分为摩擦式缓冲器、橡胶式缓冲器和液压缓冲器等，如图2-70所示。

4. 制动装置

制动装置是用外力迫使运行中的列车、机车车辆或车组减速或停车的一种设备。它不仅是提高牵引重量和运行速度的前提条件，而且也是列车安全、正点运行和调车作业顺利进行的重要保证。因此，制动装置的性能好坏，对铁路的运输能力和行车安全都有直接影响。

我国机车车辆上的制动装置一般包括列车运行制动装置和手制动装置两类。前者适用于运行中整列车的制动，一般由司机操纵机车上相关按钮或手柄实现；而后者适用于调车作业中对个别车辆或车组的制动，一般通过调车人员操纵车辆上的手制动装置进行。列车运行制动装置包括很多种类型，空气制动机是其中最普及、最常用和最主要的制动装置，它是利用压缩空气产生制动力的。此外，还有轨道电磁制动、电阻制动、再生制动等其他类型的制动形式。

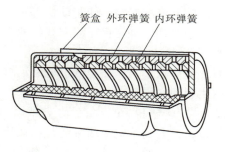

图 2-70 缓冲器

1) 空气制动机

（1）空气制动机的组成。空气制动机是指车辆制动装置中利用压缩空气作为制动力来源，以制动主管的空气压力变化来控制三通阀（分配阀或控制阀），实现制动和缓解作用的装置，包括装在机车上的空气压缩机、总风缸和制动阀，分装在机车和车辆上的制动机和基础制动装置，以及贯通全列车的制动管。安装在车辆上的设备如下（以GK型空气制动机为例，如图2-71所示）：

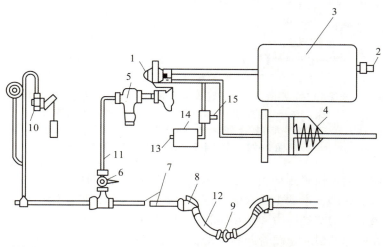

1—三通阀；2—缓解阀；3—副风缸；4—制动缸；5—远心集尘器；6—截断塞门；7—制动主管；8—折角塞门；9—连接器；10—车长阀；11—制动支管；12—软管；13—安全阀；14—降压风缸；15—空重车转换手把。

图 2-71 GK型空气制动机

制动主管与支管：安装在车底架下方，它贯通全车，是传送压缩空气的管路。在每辆车的制动主管中部连接有制动支管，在每辆车的制动主管两端装有制动软管和折角塞门，并用软管连接器与邻车的软管相连。

三通阀：是车辆制动机中最重要的部件。它连接制动支管、副风缸和制动缸，用来控制压缩空气的通路，使制动机起制动或缓解作用。

副风缸：是储存压缩空气的地方。制动时，通过三通阀气阀运动将副风缸压缩空气送入制动缸。

制动缸：当压缩空气进入制动缸后，推动制动缸活塞，将空气的压力转变为机械推力产生制动作用。

截断塞门：安装在制动支管上，用于开通或切断制动支管的空气通路。平时总在开放位置，只有当车辆上所装的货物按规定应停止制动机的作用，或当制动机发生故障时才将其关闭，以便停止该制动机的作用。通常把关闭了截断塞门，停止制动机作用的车辆叫"关门车"。

折角塞门：安装在主风管（制动软管）上，用于控制空气流通的开关。打开每节车辆的折角塞门开关后，便可通过操纵机车相关按钮来控制压缩空气的存储与流动，从而可进行整个列车的制动或缓解。

降压风缸：与制动缸相连，两者之间设有空重车调整装置，当车辆在空车位时起作用。

空重车调整装置：由空重车转换手把和空重车转换塞门两部分组成。铁路车辆的空重状态不同，在制动时往往需要的制动力也不同，可以通过空重车调整装置来控制降压风缸与制动缸的通路，以达到调整制动力的目的。

（2）空气制动机的工作原理。空气制动机及其作用原理如图2-72所示。

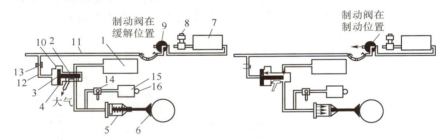

1—副风缸；2—滑阀；3—主活塞；4—三通阀；5—制动缸；6—闸瓦；7—总风缸；8—空气压缩机；9—制动阀；10—充气沟；11—制动主管；12—制动支管；13—截断塞门；14—空重车转换手把；15—降压风缸；16—安全阀。

图2-72　空气制动机及其作用原理

①缓解作用。当司机将制动阀放在缓解位置时，总风缸内的压缩空气进入制动主管，经制动支管进入三通阀，推动主活塞向右移动，打开充气沟，使压缩空气经充气沟进入副风缸，直到副风缸内的空气压力和制动主管内的压力相等时为止。在三通阀主活塞移动的同时，与其连在一起的滑阀也跟着向右移动，使得制动缸内的压缩空气经过滑阀下的排气口排出，于是制动缸活塞被弹簧的弹力推回原位，使闸瓦离开车轮而缓解。

②制动作用。当司机将制动阀移到制动位时，制动主管内的压缩空气向大气排出一部分，这时副风缸内的空气压力相对大于制动主管内的压力，因而推动三通阀的主活塞向左移动，截断充气沟的通路，使副风缸内的压缩空气不能回流。在三通阀主活塞移动的同时，带动滑阀也向左移动，截断了通向大气的出口，并使副风缸内的压缩空气进入制动

缸，推动制动缸活塞向右移动，通过制动杠杆的传动，使闸瓦紧抱车轮而制动。

（3）空气制动机的特点。

①减压制动。空气制动机在制动过程中由于向制动主管充气（增压）时缓解制动，将制动主管内的压缩空气排出（减压）时制动，因此称为"减压制动"。当列车分离或拉动车长阀时，由于制动主管内的压缩空气向大气排出，压力突然降低，因此可以自动地产生紧急制动作用使列车立即停车，以防事故的发生或扩大。

②间接制动。空气制动机在制动过程中不是直接把总风缸的压缩空气送入制动缸的，而是通过把预先储存在副风缸内的空气送入制动缸起制动作用，因此称为"间接制动"，它能保证列车前后车辆的制动作用均衡稳定。

（4）降压风缸和空重车调整装置的作用。

在装有空重车调整装置的制动机上，将空重车转换手把放在空车位置时，空重车转换塞门被打开，使制动缸与降压风缸相连。在这种情况下进行制动时，副风缸的压缩空气在进入制动缸的同时，也进入降压风缸，由于容积的扩大，降低了进入制动缸内的空气压力，因而产生较小的制动力；当转换手把放在重车位时，降压风缸与制动缸间的通路被阻，制动后副风缸中的压缩空气经三通阀直接进入制动缸而产生较大的制动力，其构造如图 2-73 所示。

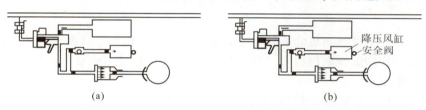

图 2-73　空重车调整装置的作用原理
（a）空车；（b）重车

（5）缓解阀和紧急制动阀的使用。

当机车和车辆连挂在一起时，可以由司机操纵制动阀对列车进行制动或缓解。但是当货物列车到达解体站后，机车摘下入段，而列车中的制动机仍处于制动状态。在这种情况下，就不可能用向制动主管充气的方法来使制动机缓解，而只能用降低副风缸的压力来达到缓解目的。因此，在货车的副风缸上都装有缓解阀，使用时拉动缓解阀，使副风缸的压缩空气经缓解阀排出，副风缸内的空气压力低于列车主管的空气压力，三通阀的主活塞就工作，滑阀随其移动，使制动缸内的空气排出，闸瓦离开车轮而缓解。

在每节客车上都装有紧急制动阀，即车长阀。它的一端连通列车制动主管，另一端和大气相通，当列车在运行中，列车员或车长发现紧急情况时，可以按《铁路技术管理规程》要求拉动车长阀，它将列车主管压力空气急剧排入大气中，施行急剧减压，使列车紧急制动。

（6）新型空气制动机。

近些年，随着铁路运输对车辆载重及速度要求的不断提高，空气制动机中的三通阀已不能满足铁路运输的要求。为此，我国已大量生产并使用新型客货车辆制动机，它与传统空气制动机的主要区别是增设一个工作风缸，并用空气分配阀代替三通阀，其余部分基本一样，如图 2-74 所示。空气分配阀由中间体、主阀和紧急阀三部分组成。中间体一面接制动管、工作风缸，另一面接副风缸、制动缸；主阀是分配阀中最主要的部分，具有控制充气、缓解、制动等作用；紧急阀能在紧急制动时提高制动速度和紧急制动的灵敏度。这种制动装置具有制动力强且稳定、制动作用迅速、灵敏度高、操作方便等特点，无论是在常用制动还紧急制动时，都能缩短制动距离，有利于提高列车运行速度，确保行车安全。

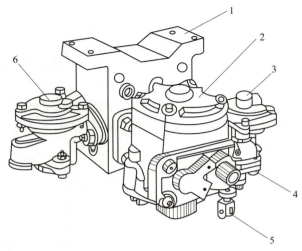

1—中间体；2—主阀；3—半自动缓解阀；4—半自动缓解阀的活塞部；6—紧急阀。

图 2-74　120 型控制阀

另外，还有在空气制动机的基础上加装电磁阀等电气控制部件而形成的电控制动机。它的特点是制动作用的操纵控制用"电控"，但制动作用原动力还是压力空气。

2）手制动机

手制动机是指装在车辆制动装置上以人力作为产生制动力原动力的部分，用人力转动手轮或手把，以代替压缩空气作用于制动缸活塞的推力带动基础制动装置动作，达到制动的效果。手制动机根据用途不同，可分为货车用和客车用两类。目前，货车上使用比较多的为链条式，客车上使用比较多的为涡轮蜗杆式。图 2-75 所示为我国铁路货车上采用较多的链式手制动机，其手制动轮很像一个水平放置的汽车转向盘，调车人员可以顺时针迅速扭动该手制动轮，使制动链绕在手轮轴上。拉动制动杠杆，使闸瓦紧压车轮而产生制动作用。

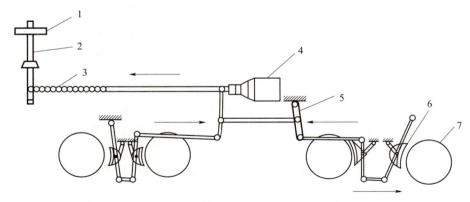

1—制动手轮；2—手轮轴；3—制动链；4—制动缸；5—制动杠杆；6—闸瓦；7—车轮。

图 2-75　手制动机

3）其他列车运行制动装置

（1）盘形制动。盘形制动是利用制动夹钳使闸片夹紧固定装设在车轴（或轮辐板）

上的制动圆盘而产生制动力的,如图 2-76 所示。制动时,闸片与制动盘间产生摩擦,将动能转变为热能,热能通过制动盘与闸片消散于大气中。由于其制动时动能转变成热能时散发快,闸片和制动圆盘材质相互间摩擦性能好,制动时减速均匀、平稳、无噪声,盘形制动可以得到比闸瓦制动大得多的制动功率,并且闸片比闸瓦使用的时间更长。盘形制动的应用与推广,提高了旅客的舒适度和列车运行的安全性,减少了维修工作量,并且有利于转向架构架的简化,降低了车辆自重及消除车轮热裂纹等。

(2) 电磁轨道制动。电磁轨道制动是通过电磁作用,使该设备上的摩擦板与钢轨摩擦而产生制动力的,如图 2-77 所示,在转向架构架侧梁下,通过升降风缸安装有电磁铁,电磁铁下设有磨耗板。制动时,将电磁铁放下,使磨耗板与钢轨吸住,电动车组的动能通过磨耗板与钢轨的摩擦转化为热能,然后经钢轨和磨耗板最终消散于大气中。电磁轨道制动是一种"非黏着制动",不同于闸瓦制动和盘形制动的制动力要通过车轮来传递,因而不受轮轨黏着性能的限制,可得到较大的制动力,因而常被高速列车用作紧急制动时的一种重要补充制动手段。

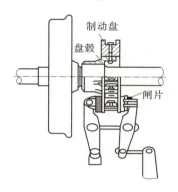

图 2-76　盘形制动装置

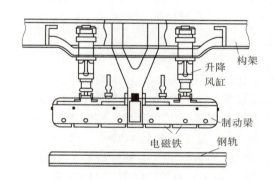

图 2-77　电磁轨道制动

(3) 动力制动。在制动时,将牵引电机变为发电机,使列车动能转化为电能,对这些电能的不同处理方式形成了不同方式的动力制动。运行中的列车常采用的动力制动形式有电阻制动和再生制动。

5. 车辆内部设备

车辆内部设备是一些为运输对象服务而设于车体内的固定附属装置,如客车上的席座、卧铺、行李架等。货车由于类型不同,内部设备也因此千差万别,一般来说比客车简单。

2.3.3　车辆标记、技术参数

1. 车辆代码

为了方便对车辆识别与管理,特别因全国铁路用微机联网管理的需要,必须对运用中的每一辆车都进行编码,并且每一辆车的代码是唯一的,代码分基本型号、车型、车号三段。

基本型号代码原则上由该车汉语拼音名称中选取一个或两个大写字母构成。客车用两个字母表示,货车一般用一个字母表示。部分车辆的基本型号代码见表 2-8。

表 2-8 部分车辆的基本型号代码

序号	货车基本型号	基本型号	序号	客车基本型号	基本型号
1	棚车	P	1	软座车	RZ
2	敞车	C	2	硬座车	YZ
3	平车	N	3	软卧车	RW
4	罐车	G	4	硬卧车	YW
5	冷藏车	B	5	行李车	XL
6	守车	S	6	邮政车	UZ
7	集装箱车	X	7	餐车	CA
8	家畜车	J	8	公务车	GW
9	水泥车	U	9	试验车	SY
10	特种车	T	10	代用座车	ZP
11	长大货物车	D	11	硬座双层客车	YZS

车型代码必须与基本型号代码连用，它是为区分同一基本型号中结构、装载量等不同的车辆而设的，一般用 1~2 个数字构成，必要时，其后还可以再加大写拼音字母。车型代码作为基本型号代码的后缀，原则上两代码合在一起不得超过 5 个字符。如 C_{62}，其中拼音字母"C"是敞车的基本型号；62 是重量系列，表示载重为 62 t 的敞车。

车号代码均为数字，因基本型号、车型不同，区分了使用数字的范围，如客车：软座车起讫号码为 10000～19999，硬座车起讫号码为 20000～49999，软卧车起讫号码为 50000～59999，硬卧车起讫号码为 60000～89999；货车：棚车起讫号码为 300000～359999，敞车起讫号码为 400000～499999，平车起讫号码为 500000～5099999。

一辆车的代码是该车的重要标识，必须涂刷在车辆显眼的位置（如侧墙）上。

2．车辆标记

为了表示车辆的类型和特征，满足运用、检修和统计上的需要，每一辆铁路车辆上均应具有运用、产权、检修等标记。

1) 运用标记

(1) 自重、载重及容积。自重为空车时车辆本身的重量，以吨为单位，保留一位小数。载重即车辆允许的最大装载重量，以吨为单位。容积是货车内部可容纳货物的体积，以车体内部长、宽、高的乘积表示。

(2) 车辆全长及换长。车辆全长为该车两端钩舌内侧面间的距离，以 m 为单位。换长是为了编组列车时统计工作的方便，将车辆全长换算成辆数来表示的长度，换算时以长度 11 m 为计算标准。即，换长=车辆全长/11，计算中保留一位小数，尾数四舍五入。

2) 产权标记

(1) 国徽。凡参加国际联运的客车，都需在侧墙外中部悬挂国徽。

(2) 路徽。凡产权归铁道部（现中国国家铁路集团有限公司）的车辆，均应在侧墙或端墙适当的部位涂刷路徽，表示人民铁道。对于货车，还应在侧梁适当部位安装产权牌。

(3) 路外厂矿企业自备车辆的产权标志。路外厂矿企业的自备车因运送货物或委托路内厂、段检修而需要在正线上行驶时，一般在侧墙上或其他相应部位涂打上"××企业自备车"字样。

(4) 配属标记。所有客车以及个别固有配属的货车，必须涂刷上所属局、段的简称。

3) 定期检修标记

(1) 厂修、段修标记，如：

$$
\begin{array}{cc}
98.8 & 97.3 \text{ 沈山} \\
99.3 & 93.3 \text{ 齐厂}
\end{array}
$$

上列标记中，第一栏为段修标记，第二栏为厂修标记；左侧为下次检修年月，右侧为本次检修年月及检修单位的简称。

(2) 辅修及轴检标记。这两种检查是定期进行的。辅修周期为6个月；轴检需视轴承的不同形式规定周期，有3个月、6个月等。货车由于无配属段，故必须涂打标记以备考；客车由于有配属段，故不必涂打辅修标记。

这两种修程标记的形式如下：

辅修标记：

3-15	9-15 丰

轴检标记：

12-15	9-15 丰

上例中的辅修标记表示这辆车在9月15日由丰台车辆段施行辅修，下次辅修到期是次年的3月15日。轴检标记所表示的意思和它相似。

3. 车辆技术经济参数

车辆技术经济参数是表明车辆结构上和运用上某些特征的一些指标。

表明普通客车的技术经济特性指标的有客车自重、客车自重系数、轴重、每延米轨道载重和最高试验速度等。

表明货车的经济特性指标的有车辆载重、车辆自重、自重系数、轴重、单位容积、每延米轨道载重和最高试验速度等。

其中，除自重、载重、容积等已在"车辆标记"部分做了说明外，还有以下几项。

1) 自重系数

货车自重系数：货车车辆自重与标记载重的比值。自重系数小，说明机车对运送每一吨货物所做的功少，比较经济，所以自重系数越小越好。

客车自重系数：客车自重与旅客定员的比值。

2) 轴重

轴重为车辆总重与轴数之比，即车辆每一轮对加于轨道上的重力。车辆的轴重受轨道和桥梁结构强度（允许的荷载）的限制，所以不允许超过规定数值。

3）单位容积

单位容积为车辆设计容积和标记载重之比。这是说明车辆载重力与容积能否达到充分利用的指标，可供铁路货运部门办理货物发送作业时参考。

4）每延米轨道载重

每延米轨道载重为车辆总重量与车辆全长之比（单位为 t/m）。它是车辆设计中与桥梁、线路强度密切相关的一个指标。按目前桥梁设计规范，允许车辆每延米轨道载重可取到 8 t。对于线路允许载荷，我国规定一般不得超过 6.6 t/m。

5）最高试验速度

最高试验速度为车辆设计时，按安全及结构强度等条件所允许的车辆最高行驶速度。车辆实际运行速度一般不允许超过最高试验速度。

案例三　高速综合检测列车

1. 高速综合检测列车的定义

高速综合检测列车是一种综合检测 CRH 和 CR 型动力分散动车组运行线路、接触网、信号等的质量的动车组列车，是体检列车。铁道部对高速线路每隔十天到半月就要开行高速综合检测列车，运用高科技装备与手段，对列车运行品质及基础设施状态进行检测与评价，即对线路等基础设施进行全面"体检"，查找安全隐患与病害。也称为"列车医生"。

高速综合检测列车以高速动车组为载体，集现代测量、时空定位同步、大容量数据交换、实时图像识别和数据综合处理等先进技术于一体，涉及高速铁路多个技术领域，是实现高速铁路周期性高速综合检测的关键技术装备，也是高速铁路最具代表性的高新技术装备之一。

2. 我国高速综合检测列车的研发

伴随着中国高铁发展，铁科院与中国南车四方公司联手，于 2008 年相继成功开发出时速 350 km 的 CRH2-061C、068C 高速综合检测列车。2010 年，铁科院再次与中国南车四方公司联手，开发出时速 350 km 的 CRH2-150C 高速综合检测列车，用于京沪高铁联调联试。2011 年 2 月和 5 月，铁科院与中国南车四方公司联合研发的 CRH380A-001、与中国北车唐山轨道客车有限责任公司联合研发的 CRH380B-002 两列最高时速达 380~400 km 的高速综合检测列车出厂，相继投入京沪高铁的联调联试与运行试验。该项目总体技术指标代表世界高速检测列车的最高水平。在此基础上，科研团队继续攻坚克难，勇于创新，相继又研制出 6 列高速综合检测列车，标志着我国高速铁路检测技术与装备站在了世界发展的最前沿。

2021 年 12 月 23 日，CR400BF-J 第十五组综合检测列车抵达北京进行试验。CR400BF-J 是在 CR400BF-C 基础上设计制造的全球领先的高寒区高速综合检测智能列车，设计速度为 400 km/h，工作温度为 -40~40 ℃，由于车身为黄色，被称为铁路最新款"黄医生"，如图 2-78 所示。

关于字母含义："CR"是"China Railway"的

图 2-78　CR400BF-J 智能高速综合检测列车

首字母缩写；"400"为速度等级代码，代表该型动车组可达时速 400 km 及以上；速度等级代码后的"A"和"B"为企业标识代码，代表生产厂家，如 A 代表中车青岛四方机车车辆股份有限公司，B 代表中车长春轨道客车股份有限公司。企业标识代码后的"F"为技术类型代码，代表动力分散式电力动车组。对于动力分散型动车组，"–"后面的字母表示技术特点，如 Z 表示智能列车，J 则表示检测列车。

我国的高速综合检测列车具有世界先进水平，主要用于铁路运营线周期性检测、新线联调联试和科学实验，是保障高铁运行安全和指导养护维修必不可少的技术装备，也是中国高铁之外极具展览展示意义的铁路尖端科技产品。

> **思考与探究**
>
> **安全责任**
>
> 1. 铁路车辆主要由哪几个部分组成？
> 2. 探究我国铁路车辆的发展过程及发展趋势。
> 3. 探究提升铁路运输安全生产的策略。

2.4　铁路机车

2.4.1　铁路机车概述

为了保证铁路每日各项运输工作的顺利进行，铁路部门必须保证拥有数量足够、牵引性能良好的机车。这是由于铁路车辆不具备动力装置，需要将其连挂成列，由机车牵引沿钢轨运行；此外，在铁路车站和一些铁路专用线上需进行部分列车的解编、车辆的转线和取送等，这也需要机车的牵引或推送完成相关的调车作业。因此，铁路机车是担负铁路运输牵引任务和完成各项调车作业主要的动力设施。

1. 铁路机车的种类

1）按运用分

铁路机车从运用上可分为本务机车和调车机车。本务机车是牵引列车运行在铁路区间的机车，可分为客运机车、货运机车。而调车机车用于列车的解体、编组和牵出、转线，其工作特点是频繁启动和停车。客运机车要求较高的最高运行速度和启动加速度，货运机车要求具有较大的牵引力，而调车机车则要求机动灵活，具有足够的黏着重量和必要的功率。

2）按牵引动力分

可分为蒸汽机车、内燃机车、电力机车、电力高速机车、磁悬浮机车。电力机车按传动方式，又可分为交直流传动和交流传动。内燃机车还可分为电传动和液力传动。

3）按走行部形式分

按走行部形式，分为车架式和转向架式两种。车架式机车采用连杆或万向轴成组驱动轮对，具有结构简单、造价低等优点，但由于曲线通过的限制，动轴数一般限于 3 根，所以这种走行部仅用于小机车和调车机车。转向架式机车的走行部与车辆走行部相似，使用最为普遍。单节机车的转向架数一般为 2 台，也有 3 台甚至 4 台的，每台转向架的轴数为

2~4 根。其优点是固定轴距短,容易通过曲线,弹簧减震系统完善,利于高速运行,检修方便等。

此外,世界各国铁路在旅客运输,特别是在大城市郊区的旅客运输中,均大力发展动车组。动车组分为内燃和电动车组两种形式,可以采用两端动力车,中间为拖车,也可以是多辆动力车在动车组中分散布置。由于动车组启动加速快,最高运行速度高,所以,要保证流线化的车头外形,车辆连接采用密接式车钩。

2. 机车牵引性能

1) 作用于列车上的力

列车在线路上运行时,会受到各种力的作用,对列车运行有直接影响的作用力有三种:第一种是使列车前进的牵引力;第二种是阻止列车运行的阻力;第三种是使列车减速或停车的制动力。其中,牵引力和阻力是计算牵引重量标准的主要因素。

列车在不同的工作状态下,上述三种力以不同的组合作用在列车上,当牵引运行时,有牵引力和阻力;当惰行时,只有阻力;当列车制动时,有制动力和阻力。

2) 机车理想牵引特性

机车牵引列车运行的过程,就是机车的牵引力克服列车启动和运行中所受阻力的过程。在列车运行中的任意瞬间,牵引力(F)和运行速度(v)的乘积,就是机车用于牵引全列车的功率(N),即 $N=F \cdot v$,功率一般用"kW"做单位。无论哪一种机车,都有一个额定功率。

机车在牵引列车时,由于线路平、纵断面及其他因素的影响,所受到的阻力是经常变化的。为了能充分利用机车的功率,要求机车无论是在全负荷还是部分负荷的条件下,都能具有恒功率输出性能。也就是说,要求机车的调节性能可保证机车在速度变化范围内,使 $N=F \cdot v=$ 常数。可见,牵引力与速度应当成反比关系:当外界阻力增大时,机车能降低速度,增大牵引力与之相适应;而当外界阻力变小时,机车又能增大速度,相应地减小牵引力,从而保证功率的恒定。

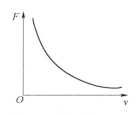

图 2-79 机车理想牵引性能曲线

把对 F 和 v 的这种要求表示在坐标上,应该是一条双曲线,如图 2-79 所示。这条曲线叫作机车理想牵引性能曲线。

当然,曲线的两端不能无限延长。左端,牵引力不能超过轮轨之间的黏着力,否则车轮就会空转;右端,速度也不能超过机车的设计速度。

电力机车、内燃机车上坡运行或负载加大时,电机的转速能随着转矩的增大而自动降低,两者的关系非常接近机车理想牵引性能曲线,可以满足列车牵引的要求。任何一种类型机车的牵引性能,都应与机车理想牵引性能曲线相符合。

3. 铁路机车的型号

我国用汉字表示机车的类型,例如用"东风"表示电传动内燃机车,用"东方红"表示液力传动内燃机车。也可以用汉语拼音字母表示,如 DF 即为"东风"。进口内燃机车类型用汉语拼音字母"ND"和"NY"表示,其中,N 表示内燃机车,D 表示电传动,Y 表示液力传动。在汉字或拼音右下角的数字,则表示该型机车投入运用的序号。

用汉字"韶山"表示国产电力机车,也可用汉语拼音字母表示,SS 即为"韶山"。在汉字或拼音字母的右下角的数字,则表示该型机车投入运用的序号,如 SS_1、SS_4 等。

和谐型电力机车（HXD）是引进国外技术在中国设计制造的交流传动重载货运电力机车。HXD 后面的数字表示不同制造公司所制造的不同机车，如 HXD_1 为南车株洲电力机车公司制造，HXD_2 为北车大同机车公司制造。

和谐型内燃机车（HXN）是引进国外技术在中国设计制造的交流传动重载货运内燃机车。HXN 后面的数字表示不同制造公司所制造的不同机车，如 HXN_3 为北车大连车辆公司制造，HXN_5 为南车戚墅堰机车公司制造。

和谐号高速动车组用 CRH（China Railways High-speed）表示，CRH 右下角的数字表示不同制造公司所制造的不同动车组，如 CRH_2 为南车四方机车车辆公司制造的动车组，CRH_3 为北车唐山机车车辆公司制造的动车组。

4. 机车轴列式

所谓轴列式，就是用数字或字母表示机车走行部的结构特征的一种简单表示法。以英文字母表示动轴数，如 A 为 1、B 为 2、C 为 3、D 为 4 等，注脚"0"表示每一动轴为单独驱动，无注脚表示动轴为成组驱动。如"东风$_4$"型电传动内燃机车的轴列式为 C_0-C_0，即表示两台三轴转向架，每根轴上都单独悬挂一台牵引电动机；"韶山$_4$"型电力机车的轴列式为 $2(B_0-B_0)$，即表示两节完全相同的两台二轴转向架，每轴上单独悬挂一台牵引电动机，是八轴的电力机车；"东方红$_5$"型液力传动内燃机车的轴列式为 B-B，即表示两台二轴转向架，成组驱动的机车。

5. 铁路机车的特点

蒸汽机车是通过蒸汽机把燃料的热能转换成机械能，用来牵引列车的一种机车，构造简单、维修容易、成本低，但是热效率低、环保性差，已被其他新型牵引形式取代。

相比蒸汽机车，内燃机车具有热效率较高、速度快的特点。内燃机车具有灵活机动、独立性强、单节机车功率大、机车的整备时间短、持续工作时间长、用水量少等优点，但是具有对大气和环境污染较严重、结构复杂、工作可靠性低、制造维修成本高等缺点。

电力机车本身不排放污染大气的有害气体；可利用多种能源；可制成大功率机车，运输能力强；启动快，速度高，爬坡性能好；运营费用低。但是必须在电气化线路上行驶，相比于内燃机车，电力机车的线路和机车费用高。从世界各国铁路牵引力的发展来看，电力机车是被公认为最有发展前途的一种机车。

2.4.2 内燃机车

内燃机车是以内燃机为原动力的一种机车。按其使用的内燃机种类，可分为柴油机车和燃气轮机车，以柴油机车的使用最为广泛。我国铁路上采用的内燃机车绝大多数是柴油机车。内燃机车的热效率可达 30% 左右，是各类机车中效率较高的一种。

1. 内燃机车的种类

内燃机车按用途可分为干线内燃机车、调车内燃机车和内燃动车组。按传动方式，可分为电力传动、液力传动两种类型的内燃机车。电力传动内燃机车如果采用直流发电机和直流牵引电动机，就称为直-直流电传动内燃机车；如果采用交流发电机和直流牵引电动机，就称为交-直流电传动内燃机车，后者在技术、经济指标上要比前者先进一些。此外，还有一种更为先进的电传动方式，即采用交流发电机和交流牵引电动机的交流电力传动，按可控硅变频方式，可分为交-直-交和交-交两种形式。此种传动方式可以提高单节机车的功率,防止机车动轮打滑,是内燃机车发展的方向。

2. 内燃机车的组成和工作原理

内燃机车的种类很多,但它们的主要组成和工作原理基本相同,都是由柴油机、传动装置、走行部、车体与车底架、车钩缓冲装置、制动装置和辅助装置等几个主要部分组成。

1) 柴油机

柴油机是将柴油燃烧产生的热能转变为机械能的动力机械,柴油机是内燃机车的动力装置。目前铁路机车上的柴油机多为四冲程、多缸、废气涡轮增压、压燃式柴油机。

为满足各种功率需要,在制造柴油机时,便生产相同气缸直径,不同气缸数的系列产品。小功率的多为直列式,大功率的一般都是V形。各种柴油机都用一定的型号来表示,如东风4B型内燃机车的柴油机是16V240ZJB型,表示有16个气缸分两排V形排列,缸径240 mm,Z表示设有涡轮增压器和中间冷却器,J表示铁路牵引用柴油机,B表示产品的一种型号。

现以一个气缸为例,了解四冲程柴油机的结构和工作原理。四冲程柴油机在一个循环中,每个冲程的工作情况如图2-80所示。

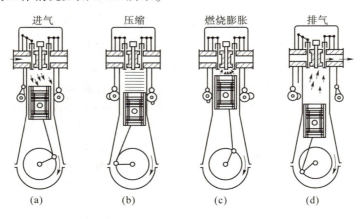

图2-80 单缸四程冲柴油机工作循环示意图
(a) 进气冲程; (b) 压缩冲程; (c) 做功冲程; (d) 排气冲程

柴油机在工作过程中,活塞在气缸内做连续的上下往复运动,活塞通过连杆与曲轴相连,曲轴做连续的回转运动;在气缸盖上设有进、排气阀和喷油器,进、排气阀由凸轮轴通过配气机构控制开闭;喷油器由供油装置控制。燃油在气缸内燃烧放热膨胀做功,推动活塞往复运动,并通过曲轴将往复运动变为旋转运动,这样燃料的热能就转化为机械能。活塞需要经过四个冲程才能完成进气、压缩、燃烧膨胀、排气一个工作循环。此后,随即重新进行下一个工作循环。

2) 传动装置

内燃机车在柴油机将机械能传递给机车走行部的过程中,既要保证柴油机的功率得到充分发挥,又要使机车具有良好的牵引特性,所以柴油机曲轴不能直接驱动机车动轮,而必须在柴油机曲轴与机车动轮之间设置一套传速比可变的中间环节,即传动装置。

内燃机车的传动装置有电力传动和液力传动两种。液力传动内燃机车采用的是液力传动装置。柴油机驱动液力传动装置的变扭器泵轮将机械能转变成液体的动能,再经变扭器的涡轮转换成机械能,以适应机车的各种运行情况,然后经万向轴、车轴齿轮箱等部件传至车轮。这种机车可节省大量钢材,但传动效率比电力传动低,因此液力传动内燃机车的牵引功率较小,目前各国多采用电力传动方式。我国铁路上广泛应用的东风系列内燃机车均为电力传动,电力传动内燃机车采用电传动装置。

3) 走行部

内燃机车的走行部一般采用三轴或二轴的转向架形式。

机车转向架的作用是承受车架以上各部分的重量,包括车体、车架、动力装置以及辅助装置等,在保证必要的黏着前提下,将轮轨接触处产生的轮轴牵引力传递给车架和车钩,牵引列车前进;产生必要的制动力,以便使机车在规定的制动距离内停车;同时,缓和来自线路不平顺的冲击和隔离震动,保证机车沿轨道运行并顺利通过曲线。

每个转向架主要由构架、弹簧装置、连接装置、轮对和轴箱、驱动机构、基础制动装置等部分组成。

4) 制动装置

为了提供必要的制动力,在内燃机车上设有主要的制动装置,例如空气制动装置、电阻制动装置、基础制动装置及辅助制动手段(如手制动)。

(1) 主要的制动装置包括空气制动装置和电阻制动装置。

空气制动是机车上的主要制动方式,空气制动装置主要由空气压缩机、总风缸、分配阀、制动缸、单独制动阀(即小闸)和自动制动阀(即大闸)等部件组成。当司机操纵小闸时,通过分配阀的作用能单独控制机车,使机车产生制动或缓解作用。

电阻制动是利用直流电动机的可逆原理,在机车需要减速时,将机车转换为制动工况,此时牵引电动机转换为发电工况,并通过轮对将列车的动能变成电能,再通过制动电阻把电能转换为热能消耗掉,使机车速度降低而起制动作用。

(2) 基础制动装置。基础制动装置的作用是将制动缸的力经杠杆系统增大后传给闸瓦。基础制动装置可由若干制动单元组成。每一制动单元包括一个制动缸、一套杆件系统和闸瓦,制动缸内作用于活塞的压缩空气推力(或手制动装置手轮上的力)经过一系列的杠杆增大一定倍数后传给各个闸瓦,使闸瓦压紧轮箍,最后通过轮轨的黏着产生制动作用。

(3) 辅助制动装置。在内燃机车每端的司机室内装有手制动轮。当需要使用手制动时,转动手制动轮,就能使这一端转向架上的基础制动装置起制动作用。

5) 辅助装置

内燃机车辅助装置的作用是保证机车柴油机、传动装置、走行部与电气控制设备等的正常工作和可靠运行,以及乘务人员正常工作条件的各项装置。它是内燃机车必不可少的重要组成部分,主要包括冷却系统、机油系统、燃油系统、压缩空气系统、通风装置、空气滤清系统、预热系统、辅助驱动装置、撒砂装置,以及用于改善乘务员工作条件的各种设备。

2.4.3 电力机车

电力机车的牵引力是电能,但机车本身没有原动力,而是依靠外部供电系统供应电力,通过机车上的牵引电动机驱动机车运行。采用电力机车牵引的铁道称为电气化铁道。电气化铁道由牵引供电系统和电力机车两部分组成。

1. 电力机车的分类

电力机车从接触网上获取电能，接触网供给电力机车的电流有直流和交流两种。由于电流制式不同，所用的电力机车也不一样，基本上可以分为直-直流电力机车、交-直流电力机车、交-直-交流电力机车三类。

直-直流电力机车采用直流制供电，牵引变电所内设有整流装置，它将三相交流电变成直流电后，再送到接触网上。因此，电力机车可直接从接触网上取得直流电供给直流串励牵引电动机使用，简化了机车上的设备。

交-直流电力机车采用交流制供电，目前世界上大多数国家都采用工频（50 Hz）交流制或 25 Hz 低频交流制。在这种供电制式下，牵引变电所将三相交流电改变成 25 kV 工业频率单相交流电后送到接触网上。但是在电力机车上采用的仍然是直流串励电动机，把交流电变为直流电的任务在机车上完成。由于接触网电压比直流制时提高了很多，接触导线的直径可以相对减小，从而减少了有色金属的消耗和建设投资。因此，工频交流制得到了广泛采用，世界上绝大多数电力机车也是交-直流电力机车。

交-直-交流电力机车采用交流无整流子牵引电动机（即三相异步电动机），这种电动机在制造、性能、功能、体积、重量、成本、维护及可靠性等方面远比整流子电机优越得多。这种机车具有优良的牵引能力，很有发展前途。

2. 电力机车的基本构造及工作原理

1）电力机车的基本构造

电力机车是由电气部分、机械部分和空气管路系统三部分组成的。

（1）机械部分。包括走行部、车体、车钩缓冲装置等。走行部是承受车辆自重和载重并在钢轨上行走的部件，由两轴或三轴转向架以及安装在其上的弹簧悬挂装置、基础制动装置、轮对和轴箱、齿轮传动装置和牵引电动机悬挂装置组成。

车体用来安放各种设备，同时也是乘务人员的工作场所，由底架、驾驶室、台架、侧墙和车顶等部分组成。驾驶室设在车顶的两端，由走廊相通。驾驶室内安装控制设备，如司机控制器、制动阀、按钮开关、监测仪表和信号灯等。两驾驶室之间用来安装机车的全部主要设备，有时划分成小室，分别安装辅助机组、开关设备、换流装置以及牵引变压器等。部分电气设备如受电弓、主断路器和避雷器等则安装在车顶上。车钩缓冲装置安装在车体底架的两端牵引梁上。车体和设备的重力通过车体支承装置传递到转向架上，车体支承装置同时起传递牵引力与制动力的作用。

（2）电气部分，是指机车上的各种电气设备及其连接导线，包括主电路、辅助电路、控制电路以及它们的保护系统。

主电路是电力机车最重要的组成部分。它决定机车的基本性能，由牵引电动机以及与之相连接的电气设备和导线共同组成。在主电路中流过全部的牵引负载电流，其电压为牵引电动机的工作电压，或者接触网的网压，所以主电路是电力机车上的高电压大电流的动力回路。它将接触网上的电能转变成列车牵引所需的牵引动力。

辅助电路是供电给电力机车上各种辅助电机的电气回路。辅助电机驱动多种辅助机械设备，如冷却牵引电动机和制动电阻用的通风机、供给各种气动机械所需压缩空气的压缩机等。

控制电路是由司机控制器和控制电器的传动线圈及联锁触头等组成的低压小功率电路。控制电路的作用是使机车主电路和辅助电路中的各种电器按照一定的程序动作,这样电力机车即可按照司机的意图运行。

保护系统是保护上述各种电路的设施。

(3) 空气管路系统,是风压的通道,为机车受电弓上升、机车制动、机车散热提供风源。主要包括供给机车和车辆制动所需压缩空气的空气制动气路系统,供给机车电气设备所需压缩空气的控制气路系统,供给机车撒砂装置、风喇叭和刮雨器等辅助装置所需压缩空气的辅助气路系统。

2) 电力机车的工作原理

电力机车上的主电路是产生机车牵引力和制动力的电气设备电路,它将从接触网上获得的电能转变为牵引列车的机械能。辅助电路系统为主电路电气设备服务,包括冷却、提供压缩空气等。控制电路系统用于间接控制机车上的高压电气设备和辅助电气设备。

电力机车在运行过程中,经受电弓将接触导线供给的单相工频交流电引入机车内部,经过主断路器再进入主变压器降压,交流电从主变压器的牵引绕组经过硅机组整流后转换为直流电,然后向直流(脉流)牵引电动机供应直流电,从而使牵引电动机产生转矩,将电能转变为机械能,经过齿轮的传递,驱动机车动轮转动。

电力机车的速度控制,主要由司机通过控制牵引电动机转速来实现。当机车需要制动时,除使用空气制动装置外,还可以辅以电阻制动。如果将电能重新反馈回电网中并加以利用,就称之为"再生制动"(或"反馈制动")。从能量利用上看,电阻制动虽然不如再生制动,但电阻制动的主电路工作可靠稳定,技术比较简单,目前在电力机车上得到广泛使用。

电力机车的制动,除使用空气制动装置外,还可以辅以电阻制动。司机扳动转换开关,使它从牵引位转到制动位,把牵引电动机从串励电动机改为他励电动机,把电枢绕组同制动电阻连接起来。这样,车轴带动电动机的电枢旋转,发出的电流就会被制动电阻变成热能散逸,从而消耗了机车惰行时的机械能。如果将电能重新反馈回电网中并加以利用,就称之为"再生制动"(或"反馈制动")。此外,电力机车上还有防空转系统、过压、过流、短路、接地等各种保护装置,以及司机室的显示屏装置等。

3. 电力机车的电气设备及功能

电力机车上设有各种复杂的电气设备,而所有电气设备则分别装设在主电路、辅助电路和控制电路这三条电气回路中。

1) 主电路的电气设备

主电路中的电气设备主要有受电弓、主断路器、主变压器(即牵引变压器)、调压开关、整流装置、平波电抗器、牵引电动机和制动电阻等。

(1) 受电弓:机车顶部装有两套单臂受电弓,受电弓紧压接触网导线滑行摩擦,从电网上取得电流。运行时,机车只需升起一套受电弓,另一受电弓作为备用。接触网上送来的25 kV工频单相交流电就由此引入机车。

(2) 主断路器:主断路器是用来接通或断开电力机车高压电路的。当主电路发生短路、接地或整流调压电路、牵引电动机等设备发生故障时,它能自动切断机车电源,实现对机车上设备的保护。

（3）主变压器：又称为牵引变压器，它把从接触网上取得的 25 kV 高压电降低为牵引电动机所适用的电压。变压器共有 4 个绕组：1 个原边绕组接 25 kV 高压电；3 个副边绕组，其中牵引绕组用来向牵引发电机供电，励磁绕组用于在电阻制动时给电动机提供励磁电流，辅助绕组用来给机车的辅助电机供电。

（4）调压开关：用来调节牵引变压器中副边牵引绕组的输出电压，从而使牵引电动机的端电压得以改变，以达到机车的调速目的。

（5）平波电抗器：由于牵引电动机本身的电感极小，不足以将整流后的电流滤平到所需的范围。因此，在牵引电动机电路中串接一个增大电感的平波电抗器，以减小整流电流的脉动。

2）辅助电路的电气设备

辅助电路电源来自主变压器的辅助绕组，通过劈相机将单相交流电转变成三相交流电后，供给牵引通风机、油泵机组和空气压缩机等辅助电机使用。

3）控制电路的电气设备

控制电路将主电路和辅助电路中各电气设备的控制电器（包括各种控制开关、接触器、电空阀等）同电源、照明、信号等的控制装置连成一个电系统。

以上三个电路系统在电气方面一般是相互隔离的，但三者通过电磁、电空或机械传动等方式相互联系、配合运作，用低压电控制高压电，以保证操作的安全和实现机车的运行。

4. 电气化铁道供电系统

电力机车本身没有发电设备，必须由外部供给电能牵引力运行，所以需要一套电气化铁道供电系统。将电能从电力系统传送到电力机车的电力设备总称为电气化铁道的供电系统，如图 2-81 所示，主要包括牵引变电所和接触网两部分。发电厂发出的电流经升压变压器提高后，由高压输电线送到铁路原先的牵引变电所，在牵引变电所里把高压的三相交流电变换成所要求的电流或电压后，再转送到邻近区间和站场线路的接触网上供电力机车使用。牵引变电所、接触网、电力机车、钢轨、回流线构成一个闭合回路，使列车运行。

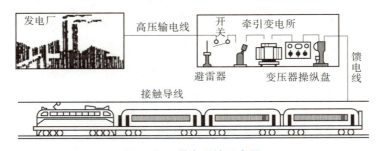

图 2-81 供电系统示意图

1）牵引变电所

牵引变电所的任务是将电力系统高压输电网输送来的 110 kV（或 220 kV）的三相交流电，改变成不低于 25 kV 的单相交流电后，流向邻近区间和所在站场线路的接触网，保证可靠而又不间断地向接触网供电。

在牵引变电所内设有变压器、避雷器和各种高压开关等配电装置。为使牵引变电所内各种电气设备正常运行,确保安全可靠供电,牵引变电所内还装有各种控制、测量、监视仪表和继电保护装置等。

2)接触网及 AT 供电方式

接触网是架在电气化铁道上空,向电力机车供电的一种特殊形式的输电线路。接触网的质量和工作状态直接影响着电气化铁道的运输能力。接触网如图 2-82 所示。

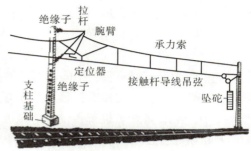

图 2-82　接触网示意图

AT(Auto Transformer Supply System of Electric Traction,自耦变压器供电方式)供电方式在电气化铁道接触网周围的空间产生磁场,因此对临近通信线路广播设备等产生干扰和影响,使通信质量下降,甚至危及设备和人身安全。为了解决这一问题,接触网采用 AT 供电是较好的一种方式。AT 供电方式是在馈电线中设置自耦变压器(简称 AT),它并联于接触网、钢轨和正馈线上,其中点抽头与钢轨相接,形成两条牵引电流回路。接触网与钢轨、正馈线与钢轨间的自耦变压器两半线圈上电压相等。

理想情况下,接触网与正馈线中流过的电流大小相等,方向相反,因此,在通信线路中产生的感应影响相互抵消,有效地减弱对通信线路的电磁影响。

案例四　大功率电力机车"神 24"

1. 国之重器之全球首台最大功率电力机车"神 24"概述

2021 年 6 月 25 日,全球首台最大功率电力机车"神 24"在国家能源集团包神铁路神木北站牵引着万吨运煤列车出发,如图 2-83 所示。"神 24"被誉为全球重载铁路"动力之王",其运煤之旅推进我国铁路装备重载化、智慧化、国际化发展迈入新阶段。

该机车是为解决神朔铁路长大上坡道线路机车动力不足、"3+0"牵引万吨和"2+1"牵引万吨编组周转时间长、机车运行生产效率提升难度大、列车操控智慧化程度不高、机车乘务员需求数量多等难题而研制的,机车投入使用后,将极大提升智能运输水平,提高运输生产效率,降低司乘和地勤人员劳动强度。

"神 24"是由包神铁路集团与中车株机公司联合研制的全球最大功率电力机车,于 2020 年 7 月

图 2-83　全球最大功率"神 24"机车上线运行

29日成功下线。该机车以单机功率28 800 kW、牵引力2 280 kN的超强动力刷新轨道交通装备动力的世界纪录，填补了世界20轴、24轴大功率交流传动电力机车产品的空白，成为国之重器。

2. "神24"大功率电力机车技术特点

"神24"电力机车拥有16项技术创新。机车采用6节编组，24轴，长106 m，最高运行时速120 km，具备在12‰的坡道上牵引万吨货物列车的能力，具有全球最大单机功率、最大单机牵引力、灵活编组牵引模式、灵活配置牵引动力、减少运输成本与人力资源等优点。

该机车两头设置司机室，中间内部贯通，只需配备1组乘务员。车头造型以雄狮为设计灵感，棱角分明、气质俊朗，彰显重载电力机车的力量感。在"神24"的"一组六节"标准编组中，A节和B节机车各设有单司机室及控制台，C1节和C2节机车为不带受电弓的中间补机机车，D1和D2节机车为带受电弓的中间补机机车。由于比较长，"神24"机车分为2个动力单元。每个动力单元采用集中受流、分散供电的方式，动力单元之间高压不重联。机车运行时，每个动力单元均升1个受电弓。

基于智能化的设计，该机车搭载了可智能驾驶、智能运维的"智慧大脑"，具备自动唤醒、自动起车、自动调速、自动停车等功能；构建全寿命周期的故障预测和健康管理系统，实现机车状态智能感知、故障智能识别、关键部件自动诊断与劣化运行监控。同时，创新采用以模块化、分布式网络、智能化设计为基础的新一代机车制动系统，提高制动的安全性与可靠性，解决了大功率制动能量回收品质差、电流大的难题，可将制动产生的超大动能回收再利用。基于北斗导航差分定位，实现了机车精准控制。

3. "神24"大功率电力机车的研发意义

神24电力机车承载了党的十九大报告和"中国制造2025"发展规划中"建设科技强国、交通强国、制造强国，推动轨道交通产品绿色智能化、产品多样化、市场全球化"的历史使命，也承担着国家能源集团重载铁路运输高质量发展的光荣使命。该机车具有完全自主知识产权，实现了电力机车单机牵引能力的重大突破，实现了重载机车技术的再突破，充实和完善了国内外重载大功率机车的开发平台，开创了一种新型电力机车组牵引动力方式的发展方向，并切实提高了我国能源运输大动脉的运输效率，满足了重载运输、智慧引领、绿色环保的战略需求，是国内高端装备由制造向智造转换的典范。

思考与探究

多拉快跑

1. 铁路机车的类型有哪些？
2. 电气化铁道供电系统由哪些部分组成？
3. 分析机车牵引性能的基本概念。
4. 电力机车是如何实现制动减速停车的？
5. 探究分析要实现铁路运输"多拉快跑"，除了机车功率大外，还需要哪些配套措施？

2.5 高速列车

2.5.1 高速列车概述

1. 高速列车定义

高速列车又称高速火车,是指能以高速度持续运行的列车,最高行驶速度一般要达到 200 km/h 之上。高速列车具有快捷舒适、可靠安全、运输能力大、节能环保等优势。世界各国都大力支持用新型高速列车来满足日益增长的出行需求。

2. 高速列车的技术特点

高速列车是旅客运输的载体,对它的基本要求是启动快、速度高、运行平稳、安全。为满足上述基本要求,必须采用相应的高新技术。高速铁路的技术水平和技术难度集中反映在高速列车上。

1)外形流线化技术

高速列车要求启动快,使其能在最短的时间和距离内达到额定最高运行速度。为此,必须加大牵引功率,以增加其启动引力。同时,当列车速度达到额定最高运行速度后,为保持其恒速运行,必须要有足够的持续牵引力来克服列车运行阻力。空气阻力与列车速度的平方成正比,当速度达到 300 km/h 时,空气阻力约占总阻力的 80% 以上。因此,要解决好减阻和外形流线化问题。

2)高速转向架技术

机车、车辆转向架是直接参与轮轨相互作用并决定列车走行性能最关键的部件。高速列车转向架既要与高速列车的总体模式相容,又要提供更高的列车品质,使列车的牵引、制动、减振降噪、荷载的传递与分配、导向及曲线通过性能和运行平稳性能达到良好的统一。高速转向架的主要技术除稳定性外,还有舒适性、山区线路通过性能、轻量化、动力转向架的牵引电动机悬挂和传动技术等。

研制、开发先进的轴箱定位结构,选择合适的轴箱定位纵向和横向刚度数值是高速转向关键技术之一。高速列车普遍增大了悬的柔度,而且悬挂采用无摇枕结构和抗蛇行减振器,大多数还采用了高柔度的空气弹簧。发展趋势是无摇枕结构和主动悬挂,主动控制技术也将被采用。动力车转向架由于要产生和传递牵引力和制动力,因此要安装电动机及与之相协调的传动系统。

3)高速受流技术

采用电力牵引的高速列车必须通过弓网受流系统不间断地从接触网上获取电能。弓网受流系统必须满足的基本条件是:良好的受流质量、运行的安全性能、足够的使用寿命、减少噪声对周围环境的影响。良好的受流质量依赖于弓网系统的动态稳定和跟随性,要保证弓网间良好的接触,不离线、不产生火花,改进受电弓形式及结构设计是减少高速铁路噪声的一个重要方面。为了保证弓网受流系统良好的受流性能,必须对接触网的结构形式及其结构参数和性能参数进行合理的设计和选择。

4)高速列车车体结构设计及其轻量化技术

减轻列车重量可减少对牵引功率的需求,也是降低轴重、减小轮轨作用力、实现高速运行的重要措施之一。

车体结构设计应最大可能地减小列车运行阻力。可采取的措施有：车端做成流线型；车体侧墙、门窗和车辆之间的折棚要求平滑；在车体下部加底板和裙板；在可能的范围内降低车体高度。

实现结构轻量化主要有两个途径：一是采用新材料，二是合理优化结构设计。合理优化结构设计是减轻重量的有效措施，优化金属结构是在保证兼顾车体强度和刚度的基础上利用强度理论和优化设计分析程序，把车体设计成充分利用材料强度和整体承载的筒形结构。

5）高速制动技术

制动对保证行车安全、提高列车运行速度起着重要作用。列车速度越高，对制动的要求也就越高，因而高速列车的制动技术成为高速铁路的关键技术之一。

高速列车由于速度很快，产生的动能很大，因此必须采用复合式制动系统。所谓复合式制动系统，是将黏着制动和非黏着制动有机地结合在一起，发挥各种制动方式的特点，达到最大的制动效率，以保证高速列车能在要求的制动距离内停车。黏着制动是轮与轨接触黏着力制动，例如机械制动中的盘形制动、油压制动，电气制动中的电阻制动、再生制动。非黏着制动是发生在轮和轨之外的制动，如磁轨制动、涡流轨道制动。各国采用的复合制动方式不尽相同。例如，德国 ICE 高速列车采用的复合制动方式是盘形制动+再生制动+磁轨制动；日本 300 系列高速列车则采用了盘形制动+再生制动+涡流轨道制动。

6）高速列车运行自动控制技术

高速铁路除采用应答器的列车自动防护系统外，还必须按照连续式列车自动控制系统运作原理，车载计算机，即列车自动控制系统的车上中心逻辑机，根据无绝缘轨道电路传递上来的信息、应答器到列车上的信息以及由调度中心或车站控制台（分机）所给出的列车指挥信息，由计算机得出列车所在的相对位置、行车里程表的显示和驾驶信息以后，经过处理就由车上设备执行控制速度以及必要时启动制动系统。而列车向调度中心及车站分机报告列车位置、列车车次、列车长度及实际行车速度等信息，是通过应答器和无线通道实现的。

2.5.2　动车组

1. 动车组的概念

动车组是动力车和拖车或全部由动力车长期固定地连挂在一起组成的车组。其中，带动力的车辆称为动车（用 M 表示），不带动力的车辆称为拖车（用 T 表示），动力车上也可以乘坐旅客，列车两端都带有司机室，可在线路上往复运行。

动车组一般按动力配置形式，分为有动力集中式和动力分散式两种。

动力集中式动车组列车，只有两端为动车，其余为拖车。由于动力装置安装比较集中，动力集中式动车组具有检查维修比较方便，以及电气设备的总重量相对较小等优点。但其缺点也比较突出，即动车的轴重较大，对线路不利。

动力分散式是动车组采用的主要模式，动力车和拖车分散编组。动力分散式动车组虽然有牵引设备的数量多、总重量大的缺点，但其优点较多，如最大轴重小、对线路的影响小，列车总体利用率高，列车的牵引及制动性能好，可靠性高，运用成本低等。因此，动力分散式动车组是当今世界铁路动车组，特别是高速动车组技术发展的方向。

2. 动车组的基本构造

动车组主体构造包括车体、转向架、牵引传动及控制系统、制动装置、车端连接装置、受流装置（电动车组）、车厢内部设备和驾驶室设备、列车控制网络信息系统八大组成部分，并配置其他细节硬件和软件设备，综合集成机械、电子、新型材料和计算机等诸多现代科学技术。由于运行速度的提高，在动车组的设计与开发中必须相应地解决一系列关键技术。

1）系统集成技术

系统集成技术是对动车组车体、转向架以及牵引变流、制动、网络控制、辅助供电、车辆连接等元素按有关参数进行合理选择设计，进而生产、组装、测试、试验的过程，通过集成使动车组满足牵引、制动、车辆动力学、列车空气动力学、舒适性、安全性等性能要求。

2）车体

车体技术主要包括车体结构轻量化设计技术、优良的空气动力学外形设计技术、密封技术和隔声技术等。

（1）车体结构轻量化。指车体结构在满足结构强度、刚度和安全的前提下，尽可能地减小车体的质量。一是采用高强度、轻量化的材料，例如铝合金具有较好的塑性、良好的耐腐蚀性，能够延长客车的使用寿命，将成为动车组车体的主导材料；二是合理优化结构设计。

（2）优良的空气动力学外形。指动车组头型和车身的流线化设计。流线型的头型结构可以有效地减小运行空气阻力和减少列车交会时产生的交会压力波，同时，也能在一定程度上解决运行稳定性的问题。车身的外形一般设计成细长、无棱角的流线型；采用与车身横断面形状相吻合的裙板遮住车下设备，使得车体表面光滑平整；车窗、车门应与车体齐平，手把、扶杆应凹装在车体表层内，尽量减少突出物；除受电弓外，顶板上尽可能不安装其他部件，使顶部光滑平整。

（3）良好的气密性。车体要具有良好的气密性，使车内压力不受车外压力的影响。当前世界上提高动车组气密性的措施主要从车体结构和部件上考虑，采用的密封技术主要有：车体金属结构采用连续焊，以消除焊接气隙，对不能施焊的部位采用密封胶密封；车门采用密封性能良好的塞拉门，并保证渡板处的密封良好；采用固定式车窗，车窗玻璃的结构、强度和车窗的组装工艺要保证密封的可靠性和耐久性；列车空调通风装置的换气系统设置压力控制，如在进排风口安装压力保护阀；装设水的密封装置，防止洗脸室、卫生间以及空调机组冷凝水排水管在外部高压时的回流。另外，对直通车下的管路和电缆孔均采取必要的密封措施。

（4）优质的隔声性能。由于动车组运行速度较高，它所产生的噪声也比较大，需要优质的车体隔声性能。提升车体隔声性能的主要技术措施有：在车体金属表面涂刷防振阻尼层，使钢结构的声频振动转化为热能消散，减少声波的辐射和声波振动的传递，从而减少车内噪声；采用双层墙结构，以增加整体隔声量；采用带空气层的双层车窗，减少从侧面传入车内的噪声，以提高车窗的隔声量；车内选用吸声效果好的高分子聚合材料；提高车体气密性的措施，同样可以起到隔声作用。

3）高速转向架

高速转向架是高速动车组的核心之一，高性能的转向架就好像高速动车组的两条腿，其对列车运行的安全和舒适来说至关重要。动车组的每个车体下都装有转向架，动车下面是动力转向架，如图2-84所示，拖车下是拖车转向架，如图2-85所示，它们的主要区别是动力转向架有牵引电动机和驱动装置，而拖车转向架没有。动车组转向架置于车体和轨道之间，除了要承担车体、车内设施及乘坐的旅客全部重量外，更重要的是，牵引和引导车辆沿轨道行驶，承担动车组安全、高速、平稳的运行任务。转向架是保证动车组运行品质和安全的关键部件，主要由构架、轮对轴箱装置、轴箱定位装置、弹性悬挂装置、牵引装置、抗蛇形运动装置、抗侧滚装置、牵引电动机与驱动装置组成。

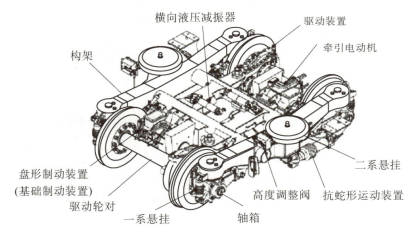

图 2-84　动车转向架

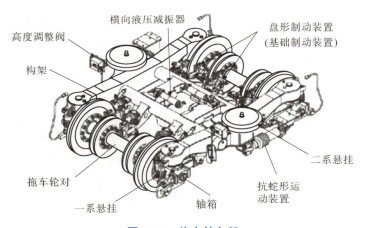

图 2-85　拖车转向架

（1）构架。构架是转向架的基础，它把转向架各零部件组成一个整体，所以它不仅承受和传递各作用力及载荷，而且它的结构、形状和尺寸大小都应满足各零部件的结构、形状及组装的要求（如应满足制动装置、弹簧总挂装置、轴箱定位装置等安装的要求）。

（2）轮对轴箱装置。轮对沿着钢轨滚动，除传递车辆重量外，还传递轮轨之间的各种作用力，其中包括牵引力和制动力。轴箱与轴承装置是联系构架和轮对的活动关节，使轮对的滚动转化为车体沿钢轨的平动。通常情况下，轮对采用空心车轴、整体轧制车轮、磨耗型车轮踏面。

（3）轴箱定位装置。约束轮对与构架之间的相对运动的机构，称为轴箱定位装置。它是联系构架和轮对的活动"关节",除了保证轮对能自由回转外,还能在构架与轴箱之间产生相对运动时传递纵向力和横向力。

(4) 弹性悬挂装置。为减少线路不平顺和轮对运动对车体的各种动态影响(如垂向振动、横向振动等),转向架在轮对与构架之间及构架与车体之间设有弹性悬挂装置。前者称为轴箱悬挂装置(又称第一系悬挂),后者称为中央悬挂装置(又称第二系悬挂)。弹性悬挂装置包括弹簧装置、减振装置和定位装置等。通常情况下,第一系悬挂采用钢弹簧+液压式减振器+轴箱定位装置;第二系悬挂主要采用空气弹簧装置。

(5) 牵引装置。牵引装置是车体与转向架的连接装置,用于传递车体与转向架之间的水平力等,同时保证车体与转向架之间的回转运动。为了减轻自重和简化结构,通常动车组转向架采用无摇枕结构,空气弹簧直接放置于车体和转向架构架的侧梁之间,因此,在车体和转向架之间增设牵引装置。目前动车组转向架牵引装置主要采用拉杆方式。

(6) 抗蛇行运动装置。在车体与构架之间(或摇枕与构架之间)安装抗蛇行减振器,可有效地抑制转向架的蛇行运动。转向架在采用磨耗型踏面的情况下,速度只能达到 160 km/h,而安装抗蛇行减振器后,速度可提高到 250 km/h。

(7) 抗侧滚装置。为了使高速客车具有良好的垂直振动性能,车体悬挂装置的总静挠度至少需要 200 mm 以上,其中 80% 左右分配在中央弹簧上。而在垂向悬挂比较柔软的情况下,为防止通过曲线时车体的侧滚角过大,一般在高速转向架上设置抗侧滚扭杆。

(8) 牵引电动机与驱动装置。

动力转向架装有牵引电动机和驱动装置。

牵引电动机为动车组提供牵引动力,其安装方式基本上有三种:架悬式、体悬式和半架半体式。其中体悬式和半架半体式可降低簧下质量,从而减小轮轨之间的动力作用。

驱动装置主要包括齿轮减速装置和联轴节。齿轮减速装置通过轴承安装在车轴上,牵引电动机与齿轮减速装置通过联轴节传递驱动力。

4) 动车组连接装置

动车组连接装置主要用于连接各个车辆和传递牵引力与制动力,并能够起到缓冲和减振作用,另外,还要保证车辆的密封性。

动车组连接装置一般由密接式车钩装置、风挡、空气及电气连接设施、车体间减振器等构成。空气、电气连接设施包括列车总风管、列车通信总线连接、制动控制线连接、供电母线连接、电路电气设备连接、高压电线连接等。目前,世界各国高速动车组普遍采用密接式车钩,如图 2-86 所示。这种方式两车钩连接面的纵向间隙一般小于 2 mm,上下、左右偏移也很小,在车钩连接的同时,贯通全列车的控制信息线路通过密接车钩的电气连接器自动接通。

图 2-86 密接式车钩

5）制动装置

由于动车组运行速度较高，因此对制动装置的要求也更高。需要满足：尽可能缩短制动距离，以保障列车安全；保证高速制动时车轮不滑行；司机操纵制动系统灵活，能适应列车自动控制的要求。因此，高速动车组常采用动力制动与摩擦制动的复合制动模式。动车组列车的制动按照制动功能，可分为常用制动、快速制动、紧急制动、耐雪制动和辅助制动等。

6）牵引传动系统

目前，世界上的高速动车组一般都采用电力牵引传动方式，牵引传动系统包括主电路、高压设备、受电弓、主断路器、主变压器、牵引变流器、牵引电动机及电传动系统等。由于运行速度比较高，电力牵引高速动车组的受电与电力牵引常速列车相比较，具有一些明显的特点，如接触网与受电弓的波动特性发生变化，受电弓产生的噪声较大，所受的空气阻力较大，使得空气动态力对高速受电有很大影响，需要牵引功率大等。因此，要解决受电弓从接触网大功率受电、减小噪声等问题，用于高速受电的受电弓应满足以下基本要求：

（1）受电弓的滑板与接触导线之间要保持恒定的接触压力，以实现比常规受电弓更为可靠的连续电接触。

（2）与常规受电弓相比，要尽可能减轻受电弓运动部分的重量，以保证与接触导线有可靠的电接触。

（3）优化高速受电弓结构设计，力求使作用在滑板上的空气制动力由别的零件承担，从而使受电弓滑板在其垂直工作范围内始终保持水平位置，以降低甚至消除空气制动力对滑板与接触导线间接触压力的影响。

（4）滑板的材料、形状、尺寸应适应高速的要求，以保证良好的接触状态及更高的耐磨性能。

（5）要求受电弓在其工作高度范围内升降弓时，初始动作迅速，终了动作较为缓慢，以确保在降弓时快速断弧，并防止升降弓时受电弓对接触网和底架有过大的冲击荷载。

7）辅助供电系统

辅助供电系统包括辅助变压器、辅助整流用变压器、滤波电容器、输入侧电磁接触器、充电电阻、放电电阻、控制单元、蓄电池等。

辅助供电系统供电的设备包括空气压缩机、空气调节系统、采暖设备、照明设备、旅客服务设备、冷却通风机、应急通风装置及维修用电等。另外，辅助供电系统还具备应急供电功能，如备有容量充足的蓄电池组，供应急时使用。

8）空气调节系统

由于动车组有较好的气密性，因此必须解决车内的通风换气问题，这可以通过空气调节系统来实现。动车组的空气调节系统与普通客车空调系统有很大的区别，它包括客室空调装置、通风系统、司机室空调换气装置等几部分。

为了实现轻量化，并减少车体断面面积和减小高速运行的空气阻力，目前世界上新型高速动车组客室空调装置一般都安装在车下。另外，为了在车外气压变化很大时仍能正常地进行通风换气，而且避免通过换气口将车外气压变化传入车内，保证客车的气密性，高速客车的通风换气装置都设计成可控式。

除了上述基本构造外，动车组往往还包括给排水系统、配电盘、车辆信息控制装置、车载信息系统及行车安全装置等。

2.5.3 摆式车体列车

1. 摆式车体列车概述

摆式车体列车（简称摆式列车）是利用车体倾摆机构、陀螺仪、加速度计、自动控制、车辆动态控制等先进设备和技术，在列车经过曲线时，根据离心力的大小自动实现车体的倾摆控制，以较高速度通过曲线地段。摆式列车在进入曲线时，能以较快速度在轨道上倾斜运行，既可提高列车在曲线上的运行速度，又能有效地保证运行的平稳性，并提高旅客乘车的安全性和舒适性。

摆式列车供乘客乘坐的车体在转弯时可以侧向摆动。当车辆向左转时，车体向左倾摆，让重力抵消向右推的离心力。列车可以是靠惯性自行摆动的被动摆式，也可以是由电脑控制，动力辅助的主动摆式。

摆式机构只能减少乘客的不舒适，不能减小车轮和轨道的作用力，所以，为了减少车轮和轨道损伤，有的摆式列车采用径向转向架，以减小通过曲线时的轮轨作用力。

2. 摆式列车的基本原理

由于铁路线路上有多种不同速度的列车运行，线路超高一般按"均衡速度"设计。快速旅客列车一般都是在高于"均衡速度"的情况下运行的，此时列车的稳定性及轨道作用力虽均属安全范围，但旅客却总在"欠超高"的状态下感受到横向力对身体的作用而向曲线的外侧倾斜。摆式列车就是将车体设计成能在不同速度条件下可实时倾摆的车体，用于改变作用在旅客身上的力，如图 2-87 所示。车体倾摆相对水平面产生了一个倾斜角度，等同于增加了曲线的超高，从而减小或消除作用在旅客身上的不平衡力，改善旅客在列车通过曲线时的舒适性。在不降低舒适度的条件下，通过小半径曲线的速度可提高 25%~35%。

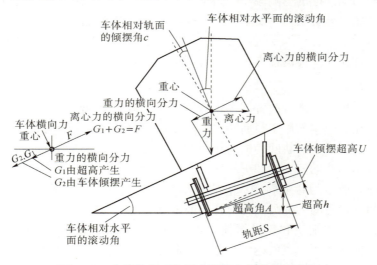

图 2-87　车体倾摆对作用在旅客身上的力的影响

3. 摆式车体

按摆式车体倾斜方式的不同，摆式车体可分为下面两种：

1) 自然倾斜式

又称为被动倾斜式，自然摆是利用通过曲线时产生的离心力使车体自然地向曲线内侧倾斜，车体倾斜角度可达到 3.5°~5°。以西班牙的 Talgo 和日本的 381 系电动车组为代表。

自然摆倾斜装置的阻力大，在进入曲线或驶出曲线时，存在车体倾斜滞后现象，导致乘坐舒适性恶化，因而需要将倾斜中心调整一定高度，使倾斜装置的阻力适当。但由于在乘坐舒适性方面不断地出现问题，考虑到如果采用增加缓和曲线长度的解决办法，需追加投资，对线路的投资就会远远超过原先的计划，这将意味着采用自然摆方式是不成功的。为了解决这个问题，日本采用在倾斜机构中加装控制风缸的办法，辅助强制车体倾斜。

2）强制倾斜式

又称为主动倾斜式，是用油缸等使车体倾斜，利用振动加速度计和回转仪来检测列车在曲线运行中的离心力加速度和外轨超高，并将该过离心力加速度作为零或者跟踪缓和曲线的外轨超高来控制车体向曲线内侧的倾斜，车体最大倾斜角可达 8°~10°，能大体上与过离心力加速度相抵消。该摆式车体以意大利 ETR450 和瑞典 X2000 型列车为代表。

强制摆倾斜中心可较低，车体重心移动也小，但从乘坐舒适性和列车的安全性看，所发生的故障较多，目前主要存在以下问题：发生故障时的备用装置不足；在速度提高时，强制摆在缓和曲线上的运行时间缩短，车体倾斜角速度增大，导致急剧倾斜。较大的车体倾斜角和倾斜角速度会使乘客失去平衡感，发生"晕车"和"双足悬空"等感觉，这是摆式车体存在的特有的乘坐舒适性问题。

为了提高摆式列车的乘坐舒适度，一是要使车体倾斜动作与通过曲线同步而不滞后，二是要减小车体倾斜角，改善乘坐舒适性。对摆式列车的乘坐舒适性有影响的因素还有车体倾斜装置和车体支承枕簧的结构等。

车体支撑枕簧结构有簧间摆和簧上摆之分。簧上摆是将枕簧设置在车体倾斜装置下面的结构。采用簧间摆结构时，当通过曲线时，枕簧与车体一起，随着车体倾斜装置向内侧倾斜，受过离心力加速度的影响较小，乘坐舒适性好。簧间摆是指将枕簧设置在连杆和滚轮等上方的车体倾斜装置结构。簧上摆的枕簧与车体倾斜装置的倾斜无关，在高速通过曲线时，与一般车辆一样，要承受过离心力，导致乘坐舒适性变差。比较之下，采用簧间摆的结构能充分发挥摆式车体的优点，对改善高速通过曲线时的乘坐舒适性有利。

4. 径向转向架

为了提高列车运行速度、改善列车走行性能和旅客乘坐的舒适性等，一些摆式车体列车，尤其是高速摆式列车采用了径向转向架。摆式车体采用径向转向架不仅能减小旅客所承受的离心力，还能减小轮轨间的横向作用力，从而既可以使列车通过曲线的速度大幅提高，又能保证列车运行的安全性和可靠性。

图 2-88（a）所示为传统转向架，它在曲线上运行时，两个轮对基本上处于平行状态，从而造成前导轮对的大冲角。轮对在向前滚动的同时横向朝曲线中心移动，故产生较大的横向作用力，导致钢轨和轮缘磨耗严重。当线路曲线半径越小，列车运行速度越高时，冲角越大，横向作用力也就越大，这极大地限制了传统转向架在曲线上的运行速度。而径向转向架可使轮对的轴线接近于曲线半径方向，如图 2-88（b）所示，因此避免了轮缘与钢轨内侧的接触，减小了轮轨之间的横向作用力，并减少了磨耗，为转向架在曲线上高速行驶创造了条件。

径向转向架有三种：第一种是瑞典 X2000 所采用的柔性纵向定位刚度转向架。这种转向架与传统的构架转向架相比，可以降低轮轨之间相互作用力的最大值，提高列车运行安全性。第二种径向转向架是自导向转向架，转向架上装有自导向机构，通过曲线时，由于

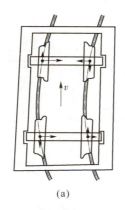 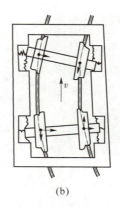

图 2-88 转向架在曲线上的状态
（a）传统转向架；（b）径向转向架

轮轨蠕滑力和自导向机构使轮对处于径向位置，径向自导向转向架比柔性定位转向架性能更加完善，但增加了自导向杆件，结构比柔性定位转向架更复杂。第三种转向机是迫导向径向转向架，转向架上装有迫导向机构，利用车辆通过曲线时车体与转向架之间的相对转动，使轮对趋于径向位置。迫导向转向架在车体与转向架之间有杆系连接，结构也比较复杂，但它可以保证不论曲线半径大或小，轮对均能够处于径向位置，减小轮轨横向力并提高车辆运行的安全性，同时可以减少轮轨之间的磨耗。

2.5.4 磁悬浮列车

1. 磁悬浮列车概述

磁悬浮列车是一种靠磁悬浮力来推动的列车，它通过电磁力实现列车与轨道之间的无接触的悬浮和导向，再利用直线电动机产生的电磁力牵引列车运行。由于其轨道的磁力使之悬浮在空中，减小了摩擦力，只受来自空气的阻力，高速磁悬浮列车的速度可达每小时 400 km 以上，中低速则多数在 100~200 km/h。磁悬浮列车具有速度快、安全、可靠、能源消耗低、污染小、故障少、维修费用低等优势。

磁悬浮列车分为常导型和超导型两大类，如图 2-89 所示。常导型也称为常导磁吸型，以德国高速常导磁悬浮列车 Transrapid 为代表。它是利用普通直流电磁铁电磁吸力的原理将列车悬起，悬浮的气隙较小，一般为 10 mm 左右。常导型高速磁悬浮列车的速度为 400~500 km/h，适用于城市间的长距离快速运输。超导型又称为超导磁斥型，以日本 MA-GLEV 为代表。它是利用超导磁体产生的强磁场，列车运行时与布置在地面上的线圈相互作用，产生电动斥力将列车悬起，悬浮气隙较大，一般为 100 mm 左右，速度可达 500 km/h 以上。

德国从 1968 年开始研究磁悬浮列车，在常导磁悬浮列车研究方面，技术已经成熟，最高试验时速为 505 km。日本从 1962 年开始研究常导型磁悬浮列车，70 年代开始转向研究超导型磁悬浮列车，采用超导磁悬浮的高速铁路最高试验时速已达到 603 km。中国在 20 世纪 80 年代初开始对低速常导型磁悬浮列车进行研究。2019 年 5 月 23 日，中国时速 600 km 高速磁悬浮试验样车在青岛下线，2020 年 6 月 21 日，时速 600 km 的高速磁悬浮试验样车在上海成功试跑，这标志着中国在高速磁浮技术领域实现重大突破。

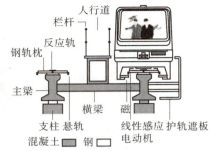

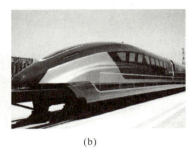

(a) (b)

图 2-89 磁悬浮列车

(a) 常导型；(b) 超导型

2. 磁悬浮列车的组成

磁悬浮列车主要由悬浮系统、推进系统和导向系统三大部分组成。

1) 悬浮系统

悬浮系统主要有电磁悬浮系统（EMS）和电力悬浮系统（EDS）两种，如图 2-90 所示。

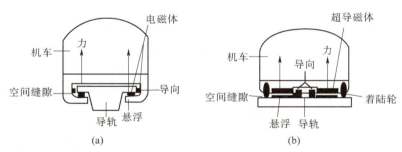

图 2-90 电磁悬浮系统（EMS）和电力悬浮系统（EDS）

(a) EMS；(b) EDS

（1）电磁悬浮系统。电磁悬浮系统（EMS）是一种吸力悬浮系统，是结合在机车上的电磁铁和导轨上的铁磁轨道相互吸引产生悬浮。常导磁悬浮列车工作时，首先调整车辆下部的悬浮和导向电磁铁的电磁吸力，与地面轨道两侧的绕组发生磁铁反作用将列车浮起。在车辆下部的导向电磁铁与轨道磁铁的反作用下，使车轮与轨道保持一定的侧向距离，实现轮轨在水平方向和垂直方向的无接触支撑与无接触导向。车辆与行车轨道之间的悬浮间隙为 10 mm，是通过一套高精度电子调整系统得以保证的。

（2）电力悬浮系统。电力悬浮系统（EDS）将磁铁使用在运动的机车上，以在导轨上产生电流。由于机车和导轨的缝隙减少时电磁斥力会增大，从而产生的电磁斥力提供了稳定的机车的支撑和导向。然而，机车必须安装类似车轮的装置对机车在"起飞"和"着陆"时进行有效支撑，这是因为电力悬浮系统在机车速度低于大约 25 mile[①]/h 时无法保证悬浮。

2）推进系统

推进系统可以分为长固定片和短固定片两种。长固定片推进系统使用缠绕在导轨上的线性电动机作为高速磁悬浮列车的动力部分，而短固定片推进系统使用缠绕在被动的轨道上的线性感应电动机（LIM）。短固定片系统减少了导轨的花费，但由于 LIM 过于沉重，从而降低了列车的有效负载能力，导致了比长固定片系统高的运营成本和低的潜在收入。而采用非磁力性质的能量系统，也会导致机车重量的增加，从而降低运营效率。

3）导向系统

导向系统用来保证悬浮的机车能够沿着导轨的方向运动。必要的推力与悬浮力相类似，也可以分为引力和斥力。机车底板上的同一块电磁铁可以同时为导向系统和悬浮系统提供动力，也可以采用独立的导向系统电磁铁。

3. 磁悬浮列车的运行原理

高速磁悬浮列车是运用磁铁"同性相斥，异性相吸"的性质，使磁铁具有抗拒地心引力的能力，即"磁性悬浮"。通俗地讲，就是在位于轨道两侧的线圈里流动的交流电，能将线圈变为电磁体，它与列车上的超导电磁体相互作用，就能使列车开动起来。列车前进是因为列车头部的电磁体（N 极）被安装在靠前一点的轨道上的电磁体（S 极）所吸引，并且同时又被安装在轨道上稍后一点的电磁体（N 极）所排斥。当列车前进时，在线圈里流动的电流流向就反转过来了。其结果就是原来那个 S 极线圈现在变为 N 极线圈了，反之亦然。这样，列车由于电磁极性的转换而得以持续向前奔驰。根据车速，通过电能转换器调整在线圈里流动的交流电的频率和电压。

1）常导磁悬浮列车的运行原理

常导磁悬浮列车工作时，首先调整车辆下部的悬浮和导向电磁铁的电磁吸力，与地面轨道两侧的绕组发生磁铁反作用，将列车浮起。在车辆下部的导向电磁铁与轨道磁铁的反作用下，使车轮与轨道保持一定的侧向距离，实现轮轨在水平方向和垂直方向的无接触支撑和无接触导向。车辆与行车轨道之间的悬浮间隙为 10 mm，通过一套高精度电子调整系统得以保证。由于悬浮和导向与列车运行速度无关，所以即使在停车状态下，列车仍然可以进入悬浮状态。

常导磁悬浮列车的驱动运用同步直线电动机的原理。车辆下部支撑电磁铁线圈的作用就像是同步直线电动机的励磁线圈，地面轨道内侧的三相移动磁场驱动绕组起到电枢的作用，它就像同步直线电动机的长定子绕组。从电动机的工作原理可知，当作为定子的电枢线圈有电时，由于电磁感应而推动电动机的转子转动。同样，当沿线布置的变电所向轨道内侧的驱动绕组提供三相调频调幅电力时，由于电磁感应作用，承载系统连同列车一起就像电动机的"转子"一样被推动做直线运动，从而在悬浮状态下，列车可以完全实现非接触的牵引和制动。

2）超导磁悬浮列车的运行原理

超导磁悬浮列车的最主要特征就是其超导元件在相当低的温度下所具有的完全导电性

---

① 1 mile＝1 609 m。

和完全抗磁性。超导磁铁是由超导材料制成的超导线圈构成的，它不仅电流阻力为零，而且可以传导普通导线根本无法比拟的强大电流，这种特性使其能够制成体积小、功率强大的电磁铁。

超导磁悬浮列车的车辆上装有车载超导磁体并构成感应动力集成设备，而列车的驱动绕组和悬浮导向绕组均安装在地面导轨两侧，车辆上的感应动力集成设备由动力集成绕组、感应动力集成超导磁铁和悬浮导向超导磁铁三部分组成。当向轨道两侧的驱动绕组提供与车辆速度频率相一致的三相交流电时，就会产生一个移动的电磁场，因而在列车导轨上产生磁波，这时列车上的车载超导磁体就会受到一个与移动磁场同步的推力，正是这种推力推动列车前进。其原理就像冲浪运动一样，冲浪者是站在波浪的顶峰并由波浪推动他快速前进的。与冲浪者所面对的难题相同，超导磁悬浮列车要处理的也是如何才能准确地驾驭在移动电磁波的顶峰运动的问题。为此，在地面导轨上安装有探测车辆位置的高精度仪器，根据探测仪传来的信息调整三相交流电的供流方式，精确地控制电磁波形，以使列车能良好地运行。

超导磁悬浮列车也是由沿线分布的变电所向地面导轨两侧的驱动绕组提供三相交流电，并与列车下面的动力集成绕组产生电感应而驱动，实现非接触性牵引和制动。但地面导轨两侧的悬浮导向绕组与外部动力电源无关，当列车接近该绕组时，列车超导磁铁的强电磁感应作用将自动地在地面绕组中感生电流，因此，在其感应电流和超导磁铁之间产生了电磁力，从而将列车悬起，并经精密传感器检测轨道与列车之间的间隙，使其始终保持 100 mm 的悬浮间隙。同时，与悬浮绕组呈电气连接的导向绕组也将产生电磁导向力，保证了列车在任何速度下都能稳定地处于轨道中心行驶。

磁悬浮列车是现代高科技发展的产物。其原理是利用电磁力抵消地球引力，通过直线电动机进行牵引，使列车悬浮在轨道上运行（悬浮间隙约 1 cm）。其研究和制造涉及自动控制、电力电子技术、直线推进技术、机械设计制造、故障监测与诊断等众多学科，技术十分复杂，是一个国家科技实力和工业水平的重要标志。它与普通轮轨列车相比，具有低噪声、无污染、安全舒适和高速高效的特点，有着"零高度飞行器"的美誉，是一种具有广阔前景的新型交通工具，特别适合城市轨道交通。

案例五 CHR3 动车组

1. 和谐号 CRH3 型电力动车组

2008 年 4 月 11 日，首列国产 CRH3 动车组下线，2008 年 8 月 1 日正式开通运营。

CRH3 动车组为 4 动 4 拖 8 辆编组，采用电力牵引交流传动方式，由 2 个牵引单元组成，每个牵引单元按两动一拖构成。动车组具有良好的气动外形，其载客速度为 350 km/h，目前最高运营速度为 393.235 0 km/h。其中，两端为司机室，列车正常运行时，由前端司机室操纵。两列动车组可以联挂运行，自动解编。如图 2-91 所示。

CRH3 动车组设置一等座车 1 辆、二等座车 6 辆和 1 辆带厨房的二等座车。一等车厢座席采取 2+2 布置，二等车车厢座席采取 2+3 布置，除带厨房的二等座车厢采用固定座椅外，其余车厢均采用了可旋转座椅，全车定员 557 人。

2. CRH3 动车组技术采用情况

车体采用大型挤压中空铝型材焊接而成，司机室采用弯曲铝型材梁和板状铝型材作蒙

图 2-91 和谐号动车组

皮的焊接结构。车体的强度按 EN12663（欧洲标准）进行设计。

防火安全性按 DIN5510（德国轨道车辆材料的防火阻燃烟毒性测试标准）和 EN45545（轨道车辆材料和元件的防火要求）设计，车体、电气柜和重要电缆、外端门、重要电缆和系统的防护都采用特殊的设计。

转向架采用经过实践验证、性能优良的 SF500 转向架。为适应车体的加宽和速度的要求，仅对枕梁、减振器、弹簧参数、传动比等进行了适应性的改变和优化。

牵引系统与 Velaro E（西门子高速列车）动车组基本相同，牵引功率同为 8 800 kW，牵引部件分散配置在 6 辆车上。主变压器设计成单制式的变压器，容量为 5.6 MVA。与 Velaro E 动车组不同的是，它取消了辅助绕组。主变压器采用强迫导向油循环风冷方式，当变压器冷却系统的风机故障时，车辆的可用牵引力只减少 25%。牵引变流器采用结构紧凑，易于运用和检修的模块化结构。

辅助供电系统采用列车线供电方式，由分散布置在若干车厢的各电源设备向干线供电。车辆的车载电源的电力是通过牵引变流器的直流环节获得的。辅助变流器（ACU）把直流电转换为车辆的车载电源系统的三相交流电。

网络控制系统由列车控制微机网络系统完成信息传输功能。列车控制网络系统由两级传输组成：MVB（多功能车辆总线）和 WTB（绞线式列车总线），列车通信和控制微机网络系统为车载分布式计算机网络系统，可由多级网络构成。通信协议基本上基于标准 UIC556 和 IEC61375-1:1999。

3. 中国动车组的技术突破

中国在动车组的研发过程中，克服各种困难，不断取得各种技术突破。

（1）和谐与复兴：和谐号 CRH3C-3013 于 2009 年 12 月 9 日在武广客运专线进行试验，最高时速达到了 394.2 km，创下了两车重联情况下的世界高速铁路最高运营速度。复兴号动车组具有完全自主知识产权，是达到世界先进水平的动车组列车。

（2）动车组组成部分：CRH380B 高寒动车组齿轮箱通过了 30 万千米运营考核，标志着我国高速动车组齿轮驱动装置自主研发工作获得重大突破。

采用铝合金材料铸造代替传统的焊接钢板式枕梁，使高速动车车身轻量化，对提升高铁速度、实现高速列车关键部件的国产化具有重要意义。

自主化高速受电弓采用单上臂、单滑板弓头、垂直式气囊升弓装置等结构，简化了受电弓结构，提高了受电弓运用的安全性和可靠性。

转向架设计，承载能力提升 10%，满足时速 350 km 及以上持续高速运行，实验室安全、稳定试验时速达到 600 km。它具有轮对轴温、齿轮箱轴温、转向架横向运行稳定性等安全系统全面监测功能，确保动车组运行起来又快又稳。

车轮转动就能发电，突发情况下，车厢用电可自给自足，这是中国动车组研发中的创新之一。

（3）中国标准高速动车组：高速综合检测列车、高速铁路综合巡检车、CTCS-3级列车运行控制系统及高速铁路地震预警系统等重大装备设施研发与自主创新方面取得重大突破。

利用视觉检测技术固有的非接触式、数据可视化优势，着重于图像动态采集、智能识别、综合集成等方面关键技术，成功研制了高速铁路综合巡检车。

在系统的架构、性能、冗余度和一体化、小型化、智能化等方面取得了重大的技术突破，在自主安全计算机平台技术、车载全功能无缝切换技术、测速测距技术、国密算法技术等方面实现重大的技术突破，自主化设备安全完整性等级均达到国际上的最高等级SIL4级，提升了中国列控装备的国际竞争力和信息安全等级。

基于综合检测车的高速铁路地震预警检测系统填补了该方面的技术空白。

（4）基于工业物联网的动车组运维服务模式创新。融合工业、通信、计算机软件、数据科学、优化理论等多领域的最新技术与产业实践，提出了一种基于工业物联网体系架构。面向动车组远程运维服务创新模式实现了服务对象智能化升级，服务模式创新，"智慧大脑" + "高效前台" 的运维方案及服务管理大数据、云协同平台的支撑。

思考与探究

和谐与复兴

1. 动车组的技术特点有哪些？
2. 分析摆式车体列车、磁悬浮列车的基本运行原理。
3. 探究分析动车组的研发对我国高铁运输发展的重要意义。

2.6 铁路信号与通信设备

2.6.1 铁路信号设备

1. 信号的功能与类型

1）信号的功能

铁路信号设备是铁路信号、联锁设备、闭塞设备的总称。其主要功能是保证行车安全，提高运输效率。铁路信号技术的发展逐渐实现微机化、综合化、集成化和智能化。

信号是指示列车运行和调车作业的命令。有关行车人员必须按照信号的指示办事，以保证铁路运输安全和提高运输效率。

2）信号的类型

铁路信号分为视觉信号和听觉信号两大类。视觉信号为昼间、夜间及昼夜通用信号，是以颜色、形状、位置、灯光和状态等表达的信号，如用信号机、信号旗、信号灯、信号牌、信号表示器、信号标志及火炬等显示信号。听觉信号是以不同器具发出音响的强度、频率和音响的长短时间等表达的信号，如用号角、口笛、响墩发出的音响以及机车、轨道车鸣笛等发出的信号。

铁路信号中用手拿的信号灯、信号旗或用手势显示的信号叫手信号；临时设置的信号牌、信号灯等叫移动信号；在固定地点安装的信号设备统称固定信号。铁路信号中，固定信号是主要信号。固定信号是固定安装在一定位置用于防护固定地点的信号设备，如信号机、信号表示器等。

信号按用途分为12种：进站、出站、通过、进路、预告、遮断、防护、驼峰、复示、调车、容许和引导信号。

2. 固定信号机

1）固定信号机的类型

（1）按用途分类。

主体信号机：进站、出站、通过、进路、防护等信号机，都能独立地显示信号，指示列车运行的条件，将它们叫作主体信号机。

从属信号机：预告、复示信号机等，本身不能独立存在，而是附属于某种信号机，所以叫作从属信号机。

预告信号机的进站信号机也是它的主体信号机。

（2）按显示意义的数目分类。

单显示：出站、进路的复示信号机及遮断信号机都是单显示的信号机。

二显示：预告信号机就是二显示信号（绿灯或黄灯）。它预告进站、通过或防护信号机的禁止和进行信号显示。

三显示：我国铁路自动闭塞区段的通过信号机是三显示信号（红灯、绿灯或黄灯）。

四显示：适用于铁路提速、高速区段的通过信号机是四显示信号（红灯、绿灯、黄灯或黄绿两灯）。

（3）按构造分类。

色灯信号机：白天和夜间用不同颜色的灯光来显示信号的信号机。主要采用透镜式（又称多灯式）色灯信号机，如图2-92所示。透镜式色灯信号机每个灯光颜色都各由一个灯头来显示。根据机柱的有无，色灯信号机又有高柱型和矮型的区别。矮型色灯信号机没有机柱，一般可以用作调车信号机和站内到发线上的出站信号机。进站信号机、正线上的出站信号机等，都应采用高柱信号机。高柱透镜式色灯信号机主要由色灯信号机构、机柱和基础等部分组成。

臂板信号机：这种固定信号机白天用臂板的不同位置，夜间用不同颜色的灯光显示信号，适用于无可靠电源的车站。按操纵方式分，有机械臂板信号机和电动臂板信号机两种。机械臂板信号机用人力操纵、导线传动；电动臂板信号机则由电动机使其运作。按臂板的数目划分，有单臂板信号机、双臂板信号机和三臂板信号机。

臂板的形状和颜色有两种：一种是作为主体信号用的红色臂板，其端部为方形；另一种是端部为鱼尾形的黄色臂板（即预告臂板），它的作用是将主体信号机（如进站、出站、防护、通过信号机）的显示状态提前告诉司机。

图2-92 透镜式色灯信号机

2）固定信号机的设置

固定信号机应设在列车运行方向的左侧，或设在它所属线路中心线的上空。但在有曲线、建筑物等影响瞭望信号的特殊情况下，也可设在右侧。

（1）进站信号机：用来防护车站，指示列车能否由区间进入车站，以及进入车站的有关条件。进站信号机应设在距车站最外方进站道岔尖轨尖端（逆向道岔）或警冲标（顺向道岔）不少于50 m的地点。

（2）出站信号机：用来防护区间，作为列车占用区间的凭证，指示列车可否由车站开往区间。其设置在每一发车线的警冲标内方（逆向道岔为道岔尖轨尖端外方）的适当地点。

（3）预告信号机：用来向司机预告主体信号机（如进站信号机、通过信号机等）的显示，应设在距主体信号机不少于一个列车制动距离（800 m）的地点。

（4）通过信号机：用来防护自动闭塞区段的闭塞分区或非自动闭塞区段的所间区间，指示列车能否开进它所防护的分区或区间。应设在闭塞分区或所间区间的分界处。

（5）进路信号机：在有几个车场的车站，为了防护从一个车场到另一个车场之间的进路，指示列车能否由这一个车场开往另一个车场，应当设置进路色灯信号机。

（6）调车信号机：设在电气集中联锁的车站并经常进行调车作业的线路上（如到发线、咽喉道岔区等），用来指示机车进行调车作业。在到发线上，可以和出站信号机合并，在出站信号机柱上添设一个容许调车的月白灯，称为出站兼调车信号机。

（7）驼峰信号机：在驼峰调车场每条推送线峰顶平台处，应装设驼峰色灯信号机，用来指示驼峰调车机的推送速度及去峰下禁溜线进行调车。

信号机有关闭和开放两种状态。将信号机经常保持的显示状态作为信号机的定位。进站、进路、出站信号机对行车安全起着极其重要的作用，规定以显示停车信号——红灯为定位；调车信号机以显示禁止调车信号——蓝灯为定位；预告信号机以显示注意信号——黄灯为定位；驼峰信号机以显示停止信号——红灯为定位。

2.6.2 联锁设备

列车进站、出站和车站内的调车作业，主要是根据车站上信号机的显示进行的，而列车和机车车辆的运行进路，则又靠操纵线路上的道岔来排列。因此，为了保证行车安全，车站上的进路、道岔和信号机之间，以及信号机和信号机之间，必须建立一种相互关联、相互制约的关系，这种关系就叫作联锁。为完成这种联锁关系而安装的技术设备叫联锁设备。

联锁设备分为集中联锁（继电联锁和计算机联锁）和非集中联锁（臂板电锁器联锁和色灯电锁器联锁）。编组站、区段站和电源可靠的其他车站，一般采用集中联锁。

1. 继电联锁

继电联锁是集中联锁，它是在信号楼或值班室内利用继电器集中控制和监督全站的道岔、进路和信号机并实现它们之间联锁的设备。由于联锁设备采用色灯信号机，道岔由电动转辙机转换，进路上设有轨道电路，在信号楼进行集中控制和监督，操作人员只需在控制台上按压按钮就能办理或解锁进路，缩短了进路建立和解锁时间，从而提高了车站通过能力。

1）继电联锁的主要设备

（1）继电器。继电器相当于电路中的开关，可以接通和切断电路。最简单的一种叫直流无极继电器。当电流通过线圈时，铁芯吸动衔铁，带动中簧片，使中簧片断开后接点而与前接点闭合；当电源切断后，铁芯失磁，衔铁自动释放，使中簧片断开前接点而和后接点闭合。继电器的前、后接点及中簧片都接有引线片，当引线片用导线连接在一个外部电路时，就可以控制外部电路。

（2）电动转辙机。转辙机用于可靠地转换道岔位置，改变道岔开通方向，锁闭道岔尖轨，反映道岔位置。采用电动转辙机时，转换道岔时间短，一般只需几秒钟，安全程度高，对于提高运输效率和保证行车安全都是十分有利的。

电动转辙机由转换、锁闭和表示三部分组成。当需要转换道岔时，给电动转辙机的电动机接通电源，通过转换部分改变尖轨的位置；当转换到尖轨与基本轨密贴时，锁闭部分则将尖轨牢固地锁在与基本轨密贴的位置上；在道岔转换完了以后，表示部分则将表示接点接通，在控制台上反映道岔所处的状态，以便与进路信号机进行联锁。

（3）轨道电路。轨道电路是铁路信号的重要基础设备，借助轨道电路可以监督线路占用情况，以及将列车运行与信号显示联系起来。将一段轨道的钢轨作为导线，两端用绝缘节隔开，中间的轨缝用接续线连接起来，一端送电，另一端受电，这样构成的电路叫轨道电路。

这一轨道电路区段上无车时，轨道继电器有电吸起，前接点闭合，点亮绿灯。有车时，因机车车辆轮对的电阻比轨道继电器线圈的电阻小得多，于是轨道电路被短路，继电器衔铁被释放，前接点断开，后接点闭合，点亮红灯。

（4）控制台。控制台设于信号楼控制台室或车站值班员室内，是车站值班员指挥列车运行和调车作业的控制中心，用来控制道岔的转换和信号的开放，并对进路、信号、道岔进行监督。控制台的正面装有照明盘，盘面上有全站股道平面图及各种进路按钮、道岔按钮和其他按钮等；需要办理进路时，按压控制台模拟站场图上进路的始端按钮和终端按钮，就能将进路中有关道岔转换到规定位置，且防护该进路的信号机也自动开放，并将这一进路排列状况反馈显示在控制台模拟图上。

控制台上的主要表示器是光带和表示灯。其用途是正确反映室外监控对象的状态及线路运用情况；表示操作手续是否完成；反映继电器电路的工作状态；若发生故障，可以及时发现故障发生地点。

2）继电联锁原理

信号操纵人员将控制信号机和电动转辙机开放或关闭的指令，通过连接继电器室内的电缆传送到继电器室内的继电器组上，使继电器的衔铁被吸动或复原，继电器动作的信息再由电缆传送到相应的信号机和控制相应道岔动作的电动转辙机上，使信号机处于开放或关闭状态，使道岔处于定位或反位状态，从而使进路上的信号机、道岔与相应的进路实现联锁。

2. 计算机联锁

利用计算机对车站作业人员的操作命令及现场表示的信息进行逻辑运算，从而实现对信号机及道岔等集中控制，使其成为相互制约的车站联锁设备，即计算机集中联锁。计算机联锁是以计算机技术为核心，采用通信技术、可靠性与容错技术以及"故障-安全"技术实现铁路车站联锁要求的实时控制系统。计算机联锁是最先进的车站联锁设备，具有运作速度快、信息量大、操作方便、安全性高、设备体积小、质量小、便于调试和维修的特点，提高了车站作业的自动化程度和作业效率。

1）计算机联锁系统的组成

计算机联锁系统由硬件设备和软件设备构成。硬件设备包括联锁计算机（完成联锁功能和显示功能）、安全检验计算机（用以检验联锁计算机的运行情况，发现故障可导向安全）、彩色监视器、微型集中操纵台、安全继电输入/输出接口柜、计算机联锁专用电源屏以及现场信号机、转辙机、轨道电路等室外设备。软件设备是实现进路、信号机和道岔相互制约的核心部分，由两部分组成：一是参与联锁运算的车站数据库；二是进行联锁逻辑运算，完成联锁功能的应用程序。车站数据库包括车站赋值表、车站联锁表、按钮进路表、车站显示数据等。应用程序由多个程序模块组成，即系统管理程序模块、时钟中断管理程序模块、表示信息采集及信息处理程序模块、操作命令输入及分析程序模块、选路及转岔程序模块、信号开放程序模块、解锁程序模块和站场彩色监视器显示程序模块等。

2）计算机联锁的作用原理

计算机联锁的操作方法与继电联锁的相似。办理进路时，只需先按进路始端钮，再按进路终端钮即可完成。此时，计算机就执行输入程序和联锁处理程序。根据输入的按钮代码，从进路矩阵中找出相应的进路，然后检查是否符合选路条件，只有完全满足选路条件后，程序才能转入选路部分。然后，先检查对应道岔是否在规定位置，再将需要交换位置的道岔转换位置，接着锁闭进路，并建立对应的运行表区。在执行信号开放程序中，根据运行表区内容，连续不断地检查各项联锁条件，条件满足后信号机才能开放。当列车进入信号机后方时，信号机即自动关闭，随着列车的运行，进路可顺序逐段解锁。

2.6.3 闭塞设备

1. 半自动闭塞

在单线区段，一般采用半自动闭塞，繁忙区段可根据情况采用自动闭塞。在我国铁路上，普遍采用的是继电半自动闭塞，主要有64D和64F两种型号，其设备主要如下。

1）操纵箱

操纵箱是半自动闭塞的操纵元件（包括按钮、电铃和表示灯等），可以和联锁设备的操纵元件组装在同一个操纵台上，也可以单独设一个闭塞设备的小型操纵箱。

2）继电器箱

两个相邻的车站各有一个继电器箱，并用外部电线互相连接。闭塞设备的继电器都集中地设在箱内。

两个车站的出站信号机都受两站闭塞设备的继电器控制，只有当两站办理了必要的闭塞手续，使发车站继电器箱内的开通继电器吸起，才能在发车进路准备妥当的情况下，开放发车站的出站信号机。

3）轨道电路

为了检查列车的出发和到达，在车站出站咽喉的外面至进站信号机内方，设有一段轨道电路。

出发列车经过出站信号机进入轨道电路区段时，由于轨道继电器的运作，使开通继电器失磁落下，出站信号机自动关闭。

此外，继电半自动闭塞还必须有相应的电源设备。

2. 自动闭塞

自动闭塞是由运行中的列车自动完成闭塞的任务。将两个相邻车站之间的区间正线划分成若干个小段——闭塞分区（其长度一般为 1 200~1 300 m），每个分区的起点设置一个通过信号机进行防护。由于通过色灯信号机的显示是随着列车的运行由列车自动控制的，不需要人工操纵，所以叫自动闭塞。自动闭塞按不同方法，可分为如下几类：

1) 单向自动闭塞和双向自动闭塞

自动闭塞按行车组织方法可分为单线双向、双线单向和双线双向自动闭塞。

在单线区段，既要运行上行列车，又要运行下行列车。为了调整双方向列车的运行，在线路两侧都要装设通过信号机，这种自动闭塞称为单线双向自动闭塞。

在双向区段，以前多采用单方向运行的方式，即一条线路只允许上行列车运行，而另一条线路只允许下行列车运行。为此，对于每条铁路线仅在一侧设通过信号机，这样的自动闭塞称为双线单向自动闭塞。

为了充分发挥铁路线路的运输能力，在双向区段的每条线路上都能双方向运行列车，这样的自动闭塞称为双线双向自动闭塞。其地面通过信号机的设置同双线单向自动闭塞，仅在基本运行方向侧设置地面通过信号机。

2) 三显示和四显示自动闭塞

三显示自动闭塞的通过信号机有三种显示，能预告列车运行前方两个闭塞分区的状态，它使列车经常按规定速度在绿灯下运行，并可得到运行前方通过信号机显示的预告，基本上能满足运行要求，又能保证行车安全，因此在列车未提速前应用广泛。

列车在三显示自动闭塞区段运行，越过显示黄灯的通过信号机时开始减速，到下一个显示红灯的通过信号机前停车，因此要求每个闭塞分区的长度绝对不能小于列车的制动距离。随着列车速度和密度的不断提高，在一些繁忙的客货混运区段，各种列车运行的速度和制动距离相差很大，三显示自动闭塞不能解决这一矛盾，所以必须采用四显示自动闭塞。

四显示自动闭塞是在三显示自动闭塞的基础上增加一种绿黄显示。它能预告列车运行前方三个闭塞分区的状态。高速列车以规定的速度越过绿黄显示的通过信号机后必须减速，以使列车在抵达黄灯显示的通过信号机时不大于规定的允许速度，保证在显示红灯的通过信号机前停车。而对于低速、制动距离短的列车，越过绿黄显示的通过信号机后不减速。

3) 轨道电路自动闭塞和计轴自动闭塞

自动闭塞按监测列车完整性和运行位置的方式，可分为轨道电路方式和计轴器方式两大类。计轴式自动闭塞采用在闭塞的入口和出口装设车轮感应器，当离开分区的列车轴数与进入分区的列车轴数相等时，也就意味着列车占用过该分区并且已经完整离开，现处于空闲状态，反之，则意味着该分区存在车辆处于占用状态。计轴式自动闭塞是非连续检查列车完整性与运行位置的方式，在我国仅在轨道电路方式不能可靠运用的线路上少量发展。

4) 有绝缘和无绝缘自动闭塞

自动闭塞按采用轨道电路的不同，分为有绝缘和无绝缘自动闭塞。传统的自动闭塞在闭塞分区分界处均设有钢轨绝缘，以分割各闭塞分区。但钢轨绝缘的设置不利于线路向长钢轨、无缝化方向发展，钢轨绝缘损坏率高，影响了设备的稳定工作，并且增加了维修工作量和费用。尤其是电气化区段，牵引电流为了通过钢轨绝缘，必须安装扼流变压器，缺点更显著。无绝缘轨道电路分为谐振式和感应式两种，取消了区间线路的钢轨绝缘，是今后自动闭塞发展的方向，可以满足铁路无缝化、电气化发展的需要。

2.6.4 行车调度及列车运行控制系统

1. 列车调度指挥系统

铁路列车调度指挥系统（Train Dispatching Command System，TDCS）是实现铁路各级运输调度对列车运行实行透明指挥、实时调整、集中控制的现代化信息系统，由铁道部、铁路局 TDCS 中心局域网及车站基层网组成，是一个覆盖全路的现代化铁路运输调度指挥和控制系统。TDCS 利用信息技术、网络技术、控制技术等现代科学技术手段取代了传统落后的行车指挥手段，采用并结合了先进的通信、信号、计算机网络、数据传输、多媒体技术等现代信息技术，在保证网络安全的前提下，与相关系统紧密结合、互联互通、信息共享，实现了铁路运输组织的科学化、现代化，增加运能，提高效率，减轻了调度人员的劳动强度，改善了调度指挥的工作环境。

我国铁路调度指挥是以行车调度为核心，站段为基础，实行铁路分局、铁路局和铁道部三级调度管理的体制。TDCS 由四层体系结构构成，实现全路调度指挥自动化及现代化。

第一层，铁道部调度指挥中心：是 TDCS 的核心，由高性能的服务器、工作站、计算机、网络设备及相应的软件构成，并通过专线与各铁路局相连，接收全国铁路系统的各种实时信息与运输数据和资料，监视各铁路局主要干线、路局交接口、大型客站、编组站、枢纽、车站、区间的列车宏观运行状态、运行统计数据、重点列车及车站的列车实际运行位置和站场状态显示，并建有全国铁路调度指挥系统数据库。

第二层，铁路局调度指挥中心：采用高性能双局域网结构，对下接收各铁路分局的实时信息与资料，监视各铁路分局、主要干线、路局交接口、大型客站、编组站、枢纽、车站、区间的列车宏观运行状态、运行统计数据、重点列车及车站的列车实际运行位置和站场状态显示，同时，向铁道部传送铁路局收集的各类行车表示信息及到发点信息。另外，还具有接收铁道部调度命令和向分局下发调度命令的功能。

第三层，铁路分局调度指挥中心：双局域网结构，接收铁路分局内各站的表示信息、车次号信息及早晚点信息，监视主要干线、路局交接口、大型客站、编组站、枢纽、车站、区间的列车宏观运行状态、运行统计数据、重点列车及车站的列车实际运行位置和站场状态显示，同时，向铁路局传送铁路分局所有信息。铁路分局调度指挥中心具有运行计划的管理、阶段计划的自动生成和下达、调度命令下达、自动生成实际运行图的功能，大大减轻了分局调度员的工作强度，使分局调度迈上了信息化的道路。

第四层，基层信息采集系统：安装在各车站，采用单局域网或双局域网结构，用来从信号设备及其他设备上采集有关列车运行位置、列车车次号、信号设备状态等相关数据，接收分局送来的各类信息，并将基层采集信息通过专用通信线路传送到铁路分局。

2. 列车运行控制系统

列车运行控制系统简称列控，是保证列车安全、快速运行的系统，主要作用是完成列车的间隔控制和速度控制。完整的列车运行控制系统包括车载设备和地面设备。

机车信号、列车自动停车装置、列车无线调度电话合称为"机车三大件"。20 世纪 80 年代开始在我国铁路迅速普及，对保证行车安全，提高运输效率起到了显著作用，也是我国列车运行控制系统的起点。

但长期以来，列车运行控制系统在我国铁路并未形成技术规范，未得到系统发展，一直是利用地面联锁和闭塞设备，配合车载机车信号和列车运行监控记录装置，采用司机人工控车为主的列车控制模式。直到 2003 年，原铁道部才制定发展中国列车运行控制系统（Chinese Train Control System，CTCS）的规划。2007 年，在第六次大提速工程中，开始采用 CTCS-2 级列控系统。

伴随高速铁路的发展，列车运行控制系统已由以地面信号为主的机车信号、列车运行监控记录装置发展为以车载信号为主的具有超速防护功能的 CTCS-2 级和 CTCS-3 级列控系统。

随着铁路向高速度、高密度方向发展，各国铁路以防止列车冒进信号、超速行驶为中心，积极研究和发展各种制式的列车超速防护（Automatic Train Protection，ATP）系统。ATP 的核心是铁路信号速度化，要求信号信息具备明确的速度含义，并根据这些信息对列车运行速度进行实时连续监控。地面列控信息主要根据进路、线路条件以及前后列车的运行位置，在进行分级速度控制时，产生不同的出口速度信息；在采用速度-距离控制模式曲线控制时，产生目标距离、目标速度等信息，ATP 车载设备依据接收到的信息，根据列车构造速度、列车性能计算出控制曲线，对列车是否遵守信息（速度）指令进行实际运行速度的监控。

当列车在允许速度控制曲线以下运行时，ATP 车载设备相当于"机车信号"，只不过信号显示已不是灯光颜色，而是允许速度值的显示；当列车的实际运行速度接近、超过允许速度曲线时，ATP 车载设备就报警、卸载、制动，起到防止"两冒一超"的安全作用。

2.6.5 通信设备

铁路通信按传输方式，可分为有线通信和无线通信两大类；按服务区域，可分为长途通信、地区通信、区段通信和站内通信等；按业务性质不同，可分为公用通信、专用通信及数据传输等。铁路专用通信一般是指专门用于组织、指挥铁路运输及生产的专用通信设备。这些设备专用于某一目的，接通一些指定用户，一般不与公务通信的电报、电话网连接。目前我国铁路通信系统已成为一个独立的主要信息传递系统。可靠、易维修及大容量是对普通通信及铁路专用通信的共同要求。

图像通信、会议电视、可视电话技术已成为现代化通信的发展方向。移动通信、卫星通信、微波中继通信、室内无线通信等将与光纤通信、程控交换等相结合，形成一个多种方式和手段的通信网，它将大大提高通信的可靠性和有效性，以满足铁路运输发展的需要。

1. 铁路专用通信设备

1）列车调度电话

铁路列车调度电话是调度所调度员指挥沿线各车站及列车段、机务段等有关列车运行人员关于列车运行业务的通信设备。其总机部分安装在调度所，分机安装在沿线各车站。列车调度电话的显著特点是调度员可以对个别车站呼叫，称为单呼；也可以对成组车站呼叫，称为组呼；或者对全部车站集中呼叫，称为全呼。列车调度员可以与车站互相通话，任何车站也可以方便地对列车调度员呼叫并通话。

2）列车无线调度电话

列车有线调度电话仅供列车调度员和车站值班员之间进行通信联系，而列车无线调度电话则可供列车调度员、机车调度员、车站值班员等调度指挥人员和列车司机相互通话。列车在运行过程中发生临时故障，或区间线路、桥梁出现不正常现象时，司机可以及时报告调度员或邻近的车站值班员，也可以直接通知邻近区段的机车司机；或者车长向司机或车站值班员通报情况，以便及时采取措施，更好地确保行车安全。

3) 铁路站场通信系统

铁路站场通信系统主要是解决站场工作人员相互联系通信的设备。它包括站场电话系统、站场扩音对讲系统、站场无线电话系统和客运广播系统。站场电话是供站内运输人员指挥站内行车和调车作业，以及联系车站日常运输组织工作之用；站场扩音对讲装置，包括行车作业使用的对讲设备和供调车作业使用的对讲设备，并且可向室外扩音；站场无线电话，是站场流动作业人员之间和流动人员与固定作业人员之间互相联系使用的设备，以便保证作业安全和提高作业效率；客运广播系统供客运作业人员使用。

2. 铁路调度通信网

铁路调度通信网的网络结构根据铁路运输调度体制来安排，按干线、局线、区段三级调度分为三层网络结构。

1) 铁路干线调度通信系统

铁路干线调度通信网络由一套 HICOM382 调度交换机、十多套 HICOM372 调度交换机，以及外围设备调度功能模块、调度台、多媒体终端、网络管理和调度管理系统等组成。纳入调度台的用户，调度员无须拨号，单键直呼所属调度分机，分机遇忙，调度员可强插通话，调度员还可进行全呼、组呼。

2) 局线调度通信系统

铁路局的局线调度通信网络，是由铁路局汇接中心利用干调 HICOM372 调度交换机或另设数字调度交换机与设在各铁路调度区段的数字专用通信系统组成，还可利用区段数字调度通信或专线延伸至区段站、编组站和中间站，构成星型网络结构的局线调度通信网。

3) 区段调度通信系统

区段调度通信系统的主系统放置于调度区段中心调度所或大型调度指挥中心，主要用于接入各调度操作台和各种调度电路，是整个系统的核心。主系统由数字调度主机、调度操作台、集中维护管理系统、录音系统等组成，分系统放置于调度区段管辖范围内各车站，通过数字传输通道与主系统相连，主要用于接入车站操作台、远端调度分机、站间电话、区间电话、站场电话等。分系统由数字调度主机、车站操作台等组成。

区段调度通信系统可以全面实现各项专用通信业务，包括区段调度通信、站场通信、站间通信、区间通信、专用通信等，完成列车调度、货运调度、电力调度、无线列车调度等区段内调度通信业务。

3. 铁路综合数字移动通信系统

铁路综合数字移动通信系统（Global System for Mobile Communication for Railways，GSM-R）是铁路专用通信系统。系统在数字蜂窝移动通信系统（GSM）上增加了调度通信功能和适合高速环境下使用的要素，可以满足列车运行速度为 500 km/h 时的无线通信要求，且安全性好，是高速铁路通信最理想的技术解决方案。

1) GSM-R 网络系统

（1）基站子系统：包括基站收发信机、基站控制器、编译码速率适配单元等。

（2）网络交换子系统：包括移动交换中心、网关移动交换中心、拜访位置寄存器、组呼寄存器、归属位置寄存器、鉴权中心、短消息确认中心、固定用户接入交换机等设备。

（3）通用分组无线业务系统：包括网关业务支持节点、业务支持节点、分组控制单元、域名服务器、认证服务器等设备。

（4）智能网系统：包括业务控制点、业务交换点、业务管理系统等。

（5）运行和维护子系统：包括交换网络管理子系统、无线网络管理子系统、GPRS网络管理子系统、直放站管理子系统、FAS网络管理系统等。

（6）终端：包括固定终端和移动终端。

2) GSM调度通信业务

根据调度工作的需要，调度通信应提供四类业务，即点对点个别呼叫、组呼、会议呼（临时组呼）、广播呼叫。

（1）点对点个别呼叫：包括固定终端呼叫移动终端和移动终端呼叫固定终端。

（2）组呼和广播呼叫：包括移动终端、固定终端发起组呼和GSM-R广播呼叫。

（3）会议呼（临时组呼）：会议呼是由一方发起多方参与的会议型的通信方式，在GSM-R网络内提供多方通信的补充业务，实现会议呼。

2.6.6 高速铁路信号设备的发展

高速铁路信号系统作为保证高速铁路行车安全，提高行车效率的重要系统之一，必须以铁路运营需要为导向，不断升级服务。为了实现高速铁路安全、高效、可靠、准点、舒适、节能、人性化的发展目标，高速铁路信号系统的技术发展革新如下：

1. 基于先进LTE-R无线通信技术

列控系统的每一次升级都是伴随着车地通信方式的升级而实现的，每次升级，通信信号的紧密性和一体化就体现得越加明显，列控系统对于车地间的通信容量、通信速率等指标的追求可以说是无止境的。GSM-R的列控数据通信速率的提升面临"瓶颈"问题，正向铁路宽带移动通信系统LTE-R（Long Term Evolution，LTE）、基于5G的铁路移动通信系统（5G-R）演进。与GSM-R系统相比，LTE-R系统在带宽、传输模式、网络架构等方面具有较大优势。

2. 基于卫星导航的列车定位技术

实现列车连续精确定位，提高定位精度和准确度，辅助实现列车完整性检查，实现车-车、车-地双向紧急通信功能，实现GPS/北斗多信息融合的定位技术，防止共模失效，减少轨旁设备数量，降低系统复杂度与维护成本，提供高精度时钟、海拔高度、运动速度、运动方向等信息，丰富车载列控设备的信息。

3. 基于移动闭塞

取消固定闭塞分区设置，列车追踪间隔可灵活设置，采用LTE-R宽带通信方式，实现车-车通信，进一步提高系统安全性，取消区间轨旁设备，使系统结构进一步简化，能够有效处理不同速度、不同制动性能以及不同长度的列车混跑。

案例六　铁路交通事故

1. 甬温线特别重大铁路交通事故概述

2011年7月23日20时30分05秒，甬温线浙江省温州市境内，由北京南站开往福州站的 D301 次列车与杭州站开往福州南站的 D3115 次列车发生动车组列车追尾事故，如图 2-93 所示。此次事故共有六节车厢脱轨，造成 40 人死亡、172 人受伤，中断行车 32 小时 35 分，直接经济损失 19 371.65 万元。

图 2-93　甬温线特别重大铁路交通事故

2. 事故原因分析

雷击温州南站沿线铁路牵引供电接触网及附近大地，通过大地的阻性耦合或空间感性耦合在信号电缆上产生浪涌电压。在多次雷击浪涌电压和直流电流共同作用下，LKD2—T1 型列控中心设备采集驱动单元，采集电路电源回路中的保险管 F2 熔断。熔断前温州南站列控中心管辖区间的轨道无车占用，因温州南站列控中心设备的严重缺陷，导致后续时段实际有车占用时，列控中心设备仍按照熔断前无车占用状态进行控制输出，致使温州南站列控中心设备控制的区间信号机错误地保持绿灯状态。雷击还造成轨道电路与列控中心信号传输的 CAN 总线阻抗下降，使 5829AG 轨道电路与列控中心的通信出现故障，造成 5829AG 轨道电路发码异常，在无码、检测码、绿黄码间无规律变化。

事故发生的原因是：通信信号集团公司所属通信信号研究设计院在 LKD2—T1 型列控中心设备研发中管理混乱，通信信号集团公司作为甬温线通信信号集成总承包商履行职责不力，致使为甬温线温州南站提供的设备存在严重设计缺陷和重大安全隐患。国家铁道部在 LKD2—T1 型列控中心设备招投标、技术审查、上道使用等方面违规操作、把关不严，致使其上道使用。雷击导致列控中心设备和轨道电路发生故障，错误地显示控制信号，使行车处于不安全状态。相关作业人员安全意识不强。

在事故抢险救援过程中，相关部门存在处置不当、信息发布不及时、对社会关切回应不准确等问题，在社会上造成不良影响。

3. 事故启示

此次交通事故发生，追根溯源是由于铁路系统在高速铁路发展过程中，忽视了对动车突发事件的应急管理。

1) 应急预案应完备

应急预案指面对突发事件如自然灾害、重特大事故、环境公害及人为破坏的应急管理、指挥、救援计划等。预案首先要针对可能造成交通事故的风险源进行排查，包括铁路运输过程中涉及的各个环节。对可能形成灾难事故的风险源制订预案，并进行演练才能提高应对突发事件的能力。

2) 加强高铁风险评估

高速路网在改变我们生活的同时，也带来更多潜在的风险。概率上说，事故是不可避免的，现代社会就是一个风险社会，事实证明，如果能以"7·23"甬温线特别重大铁路交通事故作为前车之鉴，从中汲取教训、堵塞漏洞、完善管理，动车追尾的惨剧就能避免。

3) 提升铁路的防灾能力

为确保高铁运营绝对安全，要加强高铁线路以及防灾系统的维护管理，保证设备质量处于良好状态；提高高铁运输组织水平，实现高铁调度对行车安全的精细化管理，加强非正常情况下的行车组织工作，确保列车运行安全；提高高铁应急处置能力，加快推进高铁防灾体系建设，以防范火灾、雨雪冰冻、大风大雾和地质变化为重点，加强对防灾设备设施的维护，充分发挥防灾系统的作用。

思考与探究

安全与责任

1. 铁路信号设备的概念及作用。
2. 联锁、闭塞设备的种类及原理。
3. 探究铁路信号与通信的发展需求。
4. 探究温州动车事故对安全行车的启示及措施。

2.7 城市轨道运输设备

2.7.1 城市轨道交通的发展、分类及特点

1. 城市轨道交通发展历史

城市轨道交通的发展历史如图 2-94 所示。第一阶段是从 1863 年到 1924 年，是初步发展阶段。蒸汽铁路是 19 世纪发明的，地铁的产生源于将蒸汽列车引入市中心的构想。世界上最早的地铁是 1863 年 1 月 10 日在伦敦开通的 6 km 长的线路，列车由蒸汽机车驱动，需要专门的力量来点火启动并扇动，以增大火力，被称为"地沟"铁路，运营几年后被电气化了。在 1924 年到 1949 年处于停滞阶段。第三阶段以战备防控为主，兼顾城市交通。第四阶段，城市轨道交通进入了高速发展阶段，对改善城市交通、缓解城市交通压力、引领城市规划、促进城市的可持续发展发挥了积极的作用。

图 2-94 城市轨道交通发展的历史

2. 城市轨道交通分类

随着城市轨道交通技术的不断进步和发展，出现了许多新的形式，一般可分为市郊铁路、地铁、轻轨、独轨、自动导向系统、有轨电车、磁悬浮等形式。通常也可根据图 2-95 所示的标准进行分类。

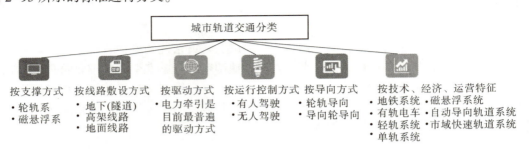

图 2-95　城市轨道交通分类

1）按支撑方式

轮轨支撑形式，即车辆与转移车道表面之间的垂直接触方式和运行方式。从这一标准出发，可分为轮轨系及磁悬浮轨道交通系统。轮轨系包括钢轮钢轨系统（如市郊铁路、地铁、轻轨、有轨电车）和胶轮混凝土轨系统（如单轨及自动导向系统）。

2）按线路敷设方式

可分为地下（隧道）、高架和地面三种形式。大运量轨道交通在交通较为繁忙的地区一般采用隧道和高架形式，在市郊可采用全封闭的地面形式；中运量轨道交通可兼有三种敷设形式，并且通常不与机动车混行；低运量轨道交通系统一般采用地面形式，可与机动车混行，运行效率较低。

3）按导向方式

根据不同的导向方式，轨道交通系统可分为轮轨导向及导向轮导向。钢轨钢轮系统（地铁、轻轨、有轨电车）属轮轨导向类型，由钢轮轮缘和钢轨之间的作用力来提供导向力，启动较快；独轨（单轨）及新交通系统等胶轮车辆属导向轮导向类型。

4）按技术、经济、运营特征

可分为地铁、轻轨、单轨、有轨、磁悬浮、自动导向及市域快速轨道交通等。

（1）地铁系统是一种大运量的轨道交通系统，在高峰时段每小时单向运输量在 3 万～7 万人次之间，采用全封闭方式，能够实现信号自动化控制，适用于客运量较大的城市中心区段。

（2）轻轨与地铁的根本区别在于轻轨系统线路采用的钢轨比地铁的钢轨轻，整体技术标准也低于地铁，在高峰时段轻轨每小时的单向运输量在 1 万～3 万人次之间，如图 2-96（a）所示。

（3）单轨系统是一种列车在单一轨道梁上运行的城市轨道交通系统，通常采用高架的方式，列车多数采用橡胶轮胎。单轨系统的构造分为两种：一种是跨坐式单轨系统，列车在轨道梁上方运行；另一种是列车悬挂在轨道梁下方运行，如图 2-96（b）和（c）所示。单轨系统载客量与轻轨相当，在高峰时段每小时的单向运输量在 1 万～3 万人次之间，具有占地面积少，建设适应性强的特征。

（4）有轨电车是使用电车牵引，轻轨导向运行在城市路面上的一种轨道交通系统，与其他的地面交通混行，运行速度慢。在高峰时段每小时的单向运输量在 1 万人次以下。

（5）磁悬浮系统最高速度可达到 500 km/h 以上，具有速度快、爬坡能力强和能耗低等优势。在高峰时段每小时的单向运输量在 1.5 万～3 万人次之间。

（6）自动导向轨道系统是一种中运量输送系统，列车沿着特制的导向装置行驶，车辆运行和车站可以采用计算机进行控制，可实现全自动化和无人驾驶，适用于城市机场线和城市客流相对集中的点对点运输线路，如图 2-96（d）所示。

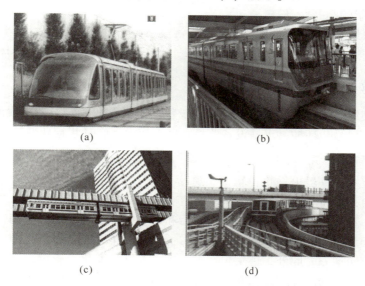

图 2-96 城市轨道交通

（a）低地板轻轨列车；（b）跨坐式独轨车辆；（c）悬挂式独轨列车；（d）自动化导轨快速交通

（7）市域快速轨道交通系统是一种大运量的轨道运输系统，客运量可以达到 20 万～50 万人次/天，适用于城市区域内重大经济区之间中长距离的运输。由于线路长，站间距离较大，一般是采用 120 km/h 以上的快速列车。

3. 城市轨道交通特点

1）运行速度高

城市轨道交通是全封闭或半封闭的交通系统，不受其他交通工具的干扰和影响。其运载工具具有较高的加减速度，有利于提高其平均速度。同时，具有较高技术水平，能实现高密度运转，列车运行间隔时间短，减少候车时间。按时刻表运行，快速、准时。

2）运输能力较大

轨道交通与常规道路交通系统不同的是，其载运工具可以编组运行，多的可以 10～12 辆编组，而且由于轨道交通系统采用先进信号装置，可以采用较短列车间隔时间。因此，轨道交通系统的运输能力较大，能满足大城市通勤通学方面大客流量的需要。

3）运营费用低，综合经济效益较高

城市轨道交通系统是一个电器牵引、轮轨导向、编组运行的封闭或半封闭系统，与常规道路交通系统的单车运行比较，能节省运营所需的人工费用，而且其走行摩擦阻力比橡胶轮胎的小，能源消耗也降低。城市轨道车辆的使用年限比常规公交车辆长，其维修费、折旧费均较低。轨道交通系统的发展能促进沿线及地区的发展，改善城市布局，缓解城市拥堵，减少城市交通事故，改进城市生活质量。

4）安全、舒适性较高

城市轨道交通系统能为乘客提供更为安全的乘车条件，比其他交通工具的安全性高，有利于减少公共交通事故次数和伤亡人数。城市轨道交通系统在线路、轨道及车辆等方面采取减少冲击、降低振动等新技术，运行平稳，改善了乘车条件。轨道交通系统车辆较宽敞，总体设计中坐席占总载客量的比重较大。为使乘客较快上下车，以提高运行速度，车辆设有较宽敞的车门。车站站台设计为高站台，跨步上车，加快上下车的速度。

5）对环境影响小

轨道交通系统采用电器牵引，没有空气污染，噪声也较小。同时，由于该系统载客多，减少汽车交通量，使城市中汽车排放的废气和噪声降低，有利于改善环境。

2.7.2 城市轨道交通设备构成

城市轨道交通由许多设备系统组成，一般包括车辆及车辆段设备、线路（轨道）、供电设备、通信、信号、环控、车站设备监控、防灾报警、自动售检票系统等。

1. 线路（轨道）

传统的轨道结构一般由钢轨、轨枕、道岔、道床、连接零件和轨道加强设备等组成，是城市轨道交通列车行车的基础，是城市轨道交通运营的重要设备之一。其作用是引导机车车辆的运行，直接承受机车车辆车轮的垂力和水平力，还承受机车车辆弹簧振动而产生的冲击力、列车运行及制动时所产生的纵向力、因机车车辆摇晃而引起的以及列车通过曲线时所产生的侧向推力。此外，还受雨、雪、风以及气温变化的影响，其中，温度应力式无缝线路还承受一定的湿度应力，并把这些力均匀地传给路基和桥梁建筑物。

城市轨道交通线路的铺设形式主要有地下线路、地面线路和高架线路三种类型。

1）地下线路

地下线路铺设于隧道内。隧道的开挖一般用明挖法和暗挖法两种方法进行施工。其中暗挖法包括盾构法和矿山法两种，盾构法又分为单圆盾构、双圆（双线）盾构。目前我国普遍采用单圆盾构法进行隧道施工。隧道又有圆形隧道和矩形隧道之分，一般区间隧道为圆形隧道，站台两端为矩形隧道。

地下线路可采用混凝土整体道床或与普通铁路相同的碎石道床，为了适应城市的特点，逐渐采用整洁美观、结构稳定的混凝土整体道床。地下线路主要由隧道、整体道床、侧沟、轨枕（混凝土长枕、混凝土短枕、支撑块等）、钢轨、扣件、连接零件等组成。

2）地面线路

地面线路多采用碎石道床，碎石道床一般由石碴层和黄沙层组成，也有单铺设石碴层。地面碎石道床线路造价低廉，道床弹性较好，但稳定性较差，运营时噪声比较大。地面线路主要由路基、碎石道床、侧沟、轨枕（木枕、混凝土枕等）、钢轨、扣件、连接零件等组成。

3）高架线路

高架线路铺设于城市高架桥面之上，一般沿城市道路一侧或中央铺设，桥面轨道线路一般可采用混凝土整体道床或碎石道床。城市轨道交通高架桥，由于其长度远远大于一般意义上的桥梁，考虑线路和超长桥梁之间的相互影响，确保桥梁和线路的稳定性，城市轨道交通高架线路普遍采用混凝土整体道床。高架线路结构稳定，比地面线路占地少，但其影响城市景观，容易受城市道路规划影响，噪声也比较大。高架线路主要由高架桥、整体道床、侧沟、混凝土支撑块、钢轨、扣件、钢轨连接零件等组成。

2. 车站设备

城市轨道交通车站设备由设置于城市轨道交通车站内的自动消防系统、机电设备监控系统、环控系统、给排水系统、低压配电及照明系统、电梯与自动扶梯、屏蔽门系统、自动售票系统及防淹门等设备组成，整体选用先进可靠的机电设备及自动化技术，采取全自动或人工干预的机电设备正常及灾害模式运行方式，实现了为乘客创造一个往返于地面和城市轨道交通列车间的过渡性舒适及安全的环境，为乘客包括残疾人提供方便的出行条件，为城市轨道交通工作人员创造了一个有利于工作的舒适、安全的工作环境，是城市轨道交通大系统中实现提升城市轨道交通服务质量及水平，保证乘客出行安全的不可或缺的部分。

1）消防系统

城市轨道交通中的消防系统包括防灾报警系统和全自动气体灭火系统。

防灾报警系统（Fire Alarm System，FAS）分布在站厅、站台、一般设备用房和办公用房等位置，能监视车站消防设备的运行状态，接收车站火灾探测器、手动报警按钮等现场设备的报警信号并显示报警位置；优先接收控制中心发出的消防救灾指令和安全疏散命令，并能在火灾时发出模式指令使机电设备监控系统运行转入火灾模式，实现消防联动。同时，可通过事故广播系统和闭路电视系统组织疏散乘客，对气体灭火系统保护区域进行火灾监视，达到及早发现火灾，通报并发送火灾联动指令的作用。

自动气体灭火系统布置在重要的设备房，如高低压室、通信设备室、环控电控室、信号设备室等，能实现火警信号采集、系统信息处理、声光报警控制、信息报告、相关环控设备联动控制和气体释放全过程自动控制。其控制方式一般有自动控制、电气式的手动控制和机械操作控制3种。

2）机电设备监控系统

机电设备监控系统由中央级监控设备、车站级监控设备、就地级监控设备、集中冷站监控设备和设置在车辆段维修车间的维修工程师工作站组成。

中央级监控设备：中央级监控系统由OCC局域网络构成，网络内包括主/备服务器、双重监控工作站、维护计算机、通信转换接口、打印机、模拟屏、UPS等设备。

车站级监控设备：车站级监控系统由局域网构成，包括两部分，一个为ECS系统部分，另一个为BS系统部分。ECS系统网络内有冗余的控制器、I/O模块等设备，主要监控隧道及车站的通风系统、空调大系统、空调小系统及其他系统。BS系统内有就地控制器或远程I/O，主要监控照明系统、自动扶梯、给排水系统、设备室的温湿度检测等。系统配置与屏蔽门、防淹门、FAS、冷水机组、导向标志牌等系统的数据接口。

就地级监控设备：就地级监控设备根据机电设备的设置情况配置，在环控电控室、照明配电室、环控机房、水泵房、扶梯附近设就地控制柜（箱）、检测器、传感器等。

集中冷站监控设备：包括工作站、通信转换接口、打印机、模拟屏、UPS等设备。

维修工作站：由监控计算机等设备组成。

3）环控系统

包括环控水系统和环控风系统。

环控水系统包括独立冷站供冷系统和集中供冷水系统。每个车站内独立设置冷水机组，通过冷冻水泵将二次冷源供给车站大系统空调或车站小系统空调，空调末端采用大组合空调柜、小空调柜及风机盘等设备。集中供冷是指集中设置制冷机组、联动设备及其他辅助设备，通过室外管廊、地沟架空、区间隧道敷设冷冻水管，用二次水泵将冷冻长距离输送到车站大空调系统末端，以满足多个车站所需的冷量。

环控风系统包括隧道通风系统，车站站厅、站台公共区的制冷空调及通风（兼排烟）系统（简称大系统），车站管理及设备用房空调、通风（兼排烟）系统（简称小系统）。

隧道通风系统包括区间隧道通风系统和车站隧道通风系统两部分。区间隧道通风系统主要由隧道风机、推力风机、射流风机及相关的电动风阀、风道等组成；车站隧道通风系统主要设备为轨道排风机、电动风阀和防火阀、风道等。

车站通风空调大系统采用全空气一次回风系统。一般情况下，在车站每端设置一套，服务半个车站，系统由组合式空调机组、回排风机、新风机、专用排烟风机、各种风阀、防火阀、消声器和风道等组成。

车站通风空调小系统由空调器、排风或排烟风机、新风机、风阀、防火阀、风道等组成。

4）给排水系统

城市轨道交通给排水系统是为满足车站及车辆段生产、生活和消防用水对水量、水质和水压的要求，保证车站和车辆段排水通畅，从而对轨道交通安全运营提供服务，并对车辆段内的生活污水和生产污水进行收集和处理，以使其达到排放标准。

城市轨道交通的车站和车辆段给排水系统分别由给水系统和排水系统两部分组成。其中给水系统包括生活给水系统、生产给水系统和消防给水系统，排水系统则包括污水排水系统、废水排水系统和雨水排水系统。给排水系统的主要设备包括潜污泵、变频变量恒压给水设备、全自动气压供水设备、自动清洗过滤器、气浮处理设备、地埋式污水处理一体化设备、消防栓、给排水管道、消防管道、市政进水/消防电动蝶阀、冲洗栓、水龙头、阀门等设备。

3. 车辆

城市轨道交通车辆是技术含量高且集中的机电设备，是整个城市轨道交通系统中最关键的设备。包括车体、转向架、制动系统、连接装置、受电弓等。

1）车体

城市轨道交通车辆的车体是容纳乘客和司机驾驶（对于有司机室的车辆）的处所，又是安装与连接其他设备和部件的基础。车体主要包括车体结构、内装饰、车内设备（车窗、车门、座椅、立柱、扶手）和空调等。车体不仅要求具有良好的隔声、隔热性能，而且要求造型美观、色彩新颖，以便为乘客创造良好的乘坐条件。另外，还应选用不燃、阻燃、少烟、低毒的材料，以保证乘客的安全。车体一般分为底架、侧墙、端墙、车顶等几大部件。内装设计需要考虑与车体结构和车内设备之间的连接关系，以进行总体优化。

2）转向架

转向架是支承车体及其载重并引导车辆沿着轨道运行的走行装置。为了便于通过曲线，在车体和转向架之间设有心盘或中心回转装置，使转向架可以实现相对于车体的转动。为了改善车辆运行品质和满足运行要求，在转向架上设有弹簧减振器装置和制动装置。对于动车，转向架上还装有牵引电动机和减速机构，以驱动车辆运行。

由于车辆的用途、运用条件与要求不同，采用的转向架结构各异，类型很多，但其基本作用和基本组成部分是一样的，一般转向架可以分为转向架构架、轮对轴箱装置、弹簧减振装置、中央牵引连接装置、制动装置、牵引驱动装置（含牵引电动机、齿轮箱、联轴节等)、高度调整阀、速度传感器、接地装置等装置。

地铁车辆转向架主要分为动力转向架和非动力转向架,也分别称为动车转向架和拖车转向架。动力转向架带有牵引电动机和齿轮箱、联轴节等传动装置。转向架从二系悬挂结构形式可分为有摇枕转向架和无摇枕转向架。有摇枕转向架易于通过小半径的曲线线路,但多了一个摇枕部件,结构复杂,质量大;无摇枕转向架具有结构简单、质量小、维修工作量少等优点,随着二系空气弹簧曲线补偿位移能力的提高,目前地铁车辆大多采用无摇枕转向架。

3) 制动系统

城市轨道交通的站距短,乘客上、下频繁,城轨列车的调速及停车制动都比较频繁,因此,城市轨道交通车辆的制动系统应具备操纵灵活、制动能力强、能紧急制动等特点。制动方式有摩擦制动和动力制动方式。摩擦制动包括闸瓦制动、盘形制动和轨道电磁制动。动力制动是在制动时将牵引电动机变为发电机,使列车动能转化为电能,也称为电制动。根据对产生电能的不同处理方式,分为电阻制动和再生制动两种。

电阻制动:将发电机发出的电能送到电阻器中,使电阻器发热,即将电能转变为热能。电阻器上的热能靠风扇强迫通风或走行风而散于大气中。电阻制动一般能提供较稳定的制动力,但车辆底架下需要安装体积较大的电阻箱。

再生制动:再生制动是把列车的动能通过电动机转化为电能后,再使电能反馈回电网供给其他列车使用。显然这种方式既能节约能源,又减少制动时对环境的污染,并且基本上无磨耗,是一种较为理想的制动方式。

4) 受电弓

受电弓从高压接触网上取得电能,可以根据司机的指令而升起和降落。受电弓一般设有机械止挡,以限制受电弓在无接触网区段上的垂直运动。选择受电弓时,应考虑在升弓时,对接触网无有害冲击;降弓时,对受电弓底架无有害冲击,同时,还应考虑车辆最大车速和逆风时的空气动力学性能。一般地铁、轻轨车辆采用轻型受电弓。城轨车辆的受电弓为单臂,轻型结构。受电弓应安装在与转向架纵向和横向中心交叉点最近的车顶相应位置上。

4. 城市轨道交通供电系统

高度安全、可靠而又经济合理的电力供给是城市轨道交通正常运营的重要保证和前提。城市轨道交通供电电源通常取自城市电网,通过城市电网一次电力系统和地铁供电系统实现输送或变换,然后以适当的电压等级供给地铁各类设备。城市轨道交通供电系统的组成如图 2-97 所示。包括外部电源、主变电站、牵引供电系统、动力照明系统和电力监控系统。

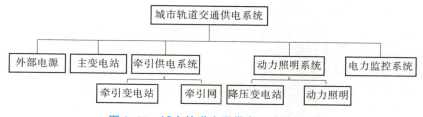

图 2-97 城市轨道交通供电系统的组成

城市轨道交通外部电源的供电方案包括集中、分散和混合供电方式三种。集中供电方式是在线路的适中站位,根据总容量要求设主变电站;分散供电方式是指不设主变电站;

混合供电方式是指一条轨道交通线路,一部分采用集中供电,另一部分采用分散供电。

牵引供电系统是城市轨道交通供电系统的核心,向轨道交通车辆提供电能,通常采用较低电压的直流供电制式。城市轨道交通牵引供电系统包括牵引变电站、接触网(或接触轨)、馈电线、回流线、电分段和轨道设施,如图2-98所示。

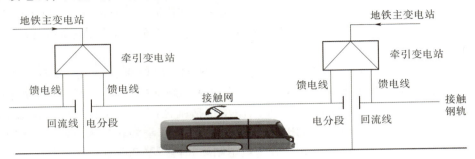

图2-98 城市轨道交通牵引供电系统

城市轨道交通供电系统中一般设置三类变电站,即主变电站(分散式供电方式为电源开闭所)、牵引变电站及降压变电站。主变电站为地铁线路的总变电站,承担整条地铁线路的电力负荷的用电。主变电站将城市电网的高压110 kV(或220 kV)电能以35 kV或10 kV的电压等级分别供给牵引变电站和降压变电站。牵引变电站将地铁主变电站(或城市电网区域变电站)送来的35 kV电能经过降压和整流变成车辆牵引所要求的直流电能,牵引变电站的容量和设置的距离是根据牵引供电计算的结果,并经过经济技术分析比较后决定的。降压变电站从主变电站(电源开闭所)获得电能并降压变成低压交流电,为车站、隧道动力照明负荷提供电源,可与直流牵引变电站合并,形成牵引/降压变电站。

城市轨道交通动力照明信号供电系统主要作用是降压、分配和传输电能,其主要向信号设备、照明、通风、排水、制冷设备馈送电能。

5. 城市轨道交通信号与通信系统

1) 城市轨道交通信号系统

城市轨道交通信号系统是保证城市轨道交通安全和提高运输效率的重要设备,已发展成为具有列车自动防护(Automatic Train Protection,ATP)、列车自动运行(Automatic Train Operation,ATO)和列车运行监督(Automatic Train Supervision,ATS)等功能的综合自动化系统,其由列车运行自动控制(Automatic Train Control,ATC)系统和车辆段信号控制系统组成,如图2-99所示。

(1) 正线ATC系统。ATP子系统主要功能是实现对列车的速度防护,保证列车以安全速度行驶。若列车的实时速度超过安全速度,ATP子系统会给出报警,必要时进行紧急制动。另外,ATP子系统也负责安全停车点的防护和列车车门的控制。

ATO子系统的主要功能是实现对列车的自动运行,实现列车在站间的自动运行、在站内的定点停车和程序停车,对车门和屏蔽门进行控制;接受运营控制中心(Operation Control Center,OCC)的调度命令,实现站台扣车、站台跳停等。ATO子系统可以使列车处于最佳的运行状态,减轻司机的劳动强度,降低能耗。

ATS子系统是城市轨道交通的"大脑",在ATP、ATO子系统的支持下对全线列车进

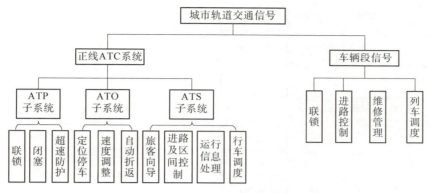

图 2-99　城市轨道交通信号系统组成

行监督和控制。其主要功能包括列车运行图管理、列车运行调度、仿真培训、旅客向导等。

（2）车辆段信号。车辆段/停车场是洗车、检车和维修车辆的基地，一般设有维修线、洗车线、停车线、镟轮线和试车线等，线路中存在众多道岔。为保证车辆在段内的行车安全，车辆段设一套联锁系统，用于实现车辆段的进路控制，并通过 ATS 车辆段分机与行车控制中心交换信息。车辆段联锁系统前期曾采用 6502 继电集中联锁，近年来均采用计算机联锁。试车线的信号系统与正线保持一致。随着 3C 技术的发展，车辆段信号控制系统的特点是信号一体化，联锁系统设备、进路控制设备、接近通知和车次号传输设备等设备通过局域网连接在一起，并与运营控制中心进行数据交换。

轨道交通信号系统的发展与控制技术、电子技术、计算机技术、通信技术等高新技术的发展息息相关。随着这些技术的发展和在轨道交通行业的应用，轨道交通信号技术已经从传统的继电逻辑、模拟电路、分散的控制模式向数字化、网络化、智能化、综合化和一体化方向发展。城市轨道交通信号系统在这些技术的支持下，也走向系统化、信息化和智能化，从单纯的保障行车安全向提高运输效率、改善管理、改进服务及向业务综合管理方向发展。

2）城市轨道交通通信系统

城市轨道交通通信系统是为城市轨道交通信号系统、运营单位之间的公务联络、传递各种信息等提供通信信道，与信号系统共同完成对运行列车的调度指挥。同时，在发生火灾、事故等紧急情况下，通信系统也是进行应急指挥、抢险救灾的主要手段。通信系统的范围涵盖控制中心、车站、车辆段、停车场、地面线路、高架线路、地下隧道和列车。

城市轨道交通通信系统通常由车站和车站之间以及车站与调度中心之间的通信传输网络、部门和部门之间的电话系统、用于调度的无线通信系统、用于给乘客提供信息的有线广播系统（Public Address，PA）和旅客信息系统（Passenger Information System，PIS）、用于监控的视频监控系统（Closed Circuit TV，CCTV）、录音系统、用于给各子系统提供标准时间的时钟系统等系统组成，如图 2-100 所示。

通信系统主要包括传输、无线、公务电话、调度电话、站内及轨旁电话、闭路电视、广播、时钟、电源等子系统。传输系统、时钟系统除了为各通信子系统提供服务外，还应为其他系统提供传输服务。

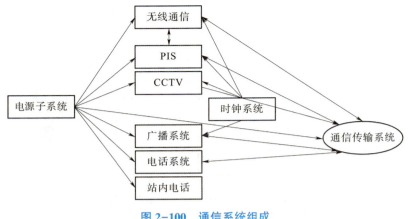

图 2-100 通信系统组成

案例七 轨道交通车辆智能运维系统

1. 上海市轨道交通车辆智能运维系统需求分析

城市轨道交通迅速发展,列车数量急剧上升,运行工况日趋复杂,列车运营间隔缩短、运营时间延长,这给维护保障带来了极大的压力。列车检修时间减少、人工检查强度增加、故障种类多变、设备制式多样、全寿命周期管理滞后、仓储备件管理分散、人工检修力量薄弱、信息化平台融合度低等诸多因素都将对车辆运营的安全性和设备的可靠性产生直接影响。

同时,互联网+、大数据、云计算、人工智能、故障预测与健康管理(PHM)等前沿技术的迅速发展,也为城市轨道交通的发展提供了良好机遇。为顺应未来国内城市轨道交通超大规模网络化的发展趋势,各大城市积极研发轨道交通的智能运维系统,努力打造城市轨道交通"智慧大脑"。智能运维的核心是利用各种传感装置获取设备运行的实时状态和故障数据,借助大数据、云计算和人工智能等技术对设备系统进行故障诊断和状态管理。

2. 上海市轨道交通车辆智能运维系统功能

上海申通地铁集团有限公司开发出上海市轨道交通车辆智能运维系统,该系统于2019年1月被国家发展和改革委员会批复为增强制造业核心竞争力关键技术产业化项目,成为城市轨道交通行业国家示范工程。该系统是在充分了解国内外新技术的基础上,从顶层设计角度出发,基于大数据分析、人工智能技术,结合具体应用场景做深度开发而形成的体系,由车地无线实时传输子系统、轨旁车辆综合检测子系统和车辆维护管理信息子系统3部分组成,如图2-101所示,其涵盖了能够支撑城市轨道交通车辆智能运维的技术、管理和标准。

1)车地无线实时传输子系统

也称为车联网子系统,通过在车辆控制网络以及维护网络上加装车地无线传输模块,对列车运行的状态数据与故障数据进行实时采集、传输,实时获取列车信息和数据,这些数据是车辆智能运维系统最重要的基础数据。具备预警功能、历史数据分析、设备健康评估、司机驾驶行为评价和视频调取等应用模块,涵盖线网电压、车门开关状态、行驶速

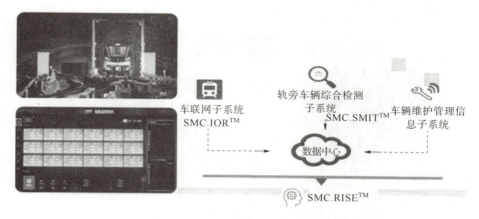

图 2-101　上海市轨道交通车辆智能运维系统框架

度、电动机转速等 4 000 余项核心控制信号，实现了对列车 95% 子系统的远程故障监测。车联网地面监控系统平台如图 2-102 所示。

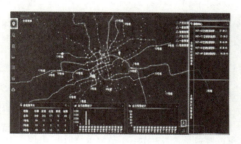

图 2-102　车联网地面监控系统平台示意图（附彩图）

2）轨旁车辆综合检测子系统

轨旁车辆综合检测子系统基于红外线、激光、线阵相机等检测装置，利用机器视觉、传感技术和人工智能等技术实现了列车不停车自动检测功能。包括车辆外观、受电弓/受流靴、轮对尺寸、踏面缺陷动态图像、车轮失圆、车轮深层次探伤、闸瓦/闸片、车下设备温度和轨边声学诊断等检测模块。

轨旁车辆综合检测子系统是根据检修规程所规定的检测项目开发的，覆盖了 70% 以上的原人工检查作业内容和 100% 的轮对尺寸测量作业，对维护受电弓、空调、车门、侧墙、贯通道、转向架、牵引电动机、轴箱、齿轮箱、制动单元等关键部件有重要作用。列车每次回库时，都会自动检测一遍，检测精度均达到或超过检修标准。

3）车辆维护管理信息子系统

由移动点巡检、鹰眼模块、工具管理、物料管理以及工艺设备管理等模块组成，涵盖了车辆检修的人工、规程、物料、工器具、工单等各个作业和控制环节，实现了对车辆运维过程的质量控制，如图 2-103 所示。

3. 车辆智能运维系统的应用

上海地铁 17 号线于 2017 年 12 月 30 日正式开通运营，并同步启用了车辆智能运维系统。实践证明，该系统的应用取得了良好成效，有助于提升车辆检修效率，优化运维管理模式。

图 2-103　车辆维护管理信息子系统示意图（附彩图）

实时监控列车全路网运营状况，一旦发现故障，提前预警并准备维护工具，最大限度地节约了故障处置时间，提高了检修效率；故障实时预警，提高了检修精度和频次；日检工作转变为系统自动检测、人工复核相结合的方式，降低了检修作业强度，简化了数据管理方式；将人工检修转变为电子化作业，优化了信息反馈形式，使检修流程标准化。图 2-104 所示为正线故障处置流程传统模式与新模式的对比。

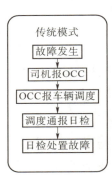
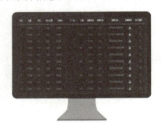
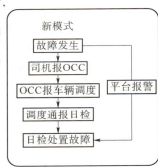

图 2-104　正线故障处置流程对比图

4. 车辆智能运维系统的发展

传统的运维模式已无法适应超规模、超体量的轨道交通的发展趋势。智能运维是城市轨道交通行业提升运维效率、确保质量和安全的必由之路，其发展建设还需要注意以下几点：

（1）深入研究并持续创新城市轨道交通运维管理模式是行业发展的需要。要以用户需求为导向，加强顶层设计，以实现设备检测项点和功能为目标，优化维护作业流程，转化运维管理模式。随着运维需求不断增加，系统平台要开放、兼容，并预留扩展条件。智能运维要以信息化为基础，融合人性化设计。

（2）随着人工智能和云计算技术的飞速发展，智能运维系统在城市轨道交通网络化发展中有着良好的应用前景。但仍需突破一些关键核心技术，如图像动态特征识别、机器自学习等。应以安全可靠、高效实用原则为出发点，依托行业发展整合资源，自主创新，填补技术空白，提高行业核心竞争力。

（3）既要深入研究前期的开发建设需求，也要充分考虑后期应用的多种可能性。应制定适用于城市轨道交通不同车辆类型、不同设备供应商、各条线路特点的数据采集和应用规范，不断完善系统和模块功能，建立规范的技术标准体系和应用管理体系，规范行业的发展。

交通协同

1. 城市轨道交通设备的分类及特点。
2. 城市轨道交通的设备构成。
3. 从交通协同的角度探究城市轨道交通设施与其他交通方式的高效衔接方案。

 本章知识总结

本章知识内容如图 2-105 所示，从铁路线路、高速铁路、铁路车站、铁路车辆、机车、高速列车、铁路信号与通信、城市轨道交通设备几个方面介绍了各类铁路运输设备的类型、特点、构成、工作原理等内容。在掌握各基础知识点的基础上，了解"高铁精神""中国工匠精神"对铁路运输系统的建设与发展的推动作用。

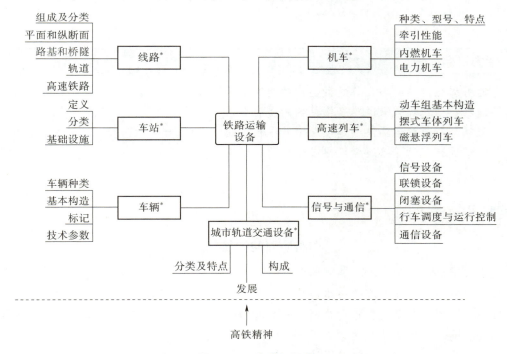

图 2-105 本章知识点

注：带 * 部分需结合线上教学资源自主学习。

交通运输设备

第3章
道路运输设备

知识目标

掌握公路构成、公路平面、纵断面、横断面，高速公路、城市道路运输设备的相关概念。

掌握汽车的类型、总体结构、行驶的基本原理。

熟悉公路线路设计依据及公路等级、高速公路设施、城市道路设施。

了解公路场站、公路交叉等设施，城市道路的发展、汽车技术的发展。

能力目标

能够描述道路运输设备的种类、功能及结构组成。

能够整体把握未来道路运输设备的发展需求。

能够分析道路运输设备建设及发展过程中的技术创新和工匠精神。

能够进行某种道路运输设备或设施的创新设计。

 引入案例

车路协同的智慧高速

1. 延崇高速（北京段）案例简介

作为北京市首条智慧高速公路，延崇高速（北京段）主要开展了基础设施数字化、车路协同示范应用、基于大数据的路网综合管理和服务等三方面的智慧化建设。实现了对特大桥、特长隧道、超高边坡等基础设施的实时健康监测；围绕自动驾驶车路协同保障需求，建设了高清摄像机、毫米波雷达、路侧通信单元及边缘计算单元等设施设备；建设了基于云计算、大数据的智慧高速公路云数据中心，以及基于可变情报板、交通信息服务APP等多方式结合的交通协同信息发布系统，实现了高速公路交通运行实时监测、快速应急处置及伴随式信息服务。延崇高速（北京段）如图3-1所示。

图 3-1　延崇高速（北京段）车路协同的智慧高速（附彩图）

2. 主要功能

延崇高速（北京段）可实现自动气象感知、可变光照明和车路协同全自动驾驶等一系列新功能。在交通环境感知、车路协同示范以及隧道安全运行等多个方面进行了创新应用。

（1）在环境感知方面。延崇高速（北京段）山区里程在总公路里程中占比很大，相关部门研发建立了气象感知系统，实时采集公路沿线气象数据，获知公路沿线气象预测信息，为异常天气条件下各种应用措施准备提供支持，为公路运行管理和面向出行者的公路出行提供气象信息保障。

（2）在车路协同示范方面。延崇高速（北京段）在全时空动态交通信息的基础上展开车辆协同安全节制和道路交通主动节制，保证交通安全，提高通行效力，从而构成安全、高效和环保的交通系统。运用物联网、云计算、人工智能、卫星导航等技术，实现车与人、车、路、云的智能信息交互，为实现自动驾驶奠定技术基础。

（3）在隧道安全运行方面。通过灯光控制为隧道内通行的车辆提供安全的运行环境，可采用变色温控制，实现光线随洞外色温变化，保障行车安全。同时，考虑到不同的气象条件下，驾驶员对隧道内道路交通、环境条件视认的色温需求不同，采用变色温控制隧道照明，实现洞内外色温变化的柔性和谐调整。

2018 年 12 月，延庆区组织华为、奥迪、百度、千方等单位，在延崇高速平原段开展了车路协同测试，实现了时速 80 km 的 L4 级自动驾驶（汽车自动驾驶分为 6 个等级：L0 级应急辅助、L1 级部分驾驶辅助、L2 级组合驾驶辅助、L3 级有条件自动驾驶、L4 级高度自动驾驶和 L5 级完全自动驾驶）和智能辅助驾驶。2019 年 12 月，又组织华为、奥迪、北汽福田、图森未来、四维图新等单位在延崇高速山区段开展了冰雪路面和长隧道内自动驾驶技术应用测试，完成了 L4 级编队行驶和队列跟驰。

（4）在弯道盲区预警方面。为了改善行车安全性的问题，有效降低弯道交通事故的发生，在 2020 年大修工程和 2021 年北京市交通委专项提升两项工程中，在松闫路急弯处共设置了 161 套弯道盲区预警系统。每个弯道的前后两端都设有一个弯道预警系统主机，主机显示"前方""急弯"的字样。在主机之间，则根据弯道的弧度和长度设置间隔距离不一、数量不同的智慧路桩。当车辆通过时，预警主机会发出"前方会车"语音提醒，智慧路桩依次闪烁箭头形状的标识，同时，低空照明设施开启，为驾驶者标出清晰的弯道轮廓线。

延崇智慧高速应用三维可测实景技术、高精度地图等，实现公路设施的数字化采集、管理与应用，构建公路设施资产动态管理系统。通过在路边部署 IoT（Internet of Things，物联网）边缘服务，接入雷达、摄像头等传感设备，对雷达、摄像头采集的数据进行融合分析，在边缘侧运行道路事件检测 AI 算法，实现交通基础设施安全状态综合感知和安全状态态势分析及预警。基于 IoT 边缘和 V2X Server（Vehicle to Everything Server，车路协同业务的基础应用平台）进行车路信息交互、风险监测及预警、交通流监测分析。针对营运车辆，在弯道、隧道等事故高发区提供二次事故预警服务。刹车距离范围内，提前采取安全措施，降低事故的严重程度；针对货运卡车，路侧提供周边车辆位置、路况信息解决卡车感知死角问题，集成高精度地图，支撑 MAP 消息发布、边缘网络拓扑管理，实现卡车自动驾驶和编队。

案例思考——创新思维
1. 从出行需求及各类技术应用的角度思考未来道路运输设备的结构、功能等。
2. 思考一种道路运输设备的改进或创新设计。

3.1 公路线路

3.1.1 公路线路设计依据及公路等级

公路设计是指根据公路的使用任务、性质、交通量以及所经地区的地形、地质等自然条件来决定公路在空间的位置、线形与尺寸，即公路在平面、纵断面、横断面上的几何形状与各部分尺寸。

1. 公路设计的依据

在进行公路网的规划或确定一条公路的类型、线形的过程中，都必须以公路所经地区的自然条件和交通资料为依据。在设计中应考虑以下交通数据：

1）设计车辆

公路路线几何设计时，应根据公路功能、车辆组成等因素选用标准型号的汽车作为设计控制的车辆。JTG D20—2017 公路路线设计规范中设计车辆尺寸见表 3-1。

表 3-1 设计车辆尺寸　　　　　　　　　　　　　　　　　m

车辆类型	总长	总宽	总高	前悬	轴距	后悬
小客车	6	1.8	2	0.8	3.8	1.4
大型客车	13.7	2.55	4	2.6	6.5+1.5	3.1
铰接客车	18	2.5	4	1.7	5.8+6.7	3.8
载重汽车	12	2.5	4	1.5	6.5	4
铰接列车	18.1	2.55	4	1.5	3.3+11	2.3

2）设计车速

它是指在气候正常、交通密度小、汽车运输只受公路本身条件（几何要素、路面、附属设施等）影响的条件下，一般驾驶员能安全地行驶的最大车速。根据不同地形条件，各级公路规定的设计车速见表 3-2。

设计车速是确定公路几何线形的基本依据，如曲线半径、缓和曲线长度、超高率、视距、路幅等都与设计车速有关。

表 3-2　各级公路主要技术指标

公路等级		高速公路		一级公路		二级公路		三级公路		四级公路	
地形		平原微丘	山岭重丘	平原微丘	山岭重丘	平原微丘	山岭重丘	平原微丘	山岭重丘	平原微丘	山岭重丘
计算行车速度/(km·h⁻¹)		120	100	100	60	80	40	60	30	40	20
行车道宽度/m		2×7.5	2×7.5	2×7.5	2×7.5	9	7	7	6	3.5	
最大纵坡/%		26	24.5	24.5	21.5	12	8.5	8.5	7.5	6.5	
平曲线最小半径/m	极限值	650	400	400	125	250	60	125	30	60	15
	一般值	1 000	700	700	200	400	100	200	65	100	30
停车视距/m		210	110	160	75	110	40	75	30	40	20
设计车速/(km·h⁻¹)		—	—	100	60	80	40	60	30	40	20
圆曲线长/m		—	—	85	50	70	35	50	25	35	20
平曲线最小长度/m		—	—	170	100	140	70	100	50	70	40
平曲线半径低限值/m		—	—	—	—	—	—	—	—	60	15
最小纵坡/%		3	5	4	6	5	7	6	8	6	9
合成纵坡%		10.0	10.5	10.0	10.5	9.0	10.0	9.5	10.0	9.5	10.0
最小坡长/m		300	200	250	150	200	120	150	100	100	60

3）交通量

交通量是确定公路等级的主要依据。它分为以下三类：

（1）年平均日交通量，是公路普遍采用的交通计量单位，是用全年交通量除以 365 得出的。

（2）高峰小时交通量，实际设计中采用一年中第 30 个高峰小时交通量作为设计依据，这个数字相当于年平均日交通量的 1.5 倍。

（3）远景交通量，它是公路改建和新建的依据，可以由现行交通量推算而得。对于交通量的折算，二、三、四级公路一般是混合交通，在计算交通量时，将公路上行驶的各种车辆的数量折合成载重汽车的数量，各种车辆的折算系数和行驶速度与其在道路上占用的面积有关。JTG D20—2017 公路路线设计规范中规定的折算系数见表 3-3。

表 3-3　车辆折算系数

汽车代表车型	交通量/(veh·h⁻¹)	设计时速/(km·h⁻¹)		
		80	60	40
中型车	≤400	2.0	2.0	2.5
	400~900	2.0	2.5	3.0
	900~1 400	2.0	2.5	3.0
	≥1 400	2.0	2.0	2.5

续表

汽车代表车型	交通量/(veh·h⁻¹)	设计时速/(km·h⁻¹)		
		80	60	40
大型车	≤400	2.5	2.5	3.0
	400~900	2.5	3.0	4.0
	900~1 400	3.5	5	7.0
	≥1400	2.5	3.5	3.5
汽车列车	≤400	2.5	2.5	3.0
	400~900	3.0	3.5	5.0
	900~1 400	4.0	5.0	6.0
	≥1 400	3.5	4.5	5.5

2. 公路的等级

道路是指能够通行的途径，一般是指机动车辆和行人均能通行的途径；公路是公共道路的简称，是连接城市、乡村，主要供汽车行驶的具备一定技术条件和设施配置的道路。根据行政等级，公路可划分为国道主干线公路（国道）、省级干线公路（省道）、县级干线公路（县道）、乡级公路（乡道）以及专用公路。

根据任务、功能和适应的交通量，将公路分为表3-4所列的5个等级。

表3-4 各级公路的主要技术指标

公路等级	在交通网中的意义	年平均日交通量/辆
高速公路	具有特别重要的政治、经济意义，专供汽车分道行驶，全部控制出入	25 000 以上
一级公路	连接重要的政治、经济中心，通往重点工矿区，可供汽车行驶，部分控制出入	10 000~25 000
二级公路	连接政治、经济中心或大工矿区的干线公路；运输任务繁忙的成交公路	2 000~7 000
三级公路	沟通县以上城市的一般干线公路	200~2 000
四级公路	沟通县、乡、村等的支线公路	200 以下

3.1.2 公路线路的平面、纵断面、横断面

1. 公路线路的平面

1) 公路线路平面及其组成要素*

道路中心线在水平面上的投影称为线路的平面。其组成要素主要包括直线、圆曲线和缓和曲线。

（1）平曲线半径。汽车在弯道上行驶时，所受离心力的大小与汽车的重量成正比，与

平曲线半径的大小成反比。平曲线半径的确定分为曲线设置超高和不设置超高两种情况。根据公路的等级和具体地形，可从《公路工程技术标准》（JTG_B01—2014，以下简称《标准》）中查得平曲线半径。各等级公路平曲线最小半径极限值见表3-2所列。

（2）平曲线超高和加宽。为了使汽车能在小半径曲线上不减速安全行驶，把曲线部分的行车道建成外侧高于内侧的单向横坡，其外侧超出的部分即为平曲线超高。

当曲线半径小于一定数值时，公路弯道上的路面需要加宽。曲线上的路面加宽一般设置在曲线内侧。路面加宽后，路基也相应加宽。

（3）缓和曲线。汽车在由圆曲线进入直线或由直线进入圆曲线时，运动轨迹是一条曲率逐渐变化的曲线。它的形式和长度视行驶速度、曲线半径和司机转动转向盘的快慢而定。这段路线就是缓和曲线。设计缓和曲线，就是要确定它的长度和合理的形式。缓和曲线长度的确定，主要考虑三方面的因素，即驾驶操作从容、旅客感觉舒适，超高的附加坡度不宜过陡，行驶时间不宜过短。缓和曲线的形式主要有回旋曲线式、三次抛物线式，双纽式等。

（4）平曲线的最小长度。汽车在弯道上行驶时，曲线过短会造成驾驶员的疲劳和横向力对乘客的冲击。特别是在高速行驶时，曲线过短可能造成汽车离开理论行车轨迹过多而发生事故。为了提高公路的使用质量，使行车迅速、安全与舒适，应尽量设置较长的平曲线。各级公路的平曲线最小长度见表3-1所示。

2）平面视距

在行车中，驾驶员从发现前方障碍物到进行制动或绕避时，车辆所行驶的最短距离称为行车视距。

（1）视距类型包括停车视距、错车视距、会车视距、超车视距。

停车视距：汽车在单车道明显分车道上行驶，遇到障碍物不能绕行，只能刹车停住所需的最短距离，如图3-2所示。

图3-2 停车视距

错车视距：在行车密度不大的双车道上，汽车常在道路中部行驶，发现对向来车时各自驶向本身车道所需的最短距离，如图3-3所示。

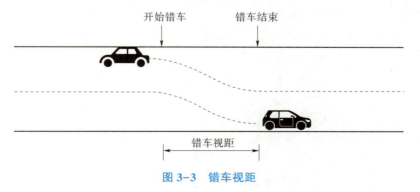

图3-3 错车视距

会车视距：单车道上或路面不宽的双车道上，对面的车辆没能及时或无法错车，只能相对停住，避免碰撞所需的最短距离，如图3-4所示。

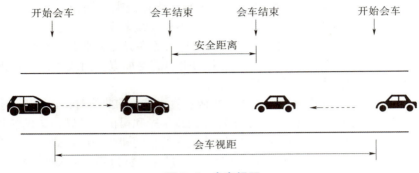

图 3-4　会车视距

超车视距：不同速度的车辆在双车道上行驶时，当快速车追上慢速车以后，需要占用供对向汽车行驶的车道进行超车，为了超车时的安全，驾驶员必须看到前方足够长的车流空隙，以便在对向车道上在出现来车之前完成超车而不阻碍被超汽车，这种快速车超越慢速车后再回到原来车道上行驶所需的最短距离，称为超车视距，如图3-5所示。

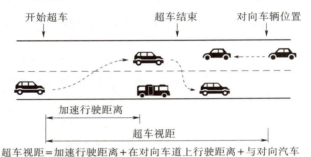

超车视距＝加速行驶距离＋在对向车道上行驶距离＋与对向汽车之间安全距离＋对向汽车行驶距离

图 3-5　超车视距

上述四种视距中，前三种属于对向行驶视距，第四种属于同向行驶视距。第四种需要距离最长，而在前三种中，会车视距最长，只要道路能保证会车视距，停车视距和错车视距也就可以得到保证了。

（2）弯道上视距的保证。汽车在弯道上行驶时，弯道内侧的建筑物、树木、路堑边坡等可能妨碍视线，当视距不能满足规定的要求时，应清除视距范围内的障碍物，以保证行车安全，如图3-6所示。

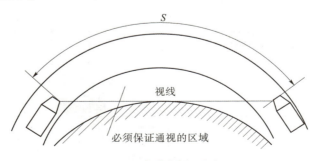

图 3-6　弯道上视距保证

2. 公路线路的纵断面

1）公路线路纵断面及其组成要素

沿公路中线的竖向剖面称为纵断面，是线路中心线曲线部分展直后在垂直面上的投影。纵断面的图形称为纵断面图，如图 3-7 所示。纵断面图反映了公路中线地面高低起伏的情况和设计线路的坡度情况，从而可以看出纵向土石方工程的挖填工作量。

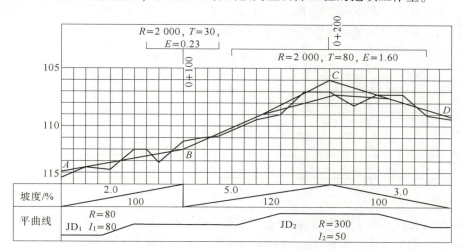

图 3-7　公路线路纵断面图

公路纵断面的线形要素包括直线（即均匀坡度线）和竖曲线两种。坡度线有上坡和下坡之分，是以坡度和水平长度表示的。

纵断面设计是公路线路设计的重要环节，直接关系到公路的造价和使用质量。为保证汽车以一定的速度安全、顺利地行驶，纵断面应具有一定的平顺性，起伏不宜过于频繁，尽量避免采用极限纵坡。在较大的纵坡上应限制坡段的长度，保证汽车能以一定的速度上坡或下坡，连续升坡和降坡路段不宜设置反坡或小半径曲线，以保证汽车行驶的平顺和稳定。

2）纵坡及其设计要求

（1）最大纵坡。最大纵坡是指在设计纵坡时，各级公路允许采用的最大坡度值。它是公路线路设计中的重要的一项控制性指标。最大纵坡由以下三个方面来决定。

①汽车的动力特性：按照道路上行驶的车辆类型及其动力特性来确定汽车在规定速度下的爬坡能力，以规定道路的极限纵坡。

②道路等级：道路等级越高，行车密度越大，则行车速度越快，纵断面的坡度越平缓；相反，在等级较低的道路上，可采用较大的纵坡。

③自然因素：道路所经地区的地形起伏、海拔、气温、雨量等自然因素均影响汽车的行驶条件和爬坡能力。例如，长期冰冻山区，需避免采用大坡，以防止行车滑溜。

各级公路的最大纵坡值见表 3-2。

（2）平均纵坡。平均纵坡 i 是指在一定长度范围内，公路线路在纵向所克服的高差值和水平距离之比。它是衡量纵断面线形设计好坏的一个重要指标。

$$i_{平均} = \frac{H}{L}$$

式中，L 为公路线路长度（m）；H 为相对高差（m）。

（3）合成纵坡。合成纵坡是指在设有超高的平曲线上，公路线路纵坡与超高横坡所组成的坡度。其计算公式为

$$i_{合} = \sqrt{i_B^2 + i_{纵}^2}$$

式中，$i_{合}$为合成纵坡（%）；i_B为超高横坡（%）；$i_{纵}$为公路中线纵坡（%）。

我国（标准）规定，在设有超高的平曲线上，合成纵坡不得超过表 3-2 的规定值。

（4）坡长限制。坡长限制包括两方面的内容：一是最小坡长的限制；二是最大坡长的限制。各级公路纵坡限制值见表 3-2，陡坡坡段坡长限制值见表 3-5。

表 3-5　陡坡坡段坡长限制值

纵坡/%	坡长限制值/m
>6	800
>7	500
>8	300
>9	200

3）竖曲线

当纵断面上相邻两条坡度线相交时，出现了变坡点和边坡角。汽车驶过该处时，将受到冲击，行车的平顺性受到破坏。为了缓和这种突变，保证行车平稳和满足视距要求，在变坡点处应设置竖曲线。竖曲线按其转折点在曲线上方和下方分为凸形竖曲线和凹形竖曲线，如图 3-8 所示。

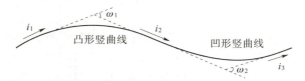

图 3-8　凸形竖曲线和凹形竖曲线

夜间汽车在小半径凸形竖曲线上行驶时，车头灯的灯光高出路面，很难照到较低的路面障碍物；而在小半径的凹形竖曲线上行驶时，车头灯照在路面上的照距甚短，如图 3-9 所示，也影响视距。所以夜间交通密度较大的公路，应采用大的竖曲线半径。

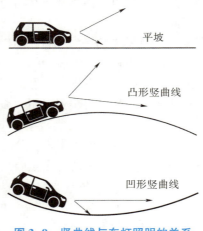

图 3-9　竖曲线与车灯照明的关系

4）公路线形与景观的配合

公路作为环境的一部分，不仅要与环境相协调，其本身也是一个景观。公路设计在满足运动学和力学要求的同时，还必须重视视觉的感受。公路景观工程包括内部协调和外部协调两方面。内部协调主要是指平、纵线形，视觉的连续性和立体协调性；外部协调则主要指公路与两侧坡面、路肩、中央分隔带的协调设置，以及宏观的路线设置。

3. 公路线路的横断面

公路是具有一定宽度的带状结构物。若在垂直于路线中心线方向上作一垂直剖面，这个剖面就叫作横断面，它反映了路基的形状和尺寸。公路横断面的一般布置形式如图3-10所示。包括路面、路肩（路面和路肩构成路基）、分隔带、边坡、边沟、截水沟、护坡道以及专门设计的取土坑、弃土坑、植树林等。

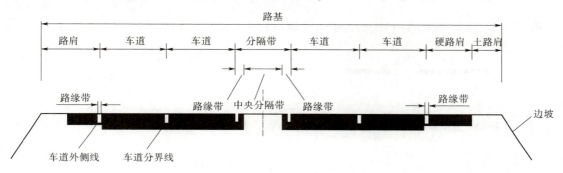

图3-10　公路横断面图

1）路基宽度

路基宽度为路面宽度和两侧路肩宽度之和，如图3-11所示。

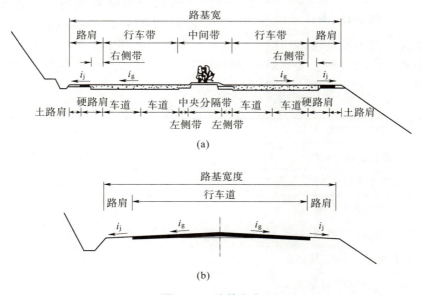

图3-11　路基宽度
(a) 高速公路及一级公路横断面；(b) 二、三、四公路横断面

（1）路面宽度。路面宽度就是供车辆直接行驶的公路表面宽度。路面宽度视车道数和车道的宽度而定。车道数根据交通密度、车辆类型、行车速度以及地形来确定，一般分为

单车道、双车道、四车道和多车道。车道宽度主要与汽车的外形尺寸和行驶速度有关。车速越高,车辆在行驶中偏离直线的程度越大,确定车道宽度时,要充分考虑车辆行驶中的横向摆幅和安全距离。

(2) 路肩。路肩设于行车道外侧,除作为路面的横向支承,保护行车道稳定、供临时停放车辆以及行人通行外,还是侧向净宽的一个组成部分。路肩分为三部分,即路缘带或路缘石、路肩加固部分和土路肩,如图3-12所示。

(3) 分隔带。为了保证来往两个方向的车辆能高速、安全地行驶,一级公路和高速公路必须在两向的中间设分隔带。常见的分隔带与两边的车行道

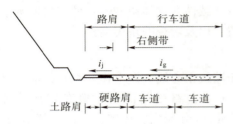

图3-12 路肩的组成

一般在一个平面,如图3-13所示。也可因地制宜地不设在一个平面上,如图3-14所示。

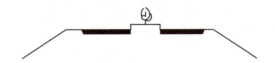

图3-13 分隔带与车行道在一个平面上

图3-14 分隔带与车行道不在一个平面上

2) 路拱

为便于横向排水,将路面设计成中间高并向两侧倾斜的拱形,这种拱形构造即为路拱,如图3-15所示。路拱坡度与路面的粗糙程度有关。路面越粗糙,排水阻力越大,路拱坡度也越大;降雨

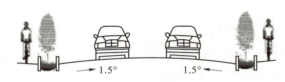

图3-15 路拱

强度较大地区,路拱坡度可适当增大。过大的横坡,虽利于排水,但不利于行车,会引起车轮沿路面横向滑移,尤其是在湿滑的路面处更危险。各类型路面面层的路拱坡度见表3-6。

表3-6 路拱坡度

路面面层类型	路拱坡度/%
水泥混凝土路面	1.0~1.5
沥青混凝土路面	1.0~1.5
其他黑色路面	1.5~2.5
整齐石块路面	1.5~2.5
半整齐和不整齐石块路面	2.0~3.0
碎、砾石等粒料路面	1.5~4.0
石灰、沥青、水泥加固土路面	2.0~4.0
低级路面	3.0~5.0

3.1.3 公路的构成

公路是一种线形工程构造物，主要包括路基、路面、桥梁、涵洞、隧道以及交通标志、路面标线和其他辅助建筑物等。

1. 路基

路基是公路的基本部分，是路面的基础，由土质材料或石质材料形成，它的好坏直接影响到公路的质量。路基的基本形式是路堤和路堑。路堤是指用混合土或其他材料人工堆积起来的路基；路堑是指原有地面经开挖而形成的路基，如图 3-16 所示。为适应山坡地形而修筑的路基称为山坡路基，它有多种形式，图 3-16 所示为半填半挖式，另外，还有半山洞式路基、有挡土墙的路基等。

图 3-16　路堤、路堑、半填半挖

2. 路面

公路路面是在路基上用坚硬材料铺筑的供汽车行驶的层状结构物，直接承受车辆的行驶作用力。一般路面分为面层、基层、垫层和土基。路面结构层构成及适用公路如图 3-17 所示。

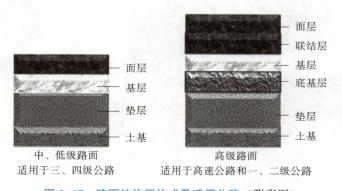

图 3-17　路面结构层构成及适用公路（附彩图）

路面按其使用性能、材料组成和结构强度，有高级、次高级、中级、低级之分。常用的路面材料有沥青、水泥、碎石、砾石、砂、黏土等，各种材料适用于不同等级的道路。路面等级、面层类型及适用条件见表 3-7。

表 3-7 路面等级、面层类型及适用条件

路面等级	面层类型	适用条件
高级路面	（1）水泥混凝土路面；（2）沥青混凝土路面；（3）路拌黑色碎石路面；（4）整齐石块或条石路面	高速公路和一、二级公路
次高级路面	（1）沥青灌入式碎（砾）石路面；（2）路拌沥青级配石路面；（3）沥青表面处理路面；（4）半整齐石块路面	二、三级公路
中级路面	（1）碎石和砾石路面；（2）碎砖和浆石路面；（3）石灰、沥青、水泥加固土路面；（4）石灰多合土路面；（5）不整齐石块路面；（6）其他粒料路面	三、四级公路
低级路面	（1）粒料加固土路面；（2）以各种当地材料加固或改善土路面	四级公路

3. 桥梁、涵洞、隧道

当公路跨越河流、沟谷，或者和铁路、另一条公路交叉时，需设桥梁或涵洞；当公路翻越山岭时，可能需要修建隧道。桥梁有梁式桥、拱桥、刚架桥和吊桥等多种。隧道内应尽可能避免设置曲线，纵坡坡度应在 0.3%~3% 范围内，以保证行驶安全和排水通畅。

4. 交通标志

为了组织交通、保障公路运输安全，除公路工程和车辆性能所要求的设备和条件外，还必须有交通标志、路面标线等各种指挥、显示设施。公路标志用一定的标记绘以图案、简单的文字、号码等，装设在适当的地点，预示前方公路的状况或事故发生的状态，如图 3-18 所示，包括警告标志、禁令标志、指示标志、指路标志、施工安全标志、旅游区标志及各种辅助标志等。

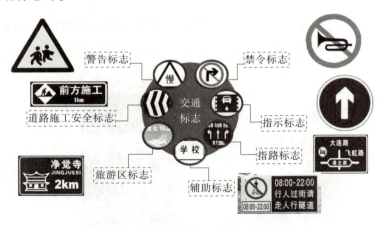

图 3-18 各类交通标志例图（附彩图）

5. 路面标线

路面标线是在高级、次高级路面上用漆类物质喷刷或用混凝土预制块、瓷瓦等制作而成的一种交通安全设施。它的作用是配合标志牌对交通运输进行有效的管制，指引车辆分道行驶，达到畅通和安全的目的。

我国公路路面标线也分为指示标线、禁止标线和警告标线，包括行车道中线、车道分界线、路缘线、停车线、禁止超车线、导流带、人行横道线、交叉路口中心圈、停车方位

线、导向箭头等。

路面标线有连续实线、间断线和箭头指示线等形式，颜色采用白色、黄色或红色。

6. 排水设施

公路排水系统是指由一系列拦截、疏干或排除危及公路的地面水和地下水的设施，结合沿线条件进行合理规划设计而形成的完整、畅通的排水体系。公路地面排水设施有边沟、截水沟、排水沟、跌水和急流槽等，如图3-19所示。当路基跨越农灌沟渠而沟渠水位高于路基标高时，可设置倒虹吸涵或渡水槽；公路地下排水设施主要有暗管、渗沟、渗水涵洞和渗井等。

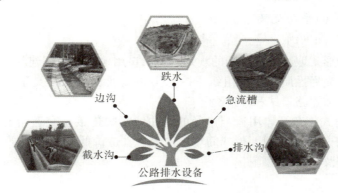

图 3-19　公路地面水排水设施例图

3.1.4　公路站场

公路站场是公路运输办理客、货运输业务及保管、保修车辆的场所。它是汽车运输企业的技术基地，是基层生产单位，是公路运输网点的重要组成部分。按使用性质的不同，公路站场可分为客运站、货运站、技术站和停车场（库）。

1. 客运站

按位置不同，汽车客运站可分为起点站、终点站和中间站。

中间站办理旅客上下车及行李包裹的托运和交付作业，一般不办理与车辆作业有关的业务，因而设备比较简单，规模也较小。起点站、终点站除办理与乘客有关的业务外，一般还设有保养场，办理车辆的保养和小修作业业务。

2. 货运站

汽车货运站一般规模都比较小，以适应汽车运输的灵活性。汽车货运站多设于仓库、工业区或铁路货运站、货运码头附近。

汽车货运站分为两类：一类是运输整车货物的运输公司的基地。它由办公用房和停车场组成，车辆较多时，还设有保养场甚至保修厂。另一类是以零担货物运输为主要作业的车站。它与第一类货运站的不同之处是，它设有仓库和货物存放场地。

一般情况下，客、货车站可兼办部分车辆技术作业，即成为混合型车站。

3. 技术站

汽车技术站的主要任务是对汽车进行保养和维修。按作业性质不同，汽车技术站分为保养场、修理厂及保养和修理合二为一的厂站。

4. 停车场（库）

停车场（库）的主要任务是保管停放车辆，是公路运输站场的一部分。停车场（库）从建筑形式上可分为地下车库、车棚、露天停车场、智能停车场等。我国较为普遍采用的是露天停车场。为节约用地，城市市区应该广泛采用地下车库和多层车库。

3.1.5 公路交叉

公路与公路或铁路相交的地方称为交叉口。它是交通的"咽喉"，各种车辆和行人都要在交叉口处汇集。线路交叉可分为平面交叉和立体交叉两大类。

1. 公路与公路的平面交叉

1) 平面交叉口的类型

平面交叉口的形式取决于道路网的规划，交叉口用地及其周围建筑、地形、地貌的情况，以及交通量、交通性质和交通组织。按照渠化交通程度及其类型，可分为加铺转角式、分道转弯式、加宽路口式和环形交叉口。

(1) 加铺转角式。交叉口用适当半径的圆曲线平顺连接相交道路的路基和路面，如图3-20所示。属于简单交叉口，形式简单、占地少、造价低、设计方便。适用于车速低、通行能力小的公路及城市一般道路。

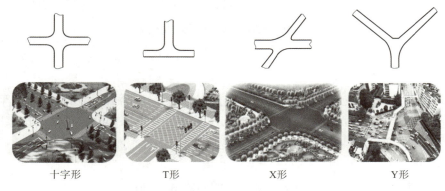

十字形　　　　T形　　　　X形　　　　Y形

图3-20　加铺转角式（附彩图）

(2) 分道转弯式。通过设置导流岛、划分车道等措施，使单向右转或双向左、右转车流以较大半径分道行驶，如图3-21所示。此类交叉口会使转弯车辆以较高的速度行驶，通行能力也高。适用于车速较高、转弯车辆较多的一般道路。

 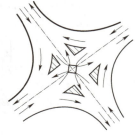

图3-21　分道转弯式（附彩图）

(3) 加宽路口式。为使转弯车辆不影响其他车辆的正常行驶,在平面交叉口连接部增设变速车道和转弯车道,如图 3-22 所示。此类交叉口可减少转弯车辆对直行车辆的影响,车速高,事故率低,通行能力大,但占地多,投资大。适用于交通量大、转弯车辆较多的二级公路或城市主干路。

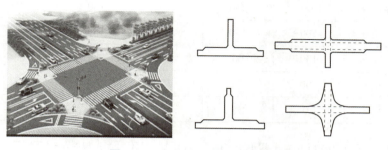

图 3-22 加宽路口式(附彩图)

(4) 环形交叉口。在交叉口的中央设置中心岛,围绕中心岛设置汽车环道。所有进入环道的车辆,一律按逆时针方向环绕中心岛单向行驶,如图 3-23 所示。驶入环形交叉口的车辆可连续不断地单向运行,没有停滞,交通组织简单,不需要信号管制。适用于多条道路相交,通过交叉口的交通量总数为 500~3 000 辆/h,并且地形平坦时的 3~5 条道路交叉的交叉口。交通量太大,易导致环道进出口被大量的非机动车和人流包围,使机动车进出环道困难,影响机动车车速和连续运行,通过能力下降,甚至造成交通阻塞。

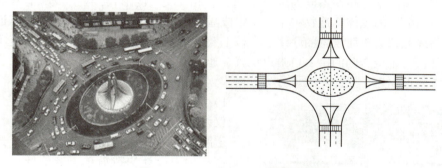

图 3-23 环形交叉口(附彩图)

2) 一般要求

(1) 线路交叉部分的计算行车速度应符合各级公路的计算行车速度规定,见表 3-8。所谓计算行车速度,通常是指各级公路的设计车速乘以不同的折算系数。

表 3-8 交叉部分计算行车速度　　　　　　　　　　　km·h^{-1}

公路计算行车速度	80	60	40	30	20
交叉部分计算行车速度	55	40	30	25	20

(2) 交叉口应选择在地形平坦、视线开阔的地方。交叉路段应尽量采用直线,必要时可采用不低于表 3-9 规定的不设超高的曲线,尽量正交,当必须斜交时,交叉角应大于 45°。

表 3-9　曲线相交不设超高的曲线

公路等级	二级		三级		四级	
地形	平原微丘	山岭重丘	平原微丘	山岭重丘	平原微丘	山岭重丘
正常时曲线半径/m	1 000	250	500	150	250	100
困难时曲线半径/m	500	150	250	100	150	60
水平段最小长度/m	130	60	90	40	50	30
要求停车视距/m	100	50	75	30	50	20
最短停车视距/m	70	35	50	25	35	20

（3）平面交叉地点宜设在水平段，其最小长度应不小于表 3-9 所列数值，紧接水平段的纵坡应不大于 3%，在山岭工程艰巨地段应不大于 5%。

（4）在交叉公路上的汽车，在距交叉点前后相当于交叉公路要求的停车视距范围内应能互相看得到。当条件受到限制时，可采用表 3-9 所列最短停车视距，并应设置限制速度的标志。

（5）交叉口的竖向布置要符合行车舒适、排水通畅的要求，要使相交公路在交叉口内有平顺的共同面，使地面水能及时排泄。

2. 公路与公路的立体交叉

立体交叉是两条道路在不同高度（空间）上相互交叉的形式，立体交叉有跨线桥，是实现车辆空间分离的主体构造物；主线是组成立交的主体，指相交道路的直行车道；匝道是为相交路线互相通车而设置的联络道，桥上及桥下的通道由匝道连接；为适应车辆加速或减速行驶，在主线右侧的出入口附近设置变速车道。

按有无匝道相连，立体交叉可分为分离式立交和互通式立交两种。

图 3-24　分离式立交（附彩图）

1）分离式立交

仅设跨线桥一座，使相交道路在空间上分离，上下道路无匝道连接，如图 3-24 所示。这种立交不增占土地，设计构造简单，造价低。但相交道路的车辆不能转弯行驶，只适用于高速公路与铁路或次要道路之间的连接。

2）互通式立交

不仅设跨线桥使相交道路在空间上分离，而且上、下道路用匝道相连接，以供转弯车辆行驶。这种立交车辆可转弯行驶，全部或部分消灭了冲突点，各方向行车干扰较小，但结构复杂、占地多，造价较高。互通式立交主要有部分互通式立交、完全互通式立交和环形立交三种形式。

（1）部分互通式立交。相交道路的车流轨迹线之间至少有一个平面冲突点的交叉。部分互通式立交的代表形式主要有菱形立交和部分苜蓿叶式立交等。

①菱形立交。图 3-25 所示为菱形的三路立交和四路立交。菱形立交的特点是：能保证主线直行车辆快速通行；转弯车辆绕行距离较短；主线上具有高标准的单一进出口，交

通标志简单；主线下穿时，匝道坡度便于驶出车辆的减速和驶入车辆的加速。菱形立交形式简单，仅需一座架线桥，用地少，工程费用低，但次线与匝道连接处为平面交叉，影响了通行能力和行车安全，只适用于高速公路与次要道路相交的场合。

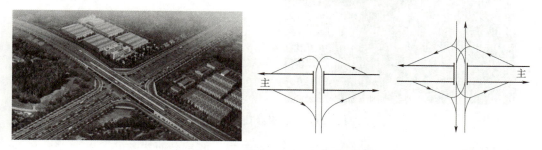

图 3-25　菱形立交（附彩图）

②部分苜蓿叶式立交。部分苜蓿叶式立交又可细分为多种形式，如图 3-26 所示，可根据转弯交通量的大小或场地的限制情况，采用其中任何一种形式或其他变形形式。这种部分互通式立交特别适合用于高速公路与次要道路相交的场合，当用地或地形等受限制时，也可以考虑采用这种类型的立交。

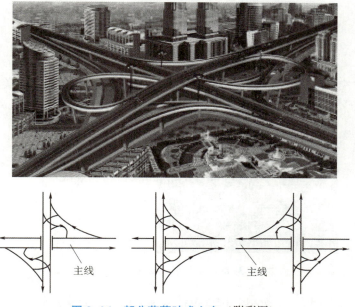

图 3-26　部分苜蓿叶式立交（附彩图）

（2）完全互通式立交。完全互通式立交是指道路的车流轨迹线全部在空间分离的一种立体交叉。它是一种比较完善的高级形式，各转向都有专用匝道，适用于高速公路与高速公路以及高速公路与其他高等级道路的交叉，代表形式有喇叭形、苜蓿叶形、组合形、Y 形。

①喇叭形立交。喇叭形立交如图 3-27 所示，是三路立交的代表形式。特点是只需一座构造物，投资少；无冲突点，通行能力大，行车安全；造型美观，行车方向容易辨认。

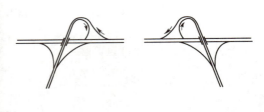

图 3-27　喇叭形立交（附彩图）

②苜蓿叶形立交。苜蓿叶形立交如图 3-28 所示。形状酷似苜蓿叶，交通运行连续而自然，无冲突点，多用于高速公路之间的交叉。

图 3-28　苜蓿叶形立交（附彩图）

③子叶形立交。如图 3-29 所示。这种立交只需一座构造物，造型美观，造价低，多用于苜蓿叶形立交的前期工程，布设时以使主线下穿为宜。

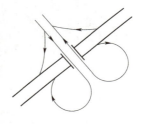

图 3-29　子叶形立交（附彩图）

④Y 形立交。如图 3-30 所示。特点是转弯车辆的运行速度较高，无交织，无冲突点，行车安全；行车方向明确，路径短捷，通行能力大；主线外侧占地宽度较小，但需要构造物太多，造价较高。

（3）环形立交。环形立交如图 3-31 所示。环形立交是相交道路的车流轨迹线因匝道数不足，车辆共同使用而形成的具有交织路段的立体交叉，适用于主要道路与一般道路的交叉。用于 5 条以上道路交叉为宜。这种立交能保证主线直通，交通组织方便，无冲突点，占地较少。

立体交叉的范围一般是指各相交道路出入口变速车道渐变段顶点以内包含的主线与匝道的全部区域。应根据相交公路的等级、使用性质和转道车辆的数量，并结合交叉口的地形、自然条件和占地情况等，做出全面的技术经济比较，选定经济、合理的立体交叉设计方案。

图 3-30　Y 形立交（附彩图）

 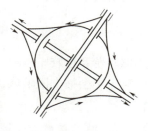

图 3-31　环形立交（附彩图）

3. 公路与其他道路的交叉

1）公路与农村道路相交

为了保证汽车与非机动车的行驶安全，大车道、机耕道与一级以上公路相交时，必须采用立交；与二级公路相交时，也可采用立交；与三、四级公路相交时，一般应采用平交；在地形条件特别有利时，也可采用立交。

2）公路与铁路相交

公路与铁路交叉时，应根据公路的使用性质、交通情况、规划断面和其他特殊要求，以及铁路的使用性质、运行情况、线路数、有无调车作业（作业次数和占用时间）等情况来考虑是采用平交还是采用立交，或者近期做平交而远期改建立交。

公路与铁路平交时，交叉路线应为直线，并尽量正交；必须斜交时，交叉角不宜小于60°，在特殊困难地段，也不得小于45°。

3）公路与管线交叉

公路与管线交叉包括公路与地面杆线交叉、公路与地下管线交叉等。这些管线除和公路产生交叉外，还常与公路平行敷设，距公路一般也都较近。在公路测量设计时，应根据公路的性质、地形和地物的条件，使公路与管线相隔必要的距离，以保证在平时、维修时和发生事故时不致相互干扰。

3.1.6　新型公路设施

1. 夜光公路

采用发光水泥划分车道，铺设各种路面标志。可直接储存日光能量，待到黑夜便闪闪发光，给夜行车辆带来方便，也给城市夜色增添美景。

2. 移动公路

用铝板连接而成，能够伸缩，哪里的公路坏了，移动公路就被装在专用的平板卡车上运到哪里，作为临时公路。

3. 玻璃公路

用碎石玻璃和细沙等的混合物铺成的公路，不仅光亮醒目，而且增大了摩擦力，便于高速行驶的汽车安全拐弯，避免出现事故。

4. 地毯公路

用聚丙乙烯等材料混合制成 1 cm 厚的宽带状 "地毯"，用来覆盖路基。"地毯" 熔化后，很快与路基紧密地贴在一起，具有寿命长、造价低、耐腐蚀等特点，还可以减轻车轮磨损。

5. 橡胶公路

橡胶公路是用旧轮胎和橡胶废料加工成橡胶颗粒，拌洒沥青铺在石子路上筑成的。路面有弹性、耐用。夏天不会被太阳晒软，冬天不易结冰，行车十分安全。

6. 塑料公路

塑料公路是用 5 cm 厚的塑料泡沫铺成的。塑料公路使用期限长，能减轻或消除因路基下部建筑不稳而导致的路基损坏。

7. 消声公路

英国开发出一种新的筑路材料——消声水泥。用这种新材料筑路，可以最大限度地降低接触点的噪声，轮胎与水泥路面产生的噪声比轮胎与沥青公路产生的噪声低 2~3 dB，两者同样具有很好的防滑性能，而且轮胎与水泥路面产生的噪声声调能被人类听觉接受。一般水泥路设计使用寿命为 40 年，但只要铺上薄薄的一层消声水泥，其实用寿命就会增加一倍。

8. 除污公路

除污公路即能清除汽车废气中一氧化碳的环保公路。这种公路的铺路材料是上面有一层氧化铁的水泥块，氧化铁一经阳光照射，便产生催化作用，将公路中 80% 的一氧化碳吸收到水泥块表面而被冲走。一氧化碳被反复吸收、反复冲走，并且并不影响氧化铁水泥块的永久效用。

9. 电磁公路

在公路下埋置一种电磁感应系统（用钢板制成凹槽，槽内铺设几条电力电缆），在电磁公路上行驶的电力汽车安装有电磁耦合装置，通过这个装置，可从地下电磁感应系统获得 100 kW 的电力动力，使电力汽车向前行驶。电力汽车上有蓄电池，充电后可以脱离电磁公路行走一定距离。一般汽车在电磁公路上也可以照常行驶。

10. 生态公路

公路的路面也是用混凝土铺成的，但在路面上有许多分布均匀、疏密适中的小圆洞，这些小圆洞直通路面下的土层，在小圆洞中播种草籽，很快就从小圆洞中长出绿草，使公路一片翠绿，并成为草坪公路。这种公路 70% 的路面长有绿草，不仅减少了太阳光的反射，还可缓解司机疲劳并减少汽车废气对空气的污染。

案例一 青藏公路、川藏公路

1. 青藏公路、川藏公路概述

青藏公路和川藏公路是中华人民共和国成立初期兴建的著名公路。这两条在"世界屋脊"上的高原公路，工程艰巨、气势宏伟，是世界公路建设发展史的奇迹。

青藏公路，东起青海省西宁市，西止西藏拉萨市，如图 3-32 所示。于 1950 年动工，1954 年通车，是世界上海拔最高、线路最长的柏油公路，也是通往西藏路程较短、路况最好的公路。沿途可看到草原、盐湖、戈壁、高山、荒漠等景观。青藏公路全长 2 000 多千米，为国家二级公路干线。路基宽 10 m，坡度小于 7%，最小半径 125 m，最大行车速度 60 km/h，全线平均海拔在 4 000 m 以上。共修建涵洞 474 座，桥梁 60 多座。从昆仑山口到五道梁约 109 km，五道梁处在昆仑山与唐古拉山间的风口，平均海拔 4 700 m 以上，四季皆冬，极易发生高原反应。

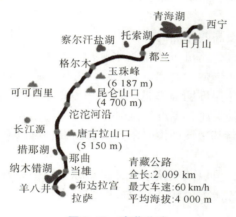

图 3-32 青藏公路

川藏公路，成都-拉萨公路，简称川藏线。川藏公路从 1950 年 4 月开始，经过 11 万军民的艰苦修建，北线于 1954 年 12 月正式通车。川藏公路不但是藏汉同胞通往幸福的"金桥"和"生命线"，而且是联系藏汉人民的纽带，具有极其重要的经济意义和军事价值。如图 3-33 所示，川藏公路东起四川省会成都市，西止西藏拉萨市，由中国的 318 国道、317 国道、214 国道、109 国道的部分路段组成。其是中国最险峻的公路，分为南、北线。在南、北线中间有一些连接的线路，一般也归为川藏公路的一部分。

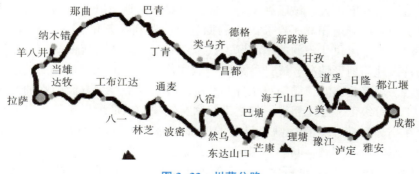

图 3-33 川藏公路

2. 一些技术问题及解决方案

1）气候因素对工程修建的影响

修建青藏公路时，整个地区一年大部分时间是不满足高速公路施工条件的。特别是如果按照基层施工细则中要求，全年几乎不存在基层可施工时间，并且多暴风雨、冰雹等天气，施工条件极端恶劣。

2）地质因素对工程修建的影响

以冻土为例，青藏高原冻土分布广泛，需要保护冻土，保证路基稳定。公路施工中开挖暴露冻土、冻土产生冻融而软化塌陷，而软化塌陷会暴露更多冻土，严重的时候，开挖山脚下一块路堑，会导致整座山的表层融塌变形。因此，高原上的公路设计比在平原更注重避免路堑、高路堤、浅隧道。而保护冻土采用的方法一是增加土体热阻，减少进入路基下部的热量，从而延缓多年冻土退化，在一定时间起到保护冻土的作用；二是采用块石路基、块、碎石护坡，主要利用块石、碎石孔隙较大的特点，使它们在夏季产生热屏蔽作用，冬季产生空气对流，改变路基和路基边坡土体与大气的热交换过程，起到较好的地保护多年冻土的作用。

此外，在路基两旁埋设高效导热的热棒、热桩，可以将热量导出，同时吸收冷量并有效地传递贮存于地下。青藏公路可可西里清水河段，在路两侧安装的热棒起到冷却地基、保护冻土的作用。这些热棒形似"林带"，也成了这条雪域"天路"上的独特风景。在路基中铺设通风管，可使土体温度明显降低，在通风管的一端设计、安装了自动温控风门，当温度较高时，风门会自动关闭，温度较低时，风门自动打开，这样可以避免夏季热量进入通风管。在路基顶部和路基边坡铺设遮阳棚、遮阳板，可以有效地减少太阳辐射，降低地表温度。

路基中铺设保温材料，可以减缓路基下部多年冻土融化和升温作用，但它不能从根本上保护多年冻土，只能在冻土温度较低的路段适当采用。

3）高原反应问题

高原反应对施工人员的影响也大大提高了施工困难。在高原上时，哪怕是公认最能吃苦的民工，初来高原也有较长一段适应期，哪怕过了适应期之后，施工也仍时不时感觉头晕想吐。修建青藏公路是一场艰难的挑战，精神力量支撑着每一位建设者，一种青藏公路建设者铸造练就的精神感动和启示着一个急剧变动的时代，这就是十多万青藏公路建设者在艰苦卓绝中培育出来的"挑战极限，勇创一流"的精神。

4）川藏公路二郎山隧道的修建

该隧道出口段有一条长 90 m 的土质松散堆积层偏压段。在偏压严重的土质松散堆积物中开凿隧道施工难度很大。该段施工的完成，为我国在Ⅲ类以下软弱围岩、浅埋、大跨度和特殊地层中开挖隧道积累了经验。主洞掘进时，遇到一条宽 32 m、深 12 m，横穿隧道的地下暗河。为了解决北段的施工问题，铁十六局五处科技人员根据隧道厚层石灰岩夹薄层泥岩的特殊地质地形情况，设计并采用"洞中修涵法"解决了施工难题。

修建青藏、川藏公路时，受历史条件和经济、技术水平等多方面因素的制约，公路修建时间短、工程等级低、施工粗糙，加之沿线水文气象、地形地质条件十分复杂。由于地形特点，存在高原反应、粮食短缺、显著的地形高差、强烈的板块活动、频发的山地灾害、脆弱的生态环境等问题。其中，川藏公路穿越整个横断山脉的二郎山、折多山、雀儿山、色季拉山等 14 座大山；横跨岷江、大渡河、金沙江、怒江、拉萨河等众多江河；横穿龙门山、青尼洞、澜沧江、通麦等8条大断裂带。在当时，修筑这条路共创造了"五个之最"：最高、最险、最长、工程量最大、修建速度最快，有2 000多名军民为此付出了生命。缺氧不缺精神，艰苦不怕吃苦，风沙强意志更强，越是艰难越向前。10万多名军民和工程技术人员在平均4 000 m的高原上，用铁锤、钢钎和镐头劈开悬崖峭壁，降服险川大河，在极其艰苦的条件下团结奋斗，铸造了伟大的"两路"精神。

> **思考与探究**
>
> **两路精神**
>
> 1. 公路由哪些部分构成？设计依据有哪些？
> 2. 什么是公路线路平面、纵断面、横断面？它们的组成要素有哪些？
> 3. 公路交叉的类型有哪些？各有什么特点？
> 4. 分析青藏公路、川藏公路建设的技术难点及突破，探究"两路精神"对这两条公路建设的推动作用。

3.2 高速公路

3.2.1 高速公路的定义及特点

1. 高速公路的定义

高速公路是专供汽车分向、分车道行驶，并全部控制出入的多车道公路。高速公路按其功能，可分为城市内部高速公路和城市间高速公路两大类；按其距离长短，可分为近程高速公路（500 km以内）、中程高速公路（500~1 000 km）和远程高速公路（1 000 km以上）三类；按其布局形式，分为平面立体交叉高速公路、路堤式高速公路、路堑式高速公路、高架高速公路和隧道高速公路。

我国《公路工程技术标准》（JTG B01—2014）规定：高速公路能适应的年平均日交通量宜在25 000辆小客车以上，为具有特别重要的政治、经济意义的，专供汽车分道高速行驶并全部控制出入的公路。

高速公路的名称各国不一，欧洲多数国家称为"汽车公路""汽车专用路"。英国称为motorway，法国称为autoroute，瑞典称为expressway（快速公路），美国称为expressway（部分控制出入的快速公路）、freeway（全部控制出入的自由公路）、parkway（公园路）。由此可见，高速公路应包括全部控制出入的高速公路和部分控制出入的快速公路两种。

2. 高速公路的特点

高速公路具有汽车专用、分隔行驶、全部立交、控制出入以及高标准设施完善等优点。归纳起来，高速公路主要有以下几个方面的特点。

（1）行车速度高。大部分国家包括我国的高速公路最高速度一般为120 km/h，个别国家为140 km/h。

（2）通过能力大。一般双车道公路的通行能力为每日5 000~6 000辆；一条四车道高速公路每日为34 000~50 000辆，六车道高速公路和八车道高速公路每日为70 000~

100 000辆。

(3) 设置分隔带。分隔带由中央分隔带和两侧路缘带组成,如图3-34所示。

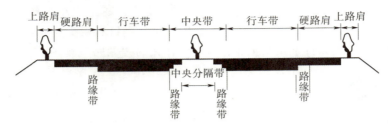

图3-34 高速公路横断面

(4) 立体交叉。原则上高速公路与其他各级公路相交时,都应设置立体交叉,只有在个别特殊情况下才允许设置平面交叉。

(5) 控制出入,交通设施完备,服务设施齐全。

(6) 特殊工程多。由于高速公路设计标准要求高,修建高速公路时,往往要修建许多桥梁和隧道;在市区,往往要修建高架桥。

3.2.2 高速公路沿线设施

高速公路的沿线设施包括交通安全设施、服务设施、环境绿化设施、交通控制及管理系统。这些设施是保证高速公路行车安全、调节恢复驾驶员和乘客疲劳、方便旅客、保护环境不可缺少的重要组成部分。

1. 交通安全设施

1) 安全护栏

安全护栏是为防止车辆驶出路外或闯入对向车道,而沿高速公路边缘或在分隔带上设置的一种安全防护设施。按结构不同,可分为刚性护栏、半刚性护栏和柔性护栏三类,如图3-35所示。

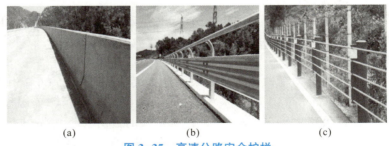

图3-35 高速公路安全护栏
(a) 刚性护栏;(b) 半刚性护栏;(c) 柔性护栏

(1) 刚性护栏。这是一种基本上不变形的护栏。混凝土护栏是刚性护栏的主要形式,是一种以一定形状的混凝土块相互连接而组成的墙式结构。

(2) 半刚性护栏。这是一种连续的梁柱式护栏结构,具有一定的刚度和柔性,利用土基、立柱、横梁的变形来吸收碰撞能量,并迫使失控车辆改变方向。波形梁护栏是半刚性护栏的主要形式,是一种以波纹状钢护栏板相互拼接并由立柱支撑而组成的连续结构。

(3) 柔性护栏。这是一种具有较大缓冲能力的韧性护栏结构。缆索护栏是柔性护栏的主要形式,是一种以数根施加初张力的缆索固定于立柱上而形成的结构,主要依靠缆索的拉应力来抵抗车辆的碰撞,并吸收碰撞能量。

2)防眩设施

汽车前照灯产生的眩光是危害公路夜间行驶的主要因素,尤其是在高速公路上,由于车速很高,在夜间对向车前照灯对驾驶员的眩目和视距的影响会更加严重。目前解决汽车前照灯眩光问题的行之有效而又经济可行的做法是在高速公路上设置防眩设施。

我国高速公路上广泛应用的防眩设施主要是防眩板,其次是树、防眩网。防眩板是一种经济、美观、积雪少,对驾驶员心理影响小的比较理想的防眩设施,如图 3-36 所示。

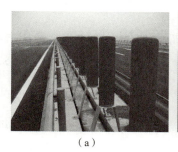 

(a)　　　　　　　　　　　　(b)

图 3-36　防眩设施

(a)防眩板;(b)防眩网

3)防噪设施

通常采用的防噪设施如图 3-37 所示。

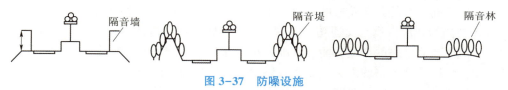

图 3-37　防噪设施

(1)隔音墙:通常墙高 3~5 m,多用隔声水泥板或混凝土组合托架。

(2)遮音堤:路两旁设土堤,便于绿化。遮阴堤的高度以能挡住最高受音点为宜,堤上种植植被。

(3)隔音带:一般宽 10~20 m,隔音效果好,但占地较多。

4)隔离设施(隔离栅)

隔离设施又可称为隔离栅,是阻止人畜进入高速公路、防止非法占用公路用地的基础设施。它可有效地排除横向干扰,避免由此产生的交通延误或交通事故,保障高速公路效益的发挥。

隔离设施有金属网、带刺铁丝网和常青绿篱三大类。常青绿篱在南方地区与带刺铁丝网配合使用,具有降噪、美化路容和节约投资的功效。

5)照明设施

高速公路的照明费用较高,一般郊外不设置照明设施,只有在接近市区和所有立体交叉处才采用全照明或局部照明。经验证明,增加照明高度(过去为 7.5 m,现在为 12~15 m),可以使驾驶员环视周围清楚得多,光线均匀,减少目眩,而且可以减少灯柱数量,节省电力和费用。

采用高灯塔可得到亮度大的照明区。这种装置将 5~10 座特殊照明设备装在 33 m 的高塔上，以代替过去立体交叉地区灯柱林立的状态。驾驶员不仅能看清道路，而且能看清楚整个立体交叉。每一座高灯塔可发出一种柔和而又不眩目的光线，使人像在月光下一样能看清约 300 m 的照明范围。

6) 道路标志

同普通公路一样，高速公路上也需要交通标志，包括警告标志、禁令标志、指示标志等，警告或提示驾驶员，保证行车安全，指示行政区划分界、地名或名胜古迹位置距离，预告中途出入口、沿途服务设施等。也有可变信号标志设施，随时发布一些交通信息。

2. 服务设施

高速公路服务设施，是指设置在高速公路两侧，为高速公路使用者提供服务的服务区。服务设施包括服务区（加油站、休息室、小卖部、厕所等），停车区（停车场、电话等）和辅助设施（养路站、园地等）。

3. 绿化景观设计及生态保护

高速公路作为环境中的道路，既要与周围的环境相协调，又要满足道路本身的环境要求。高速公路的线形与结构物应特别注意与周围景观及生态环境的协调，尽量减少施工痕迹或通过和谐的修复与绿化来恢复天然景观，保护沿路生态环境。

高速公路绿化建设时，要充分考虑各地区自然环境和气候条件，因地制宜，适地适树，美化路容并注重效益。充分挖掘以乡土树种中的常绿苗木资源丰富的优势，以耐瘠薄、耐干旱、宜粗放管理的常绿树种组成当地高速公路的常青骨架。在此基础上，根据不同地段组配不同季节的开花及彩叶植物，丰富景观组成，具体应掌握以下原则：

（1）公路绿化应以满足交通功能要求为主，兼顾景观舒适性、生态适应性以及经济实用性。即保证高速公路的交通功能，并加强水土保持、视线诱导、标志、指示、防眩、遮蔽等功能，合理规划公路的人文景观和自然景观，使高速公路成为一条景观走廊；设计合理的动植物群落演替方向，较快地达到稳定，并能够长期保持生态系统的平衡，从根本上控制生态工程管理成本；要在有限的资金条件下，优化设计，结合自然恢复和人工种植等多种方法，开展生态工程建设。

（2）在设计手法上突出简洁、大方，多采用大色块，避免繁杂。

（3）中央分隔带以防眩和诱导功能为主，不妨碍行车视距的要求，并减少养护工作量。

（4）路侧绿化带以水土保持、固坡为主。注意与路侧自然景观相协调，适当考虑与绿色通道的协调，并根据路外景观适当采取景观通透和遮挡等设计手法。

（5）在苗木规格和数量的选择上，注意兼顾初栽效果与成景效果，综合考虑种植费与养护费，并尽量少用草皮，增加乔灌木数量，降低工程综合造价及后期管护费用。

4. 交通控制及管理系统

现代化的交通控制及管理系统，用电子计算机控制及信号自动化来监视路段内的交通情况，迅速测出交通堵塞情况和交通事故，通过发出交通信息变换标志和无线电行车信号，告知驾驶员有关信息，以便将汽车开到合适的公路上并保证交通畅通。正确掌握道路上的交通状况是研究交通控制及管理系统的先决条件，除需要掌握与测定交通量外，还需测定交通速度、交通密度等，以检验交通堵塞情况。

（1）检测器监视。高速公路沿线埋设大量检测器，并与中心计算机联系，根据检测器读数可以判断是否发生了偶然事件，如果发生了事故，则自动发出警告。

（2）工业监视。在高速公路进出口、立交处安设摄像机，将录制的交通情况送到控制中心，可及时发现问题。

（3）通信联系。沿高速公路安装电话系统，或给驾驶员配备发报机，一旦发生事故，可通过电信与有关部门取得联系。

（4）巡逻。定期派出装有收发报机的巡逻车，并携带简便修理机具，可以及时检修事故车辆。

3.2.3　高速公路养护设施

我国高速公路建设发展迅速，加强高速公路养护是建设节约型交通行业的必经之路，通过养护可延长公路使用寿命，提高效率。养护作业日益增多，在养护过程中的安全问题也日益凸显。为降低养护施工作业对通行的影响，不断提高占路作业安全性，除了一般的养护设施外，也需要一些新型、智能化的安全养护设施。

1. 养护机械设备

目前我国高速公路养护新技术、新材料、新工艺不断发展，也带动了新型快速养护机械的研发。有公路护栏打桩机、道路标线除线机、沥青混凝土摊铺机，如图3-38所示，还有沥青路面应地再生机组、稀浆封层机械、小型铣刨洒布摊铺多功能机、路面喷补设备、多功能养护车等。

(a)　　　　　　　　　　(b)　　　　　　　　　　(c)

图3-38　公路养护设施

(a) 公路护栏打桩机；(b) 道路标线除线机；(c) 沥青混凝土摊铺机

2. 高速公路养护施工安全预警系统

高速公路养护时，需要一些警告、提醒和引导车辆通过养护维修作业控制区的安全设施、渠化装置及临时性交通标志等，以保证行车安全及作业安全。另外，通常摆放反光锥进行安全防护，但安全锥容易倾倒，影响行车安全。为了提高养护作业时的安全性，某企业研发了高速公路养护施工安全预警系统。安全预警系统包括信号接收器、信号发射器、信号转换器、报警器、振动传感器等设施，利用红外线对射原理，当两组红外线对射点之间有障碍物遮挡时，接通或关闭信号，通过无线发射，将异常工作信号传导给报警器，发出声、光报警，提示施工作业人员迅速撤离或采取其他安全措施。

3. 养护作业区新型导航设施

为解决对高速公路"平安、绿色、便捷、畅通"的出行需求及现阶段道路运行环境越发复杂的问题，某公路养护公司研发了新型导航设施。

一是采用激光光幕提示车辆减速慢行。激光光幕投影是将提示文字投射到天桥、地面上或者更多地方，让过往驾驶员受到视觉冲击，更加直观、醒目地了解提示内容，该技术代替原有标志牌提示，并且提示内容的颜色和字体大小均能调整，图片、文字、限速等提示内容灵活多变。激光投射装置利用了人眼视觉残留的特性，通过驱动装置驱动反光棱镜对来自激光光源的单束光进行折射并快速重复绘制需要显示的图形，利用激光轨迹在人眼中的影响留存达成显示图像的目的。为了保证激光光幕在户外使用的续航能力，需配置一套综合供电系统，包括发电机、滤波装置、太阳能发电板、交流直流转换控制装置、储电系统和逆变系统。该技术具有节能降耗、环保优势。采用激光投射设备可避免安装多种实体标志，适用性强；亮度高，在夜晚或者光线较弱的环境中使用效果好，同时，容易引起驾驶人的警觉。标志内容动态变化，颜色内容丰富，大小可调。

二是采用移动钢护栏进行渠化，有效减轻道路占路施工对道路通行产生的影响，增加作业区的安全性。新型移动钢板护栏与常用水泥隔离墩相比较，安全防护等级更高。具有以下优点：占地面积小，与原有波形护栏无缝连接；操作更便捷，轻松、快速重新定位；移动速度快，且与路侧原交通设施做到过渡段无缝化连接，达到外形美观、诱导性强且消除了过渡段的安全隐患；全身钢制，容易修复，重量轻便，方便运输，材料相对经济，具有很高的回收价值，成本减少；安装和拆卸时间短，并且不受天气影响；在紧急情况下避免发生堵车现象。

案例二 港珠澳大桥

1. 概述

港珠澳大桥是中国境内一座连接香港、广东珠海和澳门的桥隧工程，位于中国广东省珠江口伶仃洋海域内，为珠江三角洲地区环线高速公路南环段，如图 3-39 所示。港珠澳大桥东起香港国际机场附近的香港口岸人工岛，向西横跨南海伶仃洋水域，接珠海和澳门人工岛，止于珠海洪湾立交；桥隧全长 55 km，其中主桥 29.6 km、香港口岸至珠澳口岸 41.6 km；突破了海底隧道最长、隧道埋深最大、单个沉管体量最大等世界级难题。

图 3-39 港珠澳大桥（附彩图）

港珠澳大桥在道路设计、使用年限以及防撞防震、抗洪抗风等方面均有超高标准。存在气象水文条件复杂，HSE（健康（Health）、安全（Safety）和环境（Environment））管理难度大；海底软基深厚；海水氯盐可腐蚀常规的钢筋混凝土桥结构等问题。伶仃洋是弱洋流海域，大量的淤泥不仅容易在新建桥墩、人工岛屿或在采用盾构技术开挖隧道过程中堆积并阻塞航道，形成冲积平原，而且会干扰人工填岛以及预制沉管的安置与对接；同时，淤泥为生态环境重要成分，过度开挖可致灾难性破坏。

2. 部分工程技术难题

1）外海造岛

港珠澳大桥海底隧道所在区域没有现成的自然岛屿，需要人工造岛。采用了适用高风压、高盐、高湿度环境要求的环保材料。受 800 万吨海床淤泥的影响，施工团队采用了"钢桶围岛"方案。这种方法既能避免过度开挖淤泥，又能避免抛石沉箱在淤泥中滑动。

2）沉管对接

港珠澳大桥沉管隧道及其技术是整个工程的核心。沉管技术，就是在海床上浅挖出沟槽，然后将预制好的隧道管道沉放置沟槽，再进行水下对接。沉管隧道安置采用数字化集成控制、数控拉合、精准声呐测控、遥感压载等为一体的无人对接沉管系统。沉管对接采用多艘大型巨轮、多种技术手段和人工水下作业方式相结合。沉管隧道采用中国自主研制的半刚性结构沉管隧道，具有低水化热、低收缩的沉管施工混凝土配合比，提高了混凝土的抗裂性能，从而使沉管混凝土不出现裂缝，并满足隧道 120 年内不漏水要求。

3）索塔吊装

港珠澳大桥的斜拉桥距离机场很近，受密集航班影响，海上作业建筑限高严格，传统的架设临时塔式起重机吊装方法无法施展。

4）隧道开挖

港珠澳大桥拱北隧道顶部距离北口岸地表不足 5 m，隧道洞口上方是广珠城际高速铁路及其珠海站，施工范围极其有限。拱北隧道采用上下并行的双层隧道方案，同时，采用"大断面曲线管幕顶管施工""长距离水平环向冻结""分台阶多步开挖"相结合的施工工法。

3. 创新

港珠澳大桥建设历时 9 年，数万计建设者百折不挠、不懈奋斗，用心血和汗水浇筑成了横跨三地的"海上长城"。港珠澳大桥是中国经济、科技、教育、装备、技术、工艺工法发展到一定程度上集成式创新的结果。港珠澳大桥建设前后实施了 300 多项课题研究，发表论文逾 500 篇（科技论文 235 篇），出版专著 18 部，编制标准和指南 30 项，软件著作权 11 项；创新项目超过 1 000 个，创建工法 40 多项，形成 63 份技术标准，创造 600 多项专利（中国国内专利授权 53 项）；先后攻克了人工岛快速成岛、深埋沉管结构设计、隧道复合基础等十余项世界级技术难题，带动 20 个基地和生产线的建设，形成拥有中国自主知识产权的核心技术，建立了中国跨海通道建设工业化技术体系。截至 2018 年 10 月，港珠澳大桥是世界上里程最长、沉管隧道最长、寿命最长、钢结构最大、施工难度最大、技术含量最高、科学专利和投资金额最多的跨海大桥。大桥工程的技术及设备规模创造了多项世界纪录。

> **思考与探究**
>
> ### 中国工匠精神
>
> 1. 高速公路设施有哪些？
> 2. 对比分析高速公路与普通公路的区别。
> 3. 基于高速公路设施的特性，思考高速公路行车安全管理要点。
> 4. 基于港珠澳大桥的建设历程分析公路工程建设项目涉及的学科知识，探究中国式奋斗精神对各类基础设施建设的推动作用。

3.3 城市道路运输设备

3.3.1 城市道路

1. 分类

城市道路既是城市的骨架,又要满足不同性质交通流的功能需求。作为城市交通的主要设施、通道,首先应该满足交通的功能要求,又要起到组织城市和城市用地的作用。

国家标准中城市道路是按城市骨架分类的,主要根据道路在城市总体布局中的位置和作用分为快速路、主干路、次干路和支路四类,如图3-40所示。

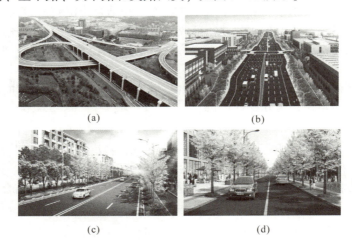

图3-40 城市道路分类(附彩图)
(a)城市快速路;(b)城市主干路;(c)城市次干路;(d)城市支路

1)快速路

快速路又称城市快速干道,是城市中为联系城市各组团的中、长距离快速机动车交通服务的道路,属全市性交通主干道。快速路布置有四条以上的行车道,全部采用立体交叉控制车辆出入,一般应布置在城市组团之间的绿化分隔带中,联络各城市组团,快速路与城市组团的关系可比作藤与瓜的关系。

快速路是大城市交通运输的主要动脉,同时也是城市与高速公路的联系通道。在快速路两侧不宜设置吸引大量人流的公共建筑物的进出口,对两侧一般建筑物的进出口也应加以控制。快速路在城市中的布置不一定要采用高架的形式,在必须通过繁华市区时,可采用路堑的形式,以更好地协调用地与交通的关系。

2)主干路

城市主干路是连接城市各主要部分交通的道路,是城市道路网的骨架,是联系城市各组团及城市对外交通枢纽的主要通道。大城市的主干路多以交通功能为主,除可分为以货运或客运为主的交通性主干道外,也有少量主干路可以成为城市主要的生活性景观大道。

3)次干路

次干路又称城市次干道,是城市各组团内的主要干道。次干路联系主干路,并与主干路组成城市干道网,在交通上主要起集散交通的作用。同时,由于次干路沿路常布置公共建筑和住宅，又兼具生活性服务功能。次干路又可分为：交通行次干道，常为混合性交通干道和客运交通次干道；生活性次干道，包括商业服务性街道或步行街等。

4）支路

支路又称城市一般道路或地方性道路，在交通上起汇集性作用，是直接为用地服务，以生活性服务功能为主的道路。

2. 横断面形式

城市道路断面的基本形式有一块板、两块板、三块板和四块板，按道路所处地理位置、环境条件特点，因地制宜设置隔离带、绿化带等。

1）一块板

所有车辆都在同一个车行道平面上混合行驶；用地较省，但对向行驶车辆的干扰多，多用于交通量不大的次要道路，如图3-41所示。

图 3-41　一块板形式

2）两块板

由中间一条分隔带（或绿化带）将车行道分为单向行驶的两条车行道，可避免对向行驶车辆的干扰，但机动车和非机动车仍为混合行驶。对单幅式、双幅式道路，如车行道较宽，可划出分道线，将机动车和非机动车分道行驶，如图3-42所示。

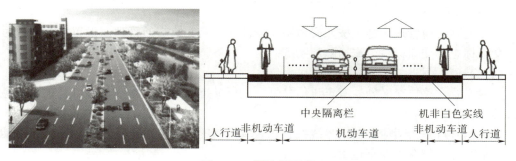

图 3-42　两块板形式

3）三块板

由两条分隔带（或绿化带）将车行道分为三部分：中间为机动车道，双向行驶，路中间最好能划出分道线；两边为非机动车道，单向行驶。这是一种使用效果较好的布置形式，也有利于绿化、地上杆线和地下管线的设置，如图3-43所示。

4）四块板

由三条分隔带（或绿化带）将车行道分为四部分：靠近中间分隔带的两条为机动车道；靠近路边的两条为非机动车道。这是渠化交通，完全分道行驶的最理想的布置形式，

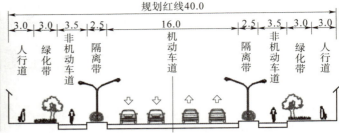

图 3-43 三块板形式

但用地较多。对于横断面的布置形式，根据地形、地物和交通组织的具体情况，可以对称布置，也可以不对称布置，如图 3-44 所示。

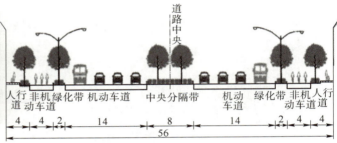

图 3-44 四块板形式

3.3.2 城市道路辅助设施

为了有效地组织城市各类交通，实现人畅其行、货畅其流，需要各类道路辅助设施。包括各类交通管理设施、停车设施、城市道路绿化和照明设施、城市道路无障碍设施等。

1. 交通管理设施

城市道路交通管理设施是按照交通组织设计对道路实施交通管理而设置的交通信号设备、交通标志、交通标线、交通隔离物等。

1）交通信号灯

一般设置在路口交叉处，有车道信号灯、人行横道信号灯、指挥信号灯、夜间黄色警告灯等。

车道信号灯是为适应交通信号线控制和区域控制的需要，用于提前提示前方车道能否通行的信号灯，设在可变车道上。

人行横道信号灯主要设置在交通繁杂的交叉路口或路段，用于保证行人安全、有秩序地横过车行道。

指挥信号灯是指挥交叉口各路口车辆通行的信号灯。指挥信号灯在交叉口的设置方式有三种：一种是设在交叉口中央，这种形式信号比较醒目，驾驶人员注意力容易集中，当交通特别拥挤时，利于配合交通警察手势指挥；一种是设置在进入交叉口的路线停止线前，是最常见的设置形式，当道路宽度很大时，靠中间的机动车驾驶人员不易看清信号，所以宜用于一般的交叉口；另一种是设置在交叉口出口一侧，适用于较小的交叉口，有利于将停车线向前布置，缩短车辆通过交叉口的时间，信号也较醒目。道路宽度很大的三块板道路，可以分别为机动车道和非机动车道设置指挥信号灯。

夜间黄色警告灯是夜间停止使用指挥信号灯指挥交通后，为提醒车辆、行人注意前方是交叉口而设置的。黄色警告灯可以悬吊于交叉路口中央上空，也可以利用指挥信号灯的黄色灯代替。

2）交通标志

道路交通标志是用图形、符号、颜色和文字向交通参与者传递特定信息，用于管理交通的设施。如图 3-18 所示，主要有以下标志：

警告标志，是警告车辆、行人注意危险地点的标志，为顶角朝上的等边三角形、黄底黑边黑图案的标志牌，共 42 种。

禁令标志，是禁止或限制车辆、行人交通行为的标志，主要为白底红圈、红杠黑图案的圆形标志牌，此外，还有白底黑边黑图案的解除禁令标志及八角形和倒三角形的让行标志，共 42 种。

指示标志，是指示车辆、行人按标志含义行进的标志，为圆形、长方形和正方形蓝底白图案的标志牌，共 29 种。

指路标志，是传递道路方向、地点、距离信息的标志，为长方形和正方形标志牌。一般道路为蓝底白图案，高速公路为绿底白图案，共 62 种。指路标志中的道路编号标志，国道为红底白字白边，省道为黄底黑字黑边，县道为白底黑字黑边。

旅游区标志，是提供旅游景点方向、距离的标志，又分为指引标志和旅游符号两类，为棕色底白色字符的正方形和长方形标志牌，共 17 种。

道路施工安全标志，是通告道路施工区通行的标志，除路栏、锥形交通路标、警告灯号和道口标柱外，施工标志为长方形，蓝底白字，图案部分为黄底黑图案，共 26 种。

辅助标志是设于主标志下起辅助说明的标志，不能单独使用。按其用途，又可分为表示区域、距离、时间、车辆种类、警告禁令理由等，为矩形白底黑学黑边的标志牌，共 16 种。

此外，还有城市快速路的可变信息标志，可及时通告关于速度限制、车道控制、道路状况、交通状况、气象状况等信息的变化。

3）交通标线

城市道路交通标线的作用是管制和引导交通，可以与标志配合使用，也可单种使用。交通标线按设置方式，分为纵向标线、横向标线和其他标线。

按功能，分为指示标线、禁止标线和警告标线。

按形态的分类：线条：标画于路面、缘石或立面上的实线或虚线；字符标记：标画于路面上的文字、数学及各种图形符号；突起路标：安装于路面上用于标示车道分界、边缘、弯道、危险路段、路宽变化、路面障碍物位置的反光或不反光体；路边线轮廓标：安装于道路两侧，用于指示道路的方向、车行道边线轮廓的反光柱（或片）。

为增加夜间机动车与行人对道路的可视性，目前已研发出可发光的智慧道路标线。智慧道路标线设施可满足各类环境条件，可 3D 立体展示；颜色可与红绿灯信号同步，其闪烁方式和频率可自主操控；可智能检测行人或非机动车辆；具有防眩光等功能。可有效提升城市交通安全水平。

2. 城市停车设施

停车设施是城市道路系统的组成部分之一。城市中往往由于停车设施能力不足或布局不合理而造成停车占用道路行车面积，影响道路系统的正常运转。

根据城市交通的停车要求，可以将停车设施分为6种类型：

城市出入口停车设施。此类停车设施是为外来或过境货运机动车服务的停车设施。主要设在城市外围的主要出入干道附近，附有车辆检查站、车辆小修设施、旅馆、饭店、商店等服务设施，还可配备一定的文娱设施。

交通枢纽停车设施。此类停车设施主要是为城市对外客运交通枢纽和城市客运交通换乘枢纽配备的，是为疏散交通枢纽的客流、完成客运转换而服务的，这类停车设施一般都结合交通枢纽布置。

大型集散场所停车设施。此类停车设施包括体育场馆、中心广场、大型公园以及交通限制区边缘干道附近的停车设施，其停车量大而且集中，高峰期明显，要求集散迅速。停车场以停放客车为主，并考虑自行车停车场地的设置。

商业服务设施附近的社会公用停车设施。根据城市商业、文化娱乐设施的布局，安排规模适宜的社会公用停车场（包括一定规模的自行车停车场地）。一般这类停车场应布置在商业、文娱中心的外围，步行距离以不超过100~150 m为宜，并应避免对商业中心入口广场、影剧院等建筑正立面景观和空间的遮挡和破坏。

生活居住区停车设施。目前大多数新建住宅都建有地下停车库、地上停车位，也有很多小区建设了智能自动化停车设施。智慧停车场一般主要配置有不间断电源、控制机读卡器、岗亭读卡器、卡片发行器、喇叭、自动发卡机、车辆检测器、红外检测器、视频卡、串口扩展卡、智能道闸导线及摄像机等，实现车辆的自动取放及车位分配。城市智慧停车物联网平台可实现停车诱导、车位预定、电子自助付费、快速出入等功能。

路边临时停车带。为避免沿街任意停车造成的交通混乱现象，在那些需要经常停车的地点，设置一定数量的路边临时停车位，采用港湾式停车方式布置。一般一处路边临时停车带的停放车位数以不超过10辆为宜。

3. 城市道路绿化和照明设施

城市道路绿化是整个城市绿化的主要组成部分。其包括路侧带、中间分隔带、两侧分隔带、交叉口、广场、停车场及道路用地范围内的边角空地等处的绿化。道路绿化的布置主要有在人行道上用树穴、绿带来布置，设置绿化分隔带布置和设置林荫带布置等方式。

城市道路照明是保证来往车辆和行人在夜间的通行安全，为驾驶员或行人创造能及时、准确地发现各种障碍物的条件，以减少和防止交通事故。道路照明也具有美化市容的作用，以满足夜间景观要求。道路照明设施要在确保路面具有符合标准要求的照明数量和质量的前提下，投资低、耗电少；运行安全、可靠并便于维护管理。

4. 城市道路无障碍设施

城市道路无障碍设施是为残疾人、老年人和其他社会成员提供通行方便的道路设施，是现代城市建设的一项重要内容。城市道路无障碍设施主要指道路、桥梁、人行道路、人行天桥、人行地道、公交站点、公共绿地等的相应方便残疾人等出行的设施，如图3-45所示。

缘石坡道：位于人行道口或人行横道两端，使乘轮椅者避免人行道路的缘石带来的通行障碍，而进入人行道行驶的一种坡道。

盲道：在人行道上铺设一种固定形态的地面砖，使视残者产生不同的脚感，诱导视残者向前行走和辨别方向以及到达目的地的通道，分为行进盲道和提示盲道两种。

轮椅坡道：在坡度和宽度上以及地面、扶手、高度等方面符合轮椅者出行。

图 3-45 无障碍设施、盲道

盲文站牌：采用盲文标识，告知视残者公交候车站的站名、公交线路和终点站名等的车站站牌等。

3.3.3 城市路网布局

1. 方格网式

方格网式又称棋盘式，是最常见的一种道路网类型，它适用于地形平坦的城市。用方格网道路划分的街坊形状整齐，有利于建筑的布置。由于平行方向有多条道路，交通分散，灵活性大。有的城市在方格网的基础上增加若干条放射干线，以利于对角线方向的交通，但因此又将形成三角形街坊和复杂的多路交叉口，既不利于建筑布置，又不利于交叉口的交通组织。完全方格网的大城市，如果不配合交通管制，容易形成不必要的穿越中心区的交通。建于平坦地区的古城，如西安、太原、郑州、石家庄、开封等均属于方格网式。一些沿江（河）、沿海的工业城市，由于顺应地形的特点，道路网形成了不规则的棋盘式道路，如洛阳、福州等。图 3-46 所示是西安的棋盘路网形式，可以看出二环路以内是比较严格的方格网形式。

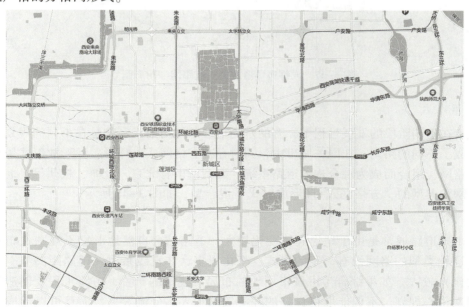

图 3-46 西安市方格网式道路网（附彩图）

2. 环形放射式

这种路网形式的放射形干道有利于市中心同外围市区和郊区的联系，环形干道又有利于中心城区外的市区及郊区的相互联系，在功能上有一定的优点。但是，放射形干道又容易把外围的交通引入市中心地区，引起交通在市中心地区的聚集，同时，会出现许多不规则的街区。具有环形放射道路网形式的典型城市有天津、成都等。图 3-47 所示为成都道路网，其路网布局是"井"字形加环状加放射状道路。环形放射式路网对促进城市交通设施布局与土地利用之间的良性互动，提高城市交通组织运行效率具有积极的作用。为了充分利用环形放射式道路系统的优点，避免其缺点，一些大城市在原有的环形放射路网基础上进行部分调整，改建形成快速干道系统，对缓解城市中心的交通压力，促使城市转向沿交通干线向外发展起到了十分重要的作用。

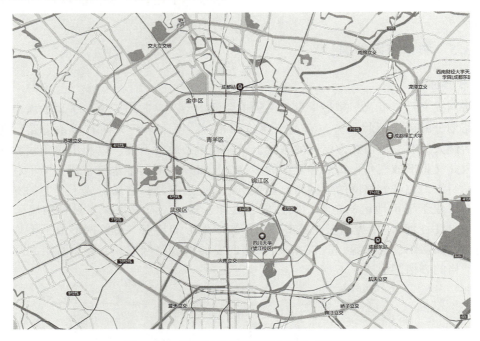

图 3-47　成都市环形放射式道路网（附彩图）

3. 混合式

城市在不同阶段的发展过程中，有的是受地形条件约束，有的是在不同的规划建设思想下形成了不同的路网。在同一城市中，同时存在方格网式、环形、环形放射式等几种类型的道路网，组合而成为混合式的道路系统。典型城市有北京、上海、杭州等。北京市城市道路网为典型的"方格网式+环形放射式"混合型，如图 3-48 所示。

4. 自由式

自由式道路通常是由于地形起伏变化较大，道路结合自然地形呈不规则状布置而形成的。这种类型的路网没有一定的格式，变化很多，非直线系数（道路距离与空间直线距离之比）较大。如果综合考虑城市用地的布局、建筑的布置、道路工程及创造城市景观等因素精心规划，不但能取得良好的经济效果和人车分流效果，而且可以形成活泼丰富的景观效果。典型城市有青岛、珠海、九江、重庆等。重庆是"一城五片、多中心组

第 3 章　道路运输设备

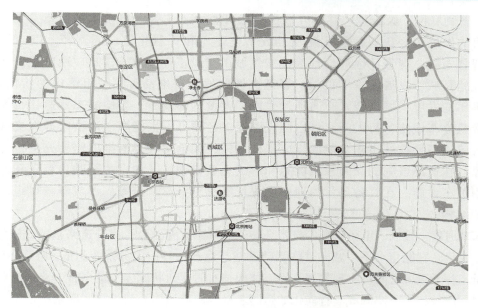

图 3-48　北京市混合式道路网（附彩图）

团式"空间结构，道路网结构是适应城市地形与布局的枝状的自由式道路网络结构，如图 3-49 所示。

图 3-49　重庆市自由式道路网（附彩图）

3.3.4　城市道路设施发展

城市机动车数量的快速增长给城市道路交通造成巨大的挑战。老旧城区道路拥堵现象日益加剧，新城区的道路建设与管理也存在诸多不足。城市道路网结构不合理、现有道路基础设施建设落后、道路交通管理水平不高、相关部门缺乏联动机制等因素，成为城市道路交通拥堵、交通事故频发的主要因素。城市交通问题一直是交通领域研究的重点课题，各城市道路建设部门也在致力于建设和完善城市道路网结构、道路基础设施及各类配套设施，加强道路交通管理。

随着物联网、大数据、移动互联网、云计算、人工智能等技术的快速发展，现代化城市的发展也经历着信息化建设、数字化建设和智慧化建设的路径。以"智慧交通、智慧安防、智慧社区"为代表的智慧城市建设正逐步进入落地应用阶段。而道路交通设施是城市发展的基础设施，智慧交通的发展是推动智慧城市落地的前提条件。经过多年的发展，城市智慧交通项目建设了大量基础设施，如检测车辆避让行人的设施、智慧停车设施、行人闯红灯检测设施等。各类可再生能源、清洁能源在交通运输领域的应用需要在城市建立能源供应基础设施，如电动汽车的推广需要充电桩等设施的支撑。在道路设施的交通承载能力和形式上进行创新，如自主行驶出租车和共享车辆专用泊车设施、在具备条件的地方设置智能汽车专车车道等，形成新一代道路基础设施的结构。

未来通信、控制、电子信息等技术会与道路基础设施融合，提升道路基础设施的信息化、专业化、智能化水平。城市道路基础设施与运载工具、服务系统组成一个复杂系统，各单元、各子系统之间可实现数据交换，并根据实时交通状况、气象条件、交通流趋势进行控制、诱导和服务协调等。智能化的道路基础设施使运输系统处在实时数据的动态调整和寻优的过程中，具有较高的可靠性、应变性和安全性，可实现整体路网的调度和控制，最大限度地发挥路网使用功能和运输系统的服务功能。

智慧道路基础设施的建设，正逐步满足人们对安全、便捷、舒适的基本需求，大大提升了城市交通管理的智能化水平，有效缓解拥堵。但随着城市管理要求的提高和机动车保有量的持续增长，也面临需多难题。需要用新思维、新理念进行持续创新和探索。未来的智能化道路运输设备可突破人类感知和反应能力的限制，成倍地降低事故和伤亡率；突破交通流理论的约束，通过广义控制改变交通行为，实现交通自动化，成倍提升路网的交通承载能力；突破信息不对称的约束，通过资源配置实现由个体和局部最优转变为全局最优，真正实现交通资源的高效利用。

案例三　城市智慧交通设施——智慧路灯

1. 智慧路灯概述

某城市在建设品质城市的大背景下，按照智慧城市、智慧交通顶层设计的总体要求，结合街道功能定位，应用视频识别、多源数据融合等高新技术，完善道路智能感知与服务设施，预留车路协同基础设施。为交通参与者提供美好的出行体验，为交通管理者提供精细的治理手段，打造城市智慧道路创新示范工程。在此过程中将路灯杆全面升级，打造智慧型路灯。在人流活动密集区域提供免费 WiFi；借助路灯杆设置行人信息屏，发布服务信息；以"多杆合一"方式，整合道路设施，打造外形美观、风格统一的城市艺术品，提升慢行空间体验。道路智慧路灯挂载全息感知式视频检测模块、全彩可变信息屏、智慧 LED 照明设备、WiFi 宽带接入嗅探模块、环境检测仪等智能设备。可实现对道路设备设施的集约化管理、智慧化建设或更新，形成"人-车-路-环境"智慧网联，如图 3-50 所示。

图 3-50 智慧路灯（附彩图）

2. 智慧路灯功能

1）全息感知式视频检测功能

全息感知式视频检测模块具有多种功能组合能力，基于人工智能、云计算、大数据算法的图像识别与存储能力，基于视频图像处理技术可实现交通流参数检测、交通事件检测、道路险情识别的功能。同时兼备道路监控功能，并将数据实时上传至城市道路监控中心。

2）全彩可变信息显示功能

根据交通、天气及指挥调度部门的指令信息，操作员可向信息屏发布各种通告和信息，从而有效地对交通流量进行诱导，提高路网的交通运输能力。为行人及自行车提供慢行交通诱导、公交到站时间、周边地标景点等各类出行服务信息；同时，也可以在重点路段、重点景区增加节假日祝福语以及弘扬宣传爱国的图片。

3）智慧 LED 照明功能

依托智慧控制的单灯控制器来接收灯光中心的调节照明亮度指令，通过单灯控制器来调节电源驱动器的控制信号，从而达到对照明亮度的调节。根据不同路灯、时段的照度、车流量、人流量以及雨、雪、雾等天气情况实现单盏 LED 路灯的智能节能管控。

4）城市 WiFi 热点

基于道路智慧路灯构建道路全面覆盖的无线 AP，为公众提供道路沿线的无线上网服务，同时实现人群密度的动态监测及预警。

5）环境检测功能

以道路智慧路灯为载体对城市进行合理、有效的布局，形成城市感知网络系统。能够及时、准确、全面地反映不同区域的温度、湿度、噪声、PM2.5、PM10、CO_2 等环境质量现状及发展趋势，为环境管理、环境规划、环境科学研究提供依据，为城市基础服务保障设施的维护提供及时、准确的信息。

6）一键报警功能

市民在遇到突发、紧急情况时，按下道路智慧灯杆上的一键求助按钮，就可与公安局或救助中心人员进行通话，同时将求助位置等信息直接发送到管理平台，为公安或救助人员及时赶到现场进行相应的处理和救助提供快速、准确的信息。

城市物联网中继器支持沿线智慧路灯、智能边坡、智能井盖、智能垃圾桶等物联网设备的数据接入，通过建立通用的无线电空中接口及其公开的标准协议，使不同厂家生产的智能物联网设备在没有电线或电缆互相连接的情况下，将在一定距离范围内的所有物联网设备的数据接入智慧道路管控平台。

3. 智慧路灯创新及优势

智慧路灯在灯杆前端搭载人工智能机器，基于深度学习与人工智能算法，实现对视频图像的智能化识别，识别道路险情及道路异常事件，并主动上报。结合集成化的路侧诱导屏，实现多元信息的动态整合和智能化发布，对路况、停车位、周边楼宇/景点、行程时间、公交到站、道路施工、天气、交通事故等多元信息进行整合发布。同时具备"端到端"的深度学习算法，与后台 AI 及大数据平台配合实现 VA 挖掘，满足智慧城市管理要求。

智慧路灯的优势在于可解决当前道路智慧化建设的三个核心问题：一是职能分割导致道路两侧的路灯杆、视频杆、诱导屏杆、标识牌杆等林立，道路重复开挖、建设、维护成本高，管理主体多；二是各部门杆件缺乏统一部署，数据标准不一，整合难度大，导致数据分割，难以共享；三是智慧化道路缺乏整体规划建设，滞后于交通工具本身的智能化，难以满足共享单车、车路协同等新技术的发展需求。

案例四　浙江绍兴首条城市智慧快速路

1. 绍兴智慧快速路建设

绍兴要打造成为长三角智慧城市策源地，依托"六纵八横"的城市快速路网规划，以绍兴智慧快速路建设为坐标，提供城市基础设施"规划—设计—建设—运营—数字化"全寿命周期优质服务，推动浙江省与上海市的协同发展，助力绍兴加速产业升级、区域融合。

绍兴市规划的"六横八纵"的智慧快速路网以绍兴市中心城区为主，扩展至绍兴与杭州、宁波的连接区域，总长约 438 km，如图 3-51 所示。绍兴智慧快速路是全国首个最全数字化业务系统的智慧快速路，其先进性和代表性均走在国内快速路网技术水平前端。通过运用建筑信息模型（BIM）、智慧管养（IMS）、智慧交通（ITS）、车路协同（ICV）、智慧照明（ILS）等数字化智慧系统，让快速路更智慧。绍兴智慧快速路的全生命周期数字化管理，以颠覆性创新变革，让城市交通治堵、环境改善得到同步提升。

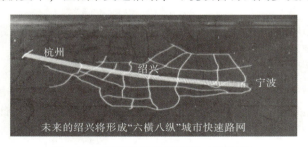

图 3-51　绍兴快速路网规划（附彩图）

2. 绍兴于越智慧快速路通车运行

在多方合力赋能之下，绍兴市首条智慧快速路"于越快速路"于 2022 年 3 月 19 正式通车，后期，越东路、二环北路、二环西路、绿云路等智慧快速路也将加速建成投运。于越快速路全长 20.9 km，采用"主线高架+跨线桥+地面快速路+地道"建设模式，主线双向六车道，设计时速 80 km，项目总投资约 62.38 亿元。

在项目建设阶段，城建设计集团、数字集团城建信息联合赋能打造了绍兴智慧快速路 BIM 全寿命周期大数据管理平台，如图 3-52 所示。该平台结合大数据、物联网、AI 等技术，为绍兴智慧化快速路项目设计、施工、监理、跟审共 30 余家单位 2 000 余名用户提供智能的决策辅助、科学的风险预测分析、便捷的协同应用，全面赋能项目建设实现质效双优。

图 3-52　绍兴智慧快速路 BIM 全寿命期大数据管理平台（附彩图）

在项目运营阶段，数字集团城建信息赋能打造了绍兴市快速路智慧运营平台，如图 3-53 所示。该平台通过 BIM+GIS、物联网、大数据等信息化手段，结合智慧与养护（IMS），对重点桥梁、隧道的健康状况进行实时监测，把险情化解在萌芽状态。首先开通的于越智慧快速路共计 440 个结构监测传感器已全部接入平台，一旦有异常情况，及时发现并预警。该平台的先进性在于对生产全要素（即人员、机械、物料、标准、环境、资金）进行统筹管理，实现了"过去可追溯—现在可评价—未来可预测"闭环运营模式，助力绍兴市城投集团完成从城市建设者向城市综合运营服务商的转变。

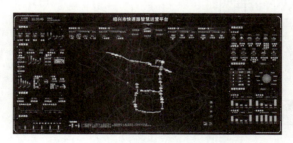

图 3-53　数字化赋能绍兴市快速路智慧运营平台（附彩图）

绍兴智慧快速路提速发展的背后，靠的正是数字化全面赋能发力。其建设工程量之大、等级之高、速度之快全国罕见，4 年开建 11 个智慧快速路项目，延绵 115 km，形成"日"字形绕城闭环，并且要在 2022 年杭州亚运会前将市区越东路、二环北路、于越路、杭州中环连接线、二环西路"二横三纵"5 条智慧快速路全面建成投运。

在绍兴市智慧快速路网逐步建成投运的大背景下，数字集团城建信息还将持续以数字化赋能绍兴市交通运行监测调度中心（TOCC）项目，助力全面提升城市路网"监测预警—辅助决策—应急调度—行业监管—信息服务"闭环数字化管理水平，时时刻刻让城市路网运行状态"看得全"、异常运营情况"抓得准"。

> **思考与探究**
>
> ## 交通伦理
>
> 1. 简述城市道路主要设施有哪些。
> 2. 思考未来城市道路设施的发展。
> 3. 探究城市道路设施的规划设计与出行需求、出行规律及城市文化之间的伦理关系。

3.4 汽车

3.4.1 汽车的类型

出于不同的需要，对汽车有多种分类方法，如图 3-54 所示，可以按照汽车的用途、动力装置、对道路的适应性、发动机位置及驱动形式等进行分类。

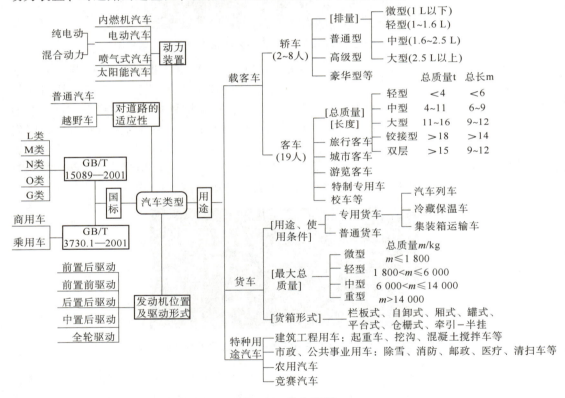

图 3-54 汽车分类

1. 用途

按用途分为载客车、货车和特种用途的汽车。

1）载客车

载客车是专门用作人员乘坐的汽车，按其座位多少，又可分为轿车、客车和旅游车等种类。

轿车是除驾驶员外乘坐2~8人的小型客车。轿车按发动机的工作容积（排量）大小，分为微型（1 L以下）、轻型（1~1.6 L）、中型（1.6~2.5 L）和大型（2.5 L以上）。另外，轿车还可以分为普通轿车、高级轿车、豪华轿车、旅游轿车和活顶轿车等。

客车：除驾驶员外，乘坐9人以上的载客车为客车。客车有单层、双层形式，并可按总质量、总长度分为不同类型。按照不同使用目的，分为旅行客车、城市客车、游览客车、校车及各类特制专用车等。

2）货车

主要供运载货物用的汽车称为货车，又称载货汽车。

图3-55 普通货车

（1）按用途和使用条件分类。由于货车所载运的货物品种较多，装载量及车厢的结构也各有不同，因此常按用途和使用条件将货车分为普通货车和专用货车两大类型。普通货车具有栏板式车厢，可运载各种货物，如图3-55所示。

专用货车通常由普通货车改装而成，其车厢是为专门运输某种类型的货物而设计的。主要包括汽车列车、冷藏保温车、集装箱运输车等。

汽车列车是指一辆汽车（货车或牵引车）与一辆或一辆以上挂车的组合，如图3-56所示，有整车带全挂车，牵引车带半挂车、全挂车或二者都有的多种组合方式。汽车为汽车列车的驱动车节，称为主车；被主车牵引的从动车节称为挂车。牵引车是专门用来牵引挂车、半挂车和长货挂车的主体。

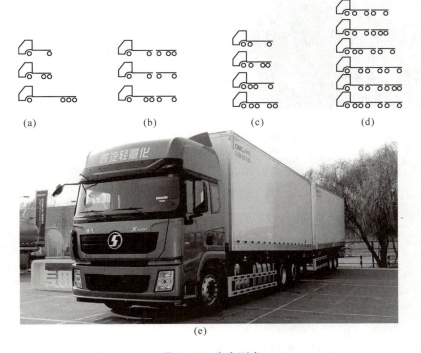

图3-56 汽车列车

(a) 整车；(b) 整车带全挂（一般为4、5或6轴）；(c) 牵引车带半挂（一般为3、4或5轴）；
(d) 牵引车带半挂和全挂（一般为5、6或7轴）；(e) 实物图冷藏保温车是指装有冷冻或保温设备的厢式货车，通过制冷装置为货物提供最适宜的温度和湿度条件，以此满足对温湿度有特殊要求的货物的运输需要。集装箱运输车是指专门用来运输集装箱的专用汽车。罐式货车是指装有罐状容器的货车，具有密封性强的特点，运送易挥发物品、易燃物、危险品等，如图3-57所示。

图3-57　冷藏车、集装箱车、油罐车

（2）按最大总质量。载货汽车可分为微型货车、轻型货车、中型货车和重型货车4类，如图3-54所示。

（3）按货箱形式。有栏板式货车，如图3-55所示；自卸式货车，如图3-58所示；厢式货车及罐式货车，如图3-57所示；平台式货车，如图3-59所示；仓栅式货车，如图3-60所示；牵引-半挂车式货车等，如图3-56所示。

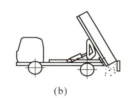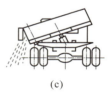

图3-58　自卸车
(a) 实物图；(b) 后倾式；(c) 侧倾式

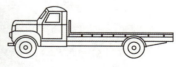

图3-59　平台式货车

3）特种用途的汽车

特种用途的汽车有：建筑工程用汽车，包括专门用于起重、挖沟、埋管、混凝土搅拌等施工作业的汽车；市政、公共事业用汽车，包括用于清扫、除雪、医疗、救护、售货、邮政、消防等方面的专用汽车以及农用汽车、竞赛汽车等。图3-61所示为除雪车和起重汽车。

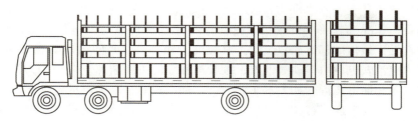

图 3-60 仓栅式货车

图 3-61 除雪车、起重汽车

2. 动力装置

汽车按动力装置形式可分为活塞式内燃机汽车、电动汽车、喷气式汽车和太阳能汽车。

1) 内燃机汽车

将燃料的化学能在机器的内部通过燃烧转化为热能,再通过气体膨胀做功将其转化为机械能输出的机器为内燃机。内燃机具有热效高、体积小、质量小、移动方便等优点。内燃机装在汽车上即为发动机。按内燃机的工作原理不同,分为活塞式内燃机汽车、转子式内燃机汽车和燃气轮机汽车。按照燃烧的燃料不同,内燃机汽车可分为汽油汽车、柴油汽车、醇燃料汽车、气体燃料汽车、双燃料汽车等。

2) 电动汽车

电动汽车是指由电动机驱动并且自身装备供电能源(不包括供电架线)的车辆。主要分为纯电动汽车、燃料电池汽车和混合动力汽车,如图 3-62 所示。

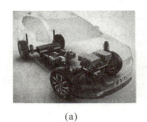 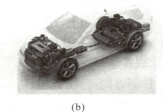 

(a) (b) (c)

图 3-62 电动汽车

(a) 纯电动汽车;(b) 燃料电池汽车;(c) 混合动力汽车

纯电动汽车具有零排放、操纵简便、噪声小等优点,但是动力电池质量大、比能量低、充电时间长、寿命短、在车速与续驶里程等性能方面尚无法与内燃机汽车相比。

燃料电池式电动汽车是以燃料电池作为动力源的汽车。将燃料,例如醇类,在转化器中产生反应而释出氢气,再将氢气输到燃料电池中与氧气结合而发出电力,推动电动机工作。

混合动力汽车是装备两套动力源的汽车，通常装有内燃机-发电机组以及动力电池，可根据汽车负荷情况选择不同的动力供能。这种车辆的优点是发电机组的内燃机的排量小，而且经常处于最佳的稳定高效工况，其耗油量和排放仅是同级别内燃汽车的1/3，而且克服了动力电池式电动汽车动力性差、续驶里程短的主要缺点。混合动力汽车可分为普通混合动力汽车和插电式混合动力汽车两大类。插电式混合动力车的电池相对比较大，可以外部充电，可用纯电模式行驶，电池电量耗尽后再以混合动力模式（以内燃机为主）行驶，并适时向电池充电。

3) 喷气式汽车和太阳能汽车

喷气式汽车是指动力是喷气发动机，依靠向后喷出高速气体的反冲，获得向前的推力的汽车，车轮上没有驱动机构。太阳能汽车是一种靠太阳能来驱动的汽车。相比传统热机驱动的汽车，太阳能汽车是真正的零排放。太阳能汽车也是电动汽车的一种，所不同的是，电动汽车的蓄电池靠工业电网充电，而太阳能汽车用的是太阳能电池。图3-63所示为喷气式汽车和太阳能汽车。

图3-63 喷气式汽车、太阳能汽车

3. 发动机位置及驱动形式

按发动机位置及驱动形式，可分为前置后驱动、前置前驱动、后置后驱动、中置后驱动和全轮驱动，如图3-64所示。

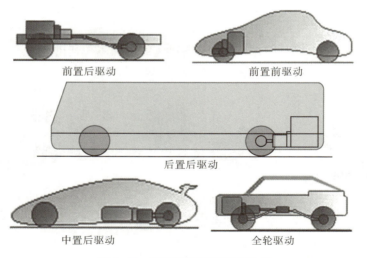

图3-64 发动机位置及驱动形式

前置后轮驱动是发动机放在车头，后轮是驱动轮，大多数货车采用这种布置形式。具有轴荷分配较均匀、操纵稳定性和行驶平顺性良好等优点。

同理，前置前轮驱动是发动机放在车头，前轮是驱动轮。这种形式具有结构紧凑、减小质量、降低地板高度及改善高速时的操纵稳定性等优点。

发动机后置后驱动具有降低室内噪声，有利于车身内部布置的优点，是大、中型客车流行的布置形式。

中置后驱动是大多数运动型轿车和方程式赛车采用的形式。这种形式有利于获得最佳的轴荷分配，操纵稳定性和行驶平顺性较好；可减轻车重，传动效率高。

全轮驱动通常是发动机前置，在变速后装有分动器，以便将动力分别输送到全部车轮上，主要用于吉普车和越野车。具有轮胎磨损均一、扩展牵引力的优点。

4. 国家标准

在 GB/T 15089—2001 中将汽车分为 L 类、M 类、N 类、O 类和 G 类。其中 L 类指两轮或三轮机动车辆；M 类指至少有四个车轮并且用于载客的机动车辆；N 类指至少有四个车轮并且用于载货的机动车辆；O 类指挂车，包括半挂车；G 类指满足要求的 M 类、N 类的越野车。在 GB/T 3730.1—2001 中，分为商用车及乘用车两类。在设计和技术特性上，商用车是指用于运送人员和货物的汽车；乘用车主要指用于载运乘客及随身行李的汽车，包括驾驶员在内最多不超过 9 个座位。

5. 对道路的适应性

按对道路的适应性，分为普通汽车和越野汽车。越野车一般都是全轮驱动。根据其在较差道路上的装载质量，可分为轻型、中型和重型越野车；也可按驱动轴数分为双轴、三轴和四轴驱动越野车。

3.4.2 汽车的基本结构

汽车的类型很多，各类汽车的总体构造有所不同，但基本组成是一致的。燃油汽车都是由发动机、底盘、车身和电气设备四大部分组成的。纯电动汽车的结构与燃油汽车相比，主要增加了电力驱动控制系统，而取消了发动机。电力驱动控制系统既决定了整个纯电动汽车的结构组成及其性能特征，也是纯电动汽车的核心，它相当于传统汽车中的发动机与其他功能以机电一体化方式相结合，这也是区别于传统内燃机汽车的最大不同点。一般货车与电动汽车的总体构造如图 3-65 所示。

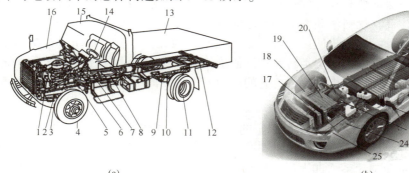

1—发动机；2—前轴；3—前悬架；4—转向车轮；5—离合器；6—变速器；7—驻车制动器；8—传动轴；9—驱动桥；10—后悬架；11—驱动车轮；12—车架；13—车厢；14—转向盘；15—驾驶室；16—车前钣金件；17—热力系统（冷却）；18—DC 转换器；19—电子控制器；20—电动机；21—动力电池组；22—充电绞口；23—传输；24—车载充电器；25—蓄电池（辅助）。

图 3-65 汽车总体构造

（a）一般货车总体构造；（b）电动汽车构造

1. 发动机

发动机是汽车的动力装置,是汽车的"心脏"。它的作用是使燃料燃烧后产生动力,然后通过底盘的传动系统驱动汽车行驶。汽车发动机由曲柄连杆机构、配气机构、燃料供给系、冷却系、润滑系、点火系和起动系("两大机构""五大系")组成。发动机的结构总成如图3-66所示。

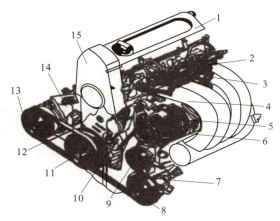

1—气缸盖罩;2—燃油分配管;3—油尺;4—进气歧管;5—发电机;6—发电机传动带轮;7—动力转向油泵;
8—动力转向油泵传动带轮;9—导向轮;10—张紧轮;11—曲轴传动带轮;12—多楔传动带;
13—空调压缩机传动带;14—空调压缩机;15—正时齿轮传动带护罩。

图3-66 发动机构造总成

汽车发动机都是将燃料燃烧的热能转变为机械能的热力发动机。现代汽车广泛采用往复活塞式内燃机,其中主要是汽油机和柴油机。汽油机是汽油与空气混合气进入发动机气缸内,经压缩点火燃烧后产生热能而做功;柴油机利用喷油泵使柴油产生高压后由喷油器直接喷入发动机气缸内,并与气缸内压缩空气混合形成混合气,柴油自燃后产生热能而做功。两者相比较,汽油机具有转速高、质量小、工作时噪声小、启动容易、制造和维修费用低等特点,故在轿车、中小型货车及军用越野汽车上得到广泛应用。汽油机的不足之处是燃油消耗率较高,因而燃料经济性较差;同时,汽油机的排气净化指标也较差。

柴油机因压缩比高,燃料消耗率平均比汽油机低30%左右,而且柴油价格较低,所以燃料经济性较好。另外,柴油机的排气污染也比较小。因此,一般装载质量在7 t以上的货车大都用柴油机。柴油机的缺点是转速较汽油机的低、质量大、制造和维修费用高。目前,柴油机的这些缺点正逐渐得到克服,它的应用范围正在向中、轻型货车扩展。

2. 底盘

底盘是汽车的基础,可以称底盘为汽车的"骨骼"。它的作用是接受发动机的动力,使汽车产生运动,并保证正常行驶,同时支撑、安装汽车其他各部件、总成。底盘由传动系、行驶系、转向系和制动系"四大系"组成,如图3-67所示。

1)传动系

汽车传动系的基本作用是将发动机发出的动力传给驱动车轮。

载货汽车上目前常见的传动系的组成及其布置形式如图3-68所示。发动机纵向安置在汽车前部,并且以后轮为驱动车轮。发动机发出的动力依次经过由离合器1、变速器2、万向节3和传动轴8组成的万向传动装置以及安装在驱动桥4上的主减速器7、差速器5

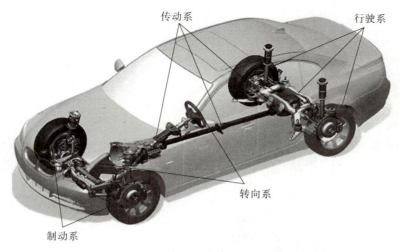

图 3-67 汽车底盘结构总成

和半轴 6 传给驱动车轮。驱动车轮得到扭矩，便给地面向后的作用力，地面因此对驱动车轮产生一个反作用力，这个反作用力就是汽车的牵引力。汽车的类型不同，发动机的安装位置不同，传动系的布置形式也不同。

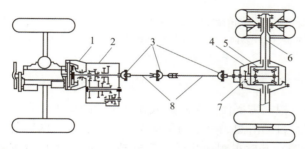

1—离合器；2—变速器；3—万向节；4—驱动桥；5—差速器；6—半轴；7—主减速器；8—传动轴。

图 3-68 载货汽车上常见的传动系组成及布置形式

2）行驶系

行驶系的主要作用是：将汽车构成一个整体，支承汽车的总质量；将传动系传来的扭矩转化为汽车行驶的驱动力；承受并传递路面作用在车轮上的各种反力及力矩；减少振动，缓和冲击，保证汽车平顺行驶；与转向系配合，正确控制汽车的行驶方向。

汽车行驶系的结构形式因车型和行驶条件的不同而有所差异。绝大多数汽车行驶在比较坚实的道路上，其行驶系中直接与路面接触的部分是车轮，因而称为轮式行驶系。除广泛应用的轮式外，行驶系还有履带式、车轮-履带式、跨步式等形式。

轮式行驶系一般由车架、车桥、车轮和悬架等组成，如图 3-69 所示。

3）转向系

转向系的作用是通过驾驶员操纵转向盘，根据需要保持或改变汽车行驶方向，并减轻驾驶员的劳动强度。汽车转向系由转向器和转向传动机构两部分组成，图 3-70 所示为汽车转向系示意图。转向器由转向盘、转向轴、转向传动轴、转向万向节等组成。转向传动机构由转向垂臂、转向纵拉杆、转向节臂、转向横拉杆、梯形臂等组成。

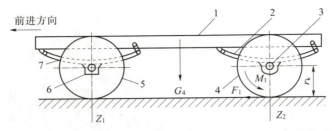

1—车架；2—后悬架；3—驱动桥；4—驱动车轮；5—从动车轮；6—从动桥；7—前悬架。

图 3-69　轮式行驶系的组成及部分受力情况

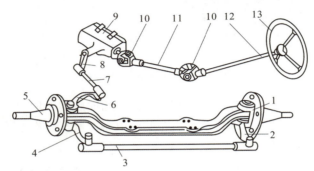

1—右转向节；2、4—梯形臂；3—转向横拉杆；5—左转向节；6—转向节臂；7—转向纵拉杆；8—转向垂臂；9—转向器；10—转向万向节；11—转向传动轴；12—转向轴；13—转向盘。

图 3-70　汽车转向系示意图

4）制动系

制动系的作用是：根据需要使汽车减速或在最短的距离内停车，以保证行车安全；保证汽车停放可靠，不致自动滑溜。汽车的制动系一般至少装有两套各自独立的装置：行车制动装置（脚制动装置）和驻车制动装置（手制动装置）。重型汽车和经常行驶在山区的汽车，还应增装紧急制动装置和安全制动装置或辅助制动装置。此外，较完善的制动系还具有制动力调节装置、报警装置、压力保护装置等附加装置。

制动系中每套制动装置都由产生制动作用的制动器和制动传动机构组成。制动器通常采用摩擦式。图 3-71 所示为液压式行车制动系的基本结构和工作原理示意图。它由车轮制动器和液压传动机构两部分组成。

制动系制动的工作原理是：当制动时，踩下制动踏板 1，通过推杆 2 和主缸活塞 3 使制动主缸 4 内的油液产生一定压力后流入制动轮缸 6，推动轮缸活塞 7，使两制动蹄 10 绕支承销转动，上端向两边张开，从而以其摩擦片压紧在制动鼓的内圆面上。这样不旋转的制动蹄就对旋转着的制动鼓产生一个摩擦力矩，其方向与车轮转动方向相反。制动鼓将该力矩传给车轮，使车轮与路面之间产生制动力，迫使汽车产生一定的减速，甚至停车。当放松制动踏板时，在各制动蹄回位弹簧的作用下，制动蹄与制动鼓之间的间隙又恢复，摩擦力矩和制动力消失，制动作用即行解除。

3. 车身

车身安装在底盘车架上，用来容纳驾驶员、乘客和货物，并构成汽车的外壳。轿车车身、客车车身一般是整体式车身，货车车身由驾驶室和货箱两部分组成。汽车车身是一件

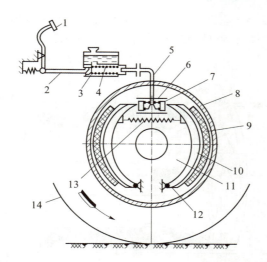

1—制动踏板；2—推杆；3—主缸活塞；4—制动主缸；5—油管；6—制动轮缸；7—轮缸活塞；8—制动鼓；9—摩擦片；10—制动蹄；11—制动底板；12—支撑销；13—制动蹄回位弹簧；14—车轮。

图 3-71 液压式行车制动系的基本结构和工作原理示意图

精制的综合艺术品，其结构主要包括车身壳体、车门、车窗、车前钣金件、车身内外装饰件、车身附件、座椅以及通风、暖气、冷气、空气调节装置等，载货汽车还包括货箱和其他设备。

汽车车身壳体的结构形式可分为骨架式、半骨架式和无骨架式三种。

1）骨架式

骨架式具有完整的骨架（或构架），车身蒙皮固定在装配好的骨架上。

2）半骨架式

半骨架式只有部分骨架（如单独的支柱、拱形梁、加固件），部分骨架彼此直接相连或者借助蒙皮板彼此相连。

3）无骨架式

无骨架式没有骨架而利用蒙皮板相互连接时所形成的加强筋来代替骨架。货车车身多采用骨架式非承载车身结构。

客车车身一般分为轻便客车车身、中型客车车身。轻便客车车身要求有较好的流线型，以减小行驶时的空气阻力。中型客车均采用闭式的厢式车身，以提高有效载客面积。

轿车车身多为无骨架式和半骨架形式。目前，在高级轿车上，为保证良好的乘坐舒适性以及减轻底盘振动和噪声对车身的影响，多采用非承载式车身，车身借助橡胶软垫固装在车架上。中级轿车车身有采用非承载式的，也有采用承载式的。普通轿车和微型轿车普遍采用承载式车身。近年来，为减轻客车的自重，降低车身高度，中级轿车倾向于采用承载式车身。

公共汽车车身采用厢式外形，由于尺寸较大，形状较规则，易于构成完整的空间受力系统，故大多采用骨架式，这种结构最适于做成承载式的。

4. 电气设备

电气设备由电源和用电设备两大部分组成。电源包括发电机和蓄电池。用电设备有很多，不同车型不太一样，主要有点火系、起动系、照明系统、仪表信号系统、空调以及其他附属用电设备等，如图 3-72 所示。此外，在现代汽车上越来越多地安装各种电子设备，如微处理机中央计算机系统、各种传感器及各种人工智能装置等，显著地提高了汽车的各项性能。

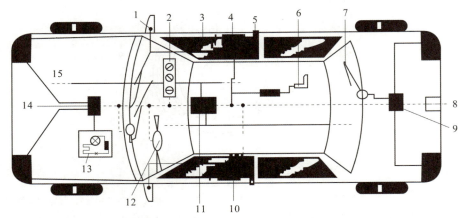

1—后视镜；2—控制仪表；3—左车窗；4—车门模块；5—门锁；6—座椅模块；7—刮水器；8—锁；9—后控制模块；10—车门模块；11—多通道车身控制器；12—转向盘柱顶开关；13—采暖通风与空调系统；14—分配模块；15—底盘和动力机组线。

图 3-72　汽车电器设备总成

3.4.3　汽车行驶基本原理

汽车行驶时，作用于汽车的外力有驱动力和行驶阻力，这些力相互平衡，得到汽车的行驶方程式为

$$F_t = \sum F$$

式中，F_t 为驱动力；$\sum F$ 为各种行驶阻力之和。

1. 汽车的驱动力

发动机输出的转矩经传系传到驱动车轮上，作用于驱动车轮上的转矩 T_t 使车轮对路面产生一个圆周力 F_0，路面对驱动轮的反作用力 F_t 是驱动汽车的外力，如图 3-73 所示。此外力称为汽车的驱动力，单位为 N。驱动力数值为

$$F_t = \frac{T_t}{r}$$

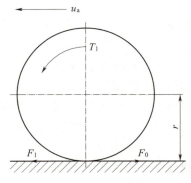

图 3-73　汽车的驱动力

式中，F_t 为驱动力（N）；T_t 为作用于驱动车轮的转矩（N·m）；r 为车轮半径（m）。

2. 汽车的行驶阻力

汽车运动时，需要克服运动中所遇到的各种阻力。汽车在水平道路上等速行驶时，必须克服来自汽车赖以行驶的地面滚动阻力 F_f 和来自汽车周围的空气阻力 F_w。当汽车在坡道上上坡行驶时，还必须克服汽车重力沿坡道的分力（称为坡度阻力 F_i）。汽车加速行驶时，需要克服的惯性力，称为加速阻力 F_j。汽车行驶的总阻力为

$$\sum F = F_f + F_w + F_i + F_j$$

滚动阻力主要是由于车轮滚动时轮胎与路面接触变形而产生的。弹性车轮沿硬路面滚动，路面变形很小，轮胎变形较大；车轮埋入路面（如松软土路、沙地、雪地等）滚动，轮胎变形较小，路面变形较大。此外，轮胎与路面以及车轮轴承内都存在着摩擦。车轮滚动时产生的变形与摩擦要消耗发动机一定的动力，因而形成滚动阻力，其数值与汽车的总重力、轮胎的结构和气压以及路面性质有关。

汽车行驶时，需要挤开其周围的空气，汽车前面受气流压力并且后面形成真空，产生压力差。此外，还存在着各层空气之间和空气与汽车表面之间的摩擦，以及冷却发动机、室内通风以及汽车表面外凸零件引起的气流干扰等，从而形成空气阻力。空气阻力与汽车的正面投影面积有关，特别是与汽车和空气的相对速度的平方成正比，两者的相对速度越高，空气阻力越大。

汽车上坡时，其总重力沿路面方向的分力形成的阻力称为坡度阻力，其数值取决于汽车的总重力和路面的纵向坡度。坡度阻力只是在汽车上坡时才存在，但汽车上坡所做的功并未白白地耗掉，而是以位能的形式被车辆储存。当汽车下坡时，所储存的位能又转变为汽车的动能，促使汽车行驶。

汽车加速行驶时，需要克服汽车质量加速运动时的惯性力，这就是加速阻力。

3. 汽车驱动力与行驶阻力的关系

为了克服上述阻力，汽车必须有足够的驱动力。当驱动力增大到足以克服汽车静止时所受的阻力时，汽车开始起步行驶。汽车起步后，其行驶情况取决于驱动力与总行驶阻力之间的关系。总行驶阻力等于上述各项行驶阻力之和。当总行驶阻力等于驱动力时，汽车将匀速行驶；当总行驶阻力小于驱动力时，汽车将加速行驶。然而，随着车速增加，总行驶阻力也随空气阻力而急剧增加，所以汽车速度只能增大到驱动力与总行驶阻力达到新的平衡时为止。此后，汽车便以高的速度匀速行驶。

汽车加速所做的功转变成动能，随时可以被利用，如此时将发动机与传动系脱开或使发动机熄火，汽车将依靠惯性克服行驶阻力而继续行驶（滑行）并逐渐消耗所储存的动能。

当总行驶阻力超过驱动力时，汽车将减速直至停车。这时如欲维持原车速，就需要加大节气门或将变速器操纵杆换入低挡，以便相应地增大驱动力。但是，汽车并不是在任何情况下都能发出足够的驱动力。例如，汽车在很滑的（冰雪或泥泞）路面上行驶时，加大节气门可能只会使驱动车轮加速滑转，而驱动力不能增大。驱动力的最大值固然取决于发动机的最大转矩和传动系的传动比，但实际发出的驱动力还受到轮胎与路面之间附着性能的限制。

当汽车在较平整的干硬路面上行驶时，附着性能的好坏取决于轮胎与路面之间摩擦力的大小。由物理学可知，在一定的正压力作用下，两物体之间的静摩擦力有一最大值，当推动力超过此值时，两物体便会相对滑动。对汽车行驶而言，当驱动力大于轮胎与路面间的最大静摩擦力时，驱动车轮就会滑转。因此，在较平整的干硬路面上，汽车所能获得的最大驱动力不可能超过轮胎与路面的最大静摩擦力。

当汽车行驶在松软路面上时，除了上述车轮与路面的摩擦阻碍车轮打滑外，嵌入轮胎花纹凹处的路面凸起部分也起到抗滑作用。车轮打滑现象只有在克服了轮胎与路面的摩擦以及路面凸起部分在轮胎施加的剪力作用时才会发生。

在积雪和泥泞路面上，因雪和泥的抗剪力能力很低，被轮胎花纹剪切的雪或泥又将花纹凹处填满，使得轮胎表面和雪、泥之间的摩擦更小，因而附着系数的数值很小。如果附着重力相同，积雪和泥泞路面的附着力比干硬路面要小得多，车轮也就更容易打滑。所以，在积雪和泥泞路面上，尽管行驶阻力有时并不大，但受到附着力限制的驱动力不能进一步增大到足以克服行驶阻力，汽车不得不减速直至停车。

普通货车在冰路面上行驶，往往在驱动车轮上绕防滑链，链条深嵌入冰雪中，使附着系数和附着力增加。但是，普通货车因只能利用分配到驱动车轮上的那部分汽车总重力作为附着重力，故附着力可能仍不够大。全轮驱动的越野汽车可利用汽车的全部重力作为附着重力，并可利用轮胎上的特殊花纹获得较大的附着系数，因而能使附着力显著增加。

3.4.4 汽车技术发展趋势

1. 安全技术

1）主动安全性

在主动安全性方面，通过对事故的发生进行预判，采取措施以降低事故的发生概率，由此提出优化制动系统和驾驶安全性的一系列方法。主要包括自动刹车辅助系统（AEB）、车道保持辅助系统（LKA）、车道偏离预警系统（LDW）、自动泊车系统（APS）等。

（1）自动刹车辅助系统（AEB）。AEB 系统主要由测距模块、数据处理模块、执行机构三个部分组成。AEB 的主要作用有：一是与前车距离达到安全预警距离时发出警报，提醒驾驶员及时刹车；第二个作用是在驾驶员没有及时刹车时执行机构进行自动紧急刹车。

（2）车道保持辅助系统（LKA）/车道偏离预警系统（LDW）。LKA 由车道识别模块、数据处理模块、数据传递模块组成。车道识别模块通过安装在车前的摄像头识别道路标示线，数据处理模块会不断采集计算这些数据，当标示线出现较大程度偏离时，LKA 会将数据传递给 ECU，ECU 通过控制 EPS 实现车轮转向，修正车道的偏离。LKA 只会在汽车直线行驶时才会启动，在汽车转向时会进入休眠状态。LDW 由数据采集和处理模块及预警模块组成，其工作原理与 LKA 的相似，但是在车道偏离时只会发出警报提醒驾驶员，不会主动进行修正。

（3）自动泊车系统（APS）。APS 由泊车雷达、ECU、控制系统三部分组成。在停车时将汽车停在前车旁边，汽车挡位切换为倒挡，APS 的控制系统会接管转向盘和 EPS，转向盘调整为倒车方向。EPS 调整车辆转向角度，在汽车已经倒退到合适位置时，APS 会发出提示音告知驾驶员调整挡位为前进挡。APS 调整车轮，将汽车位置摆正完成泊车流程。

以上分析的四个系统在汽车上的应用对于汽车的主动安全性具有极大的提升，AEB 可以改善汽车在紧急状况下的制动安全性；LKA/LDM 可以改善汽车的行驶安全性；APS 可以改善汽车的泊车安全性。

2）被动安全性

汽车被动碰撞安全技术是指发生事故后，能减轻事故损失的技术措施。目前汽车上广泛应用的被动安全技术主要有安全气囊、胶质强化风挡玻璃、激光焊接车身、吸能车身及安全头枕等。

（1）安全气囊。汽车在行驶过程中发生激烈碰撞，安全气囊就会在短时间爆开并充满惰性气体，这能够起到缓冲车内人员的撞击作用，避免车内乘客受到严重的冲撞伤害。根据国家汽车安全技术标准要求，市场上的绝大多数车型最少要安装设置两个正面安全气囊。

（2）胶质强化风挡玻璃。与传统钢化玻璃相比，采用胶质强化风挡玻璃，即使发生被动碰撞，玻璃也只会形成少量裂缝或者是没有锐角的碎片，这样仍可以保持汽车良好的安全驾驶视野。这种玻璃还能够科学、有效地防止在发生碰撞后车内乘客因为惯性力破窗而出。

（3）激光焊接车身。在激光高温作用下，能够完成对钢板内分子结构的打乱操作，接着促使分子进行重新排列，让不同钢板中的分子有效地融为一体。与传统焊接方式相比较，激光焊接车身具备更高的强度，能够充分保障汽车在受到被动撞击后降低车内乘客的受伤程度。

（4）安全头枕。在汽车发生碰撞后，安全头枕能够有效抑制汽车内部驾乘人员的后颈和背部的受力，最大限度地减轻对颈部和背部带来的撞击损伤。

2. 节能技术

1）混合动力技术

目前，混合动力发动机技术的发展有两个途径：一是小型强化内燃机加简单的混合动力系统，可以较低的成本达到较好的节能效果；二是全力以赴把内燃机本身做得极致，如采用长冲程、稀燃、均质压燃等技术，使内燃机性能处于最佳状态，一些日本企业更偏向这条路径，比较典型的如马自达推出的新款发动机。这些高效发动机也可以与电池、电动机组合，从而作为混合动力发动机工作，这样可能节油效果更佳。

混合动力技术下一步的发展一定要充分发挥这两种动力系统的各自优势：电动机在低负荷、高扭矩的情况下有优势，而发动机在中高负荷的时候，经济性较好。如何发挥优点，规避缺点是未来混合动力技术发展的重点。也就是说，要用电动机的优点来弥补内燃机的缺点，反过来，用内燃机的优点来弥补电动机的缺点，从而实现有效的组合，这就是混合动力技术要解决的问题。

2）结构节能与技术节能

要实现汽车节能，总体上有两条途径：一是结构节能，二是技术节能。动力系统包括替代燃料等都属于技术节能，而结构节能主要是通过调整产品结构来降低产业总体的能耗。例如，从城市出行便利性角度考虑，开两座的小车出行也可以，这种产品结构的改变带来的节能，对整个产业而言都是非常重要的。从技术节能方面看，动力系统的节能非常重要。节能是一个系统性的工程问题，不仅需要发动机和变速器技术的优化，还需要各种其他共性节能技术的发展，例如轻量化、风阻等。

在环保方面，内燃机清洁燃料和后处理技术的发展可以逐步降低燃油汽车的排放。混合动力技术可实现大幅度的减排，而纯电动技术的电动汽车没有尾气，可实现零排放。

3. 未来汽车发展

未来汽车将更加智慧化、节能环保，为司机、乘客及公众安全带来更高的保障。基于对未来能源、环境、安全、交通等问题的考虑，智能化、网联化、电动化会引领道路运输工具的技术革命。在智能化方面，汽车计算能力大幅度提高，在保障安全的情况下能够做到完全无人驾驶；网联化，车与网络之间、车与车之间、车与道路设施之间，能够实现无缝衔接；电动化，电动汽车取代传统汽车的步伐正在加快，越来越多的新能源汽车被推向市场，充电桩等基础设施的领域大规模铺开。在节能环保方面，各种代用燃料汽车，如甲醇汽车、乙醇汽车、生物柴油汽车、氢气汽车；新能源汽车中蓄电池电动车、混合动力汽车、插电（Plug-in）混合动力汽车都将获得很大发展，更加经济实用。2020年国务院发布《新能源汽车产业发展规划（2021—2035年）》，交通运输部正式印发《综合运输服务"十四五"发展规划》，要求推进新能源车辆规模化应用，加快充电基础设施建设，开展绿色出行"续航工程"，这为未来汽车发展指明了方向和路径。未来汽车将向绿色低碳循环方向发展。实现车能融合：汽车与氢气、电能深度融合，电驱动将成为主体；车路协同：为智能汽车发展提供支持，自动驾驶会成为主流；车网协同：汽车与交通网、物联网、能源互联网多网融合，形成新的生态移动系统。从环境和健康的角度来看，未来城市交通正向电动化转变，但是减少污染并不能改善拥挤的交通流量。因此，共享理念的发展也会推动更加适合共享交通的汽车及其相关附属设施的发展。

案例五　中国汽车自主发展史

1. 中国汽车发展史概述

中国汽车工业发展史如图3-74所示，可以用"勿忘国耻、山河重光、解放征程、东风乍起、红旗飘飘、先锋吉利、天降奇瑞、长城巍峨、新时代"贯穿起来。

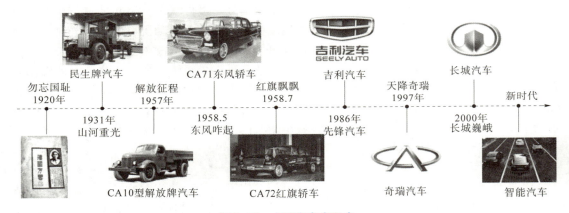

图3-74　中国汽车发展史

中国本土汽车制造最早出现于民国时期，在张学良的支持下，沈阳的民生工厂开启了国产汽车的研制工作。当时从美国购进"瑞雪"号整车一辆，作为样车，将整车拆卸，然后除发动机曲轴、电气设备和轮胎等用原车零件外，其他零件均由本厂重新设计制造，到1931年5月，历时两年，成功试制中国第一辆汽车，命名为民生牌75型汽车，开辟了中国自制汽车的先河。但由于"九一八"事变的发生而没能量产。从张学良开始，无数中国人都在为振兴民族工业、壮大实体经济的目标奋斗着。

中华人民共和国成立后，国家十分重视发展民族汽车工业。中国汽车产业的发展经历了启蒙、创立、成长和飞跃四个阶段。1953年7月，长春第一汽车制造厂动工兴建；1957年7月13日，生产出第一辆载货的CA10型解放牌汽车；1958年5月，自行研制设计生产了第一辆东风CA71型轿车；同年7月，第一汽车制造厂设计研制的第一辆红旗牌CA72型高级轿车诞生。红旗牌高级轿车是国产高级轿车的先驱，被列为国家礼宾用车。

随着汽车工业的发展，又诞生了一些汽车企业。1986年浙江吉利控股集团成立，进入汽车行业后专注人才培养、技术创新，发展迅速。自主研发并产业化的Z系列自动变速器，填补了国内汽车领域的空白。吉利汽车拥有各种专利一万多项，是中国企业知识产权自主创新十大品牌之一。1999年12月18日，第一辆奇瑞轿车成功下线。奇瑞公司一直坚持发扬自立自强、创新创业的精神，在激烈的市场竞争中，不断增强核心竞争力。经过多年的跨越式发展，奇瑞公司已拥有整车、发动机及部分关键零部件的自主研发能力、自主知识产权和核心技术，为应对更为残酷的竞争和更快发展奠定了一定的基础。长城汽车是一家产品销往全球120多个国家和地区的大型跨国汽车企业。在创新研发上，长城汽车拥有国际一流的研发设备和体系，具备了轿车、SUV、皮卡及MPV三大品类以及动力总成的开发设计能力，在发动机、变速器、整车造型、整车设计、试验等各个环节都形成了自主的技术、标准以及自主知识产权。长城汽车的模拟环境排放实验室、整车和零部件疲劳实验室、先进的发动机研发实验室以及汽车碰撞实验室、道路试验场等尖端设施已达到国际一流、国内领先的水平，为持续的自主创新夯实了坚定的基础。

随着自动驾驶、智能座舱等技术在汽车领域的不断探索，中国智能汽车数量呈逐年增长的趋势。2018年，上汽集团和蔚来汽车获得第一批智能网联汽车开放道路测试号码，中国智能网联汽车进入公开道路路测时代。我国自动驾驶的研发起步较晚，但随着国家大力推动智能汽车行业的发展，自动驾驶技术研发取得重大突破，在一些领域已具备世界领先优势。

2. 中国汽车发展分析

中国汽车工业的真正发展始于1953年长春第一汽车制造厂。经历近70年，发生了翻天覆地的变化，从一穷二白到现在持续11年世界产销第一。尤其近些年来，自主汽车品牌走出国门，出口世界，新能源汽车引领着全球汽车产业发展新方向。汽车工业取得如此成就，离不开国家在不同阶段相关政策的大力支持，也离不开几代汽车人为之付出的艰苦卓绝的努力。从学习到合资，再到自主研发，中国的自主汽车品牌不断发展壮大，是一个持续地学习、融合与创新的发展过程。

伴随着新一轮科技变革与产业革命的蓬勃兴起，新能源、新材料、智能网联等新技术与汽车产业加快融合，这深刻影响着全球汽车产业生态变化，竞争格局正在重塑。置身于大变革、大调整之中，创新成为发展第一动力，开放视为发展必由之路，绿色作为发展重要导向。中国汽车产业的发展也必须顺应全球科技创新发展大势，抓住新一轮科技革命和产业变革重大机遇，坚持走中国特色的电动化、智能化汽车发展道路。持续攻克电动汽车的核心关键技术难题，立足我国实际发展燃料电池汽车技术，超前布局智能驾驶汽车的技术研发和产业化应用，充分发挥我国高技术和大市场有机结合的优势，在更加开放的市场竞争环境下奋发有为、迎头赶上，做到由中国制造向"中国智造"的转变。

思考与探究

融合与创新

1. 简述汽车的分类。
2. 汽车主要由哪几部分构成？各部分作用是什么？
3. 探究新能源汽车的构成及工作原理。
4. 探究未来汽车技术的发展需要解决哪些方面的问题，如何实现融合与创新？

交通运输设备

 本章知识总结

本章知识内容如图 3-75 所示，从公路线路、高速公路、城市道路及汽车四个方面介绍了各类道路运输设备的类型、特点、构成等内容。在掌握各类知识点的基础上，了解"两路精神""中国工匠精神""融合与创新"对道路基础设施建设及汽车发展的推动作用。

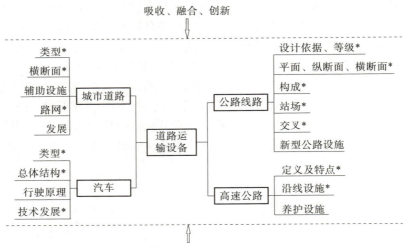

图 3-75　本章知识点

注：带 * 部分需结合线上教学资源进行自主学习。

第4章 水路运输设备

> **知识目标**
>
> 　　掌握航道、港口、船舶、航标的种类、功能及基本构造。
> 　　熟悉航道通行条件、港口的设施种类及功能、船舶设备及主要技术指标、航标自动化。
> 　　了解港口、船舶及航标的发展趋势，水运通信导航系统。

> **能力目标**
>
> 　　能够描述水路运输设备的种类、功能、特点及结构组成。
> 　　能够整体把握未来水路运输设备的发展需求。
> 　　能够领会船舶研发制造过程中的大国工匠精神。
> 　　能够进行某种水路运输设备或设施的创新设计。

 引入案例

全自动化码头

1. 上海洋山港

1）洋山港四期码头概述

2017年12月，上海洋山四期自动化码头正式开港，是全球规模最大的自动化集装箱码头（图4-1（a）），装卸运输均采用自主研发的智能系统。上海洋山四期有7个集装箱泊位、10台岸桥、40台轨道吊、50台自动化引导小车（AGV）、4台轮胎吊，地下埋藏有61 199根磁钉。除了以上设备，自动化系统是全自动码头的"灵魂"，自主研制的ECS（设备控制系统）和TOS（码头操作系统）组成了洋山四期全自动化码头的"神经"与"大脑"。由此，洋山港四期也成为全球最先进的一个拥有"中国芯"的自动化码头。岸桥最高台时量高达57.4自然箱；昼夜吞吐量达20 823.25标准集装箱；生产作业实现本质安全和直接排放为零，并且人均劳动生产率为传统码头的 213%。

(a) (b)

图 4-1　上海洋山港四期自动化码头
(a) 自动化码头；(b) 5G 智能重卡

2）主要设施

洋山四期码头装卸采用远程操控双小车集装箱桥吊+自动导引运输车（AGV），复杂算法背后，正是因为 AGV 成为洋山四期的科技与管理担当，其除了具备无人驾驶、自动导航、路径优化、主动避障等当今最前沿技术外，还支持自我故障诊断、自我电量监控、智能换电等功能。AGV 通过无线通信设备、自动调度系统以及港区地面的 6 万多个磁钉的引导，通过精密定位准确到达指定停车位。自动化核心是智能管控系统（ITOS），它要求具有极高的功能适应性、性能高效性和运营可靠性。

其与 5G 技术相结合，打造了全国首个"5G+智能驾驶"的智慧港口。5G 智能重卡（图 4-1（b））综合应用了激光雷达、机器视觉、高精地图、5G-V2X 车联通信等先进技术，打通了从电控底盘、发动机，到智能驾驶系统的完整控制闭环。在 5G-V2X 技术的加持下，上汽 5G 智能重卡成功实现在港区特定场景下的 L4 级自动驾驶、厘米级定位、精确停车（±5 cm）、与自动化港机设备的交互以及在东海大桥队列行驶。

因为设备更新，洋山港四期码头的作业能力大幅提升。集装箱码头岸线总长 2 350 m，规模如此之大的自动化码头一次性建成并投入运营，实现了我国港口建设能力的突破。放眼全球，规模如此之大的自动化码头一次性建成投运也是史无前例的。基于 5G 技术的"低时延控制、大带宽监控、高可靠连接"优势，通过实时监控、高精度定位、编组队列行驶等 5G 应用，大大提升了港口码头的物流运输、安全监控等运营效率，扩大了上海港集装箱吞吐能力，对巩固提升上海港国际枢纽地位发挥十分重要的作用。

除了智能，洋山四期码头也是一座绿色环保的新型码头，码头所有设备都由电力驱动，实现了零排放，靠泊的船只也都采用了岸基供电，避免了柴油机运行产生的排气污染。

2. 青岛自动化码头

1）青岛自动化码头概述

青岛港全自动化码头是集物联网、大数据、人工智能、自动控制等技术和业务于一体的复杂系统工程。自动化集装箱码头共规划建设 6 个泊位，岸线长 2 088 m，可停靠 24 000 TEU 集装箱船，设计年吞吐能力 520 万 TEU，如图 4-2 所示。在自动化码头，人员足不出户，生产场地空无一人，AGV 导引车自动运行，人员聚集和接触风险大大降低，彻底颠覆了传统人工码头生产管理模式。16 台蓝色自动化桥吊矗立码头，从来自全球的巨轮上高效、有序地装卸着集装箱，76 台高速轨道吊在堆场上往来穿梭，83 台自动导引车流转自如，重达数十吨的集装箱被轻巧抓起、精准堆码，被集装箱货车运往全国各地。

图 4-2　青岛自动化码头及设施

2）青岛自动化码头的创新

青岛自动化码头从规划设计到建成运营，全部由山东港口青岛港通过自主开发完成。2013 年 10 月，青岛港决定建设全自动化集装箱码头，到 2017 年 5 月投入商业运营，仅用三年多的时间完成了从规划到建设运营的全过程。建设成本仅为国外同类码头的 75% 左右，单机最高作业效率为 44.6 自然箱/h，是全球自动化码头平均效率的两倍以上，开创了"低成本、短周期、高效率、全智能、更安全、零排放"的高质量发展"青岛模式"，在全球自动化码头领域制高点上树起了"中国方案""中国效率"的旗帜。这样的效率大大增强了山东港口以及青岛港在全球商业运营中的竞争优势。

不断刷新世界纪录的背后，是山东港口青岛港不断自我进化的结果。青岛港全自动化码头（二期）项目推出了山东港口自主研发、集成创新的全球首创氢动力自动化轨道吊、全球首创运用 5G+自动化技术等 6 项全球首创科技成果，领军当今世界最先进的全自动化码头科技水平，再次以中国"智"造、中国创造向全球港航业奉献了"中国方案"。该码头全部采用世界一流的全自动化的技术设备，颠覆了传统集装箱码头作业模式、管理模式，实现了工艺流程化、决策智能化、执行自动化、现场无人化、能源绿色化。

青岛港全自动化集装箱码头团队"连钢创新团队"用行动深深镌刻新时代为国奉献的主人翁精神；艰苦奋斗、努力开拓的拼搏精神；与时俱进、争创一流的创新精神；团结协作、互相关爱的团队精神；精益求精、超越自我的工匠精神。三年奋斗，他们推出了一连串耀眼的"全球首创"：全球首次研制成功了机器人自动拆装集装箱扭锁；全球首次研制成功了港口大型机械防风"一键锚定"装置；全球首创了自动导引车循环充电技术；全球首创非等长后伸距双小车桥吊；首创高速轨道吊无轮缘车轮设计，避免车轮啃轨；实现岸边全自动无人理货、全自动喷淋熏蒸消毒、全自动空箱查验、冷箱温度自动监控等。三年并行协同式推进，他们创造了令人咂舌的"奇迹"：自主设计了全套业务流程；规划了符合实际、先进合理的码头总平面布局；建立了合理的指标体系和技术规格参数；形成了自动化码头建设总集成方案及实施策略，攻克了 10 多项世界性技术难题，用 3 年走完了国外常规 8~10 年的路；节省建设资金数亿元，成本远远低于国外同类码头。

案例思考——中国工匠精神

1. 基于案例分析自动化码头的运营原理。
2. 体会"工匠精神"对水路运输设施建设的推动作用。

4.1 航道与港口

4.1.1 航道

航道是指在内河、湖泊、港湾等水域内供船舶安全航行的通道（图4-3），由可通航水域、助航设施和水域条件组成。现代水上航道已不只是天然航道，而是包括人工水道、运河、进出港航道以及保证航行安全的航行标志系统和现代通信导航设备系统在内的工程综合体。

图4-3 航道实景图

1. 航道的分类

1) 按形成原因分类

（1）天然航道：自然形成的江、河、湖、海等水域中的航道，包括水网地区在原有较小通道上拓宽加深的那一部分航道等。

（2）人工航道：在陆地上人工开发的航道，包括人工开辟或开凿的运河和其他通航渠道，如平原地区开挖的运河，山区、丘陵地区开凿的沟通水系的越岭运河，可供船舶航行的排灌渠道或其他输水渠道等。

2) 按使用性质分类

（1）公用航道：由国家各级政府部门建设和维护，供社会使用的航道。

（2）专用航道：由军事、水利电力、林业、水产等部门以及其他企业事业单位自行建设、使用的航道。

3) 按管理归属分类

（1）国家航道：构成国家航道网、通航500 t级以上船舶的内河干线航道；跨省、自治区、直辖市，常年通航300 t级以上船舶的内河干线航道；沿海干线航道和主要海港航道；国家指定的重要航道。

（2）地方航道：指国家航道和专用航道以外的航道。

4) 按所处地域分类

（1）内河航道：河流、湖泊、水库内的航道以及运河和通航渠道的总称。

（2）沿海航道：原则上是指位于海岸线附近，具有一定边界可供海船航行的航道。

5) 按通航条件分类

（1）常年通航航道：可供船舶全年通航的航道，又称常年航道。

（2）季节通航航道：只能在一定季节（如非封冻季节）和水位期（如中洪水期或中枯水期）内通航的航道，又称季节性航道。

6）按通航限制条件分类

（1）单行航道：同一时间内，只能供船舶沿一个方向行驶，不得追越或在行进中会让的航道，又称单线航道。

（2）双行航道：同一时间内，允许船舶对驶、并行或追越的航道，又称双线（向）航道。

（3）限制性航道：由于水面狭窄、断面系数小等原因，对船舶航行有明显限制的航道，包括运河、通航渠道、狭窄的设闸航道、水网地区的狭窄航道以及滩险航道等。

7）按通航船舶类别分类

（1）内河船航道：只能供内河船舶或船队通航的内河航道。

（2）海船进江航道：内河航道中可供进江海船航行的航道。

（3）主航道：供多数尺度较大的标准船舶或船队航行的航道。

（4）副航道：为分流部分尺度较小的船舶或船队而另行增辟的航道。

（5）缓流航道：为使上行船舶能利用缓流航行而开辟的航道，一般靠近凸岸边滩。

（6）短捷航道：分汊河道上开辟的较主航道航程短的航道，一般位于支汊内。

除上述分类方法外，航道还可按所处特殊部位分别定名，如桥区航道、港区航道、坝区航道、内河进港航道、海港进港航道等。

2. 航道的等级

国际上划分航道等级的技术指标有两种：一种是以航道水深作为分级指标，结合选定相应的船型；另一种是以标准驳船的吨位及船型作为分级指标。我国航道分级采用后一种。根据《内河通航标准》的规定，我国航道等级由高到低分为Ⅰ、Ⅱ、Ⅲ、Ⅳ、Ⅴ、Ⅵ、Ⅶ级航道，这七级航道均可称为等级航道。通航标准低于Ⅶ级的航道可称为等外级航道。如长江口航道属于国家一级航道。我国航道的等级划分见表4-1。

表4-1　航道的等级划分

级别	可通航船舶吨位/t	级别	可通航船舶吨位/t
Ⅰ级航道	3 000	Ⅴ级航道	300
Ⅱ级航道	2 000	Ⅵ级航道	100
Ⅲ级航道	1 000	Ⅶ级航道	50
Ⅳ级航道	500	Ⅷ级航道	50 以下

3. 航道的航行条件

航道的航行条件通常指内河航道的航行条件。影响航道通行能力的主要因素包括航道深度、航道宽度、航道转弯半径、航道许可流速、潮汐及季节性水位变化等。

1）航道深度

航道水深是河流通航的基本条件之一，航道深浅是选用船舶吃水量和载重量的主要因素。航道深度指全航线中所具有的最小通航保证深度，是限制船舶吨位和通过能力的关键指标。航道水深取决于航道上关键性的区段和浅滩上的水深。航道深度增加，可航行吃水深、载重量大的船舶，但增加深度，必然会使整治和维护航道的费用增高。航道深度应满足以下公式：

$$最小通航深度 = 船舶满载吃水 + 富余水深$$

其中,富余水深应根据河床土质、船舶类型、航道等级来确定。一般沙质河床可取0.2~0.3 m,砾石河床则取0.3~0.5 m。

2)航道宽度

航道宽度视航道等级而定。通常,单线航行的情况极少,双线航行最普遍,在运输繁忙的航道上还应考虑三线航行。航道宽度应满足以下公式:

$$所需航道宽度 = 同时交错的船队或船舶宽度之和 + 富余宽度$$

其中,富余宽度一般采用"同时交错的船队或船舶宽度总和"的1.5~2.5倍。

3)航道转弯半径

航道转弯半径指航道中心线上的最小曲率半径。船舶在航道上航行,需有适宜的航道转弯半径。一般要求航道转弯半径不得小于最大航行船舶长度的4~5倍。若河流转弯半径过小,将造成航行困难。受自然条件限制,航道转弯半径最低不得小于船舶长度的3倍。

4)航道许可流速

航道许可流速指航线上的最大水流速度。航道上的流速不宜过大,否则不经济。比较经济的船舶静水速度一般为9~13 km/h,即2.5~3.5 m/s。

5)水上外廓

水上外廓是保证船舶水面以上部分通过所需要的高度和宽度。水上外廓的尺度按航道等级来确定,通常一、二、三、四级航道上的桥梁等建筑物的净空高度,取二十年一遇的洪水期最高水位来确定;五、六级航道则取十年一遇的洪水期最高水位来确定。

4.1.2 港口

港湾是指具有天然掩护的,可供船舶停泊或临时避风之用的水域,通常是天然形成的。港口则通常是由人工建筑而成的,具有完备的船舶航行,靠泊条件和一定的客货运设施的区域,港口是水路运输的重要环节,具有水路联运设备和条件,是供船舶安全进出和停泊的运输枢纽。图4-4所示为青岛港和上海集装箱码头。

(a)   (b)

图4-4 港口

(a) 青岛港;(b) 上海港集装箱码头

1. 港口的功能

港口作为船舶停泊、装卸货物、上下旅客、补充给养的场所,是联系内陆和海洋运输的一个天然界面。港口的功能主要包括以下几个方面。

1)物流服务功能

港口为船舶、汽车、火车、飞机、货物、集装箱提供中转、装卸和仓储等综合物流服务,尤其是提高多式联运和流通加工的物流服务。

2)信息服务功能

现代国际物流具有流程长、中间环节多、风险大和销售市场覆盖面广等特点,现代信息技术可以保证物流各环节的紧密配合和协调,并为用户提供市场决策和信息咨询服务。采用 EDI 系统及附加贸易网络,构筑支撑陆、海、空国际物流需求的物流管理网络,提供包括贸易情报基础在内的订单管理、供应链控制等相关服务。

3)商业功能

港口介于远洋航运业和本港腹地客货的运输机构之间,便于客货的运送和交接。港口的存在既是商品交流和内外贸存在的前提,又促进它们的发展。现代港口为用户提供方便的运输、商贸和金融服务,如代理、保险、融资、货代、船代、通关等。即在商品流通过程中,货物的集散、转运和一部分存储都发生在港口。

4)产业功能

建立现代物流需要具有整合生产力要素功能的平台,港口作为国内市场与国际市场的接轨点,已经实现从传统货流到人流、货流、商流、资金流、技术流的全面大流通,是货物、资金、技术、人才、信息的聚集点。通过港口,由船舶运人供应工业生产的原料,再由船舶输出加工制造的产品,前者使工业生产得以进行,后者使工业产品的价值得以实现。港口的存在是工业存在和发展的前提,在许多地方,港口和工业已融为一体。

2. 港口的分类

1)按用途分类

(1)商港:主要供旅客上下和货物装卸转运的港口,又分为一般商港和专业商港。一般商港用于旅客运输和装卸转运各种货物;专业商港是指专门进行某种货物的装卸,或以某种货物为主的商港。

(2)渔港:专为渔船服务的港口。渔船在这里停靠,并卸下捕获物,同时进行淡水、冰块、燃料及其他物资的补给。

(3)工业港:固定为某一工业企业服务的港口,它专门负责该企业进行原料、产品及所需物资的装卸转运工作。

(4)军港:专供海军舰船用的港口。

(5)避风港:供大风情况下船舶临时避风的港口。通常仅有一些简单的系靠设备。

2)按地理位置分类

(1)海港:在自然地理条件和水文气象方面具有海洋性质,而且是为海船服务的港口。海港包括海湾港、海峡港、河口港。海湾港位于海湾内,常有岛屿等天然屏障作为保护,不需要或只需要较少的人工防护即可防御风浪的侵袭。海峡港处于大陆和岛屿或岛屿与岛屿之间的海峡地段。河口港位于海河流河口地段,可兼为海船和河船服务。

(2)河港:位于沿河两岸,并且具有河流水文特性的港口。

(3)湖港和水库港:位于湖泊和水库岸边的港口。湖泊港和水库港水面宽阔,有时风浪较大,因此同海港有许多相似处,如往往需修建防波堤等。

3)按潮汐的影响分类

(1)开敞港:港内水位潮汐变化与港外相同的港口。

(2)闭合港:在港口入口处设闸,将港内水域与外海隔开,使港内水位不随潮汐变化而升降,保证在低潮时港内仍有足够水深的港口。

（3）混合港：兼有开敞港池和闭合港池的港口。

4）按地位分类

（1）国际性港：靠泊来自世界各国船舶的港口。

（2）国家性港：主要靠泊往来于国内船舶的港口。

（3）地区性港：主要靠泊往来于国内某一地区船舶的港口。

3. 港口的组成

港口由水域和陆域以及水工建筑物等组成。港口水域包括港外水域和港内水域。陆域包括码头、泊位、仓库、堆场、起重运输机械以及辅助生产设施和铁路及道路等。

1）港口水域

港口水域供船舶进出港，以及在港内运转、锚泊和装卸作业使用。通常要求它有足够的水深和面积，水面基本平静，流速和缓，以便船舶的安全操作。

（1）港外水域。港外水域主要是进港航道和港外锚地。

进港航道为保证船舶安全、方便地进出港口，要求有足够的深度和宽度，适当的位置、方向和弯道曲率半径，避免强烈的横风、横流和严重淤积。当港口位于深水岸段，低潮或低水位时，天然水深能满足船舶航行需要时，无须人工开挖航道，但要标志出船舶出入港口的最安全方便路线。如果不能满足上述条件并要求船舶随时都能进出港口，则须开挖人工航道。人工航道分为单向航道和双向航道。大型船舶航道宽度为 80~300 m，小型船舶为 50~60 m。

港外锚地是供进出港船舶抛锚停泊使用的，船舶在这里接受边防检查、卫生检疫等，引水员也在这里上下海港；内河驳船船队可在此进行编解船队和换拖（轮）作业。进出港航道和港外锚地均需用航标加以标示。

（2）港内水域。包括港内航道、船舶掉头区、码头前沿水域和港内锚地等。

港内航道与码头之间有供船舶进行回转的掉头区，该段水域要有足够的宽度。大型海轮在港内靠离码头时常有拖轮协助，而内河船靠泊时为便于控制，需要将船首面对着水流的方向，船舶掉头区正是供其使用的。

码头前沿水域要求有足够的深度和宽度，以使船舶能方便地靠离。不仅要保证船舶靠码头的一侧能进行装卸作业，有时还要考虑另一侧同时进行水上（船过船）装卸作业需要。

港内锚地主要供船舶等待泊位，或是进行水上装卸用。在气候恶劣情况下，还可供船舶避风停泊。而河港锚地主要用于编解船队和进行水上作业，水上装卸作业是内河港、河口港的主要作业方式之一，并设置有"水上作业平台"，配备有浮式起重机等。

2）港口陆域

凡是在港口范围的陆地面积，统称为陆域。陆域是供旅客上下船，以及货物的装卸、堆存和转运使用。陆域必须有适当的高程、岸线长度和纵深，以便在这里安置装卸设备、仓库和堆场、铁路、公路，以及各种必要的生产、生活设施。

（1）码头与泊位。码头是供船舶停靠，以便旅客上下、货物装卸的水工建筑物。码头前沿线通常即为港口的生产线，是港口水域和陆域的交接线。码头线的布置有多种形式，与岸线平行的称为顺岸码头，与岸线正交或斜交称为突堤码头。前者多用于河港，后者多出现在海港。码头前沿的水深一定要满足船舶吃水，并考虑到船舶装卸和潮汐变化的影响，留有足够富余的水深。

泊位即供船舶停泊的位置。一个泊位即可供一艘船舶停泊。由于不同的船型的长度是不一样的,所以泊位的长度依船型的大小而有差异,同时还要留出两船之间的距离,以便于船舶系解绳缆。一个码头往往同时要停泊几艘船,即要有几个泊位,因此码头线长度是由泊位数和每个泊位的长度来确定的。

(2) 仓库和堆场。仓库和堆场是供货物装船前和卸船后短期存放使用的。多数较贵重的件杂货都在仓库内堆放保管;不怕风吹雨淋的货物,如矿石、建材等可放在露天堆场或货棚内,一般散堆装货物的堆场设在远离市区和其他码头处,以免环境污染。

从港口货场到码头前沿为码头前方场地,即码头前沿作业区。码头前沿作业区设置装卸机械和火车或汽车的通道,使货物方便转运,或能进入货场或直接运往港外。码头前方场地通常是港口最繁忙的区域。

在有旅客运输的港口,还需专门设立客运码头。在临近码头的附近建有客运站,供旅客候船休息以及购买船票、存取行李之用。客运站周围通常需留有一定场地,供市内交通在此接转旅客,以及布置各种服务网点。

(3) 铁路与道路。货物在港口的集散除了充分利用水路外,主要依靠陆路交通,因此铁路和公路系统是港口陆域上的重要设施。当有大量货物用铁路运输时,需设置专门的港口、车站。在这里,货物列车可以进行编组或解体,并配有专门的机车,将车辆直接送往码头前沿或库场的装卸线;装卸完毕后,再由机车取回送往港口车站编组。在没有内河的海港,铁路是主要的转运方式。

港口道路与港外公路应有很好的连接,对于有集装箱运输的港口,道路系统尤为重要,港区内的道路要能通往码头前沿和各库场,回路要畅通,进口与出口常常分开设置,并尽可能减少与铁路线或装卸线的平面交叉,以减少相互间的干扰。

(4) 起重运输机械。现代港口装卸工作基本是由各式各样的机械来完成的。起重运输机械主要包括用来起吊货物机械的起重机械和用于搬运货物的运输机械。起重运输机械在港口对船舶可实行装卸作业,在船舱内可进行各种搬运、堆码和拆垛等作业,在库场上可进行起重、搬运、堆码、拆垛等作业。

港口机械通常分为起重机械、输送机械、装卸搬运机械、专用机械四大类。对于专业化的码头,通常都设有专门的装卸机械,如煤炭装船码头设有装船机,散粮装卸码头设有吸粮机,集装箱码头前方设有集装箱装卸桥,后方设有跨运车、重型叉车等。在港口经常见到的比较典型的机械有门式起重机(简称门吊、门机)、浮式起重机(简称起重船、浮吊)、装卸桥、带式输送机、带斗提升机、叉式装卸车(简称叉车、铲车,又称万能装卸机)等。图 4-5 所示为轨道式起重机。

图 4-5　港口岸边轨道式起重机

(5) 港口辅助生产设施。港口辅助生产设施主要包括给排水系统、输电、配电系统、燃料供应站、工作船基地、各种办公用房、船舶修理站等。

港口的设施可归纳为船舶航行作业、装卸作业、货物存储以及集疏运四大部分。船舶航行作业部分包括港内外航道、锚地、港池和船舶回转水域，还有为安全航行的通信、导航设施；装卸作业部分包括码头、水上装卸锚地，以及各种装卸设备；货物存储部分主要包括陆域上的仓库和堆场，以及库场上的机械设备。对于有旅客运输的港口，在陆域上还必须特别注意建设客运站等设施。集疏运部分除了水路外，主要就是铁路和公路。

3) 港口水工建筑物

根据各种不同用途，港口水工建筑物分为防护建筑物、码头建筑物、护岸建筑物三大类。

(1) 防护建筑物，又称防波堤。由于建造在开敞海岸、海湾或岛屿的港口，通常由防波堤来形成有掩护的水域。防波堤的功能主要是防御波浪对港域的侵袭，保证港口具有平稳的水域，便于船舶停泊，顺利进行货物装卸作业和上下游客。有的防波堤还具有防沙、防流、防冰、导流或内侧兼作码头的功能。防护建筑物形式有以下六种，如图4-6所示。

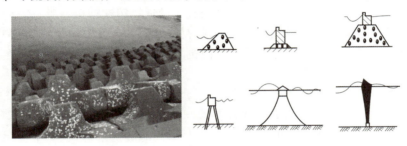

图4-6 防波堤

斜坡式：主要由块石等散体材料堆筑而成，并用抗浪能力强的护面层加以保护，有两个侧坡的堤，坡度一般不陡于1∶1，由于石块空隙而使海上传来的波浪被吸收，起到消波的作用，从而使港内水域不受或少受波浪的影响。一般用在水深不超过10 m的情况。斜坡式防波堤是一种古老而简单的形式，在港口工程中得到了广泛应用。

直立式：用混凝土制成的大块叠砌于碎石基床上而形成的一道直立墙，使海上传来的波浪被抵抗而反射，因此使得港内不受波浪的影响。常适用于水深小于20 m的情况。

混合式：由直立式与斜坡棱体共同组成，一般上部是直立墙，下部是斜坡棱体。多数用于水深大于20 m的情况。

透空式：由桩基制成的类似桥墩一样的独立的墩，墩上支承着用钢筋混凝土制成的空箱桥。波浪传来时，主要由空箱桥起到阻抗反射作用，只有较少的波能从桥板下的桥墩间传入港内，实际上因波能大部分集中在水表层，所以传入的波能对港内影响不大，消波可达80%。

浮堤式：将一列或几列由金属或钢筋混凝土制成的浮箱，用锚固定住位置，将水表层的波浪反射，其道理与透空式的相同，优点是更适用于水位变化大或地质条件不好的状况，其缺点与透空式的相同。

压气式：在港口入口处的海底敷设一条带有小孔眼的管子，当有巨浪浸入港口时，即灌入高压气体，使这些气体从小孔眼中喷出，形成一道气泡幕，用于抵消波浪。

(2) 码头建筑物。

码头是港口的主要组成部分，码头建筑物也是港口的主要水工建筑物。它由主体结构和附属设备两部分组成。主体结构的上部有胸墙、梁、靠船构件等；下部有墙身、基础或板桩、桩基等。附属设备主要是系船柱、护木、系网环、管沟、门扣和铁路轨道，以及路面等。

码头的主要分类方法如下：

按用途分，码头主要有客运码头、一般件杂货码头、专用码头（渔码头、油码头、煤码头、矿石码头、集装箱码头、游艇码头等）、供港内工作船使用的工作船码头以及为修船和造船工作而专设的修船码头和舾装码头。

按码头的平面布置分，码头主要有顺岸式码头、突堤式码头、墩式码头等。墩式码头又分为与岸用引桥连接的孤立墩或用联桥连接的连续墩；突堤式码头又分为窄突堤（突堤是一个整体结构）和宽突堤（两侧为码头结构，当中用填土构成码头地面）。

按断面形式分，有直立式、斜坡式、半直立式和半斜坡式。

按结构形式分，有重力式、板桩式、高桩板梁式等。

按使用时间长短，可分为临时性码头和永久性码头。

（3）护岸建筑物。

港口陆域和水域的交接地带，除停靠船舶的码头岸线外，其他未被利用的天然岸坡经常遭受着潮汐、水流和波浪的作用，若边坡土质比较松软，则非常容易被冲刷而引起坍塌。由于对岸边的破坏影响陆域及其上面建筑物的安全，同时也会影响水域的深度，因此要对这些岸边进行加固，这就是护岸建筑物的作用。最常见的护岸建筑物有护坡和护墙。

案例一　内河船舶智慧航道

1. 长湖申线航道西延工程智慧港航简介

长湖申线航道西延工程起点为安吉阳光坝，终点为湖州船闸，整个航道全程约 66.34 km，如图 4-7 所示。其中，工程起点安吉阳光坝至长兴港口水文站共 36.34 km，由于这一航道距离较长，需按天然Ⅳ级双线航道标准建设，长兴港口水文站至航道终点段的航道需要按限制性Ⅲ级航道标准建设。该航道的规模较大，复杂多变，有多段航道等级，通航船舶密集，其中经过多处锚地，使得航道的通航压力较大，传统的航道信息化系统已经很难改善通航环境。

图 4-7　长湖申线航道

在浙江省交通数字化改革行动方案总体框架下，在完成长湖申线航道西延工程信息化信息采集设备的基础上，发展桥梁限高卡口预警、航道三维仿真模拟、全景多视频拼接融合等智能化应用。当前相关管理部门已逐渐完成了港航信息化平台的建设共组，并已经逐步完成"智慧港航"核心内容的"五个一"工程的建设，即"一张感知网""一张 GIS 图""一个中心""一大平台""一套机制与标准"。

2. 关键技术及功能

1）航道三维仿真模拟展示系统

三维仿真模拟展示系统主要是将地面上的不同物体创建成高度仿真的三维模型，并结合当前先进的计算机技术将其整合成一个完整的地形场景，随后以计算机为载体，将场景全面呈现出来。通过对该项目的船闸、水上服务区、工作船码头及工作船舶等进行快速仿真以后，将这些数据搭建成一个三维实景平台，能够有效解决传统的地理信息展示系统平台专业化弱、可视性差、调用数据慢等缺陷。

三维实景平台相关软件在应用过程中具有空间位置表达清晰、视觉效果好、信息量大、仿真度高、用户操作使用方便、行业应用广泛等突出优势。通过三维仿真模拟技术，相关工作人员可以便捷地管理海量三维数据和场景数据，并能够实现多视角、全方位的快速动态浏览和了解三维实景中的地面对象与地形要素，不限时间与空间，能够随时将管理或查看的对象空间位置做出完美展示。系统主要运用三维可视化技术、地理信息系统（GIS）、遥感影像（RS）、三维模型快速构建技术、大场景合成技术、空间分析技术、多种系统接口技术等诸多当前新型信息技术。

2）服务（锚泊）区船舶靠泊引导系统

航道沿线设有老龙坝服务区及安城大桥上游锚地、安城大桥下游锚地和老龙坝锚地3处锚地。老龙坝服务区紧邻安吉港梅溪作业公用码头，具有比较高的船舶流量。为了提升该锚泊区的泊位利用率与船舶通行效率，为船户提供个性化、针对性的服务，建构一个服务区引导系统，对服务区上下游船舶实时发布剩余泊位信息，对船户进行实时信息引导。同时采集一个周期的数据作为基础数据库，与三维仿真模拟系统相互结合，预测未来航道通行状况。

3）航道全景多视频拼接融合系统

全景视频融合拼接系统（视频流处理器）通过视频图像算法及计算等软硬件研制开发，对一系列空间重叠、多角度监控视频进行实时拼接和融合，将多个窗口的视频内容合成为一个大区域、多焦距的全景视频，实现高清晰化、全方位的监控模式，能够通过对目标对象进行特写放大或缩小，形成成像分辨率均匀的视频图像，可较大地提高航道监控人员现场真实体验感和监控管理效率。并且可以实时监控航道通行状况，与三维仿真模拟出的地形结合，两者相辅相成，为船舶靠泊引导系统提供外在监测，使得内外作业同步。

另外，智慧航道的建设必将引入船联网作为物联网概念向航运业的延伸。它是以船舶、航道、陆岸设施为基本节点和信息源，结合具有卫星定位系统、无线通信技术的船载智能信息服务，利用船载电子传感装置，通过网络完成信息交换。

除了以上功能，智慧航道建设的内容还包括船闸智能运调、船闸一体化运维系统、动态船舶监管系统、海事卡口智能激光监测系统、过闸船舶智能监测系统、船舶交通量观测系统、电子巡航系统等。

3. 智慧航道建设意义

智慧航道的建设向着数字化、信息化、智慧化发展。智慧航道是以物联网为基础的多种技术对航道的水文、设施、船舶交通量等各类航运信息进行采集和发布的"感知航道"，为航道建设提供大量基础数据。"十四五"时期，"数字航道"建设进入新进程，依托航道新基建，将5G、北斗导航等新技术加快融入建设中，并转变智能管理、智能服务。在经济不断发展的今天，加强内河航道运输的信息化与智慧化建设是一个必然的发展趋势，是全面提高航运效率的重要举措，也是全面降低船舶在内河航行事故发生率的主要举措。通过智慧内河航道的建设，全面增强航道的便捷性与经济性，科学规划船舶航行线路，从而提升整个航道的运输能力，降低运输成本，减少碳排放，并提高航道运输安全。

> **思考与探究**
>
> **海运强国**
>
> 1. 航道的航行条件有哪些?
> 2. 探究思考港口作业需要用到的设施。
> 3. 探究思考"海运强国"理念下,水路运输设施的建设要点及发展思路。

4.2 船舶

4.2.1 船舶种类及特点

1. 按用途分类

按船舶用途,分为军用舰船和民用船舶。军用舰船又分为战斗舰艇和辅助舰船。民用船舶按业务用途不同,分为运输船舶、海洋开发用船舶、工程、工作船舶和渔业船舶,如图4-8所示。

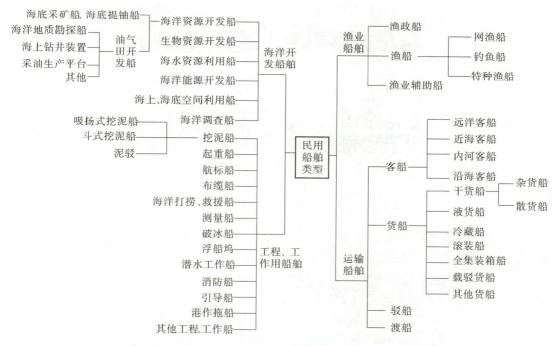

图 4-8 船舶按用途分类

1) 客船

客船是专门用于载运旅客及其行李和邮件的运输船舶;以载运旅客为主,兼运一定数量货物的运输船舶则称为客货船。

客船一般有较大的甲板面积和舱室面积,其长度比一般同吨位货船长,上层建筑庞大,甲板层数较多,一般有8~9层,多者可达十多层。

为保证旅客安全，客船设有足够数量的消防、通信、救生等设备；有较高的航速和较大的功率储备；为改善船舶操纵性，客船通常采用双螺旋桨推进，以便其中一个推进器发生故障时，另一个推进器仍能保证船舶继续航行。对于要求较高的客船，为了使船舶在海洋中航行平稳，船上装有减摇水舱或减摇鳍等装置。中小型沿海客船的航速一般为 16~18 kn[①]，大型高速客船的航速在 20 kn 以上。

（1）海洋客船。主要包括远洋、近海与沿海几种形式。这类船舶一般吨位大、航速高、设备齐全，如图 4-9（a）所示。在航空运输兴起之前，国际邮件主要靠这类船舶输送，故又称为邮船。远洋客船的吨位一般在 20 000~30 000 t，最大可达 70 000 t；航速较高，约为 29 kn，最高可达 36 kn。近海、沿海客船的吨位在 10 000 t 左右，航速为 18~20 kn。

（2）旅游船。供旅游者游行、游览之用。其船型与海洋客船相似，但吨位较小。船上设备齐全，能为旅客提供疗养、娱乐、智力开发等综合服务，如图 4-9（b）所示。

（3）内河客船。运行在江河湖泊上的客船称为内河客船。其载客量较少，速度较低，设备也较海洋客船简单，如图 4-9（c）所示。

（4）汽车客船。也叫滚装客船。除载客外，还能同时载运一定数量的旅客自备汽车。这种客船在船中或船尾设置跳板，以供旅客自备的小型客车驶进船上的车库，如图 4-9（d）所示。

图 4-9 客船

(a) 海洋客船；(b) 旅游客船；(c) 内河客船；(d) 汽车客船

（5）小型高速客船。主要有水翼船、气垫船、滑行艇、地效翼艇和小水线面船等高速船舶，多用于沿海及内河的短途航行。用于载人的主要是水翼艇和气垫船，如图 4-10 所示。

图 4-10 水翼船、气垫船

(a) 水翼船；(b) 气垫船

---

① 1 kn = 1.852 km/h。

2) 货船

货船是专门运输各种货物的船只,是物流运载的工具。货船有干货船和液货船之分。图 4-11 所示有杂货船、散货船、集装箱船、驳船、油船和冷藏船。

图 4-11　货船

(a) 杂货船；(b) 散货船；(c) 集装箱船；(d) 驳船；(e) 油船；(f) 冷藏船

(1) 杂货船。是干货船的一种,它是装载一般包装、袋装、箱装和桶装的普通货物船。杂货船在运输船中占有较大比重。万吨级货船的载重量在 10 000 t 或 10 000 t 以上,而其总重量和满载排水量还要大很多。在内陆水域中航行的杂货船吨位有数百吨、上千吨,而在远洋运输中的杂货船吨位可达 20 000 t 以上。

杂货船通常根据货源具体情况及货运需要航行于各港口,设有固定的船期和航线。杂货船有较强的纵向结构,船体的底多为双层结构,船首和船尾设有前、后尖舱,可用于储存淡水或装载压舱水,以调节船舶纵倾,受碰撞时可防止海水进入大舱,起到安全作用。船体以上设有 2~3 层甲板,并设置几个货舱,舱口以水密舱盖封盖住,以免进水。机舱或布置在中部或布置在尾部,各有利弊,布置在中部可调整船体纵倾,在后部则有利于载货空间的布置。在舱口两侧设有吊货扒杆。为装卸重大件,通常还装备有重型吊杆。

为提高杂货船对各种货物运输的良好适应性,能载运大件货、集装箱、件杂货,以及某些散货,现代新建杂货船常设计成多用途船。

(2) 散货船。是用来装运煤、矿砂、盐、谷物等散装货物的船舶。与杂货船不同的是,它运输的货物品种单一,货源充足,装载量大。依照不同的散货品种,装卸时可采用大抓斗、吸粮机、装煤机、皮带输送机等专门的机械。不像杂货船那样装的是包装或箱装等杂货,规格大小不一,理货时间长,运输效率低。因此,散货船比杂货船的运输效率高,装卸速度快。

散货船驾驶室和机舱一般设在尾部；货舱口比杂货船的货舱口大；内底板和舷侧用斜边板连接,使货物能顺利地向舱中央集中；有较多的压载水舱,作为空载返航时压载之用。散货船一般为单甲板船,甲板下面两舷与舱口边做成倾斜的顶边舱,以限制散货向左右两舷移动,防止船的稳定性变差。为避免运输货物单一空载返航的损失,多数散货船采取独特设计,以适应运输不同货物的需要。

(3) 集装箱船。是用来专门装运规格统一的标准货箱的船舶。根据国际化标准组织(ISO) 公布的规格,集装箱一般都使用 20 ft 和 40 ft 两种,20 ft 集装箱被定义为统一标准箱。

各种货物装船前已装入标准货箱内,在装卸作业过程中不再出现单件货物,便于装卸。

集装箱船的结构和形状跟常规货船有明显不同,一般采用球鼻首船型,外形狭长,单甲板,上甲板平直,货舱口达船宽的 70%~80%,便于装卸;上层建筑位于船尾或中部靠后,以让出更多的甲板堆放集装箱,甲板上一般堆放 2~4 层集装箱,舱内可堆放 3~9 层;船上一般不设装卸设备,由码头上的专用机械操作,以提高装卸效率。集装箱船装卸速度快,停港时间短,航行大多采用高航速,每小时 20 n mile① 以上,但为节能,会采用经济航速,每小时 18 n mile 左右。在沿海短途航行的集装箱船,航速每小时仅 10 n mile 左右。

集装箱船的机舱设在尾部或中部偏后。集装箱船可分为全集装箱船、半集装箱船、兼用集装箱船三大类。

全集装箱船:全部货舱和甲板上均可装载集装箱,舱内装有格栅式货架,以适于集装箱的堆放,适用于货源充足而平衡的航线。

半集装箱船:这种船舶一部分货舱设计成专供装载集装箱,另一部分货舱可供装载一般杂货,适用于集装箱联运业务不太多或货源不甚稳定的航线。

兼用集装箱船:又称集装箱两用船,既可装载集装箱,也可装其他包装货物、汽车等;这种船舶在舱内备有简易可拆装的设备,当不装运集装箱而要装运一般杂货时,可将其拆下。

(4)载驳船。也称为子母船,是专门装运以载货驳船为货物单元的运输驳船。其运输方式是先将货物或集装箱装载在规格统一的驳船(子船)上,再把驳船装上载驳船(母船)。到达目的港后,将驳船卸到水中,由拖船或推船将其分送内河各地,载驳船则再装载另一批等候在锚地的满载货驳开航驶向新的目的港。

载驳船装卸效率高,运载成本低。载驳船不受港口水深影响,不需要占用码头泊位,不需要装卸机械。采用载驳船装运货驳的运输方式,是海河直达运输的有效方法。

(5)滚装船。是专门装运以载货车辆为货物单元的运输船舶,如图 4-12 所示。装船或卸船时,类似于汽车与火车渡船,载货车辆从岸上通过滚装船的跳板开到船上,到港口再从船上经跳板开到岸上。

图 4-12 滚装船

滚装船具有纵通全船的主甲板和多层车辆甲板,不设舱口和装卸设备,主甲板下通常是纵通的无横舱壁的甲板间舱,甲板间舱高度较大,适用于装车;各层甲板之间用斜坡道或升降平台连通,便于车辆在多层甲板间行驶;上层建筑位于船首或船尾,且首位设有跳板,供车辆上下船用;机舱设在尾部甲板下面,多采用封闭式;主甲板以下两舷多设双层船壳;主甲板两侧还设有许多通风筒来排放车辆产生的废气。

(6)油船。是专门运载石油类液货的船只。在外形和布置上很容易与一般的干货船区别开来。油船上层建筑和机舱设在尾部,上甲板纵中部位布置纵通全船的输油管和步桥。

---

① 1 n mile = 1 852 m。

石油分别装在各个密封的油舱内，装卸石油用油泵或输油管输送，油船不需要起货吊杆和起货机，甲板上也不需要大货舱开口。油船的干舷很小，满载航行时，甲板离水面很近。油船的机舱多设在尾部，可以避免桨轴通过油舱时可能引起的轴隧漏油和挥发出可燃气体，引起爆炸的危险，防止烟囱排烟时带出的火星往后吹落入油舱的通气管内而引起火灾。油船各油舱内装有蒸汽加热管路，当温度低时，石油的黏度增加，不容易流动，有了加热管加温舱内的石油，就可使石油流动，便于装卸。

还有液货船，专门用于运载各种有毒、易燃或有腐蚀性的化学物质的船舶，如图4-13所示。

图4-13 液货船

（7）冷藏船。是使鱼、肉、水果、蔬菜等易腐食品处于冻结状态或某种低温条件下进行载运的专用运输船舶。冷藏船上设置有制冷装置，根据货物所需温度，制冷装置一般可控制冷藏舱温度在15~20℃。

3）其他船舶

（1）渡船。有旅客渡船、汽车渡船、列车渡船和新型的铁路联络船等多种类型。

旅客渡船，用来载运旅客及其随身携带的物品渡过江河、湖泊、海峡，同时，可以运送非机动车和小型机动车辆。旅客渡船上设有旅客座席，常采用双体船船型。

汽车渡船，用来载运汽车渡过江河、湖泊、海峡，有端靠式和侧靠式两种。前者首位相同，甲板呈长方形，两端设有吊架和带铰链的跳板，汽车通过跳板上下渡船；后者船比较宽大，汽车可通过码头上的跳板从两侧上下渡船。汽车渡船的特点是首、尾端对称，首、尾端均装有推进器和船舵，因此船的首、尾端均可以靠岸。

列车渡船，又称火车渡船，用于载运铁路车辆渡过江河、海峡。它的甲板呈长方形，上铺轨道。船的首位形状相同，列车可从两端进出。船的两端都有舵和推进器，航行时不需要掉头。列车上下渡船要经过栈桥。对于要渡过较宽海峡的列车渡船，要有较好的耐波性，因而首部与常规船相似，列车从船尾端上下渡船。

铁路联络船，载运列车和旅客渡过海峡的多用途船。船的下层铺有轨道，用于停放列车，列车由船尾上下船。船上上层建筑可供旅客和列车乘务员在渡海航程中活动或休息。

（2）双体船。高速双体船由两个瘦长的片体组成，上部用甲板桥连接，体内设动力装置，甲板桥上部是上层建筑，内设客舱、生活设施等，如图4-14所示。由于高速双体船把单一船体分为两个片体，使每个片体变得瘦长，从而减小了兴波阻力，具有较高的航速，航速达到35~40 kn；由于双体船的宽度比单体船大得多，其稳定性明显优于单体船，且具有承受较大风浪的

图4-14 双体船

能力；双体船不仅具有良好的操纵性，而且还具有阻力峰不明显、装载量大等特点。

2. 按航行区域分类

船舶按航行区域，分为海船和内河船两大类。

3. 按航行状态分类

指船舶正常航行时，根据船体相对于水面的航行状态而言，可分为排水型船、水翼艇、滑行艇、气垫船、冲翼船等。

（1）水翼船：船体下装有水翼，航行时靠水翼产生的升力支持船体全部或部分升离水面而高速航行。水翼船的航速可达 40~60 kn，排水量为 100~300 t，最多可设 300 个客位。

（2）气垫船：利用高压空气在船底与水面间形成气垫，使船体部分或全部垫升而实现高速航行的船舶，如图 4-15 所示。工作时，使用大功率鼓风机将空气压入船底下的围蔽空间，由船底周围的气封装置限制其逸出而形成气垫，托起船体，从而使船舶高速航行。目前，气垫船的航速为 60~100 km/h，最大可达 130 kn，客位为 100~200 个。

4. 按动力装置分类

有蒸汽动力装置船、内燃机动力装置船、核动力装置船、电力推进船和非机动船等。

4.2.2 船舶组成与基本构造

船舶虽有大小之分，但其船体结构大同小异，主要由船壳、船体骨架、甲板、船舱和船面建筑五个部分构成，如图 4-15 所示。

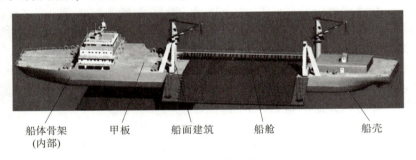

图 4-15　船体基本结构

1. 船壳

船壳即船的外壳，船壳又称船壳板（包括船侧板和船底板）。其由多块钢板通过铆钉或电焊结合而成，包括龙骨翼板、弯曲外板以及上舷外板三部分。船体的几何形状由船壳板的形状决定。船体承受的纵向弯曲力、水压力、波浪冲击力等各种外力首先作用在船壳板上。

2. 船体骨架

船体骨架是指为支撑船壳所用各种材料的总称。船体骨架由龙骨、旁龙骨、肋骨、龙筋、舭龙骨、船首柱和船尾柱构成。

（1）龙骨：在船体的基地中央连接船首柱和船尾柱的一个纵向构件，主要承受船体的纵向弯曲力矩。

（2）旁龙骨：龙骨两侧的纵向构件，主要作用为承受部分纵向弯曲力矩，并且提高船体承受外力的强度。

(3) 肋骨：船体内的横向构件，主要作用为承受横向水压力，保持船体的几何形状。

(4) 龙筋：船体两侧的纵向构件，和肋骨一起形成网状结构，以便固定船侧板，并能增大船体的结构强度。

(5) 舭龙骨：在船侧和船底交界的一种纵向构件，能减弱船舶在波浪中航行时的摇摆现象。

(6) 船首柱和船尾柱：安装在船体的首端和尾部，下面与龙骨连接，能增强船体承受的波浪冲击力和水压力，还能承受纵向碰撞和螺旋桨工作时的振动。

3. 甲板

甲板是位于内底板以上的平面结构，用于封盖船内空间，并将其水平分割成层。甲板是船梁上的钢板，将船体分隔成上、中、下层。甲板对保证船体强度及不沉性有重要作用，而且提供了布置各种舱室、安置装备和机械设备的面积。甲板数量的多少取决于船舶的类型、使命和主尺度。通常小型船舶有 1~3 层；中型船舶有 3~5 层；大型船舶有 5~10 层。

4. 船舱

船舱是指甲板以下的各种用途空间，包括船首舱、船尾舱、客舱、货舱、机舱、锅炉舱和各种专门用途的船舱。

5. 船面建筑

船面建筑是指主甲板上面的建筑，主要用于布置各种用途的舱室。上层建筑有首楼、桥楼、尾楼、甲板室以及各种围壁建筑。上层建筑的两侧延伸至船的两舷或至舷边的距离小于船宽的 4%，称为船楼。位于船首、船中、船尾的船楼，分别称为艏楼、桥楼和艉楼，船楼以外的上层建筑，称为甲板室。

海船的舱室可分为船员舱室、工作舱室和营业舱室三大类。船员舱室供船员工作起居及存放船具，包括卧室、卫生室、餐室、会议室等；工作舱室包括驾驶室、海图室、无线电报室、灭火器间、机炉舱、车间、锚链舱、压载水舱、给养储备间、隔离舱和其他工作舱等；营业舱室包括货舱和客舱。

4.2.3 船舶的动力装置

船舶动力装置是保证船舶推进及其他需要提供各种能源的全部动力设备的总称。船舶动力装置由推进装置、辅助装置、船舶管系、甲板机械以及自动化设备组成，如图 4-16 所示。

1. 推进装置

推进装置也称主动力装置，是船舶动力装置中最主要的部分。推进装置包括主机、传动设备、轴系和推进器。

主机发出动力，通过传动设备及轴系驱动推进器产生推力，使船舶克服阻力航行；再通过改变主机的转数和轴系的转动方向，来控制船舶航行的快、慢和进、退。船舶动力装置由于工作条件的特殊性，要求可靠、经济、机动性好、续航能力大等。根据主机形式不同，船舶动力装置可分为蒸汽机动力装置、燃气机动力装置、柴油机动力装置及核动力装置等。

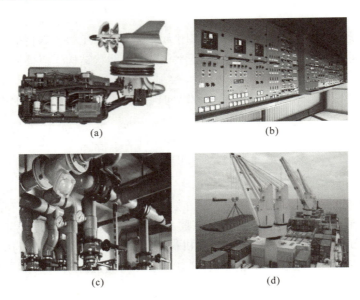

图 4-16 船舶动力装置

(a) 推进装置；(b) 辅助装置（船舶发电站）；(c) 船舶管系；(d) 甲板机械

2. 辅助装置

辅助装置是产生除推进装置所需能量以外的其他各种能量的设备，包括船舶发电站、辅助锅炉装置和压缩空气系统。它们分别产生电能、蒸汽和压缩空气供全船使用。

3. 船舶管系

船舶管系是为某一专门用途而设置的运输流体（液体或气体）的成套设备。

（1）动力系统。动力系统是指主、辅机安全运转服务的管系，包括燃油、润滑油、海水、淡水、蒸汽、压缩空气等系统。

（2）船舶系统。船舶系统又称为辅助系统，是为船舶航行安全与人员生活服务的系统，如压缩、舱底、消防、生活供水、施救、冷藏、空调、通风和取暖等系统。

4. 甲板机械

甲板机械是为保证船舶航向、停泊以及装卸货物所设置的机械设备，如锚泊机械、操舵机械和起重机械等。

5. 自动化设备

自动化设备用于实现动力装置的远距离操纵与集中控制。主要由对主、辅机及其他机械装置进行遥控、自动调节、监测、报警等的设备组成。

4.2.4 船舶设备

船舶其他设备主要包括舵设备、锚设备、系泊设备、起货设备、救生设备等，如图 4-17 所示。

1. 舵设备

舵设备是用于控制船舶方向的装置，由舵、舵机、转动装置以及操纵装置等部分组成。驾驶员操纵舵轮或手柄，或由自动舵发出信号，通过转动装置带动舵机，由舵机带动

第 4 章 水路运输设备

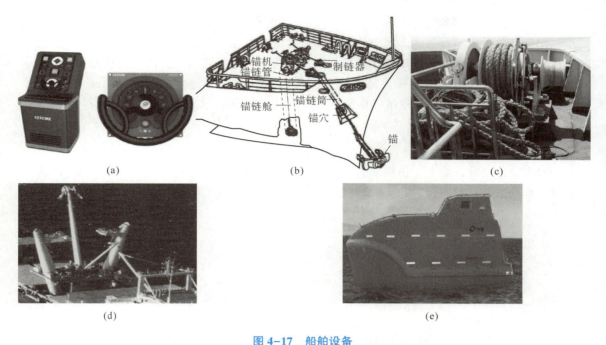

图 4-17 船舶设备
(a) 自动舵；(b) 锚设备；(c) 系泊设备；(d) 起货设备；(e) 救生艇

舵的转动来控制船首方向，使船舶保持航向或回转。通常，舵装在船尾螺旋桨后，远离船舶转动中心，使舵产生转船力矩的力臂最大，而且使螺旋桨排出的水流作用于舵上，增加舵效。

舵按舵面积在舵杆轴线两侧的分布，分为平衡舵、不平衡舵和半平衡舵；按照剖面形状，分为平板舵与流线型舵。单螺旋桨船是一个舵，双螺旋桨船是两个舵。

2. 锚设备

锚设备是船舶锚泊时所用装置和机构的总称，由锚、锚链、锚机及其附属设备组成。锚利用它在海底的抓力（一般为锚重的 4~5 倍）以及锚链与海底表面的摩擦力来制动船舶，主要用于船舶在海上锚地固定船位，同时也可作为协助船舶制动、制动船身和掉头的辅助手段。

常见的锚分为杆锚、无杆锚以及大抓力锚。商船常用的锚为无杆锚中的霍尔锚与斯贝克锚。一般在船首左右各布置一只锚，作为主锚。较大船舶还需要备锚和装在尾部的尾锚。锚链用于连接锚与船体，当锚链在海底时，也可增加固定船舶的拉力。它由链环、卸扣、旋转链环和连接环组成。锚链的大小以链环的断面直径表示。锚链的长度以节为单位，每节为 27.5 m，一般左右舷锚链各为 12 节。锚机主要用于收锚或缓慢放锚用。

3. 系泊设备

系泊是船舶的主要停泊方式，系泊设备就是用分布在舷侧的缆绳将船舶固定于码头、浮筒、船坞或邻船用的设备，它主要包括系缆索、带缆桩、导缆器、绞缆机、卷缆车和系缆机械。较先进的船上卷缆车本身有动力，用于收绞缆绳。缆绳有尼龙缆、钢丝绳与棕绳，目前用得最多的是尼龙缆。

4. 起货设备

起货设备是船舶自备的、用于装卸货物的装置和机械，主要包括吊杆装置、甲板起重机和其他装卸机械。如液货用输送泵与管路，散货用传送带或抓斗，件货则用吊杆和起重吊车。吊杆或起重吊车由吊杆、起重柱（或桅）、起货机、钢丝绳、滑车、吊钩等组成。吊杆负荷一般不超过 10 t，重吊杆负荷最大几百吨。起重吊车，则是将起货设备与起货机械合为一体。

5. 救生设备

救生设备是装在船上，供船舶失事时船上人员自救和营救落水人员的设备。常用的救生设备有救生艇、救生筏、救生圈和救生衣等。船舶还配备消防和堵漏设备，以确保航行安全。

4.2.5 船舶主要技术指标

1. 船舶的吨位

船舶吨位是船舶大小的计量单位，分为重量吨位和容积吨位两种。

1) 船舶的重量吨位

船舶的重量吨位分为排水量吨位和载重吨位。

（1）排水量吨位。指船舶在水中所排开水的吨数，也是船舶自身重量的吨数。排水量吨位可以用来计算船舶的载重吨；在造船时，依据排水量吨位可知该船的重量。排水量吨位又可分为轻排水量、重排水量和实际排水量三种。轻排水量又称空船排水量，是船舶本身加上船员和必要的给养物品三者重量的总和，是船舶最小限度的重量。重排水量又称满载排水量，是船舶载客、载货后吃水达到最高载重线时的重量，即船舶最大限度的重量。实际排水量是船舶每个航次载货后实际的排水量。

（2）载重吨位。表示船舶在营运中能够提供的载重能力，分为总载重吨和净载重吨。

总载重吨：总载重吨是指船舶根据载重线标记规定所能装载的最大限度的重量，它包括船舶所载运的货物、船上所需的燃料、淡水和其他储备物料重量的总和。即

$$总载重吨 = 满载排水量 - 空船排水量$$

净载重吨：净载重吨是指船舶所能装运货物的最大限度重量，又称载货重吨，即从船舶的总载重量中减去船舶航行期间需要储备的燃料、淡水以及其他物品的重量所得的差数。

2) 船舶的容积吨位

船舶的容积吨位是表示船舶容积的单位，又称注册吨，是各海运国家为船舶注册而规定的一种以吨为计算和丈量的单位，以 100 ft^3 或 2.83 m^3 为一注册吨。容积吨又分为容积总吨和容积净吨。

（1）容积总吨。容积总吨又称注册总吨，是指船舱内及甲板上所有关闭的场所的内部空间（或体积）的总和，是以 100 ft^3 或 2.83 m^3 为 1 t 折合所得的商数。容积总吨用于表明船舶的大小，船舶登记，政府确定对航运业的补贴或造船津贴，计算保险费用、造船费用以及船舶的赔偿等。

（2）容积净吨。容积净吨又称注册净吨，是指从容积总吨中扣除那些不供营业用的空间后所剩余的吨位，也就是船舶可以用来装载货物的容积折合成的吨数。容积净吨主要用

于船舶的报关、结关，或作为船舶向港口交纳各种税收和费用的依据，以及船舶通过航道时交纳费用的依据。

2. 船舶的航速与载重线

1）船舶的航速

船舶的航速以"节（kn）"表示。船舶的航速依船型不同而不同，其中干散货船和油船的航速较慢，一般为 13~17 kn；集装箱船的航速较快，可达 20 kn 以上，客船的航速也较快。

2）船舶的载重线

为确定船舶干舷，保证船舶具有足够的储备浮力和航行安全，船级社根据船舶尺度和结构强度，为每艘船舶勘定了船舶在不同航行区带、区域和季节应具备的最小干舷，并用载重线标志的形式勘划在船的两舷外侧，以限制船舶的装载量。

载重线是绘制在船舷左右两侧船舶中央的标志，以指明船舶入水部分的限度。以载重线的上边缘为准。要求在深色底漆上用白色或黄色油漆标绘；在浅色底漆上用黑色油漆标绘，并永久性地勘划在船舶的两侧，并能清晰可见。

载重线标志包括甲板线、载重线圆盘和与圆盘有关的各条载重线，如图4-18所示。

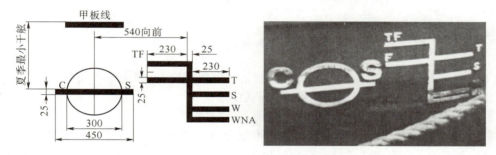

图 4-18　船舶载重线标志

载重线的标记方法具体如下：

（1）载重线圆盘：一个外径为 300 mm 的圆环和与这个圆环相交的一条 450 mm 水平线。水平线上缘通过圆环中心，圆环的中心位于船中处，圆环的两侧绘有勘定干舷高度的主管机关标记，如 ZC/CS。

（2）干舷甲板线：干舷甲板线是与载重线圆盘外径等长的一条水平线，其上边缘与干舷甲板的上表面等高并绘制在船壳板的表面上，宽 25 mm。

（3）最大吃水限制线：位于载重线圆盘上朝向船首方向的线段，线段长 230 mm，宽 25 mm，垂线后端离船中点 540 mm。

（4）木材船：在圆盘左侧勘划，载重线上除上述规定字母外，均附上 L 表示，中文的附上"木"字表示。干舷比一般货船小。

（5）客货船：除通常的货轮载重线标志外，还勘划分舱载重线。

TF（RQ）为热带淡水载重线，即船舶航行于热带地区淡水中时，总载重量不得超过此线。

F（Q）为淡水载重线，即船舶在淡水中行驶时，总载重量不得超过此线。

T（R）为热带海水载重线，即船舶在热带地区航行时，总载重量不得超过此线。

S（X）为夏季海水载重线，即船舶在夏季航行时，总载重量不得超过此线。

W(D) 为冬季海水载重线，即船舶在冬季航行时，总载重量不得超过此线。

WNA(BDD) 北大西洋冬季载重线，指船长为100.5 mm以下的船舶，在冬季月份航行经过北大西洋（北纬36°以北）时，总载重量不得超过此线。

木材船在上述表示前加"L"。

3. 船舶的尺度

1）船舶的主要尺度

船舶的主要尺度是表示船体外形大小的基本量度，有船长 L、型宽 B、型深 D 和吃水 T 等，如图4-19所示。

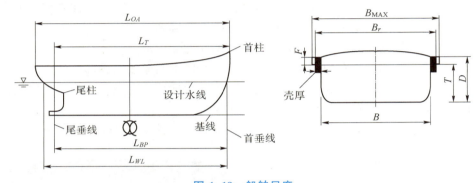

图 4-19　船舶尺度

（1）船长 L：船长 L 一般分为船的总长 L_{OA}、垂线间长 L_{BP} 和设计水线长 L_{WL} 三种。

①总长 L_{OA}：船舶首端至尾端的最大水平距离。

②垂线间长 L_{BP}：首垂线和尾垂线之间的水平距离。

③设计水线长 L_{WL}：设计水线平面与船体型表面首尾端交点之间的水平距离。

（2）型宽 B：指沿船体设计水线自一舷的肋骨外缘量至另一舷的肋骨外缘之间的最大水平距离，一般在船长的中点处。

（3）型深 D：指在船长中点处，沿舷侧自龙骨上缘至上甲板下缘的垂直距离。

（4）吃水 T：指在船长中点处，从龙骨上缘量至设计水线的垂直距离。

（5）干舷 F：沿中横剖面船侧从设计水线到甲板边板顶面边缘的垂直距离，等于型深和吃水的差值加上甲板厚度。

2）船舶主要尺度的比值

船舶的主要尺度是一组表示船舶大小的绝对数值，而其主要尺度的比值（主尺度比）则是一组相对数值，在一定程度上反映了船舶的航行性能，用于说明船体的特征。船舶常用的主要尺度的比值如下。

（1）船长型宽比 L/B：指垂线间长（或设计水线长）与型宽的比值。该比值对船舶的快速性影响显著，通常高速船的 L/B 值较大，表示船型瘦长，而低速船的 L/B 较小，表示船型短宽。

（2）型宽吃水比 B/T：指船舶型宽与设计吃水的比值。该比值对船舶稳性影响较大，B/T 值越大，船舶稳性越好。

（3）型深吃水比 D/T：指船舶型深与设计吃水的比值。该比值影响船舶大倾角稳性和抗沉性。该比值越大，干舷越大，大倾角稳性和抗沉性越有保证。

（4）船长吃水比 L/T：指垂线间长（或设计水线长）与吃水的比值。该比值影响船舶的操纵性,比值越大,船舶的航向稳定性越好;比值越小,则操纵越灵活,船舶的回转性越好。

(5) 船长型深比 L/D:指垂线间长与型深的比值。该比值对船体结构的坚固性有影响。

4.2.6 高性能船舶

1. 高性能船舶的定义

高性能船舶是指突破常规船舶设计、适应特殊环境,具有某些特殊性能的船舶。是水运高速化的主角,多为短程高速小型船舶,主要用作内河和沿海客运、交通、观光、游览和救生等。高性能船舶种类繁多,新船型层出不穷,几乎是每隔 10 年便至少有一种新型高性能船问世:20 世纪 40 年代是水翼船,50 年代是气垫船,60 年代是地效翼船,70 年代是高速双体船和小水线面双体船,80 年代是高速穿浪双体船,90 年代和 21 世纪则是复合船型。

如掠海地效翼船是介于飞机、舰船和气垫船之间的一种新型高速翼船,可在距水面或地面较小距离高速航行。图 4-20 所示的为我国研发的掠海地效翼船 "信天翁 5 号" 和郑州 "海王一号"。郑州制造的 "海王一号" 地效翼船于 2018 年 9 月 17 日在丹江口水库进行第一次试飞成功,最大行驶速度近 250 km/h,巡航速度为 200 km/h,速度是传统水上交通工具速度的 5~10 倍,被誉为 "水上高铁"。

图 4-20 掠海地效翼船
(a) 信天翁 5 号;(b) 郑州 "海王一号"

2. 高性能船舶的发展

高性能船舶在提高航速、适航性、耐波性等性能的同时,会向复合型、多功能型、智能型、经济型等方向发展。

1) 复合创新

各类高性能船舶特有优势融合而成的复合型船舶是研究热点之一。利用各种高性能船舶的特殊技术进行融合,从而派生出新型高性能船舶。气垫、水翼、小水线面船型的混合就将形成各种各样的新的混合船型,如气垫水翼船、小水线面水翼船、双体水翼船、双体穿浪船等。以水翼艇为例,目前已经在其基础上研发出多种复合型小水线面水翼船的船型,其是由水翼艇和小水线面双体船复合而成的,具备耐波性卓越、阻力小、稳性好等优点。

同时,多体船作为当今复合船研究的大热方向,由于其片体数量及各个片体的相对位置、几何尺度(基本相同或差别较大)、船型类别(常规水面船或小水线面船)的交叉组合多变,多体船的构成形式最为灵活。其中最为典型的是三体水翼船,如图 4-21 (a) 所示。

2）功能多样化

多功能船舶无论是军用还是民用都具有显著优势。在民事方面，高性能高速船舶正在逐步取代低速客运市场。高性能船舶还被广泛应用在军事行动、国际侦查、海洋调查、海上运输、海上救援等方面，充分发挥其效率高、功能多、结构稳定的特点。例如美国的斯巴达侦察兵（图 4-21（b））配备多种系统，可用于水雷探测、攻击作战，适应能力极强。河海救援方面，其根据现代定位追踪技术，可以达到高效准确的救援，减少各种损失。

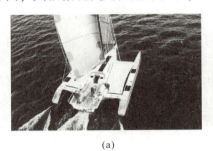 

(a)　　　　　　　　　　(b)

图 4-21　高性能船舶（一）

(a) 三体水翼船；(b) 斯巴达侦察兵

3）补缺精进

高性能船技术根据各种船型的动力驱动特点和优缺点，各国不断对各种船型进行逐一改良精进。例如穿浪艇和双体气垫船的运输效率在高性能船舶中位于前列，但造价高；全垫升气垫船（图 4-22（a））和高速双体船价格实惠，但舒适性差，速度一般。侧壁式气垫船应注重改善舱室布置，进一步提高舒适性，便满足乘客需求。全垫升气垫船也在多年使用经验的基础上，着重抓沿海、遮蔽海湾和海湾滩涂水域用的较大型化船的研制工作。水翼艇在已有的性能研究基础上，进一步解决到大型化过程中的技术难题和工程实用化问题。

4）智能化、绿色经济化

高性能船舶的更新和优化必然少不了将智能化、绿色经济化融入其中。以无人艇为例，智能化水平高、机动能力强、活动范围广，具备极大的发展前景。在新能源应用方面，2020 年 9 月，世界上第一艘纯电动水翼船在卢森堡亮相，如图 4-22（b）所示。

(a)　　　　　　　　　　(d)

图 4-22　高性能船舶（二）

(a) 全垫升气垫船；(b) 纯电动水翼船

经过长期的不懈努力，目前我国已在地效翼船、小水线面双体船、水翼船、气垫船和高速穿浪双体船等多种高性能船型的研究、设计和应用全方位上取得了突破性进展，几型实船的研制成功，标志着我国高性能船舶研究、设计、开发技术达到了国际先进水平。

案例二 "大智"号智慧船舶

1. "大智号"船舶研发

在国内,船舶智能航行的相关概念在 2015 年由中国船级社(CCS)发布的《智能船舶规范》(2015)中被首次提出。2017 年 12 月 5 日,中国船舶工业集团自主研发的全球首艘智能船舶"大智号"正式交付投入使用,如图 4-23 所示。"大智号"是第一艘按照中国船级社(CCS)智能船舶规范建造的智能船舶,获得了 CCS 智能船符号 I-SHIP (N, M, E, I) 认证,其中,N 为智能航行的基本航路与航速的设计优化功能标志。

图 4-23 "大智号"智慧船舶

"大智号"的研制团队由中国船舶工业集团有限公司旗下上海船舶研究设计院、中国船舶工业系统工程研究院、中船黄埔文冲船舶有限公司和中船动力研究院有限公司 4 家单位的多名专家组成。他们不当跟随者,而是争当时代的引领者和缔造者,在智能船舶领域进行了全面创新,实现了关键核心技术自主化并达到国际领先水平,圆满完成了全球首艘智能船舶的设计和建造任务。造船匠们不断总结经验,提高智能船的建造水平,在完成"大智号"建造任务的同时,勇立潮头,承担着为今后智能船改进提高积累宝贵经验的重任,用砥砺奋进的工匠精神铸造精品。

2. "大智号"智能船舶的技术特点

"大智号"的智能系统能够利用传感器、物联网、机器学习、轻量化传输通信等技术手段,自动感知和获得船舶自身、海洋环境、物流、港口等方面的信息和数据,进行自主分析、评估、预测及决策优化,可实现智能航行、智能机舱、智能能效管理等功能,能够降低 2%的营运油耗,主机因故障意外停机次数降低 50%以上,缩减 20%设备维护时间,大幅提高了船舶营运的环保性、安全性和经济性。

"大智号"的驾驶室里面,有一套智能集成平台,正是这套系统可以将全船的各项指标和数据进行统一的收集、分析和管理,并且作出最正确的判断,也就是说,这套系统赋予了这艘船思考的能力。智能集成平台是我国首个具有完全自主知识产权并应用于实船的智能航行系统。通过对全船进行光纤网络搭建,形成覆盖全船的监测与控制点,能够对船舶的状态了如指掌。整个船航行的姿态,还有整个船在航行中阻力的情况,给出最优的决策建议,也就是实现了把原来船长在思考的问题,变成了机器在思考。使用的这个智能集成平台,通过实时获取全船的各项参数,以及在海上行驶过程中实时收集到的水文、气象等信息,就能够自动计算出当前最适合的路线,在海上也实现了"智能导航"。

该船的智能网络系统通过全船双冗余环形光纤网络搭建,对覆盖全船的监测与控制点按类型进行汇聚与管理,集成了智能航行、智能机舱、智能能效管理三大智能应用系统的数据,形成了船上数据与应用的统一集成平台。其中,智能运行与维护系统(SOMS)实现了对船舶关键系统和设备,包括对主机、辅机、锅炉和轴系等的健康状态评估、分析、预警，综合推进效率、设备状态、航行姿态、燃油成本、排放管理等因素的船舶能效管理与优化决策，以及基于岸基服务管理系统和船岸实时信息传输，如整体航行分析、航段分析、用户定制化需求等信息服务功能。智能运行与维护系统是目前国内唯一具有完全自主知识产权并应用于实船的智能航行系统。该系统基于智能网络系统，综合船端传感器实时数据和岸端气象水文预报数据，通过船岸一体协同作业，实现了避台、避障、最短航行时间、最省燃油、最舒适和最低总成本等不同航行策略的航路、航速设计和优化。

同时，基于船舶主机转速和油耗实时数据，该船可对航路、航速优化结果进行更新。据悉，该船机舱取得了中国船级社（CCS）智能机舱入级符号 I-Ship（M）和英国劳氏船级社（LR）智能入级符号。该系统通过对采集到集成平台的机舱内主要设备信息进行编程处理，输出设备运行健康状态及维护建议等，以实现机舱智能运维功能。

此外，该船采用由沪东重机有限公司提供的 WinGDW5X52 主机。该型主机是全球首台满足 LR 和 CCS 智能船舶规范的"智能应用机"，采用三叶螺旋桨、节能导管、消涡鳍等节能装置。中国船舶工业系统工程研究院还专门为该型主机配套了我国第一个拥有完全自主知识产权的主机遥控系统，中船集团也成为国内首家能为船用主机配套遥控系统的厂商。

为了满足智能系统数据采集的需要，"大智号"还增加了大量数据端口，其中仅机舱监测报警系统 I/O 口，就由母型船的 600 个增加到 2 000 多个。智能网络系统也采用双环网结构，并在电缆敷设中通过光纤穿管保护、不同电压等级电缆分开敷设并采用相应的屏蔽网接地等措施，大大增加了船舶的作业工作量。在实现船舶智能化的同时，"大智号"结构设计还满足共同结构规范（HCSR）提出的要求。据介绍，该船的船体水线下采取了使用中端低阻力油漆等环保节能措施，以降低船舶能耗和排放，满足 Tier Ⅱ 排放标准，使船舶运营更加符合安全、环保、经济的时代需求。

作为全球第一艘智能船舶的"大智号"，最大的特点是有聪慧的"大脑"，开启了更加安全、经济、环保的航运时代，这标志着我国智能船舶的建造技术达到了世界领先水平。

思考与探究

大国工匠精神

1. 船舶的种类如何划分？
2. 船舶的基本结构有几部分？分别有什么作用？
3. 思考高性能船舶、智能船舶的技术应用及发展需求。
4. 探究分析"大国工匠精神"对我国造船业发展的支撑作用。

4.3 航标

4.3.1 航标的功能、种类

1. 航标的功能

航标是航行标志的简称，是标志航道方向、界限与碍航物的标志，是帮助引导船舶航行、船舶定位和标示碍航物与表示警告的人工标志。航标包括过河标、沿岸标、导标、过渡导标、首尾导标、侧面标、左右通航标、示位标、泛滥标和桥涵标等，如图 4-24 所示。

图 4-24 航标

航标设置在通航水域及其附近，用于表示航道、锚地、碍航物、浅滩等，或作为定位、转向的标志等。航标也用于传送信号，如标示水深，预告风情，指挥狭窄水道交通等。永久性航标的位置、特征、灯质、信号等都已载入各国出版的航标表和海图中。

航标的主要功能如下。

（1）船舶定位，为航行船舶提供定位信息。

（2）表示警告，提供碍航物及其他航行警告信息。

（3）交通指示，根据交通规则指示航行方向。

（4）指示特殊区域，如锚地、测量作业区、禁区等。

2. 航标的种类

1）海区航标

海区航标是指在海上的某些岛屿、沿岸以及港内重要地点所设的航标。按照工作原理，分为视觉航标、音响航标、无线电航标三种。

（1）视觉航标。又称为目视航标。白天以形状、颜色和外形，夜间以灯光颜色、发光时间间隔、次数、射程以及高度来显示，能使驾驶员通过直接观测迅速辨明水域，确定航位，安全航行。目视航标常常颜色鲜明，以便白天观测；发光的目视航标可供日夜使用。常见的视觉航标有灯塔、灯桩、立标、浮标、灯船、系碇设备和各种导标。

灯塔：灯塔是设置在重要航道附近的塔形发光固定航标，是海上航行的重要航标，一般设在港口附近和海上某些岛屿的高处。大的灯塔夜间射程为 20～30 n mile，小的灯塔射程为 5～6 n mile。

灯船：灯船是作为航标使用的专用船舶，装有发光设备，灯光射程一般为 10 n mile。灯船的作用与灯塔的相同，锚碇于难以建立灯塔而又很重要的航道进出口附近。

立标：立标是设置在岸边或浅滩上的固定航标，标身为杆形、柱形或桁架形。发光的立标称为灯桩，发光射程比灯塔近得多。

浮标：用锚碇泊于水中的航标，设在港口附近及进出港航道上，用于表示航道、浅滩和碍航物等，发光的称为浮标，主要有方位标志、侧面标志、中线标志和专用标志。方位标志用来直接表示各种危险物的所在地或危险物以及危险区的界限。方位标志分为北界标、南界标、东界标、西界标以及孤立障碍标五种。侧面标志用来标示航道一侧界限，一般在进出港的狭窄航道上使用。侧面标志分为左侧标、右侧标以及分支汇合标三种。航道左侧设左侧标，右侧设右侧标，水道的分支汇合处，则设分支汇合标。中线标志设于航道或荐用航道的中央入口处，示意船舶可靠近标志的任何一侧驶过。专用标志包括沉船标、检疫标、测量标以及捕鱼作业标等。

导标：用于引导船舶进出港口，通过狭窄航道，进入锚地以及转向、避险、测速和校正罗经等。

（2）音响航标。音响航标是指以音响传送信息，引起航海人员注意的助航标志。音响航标可在雾、雪等能见度不良的天气中向附近船舶表示有碍航物或危险，包括雾号、雾笛、雾钟、雾锣、雾哨、雾炮等。

空中音响航标以空气作为传播介质，是使用最早、最普遍的音响航标。空中音响航标包括雾钟、雾锣、雾角、雾哨、雾炮和雾号。

水中音响航标以水为传播介质，常用的有水中钟、水中定位系统和水中振荡器。水中音响航标使用极少。

常用音响航标是雾号，即下雾时按照规定的识别特征发出的音响信号。一般听程仅为几海里。根据工作原理，分为气雾号、电雾号和雾情探测器。气雾号用压缩空气驱动发声，电雾号以电能驱动发声，雾情探测器能自动测量能见度和开启电雾号。

（3）无线电航标。是利用无线电波的传播特性向船舶提供定位导航信息的助航设施，包括无线电指向标、无线电导航台、雷达应答标、雷达指向标、雷达反射器、卫星导航系统和全球定位系统等。

无线电指向标：供船舶测向用的无线电发射台，有全向无线电指向标和定向无线电指向标两种。

无线电导航台：船舶无线电定位和导航系统的地面设备。

雷达应答标：被船用雷达波触发时，能发回编码信号，在船用雷达荧光屏上显示该标方位、距离和识别信息。

雷达指向标：一种连续发射无方向信号的雷达信标。船用雷达接收机收到这种信号，荧光屏上便显示出一条通过该标的径向方位线。

雷达应答标和雷达指向标安装于需要与周围物标回波区别开的航标上。

雷达反射器：反射能力很强并能向原发射方向反射雷达波的无源工具，安装在灯船或浮标上，可以增大作用的距离。

2）内河航标

内河航标是准确标出江河航道的方向、界限、水深和水中障碍物，预告洪汛、指挥狭窄和急转弯的水上交通，引导船舶安全航行的助航标志。

内河航标一般分为三等。在航运发达的河道上设置一等航标，由岸杆和浮标交相组成，夜间全部发光，保证船舶昼夜都能从一个航标处看到下一个航标；在航运较为发达的河段上设置二等航标，它的密度较一等航标的稀，夜间只有主航道上的航标发光，亮度也较弱；在航运不甚发达的河段上设置三等航标，密度稀，夜间不发光，船舶只能利用航标和天然参照物在白天航行。内河航标的种类很多，各国不尽相同。我国目前分为三类，即航行标志、信号标志和专用标志，共计19种。

（1）航行标志。航行标志用于标示内河安全航道的方向和位置等。有过河标、接岸标、导标、过河导标、首尾导标、桥涵标6种。例如，过河标标示河航道的起点或终点，引导由对岸驶来的船舶过河,同样引导沿本岸驶来的船舶,在标志达到本船正横的时候驶往对岸;接岸标标示沿着河岸的航道,指示船舶继续沿着本岸行驶。

(2)信号标志。用于标示航道深度、架空电线和水底管线位置,预告风讯,指挥弯曲狭窄航道的水上交通,有水深信号杆、通行信号杆、鸣笛标、界限标、电缆标、横流浮标、风讯信号杆 7 种。

水深信号杆:设在浅滩两端航道附近的江河岸上,一般设有水深信号杆,以指示该航道当时的水深。信号杆由直立标杆和水平横梁组成。

通行信号杆:设在船舶对驶向有危险的狭窄航道、单孔同行的桥梁、急弯、船闸以及其他临时封锁河段的两端,利用信号指挥上下船舶安全通过。

(3)专用标志。专用标志用于指示内河中有碍航行安全的障碍物,有三角浮标、浮鼓、棒形浮标、灯船、左右通航浮标、泛滥标 6 种。

我国规定,江河左岸、右岸的原则是按水流的方向确定河流的上下游,面向河流下游,左手一侧为左岸,右手一侧为右岸。港口的左右岸以面向进港为准。左岸的航标,标顶漆为白色,标杆漆为黑白相间的横纹,夜间灯标发白光或绿光;右岸的航标,标顶漆为红色,标杆漆为红白相间的横纹,夜间灯标发红光。

4.3.2 航标自动化发展趋势

航标自动化应包括航标设备自动化、航标系统自动化和航标管理自动化三方面内容。其中航标设备自动化是基础,航标系统自动化是重要内容,航标管理自动化是发展的高级阶段。

1. 航标设备自动化

航标设备自动化是航标自动化的基础,是实现航标系统自动化和航标管理自动化的前提。目前视觉航标、音响航标、无线电航标和航标能源都较普遍地实现了设备自动化。例如,灯器用日光开关,根据环境光照度开启和关闭光源;闪光器自动生成所需的闪光灯质;换泡器自动更换损坏的灯泡;雾情探测器根据环境能见度自动开闭电雾号等。

2. 航标系统自动化

航标系统自动化是航标自动化的重要组成部分,也是获得航标动态信息的重要手段。它包括数据采集、数据传输和数据处理等三个主要内容。

航标系统自动化主要是对某水域航标的工作状态和工作参数及浮标的位置进行集中监测和监控,从而形成航标监测监控系统。目前可以利用 5G、北斗导航卫星系统来进行数据接收和输出,对航标标位进行实时监测,有效保证航标信息的实时性,减少航标管理人员的工作。在应用北斗导航卫星系统进行遥控遥测时,监控中心通过北斗导航卫星传送来的信息并做实时处理,包括数据的存储和统计分析,通过监控中心的控制台可查询航标的日常状态数据、历史曲线,并且配有电子海图直观显示,以此可对受控航标进行日常管理。

3. 航标管理自动化

航标管理自动化以航标设备自动化和航标系统自动化为基础,以航标数据库为核心,以智能化管理软件为主要内容,以计算机网络为基本结构,组成某水域乃至全国的航标信息系统或航标信息网。航标管理自动化的要求是具有完善的航标基础数据（如航标标志位置、性质、历史及现状、保养维修情况等）；实时动态地更新这些数据（如及时、准确了解标志的实时工作状况）；根据基础数据的情况及实时动态资料，迅速、合理地设计出最佳的标志配布方案。通过组建航标信息系统，建立航标数据库，实现海图作业、航标工作状态查询、参数设置、航标维护、数据维护和辅助决策等功能。

4.3.3 水运通信导航系统

1. 船舶自动识别系统（AIS）

1）船舶 AIS 的组成

船舶自动识别系统（Automatic Identification System，AIS）是一个在海上移动通信频带 VHF 上工作的广播转发器系统。由岸基（基站）设施和船载设备共同组成，是一个集网络技术、现代通信技术、计算机技术、电子信息显示技术于一体的新型数字助航系统和设备。AIS 还包括利用和使用 AIS 信息的各种应用系统。

船舶自动识别系统配合全球定位系统将船位、船速、改变航向率以及航向等船舶动态，结合船名、呼号、吃水以及危险货物等船舶静态资料，由甚高频（VHF）频道向附近水域船舶及岸台广播，使邻近船舶及岸台能及时掌握附近海面所有船舶的动、静态资讯，得以立刻互相通话协调，采取必要避让行动，辅助船舶安全航行。

2）船舶 AIS 的基本功能

船舶 AIS 信息服务的目的一是识别船舶；二是帮助跟踪目标；三是简化和促进信息交换，为避免碰撞提供辅助信息；四是减少口头的强制船舶报告，实现交通运输管理信息化。因此，船舶 AIS 最基本的功能是船对船、船对岸的信息交换。它能把船舶信息诸如识别码、位置、航向、速度等发送到其他船舶或岸上，并能以快速的更新频率处理多路通信。

岸基 AIS 则可以通过接收船载 AIS 广播发射的识别码、船位、航向、航速、船舶长度、船型和货物信息，使用适当的标绘显示系统，标绘海上交通状况，同时，可以建立航行船舶数据库，以利于日后跟踪查询船舶航行信息。

船载 AIS 在无须船员干预的情况下，连续、自动地发射识别码、船位、航向、航速、船舶长度、船型和货物信息，同时，连续、自动接收其他船舶或岸基台站发射的信息。船载 AIS 使用适当的标绘显示系统时，通过接收目标船发射的位置信息、航速、航向信息，可以计算两船会遇的最近点和到达最近点的时间，因此可以快速、自动和准确地提供有关碰撞危险信息，同时，也接收岸基 AIS 台站发射的航行通过、警告信息。

利用 AIS 可设置虚拟航标，为事故调查取证提供证据，完成航路分析，向港口提供船舶流量统计图表等。从功能方面看，AIS 已逐渐成为保障航行安全的主要基础设施和系统，是实现海事航标快速发展和水路运输可持续发展的重要保障。

2. 航标遥测遥控系统

1）航标遥测遥控系统结构

航标遥测遥控系统利用现代网络技术、电子海图技术、定位技术、通信技术和数据处理技术来实现。其航标遥测遥控系统结构网络图如图 4-25 所示。

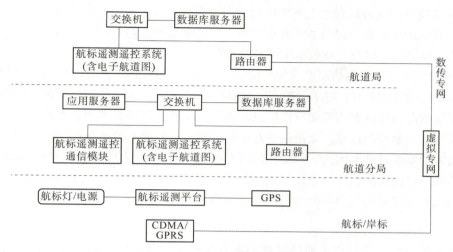

图 4-25 航标遥测遥控系统结构图

航标遥测遥控系统主要分为航标监测和航标控制两部分。航标终端采用 GPRS 无线移动数据传输方式，通过虚拟专网（VPN）和航道分局的数据库服务器建立连接，数据传输采用 TCP/IP 模式；航道分局的服务器通过数传专网和航道局的服务器进行互联，数据通过数据库同步的方式进行传输。

2）航标遥测遥控系统的基本功能

（1）监测功能。基于 AIS 航标，将采集到的航标健康状态数据，以二进制电文格式，周期性或按要求发送给航标管理部门。航标健康状态参数主要有航标设备运行参数、主副电动机工作状态、供电系统参数、环境参数等。

（2）控制功能。航标管理中心通过航标遥测遥控系统界面，向指定航标发布数据信息。管理中心通过设置航标的健康状态参数，控制航标的运行状态，并可实时获取航标的信息。

3. 船舶远程识别和跟踪系统（LRIT）

船舶远程识别与跟踪系统（Long Range Identification and Tracking of Ships，LRIT）通过从船舶自动识别系统提取船舶识别码、船位和时间等数据，并利用全球海上遇险和搜救系统（GMDSS）的 Inmarsat-C 或高频设备（HF），以固定的时间间隔发送 LRIT 数据，经计算机对数据进行处理，实现船舶的远程识别与跟踪。

1）LRIT 的组成

LRIT 由船载终端设备、通信服务提供商（CSP）、应用服务提供商（ASP）、数据中心（DC）、国际数据交换（IDE）和数据分配计划（DDP）等组成。其基本原理是船舶通过卫星通信把 LRIT 信息发送到陆地地球站，地球站再通过 ASP 和 LRIT 分配网络转发到经 IMO 授权的用户终端——IMO 缔约国政府，后者就可以实现对航行船舶进行全球性识别和跟踪。

LRIT 还可以把 LRIT 信息（预先设定发送时间的船位报告、被要求发送的船位报告和事件报告）发送给其他经授权的用户。

2）LRIT 的基本服务功能

（1）海上保安：主要包括加强船舶的保安和沿岸国、港口国的保安。

（2）海上安全：主要为海上搜寻救助提供信息支持。

（3）环境保护：为调查海上非法排放、溢油事故等方面提供信息支持。

（4）其他用途：如通过与 AIS 数据的整合，建立船舶监控系统，应用于卫生防疫、海关等相关管理部门，以及全球航运生产和管理等。

LRIT 信息内容主要包括船舶身份、船舶位置（经度和纬度）、提供位置的日期和时间（UTC 时间）。在 LRIT 中，对于船舶有三种身份：船旗国、港口国和沿岸国。船旗国主管当局有权接收悬挂其国旗的船舶位置信息。港口国政府有权接收表明意图进入该缔约国港口设施或地点的船舶的信息，无论这些船舶位于哪里，只要不位于根据国际法规定的另一缔约国政府的基线近陆水域内。沿岸国政府有权接收在其沿岸不超过 1 000 n mile 距离内航行的其他国家的船舶信息，只要该船不位于根据国际法规定的另一缔约国政府的基线近陆水域内或者船舶悬挂其国旗的缔约国政府领水内。

4. 海事卫星

海事卫星是一个提供各类通信服务的综合系统，服务包括电话、传真、数据（IP 和电路）、图像和图片、遇险安全通信等。海事卫星经历了四代发展。第一代：Inmarsat-A 站，可以为水上交通通信提供模拟话音、传真、数据服务；第二代：Inmarsat-B 站、Inmarsat-C 站，可以为水上交通通信提供数字话音、传真、低速数据服务；第三代：Inmarsat-M、mini-M、F 站，可以为水上交通通信提供话音、传真、ISDN、MPDS 服务；第四代：BGAN、卫星手机，可提供 500 Kb/s 的 IP 数据服务，为水上交通通信提供高速数据传输网络。

案例三　北斗智慧航标系统构建

1. 航标系统功能分析

1）数据采集

采集的数据包括蓄电池电压、蓄电池负载电压、灯器负载电流、灯器空载电流、太阳能电池板充电电流、灯器闪光周期、灯器启闭时间、航标位置等。

2）数据传输

通过无线通信网络、船舶自动识别系统网络、北斗卫星导航系统、Internet 网等将所采集的数据传输至监控中心。

3）电子海报显示操作功能

主要是针对电子海图的导入、显示操作等。

4）航标遥测遥控功能

主要实现对航标位置信息和工作状态进行监控与记录。可对航标当前和历史数据进行查询、显示、比较和分析，并使用报表和曲线图的形式反映航标当前和历史的工作状态。还包括航标的召测、跟踪、取消跟踪、取消报警以及航标参数设置和发送等功能。

2. 北斗智慧航标功能分析

1）技术功能分析

数字航标是基于计算机技术、全球定位系统、电子海图显示系统、船舶自动识别系统、船载航行数据记录仪及无线电导航系统等现代化技术而产生和发展起来的一门新兴航标应用技术。随着电子海图的推广和普及应用，航海人员从原来按照纸海图上的标识，依靠目视观察航标行船，到运用电子海图操纵自动导航系统行船，其间在识别区域范围的各类助航标志的数据都会实时、动态地被船载自动识别设备接收到，并在电子海图上显示出来。当控制中心对每个航标设施的信号经处理后以广播方式发射出去时，船载自动识别设备同样会接收到航标信息数据，并会自动标绘在电子海图上。这些来自控制中心广播的航标信息数据完全等同于实际航标发出的航标信息数据，在电子海图上反映出来的效果是完全一致的。如果不考虑驾驶人员直接观察到实际航标设施的灯光、目标等所产生的心理影响，对船载自动识别设备来说，其接收到的航标实时信息，是来自控制中心还是实际航标标志并不重要。因此，理论上来说，在船载自动识别设备覆盖区域内可不需要设置具体的航标设备，或至少在那些固定的标志上，如大型灯塔、引导标、雷康标志等，只要配备一台 AIS 应答器，即可达到与实际物化的助航设施一致的效果。由这个虚拟系统构成的助航标志系统即为虚拟的航标系统。

2）具体功能

（1）船舶定位。可以利用设置在航道中的智慧航标，通过北斗系统的辅助帮助船舶进行精准定位，避开航道上的不确定危险。

（2）指示航道。在岛岸明显处，设置引导型智慧航标，引导船舶沿航标所指示的航道航行或者直接指示航线，尤其是船舶在过大桥或进出港口等限制水域航行时。

（3）标示危险区。可以利用智慧航标定位系统来标示附近沉船、暗礁等危险物，将这些信息发送给途经此处的船舶，以避开这些危险因素。

（4）特殊需要。标示锚地、分通道航制、禁航区以及水上作业区等。

3）技术特点

智慧航标系统是基于北斗卫星通信系统协议建立的航标遥测遥控应用系统，包括海图基础平台和航标遥测遥控、数据通信部分。其中海图基础平台能向用户提供完善的电子海图显示与控制、导航、数字航标服务。数据通信由北斗卫星导航定位系统的通信技术支撑。系统的工作原理就是利用北斗 GNSS 天线和接收模块获得航标的经纬度定位数据，通过传感器采集航标灯工作状况和参数，定位信息和状态参数经过单片机处理后，通过北斗通信模块按照设定的方式和时间传输到监控中心计算机上。中心站监控采用高性能计算机、收发设备、差分 GNSS 处理技术以及满足国际海道测量组织（IHO）和国际海事组织（IMO）有关标准的电子海图，保证了实时数据处理分析的及时、可靠。

纳入 AIS 中心站管理的航标信息，同样可以实现类似于"船-船"工作模式的应用。应用 AIS 的航标设备相当于一艘艘抛锚的"船"，它们具有船载 AIS 的全部功能。当来往于 AIS 覆盖区域内的船只向周围船只发出询问时，各类助航标志也会发出相应的应答信号。这些助航标志的应答信息也同样被准确地标绘并显示在导航电子海图上，使得船舶及时准确地了解周围助航标志的情况。配合智慧航标自动航行系统，船舶航行的安全率和避碰率都将得到很大的提高。同时，AIS 中心站设立航标监控终端。除实时显示航标动态位置和轨迹等信息外，还报告航标灯器工作状态数据（例如，太阳能电池组自动切换、光控制航标灯故障应急处理等），实时监控管理航标自动工作信息；随时调阅相关信息，并发出有关指令。通过接收北斗卫星时钟进行系统同步，并对航标进行实时定位。

3. 航标的意义

基于北斗卫星网络的航标智能监控系统，为航标管理逐步向自动化、综合化、集中化和智能化方向发展提供了一种具有使用价值的参考。在航标上安装北斗卫星无线监控终端后，针对智慧航标传感网，依托于网络和通信技术实现感知信息的传递与协同的特点。北斗系统有其自身先天优势，它既可迅速确定相关信息位置（感知的信息之一），又可远程传递各种传感器采集的数据，极大地强化了无线传感器网络的大范围信息获取能力。由于北斗系统通过覆盖全疆域的卫星通信实现数据传输，弥补了其他传统通信网络海上分布空白、传输距离不够远的不足。同时，我国对北斗系统拥有完全自主知识产权，并且系统本身具有高安全性设计，所以完全可以满足国家关键部门海事、气象、水利、电力、交通等特殊需求行业的使用。此外，建立在AIS双向通信基础上的指挥调度和控制操作功能，更进一步满足了智慧航标传感网的交互的要求。事实表明，基于北斗系统可实现全疆域无缝隙覆盖。全天候实时工作的传感网系统已初具规模，在各相关行业的应用中极大地提高了其信息化水平，提高了管理效率，创造了可观的经济效益。

4. 国内智慧航标的发展

据统计，到2016年我国沿海设置的各类智慧航标已超过一万座，包括目视音响航标、RBN-DGPS台、AIS岸台、AIS航标和雷达应答器等助航标志和设施。在所有航标能源中，市电无疑是最有保障的稳定的电力来源，但由于航标特殊的地理位置，能直接使用市电的只占一小部分，因此，要充分研究和考虑其他能源，特别是可再生清洁能源的应用，如太阳能、风能、海洋能等。航标特殊的地理位置和助航保障的神圣职责，使得能源保障的重要性愈发突出。国内航标管理部门对航标新能源的发展和应用一直非常关注，国内航标新能源的应用在国际上一直走在前列。但随着能源技术的快速发展和对航标能源应用可靠性及成本的高要求，国内航标管理部门在应用中也面临不少问题。

此外，国内首座自航式航标也完成了应用测试。自航式航标是长江泸州航道局在落实交通强国战略、推动长江航运高质量发展过程中打造现代化航道维护示范处的重点项目之一，也是继该局完成无人测量船研制应用、控制河段智能通行信号台开发应用等科技创新项目之后取得的又一创新成果。这些成果的应用，将有力推进数字航道系统的深度应用和长江航道数字化革命，提高航道生产力水平，助力航道公共服务向数字化、信息化、智能化加快转变。

思考与探究

志与恒

1. 航标的种类有哪些？主要功能是什么？
2. 思考航标自动化发展的需求及内容。
3. 基于航标的功能思考目标制定的重要性及目标实现的策略。

本章知识总结

本章知识内容如图4-26所示,从航道与港口设施、船舶、航标等方面介绍了各类水路运输设备的类型、特点、基本构造、性能指标、发展趋势等内容。在掌握各基础知识点的基础上,了解我国海运强国策略,并理解"大国工匠精神"对水路运输设施建设的推动作用。

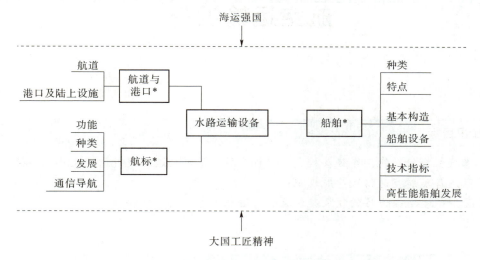

图 4-26　本章知识点
注:带*部分需结合线上教学资源进行自主学习。

交通运输设备

第 5 章
航空运输设备

知识目标

掌握机场的功能、等级及构成；飞机分类、基本构造、飞行原理及技术指标；

熟悉各类航空通信及导航设施；

了解航空运输设备的发展趋势及航天运载设备种类、功能。

能力目标

能够描述航空运输设备的种类、功能及结构组成；

能够整体把握航空运输设备的发展需求；

能够分析中国机场建设、飞机研发及航天技术发展中体现的"中国力量"和"大国工匠精神。"

航空运输设备的发展历程

1. 航空运输的发展

1903 年 12 月，美国莱特兄弟完成了首次飞行，实现了人类梦寐以求的翱翔蓝天的愿望。航空运输开始于第一次世界大战的后期，当时主要是进行航空邮件的传递。据说，最早的航空定期客运出现在 1914 年。到 1919 年，世界航空运输客运量为 3 500 人。

20 世纪 30 年代以后，航空设计和制造技术的进步，带动了新的飞机机型不断出现和航空喷气发动机的问世。1933 年，被称为世界第一架"现代"运输机——全金属的单翼波音 247 型飞机诞生。1936 年，具有可收缩起落架的 DC-3 型飞机投产。1939 年，制造出了涡轮喷气发动机。1942 年，推出了第一代喷气飞机——贝尔 XP59A。1945 年，世界航空运输客运量达到 900 万人。从 1945 年开始，航空运输机主要机型（如波音）的发展呈系列化的趋势，为航空运输量的不断增长提供了有力保证。

随着现代化技术的发展,飞机在载客量、速度、节能环保等方面不断取得突破。如2016年7月26日,世界最大太阳能飞机"阳光动力2号"完成人类首次太阳能环球飞行壮举,如图5-1(a)所示。这架飞机仅仅依靠太阳提供的动力完成了环球不间断飞行,这标志着飞机可替代能源的研究取得了巨大的成就。超声速飞机的研发,速度可达到惊人的1 Ma(大约1 225 km/h),如图5-1(b)所示。如图5-1(c)所示,这款"天空鲸鱼"未来概念飞机犹如太空船一般,上下共三层,可乘坐755名乘客。这款飞机采用先进合金与纤维材料制成的机身不仅能让飞机变轻,也让机翼拥有自我修复损伤的功能。在遭遇迫降时,还能自行分离,降低飞机因机翼损毁造成的伤害。它的引擎可以倾斜多达45°,降落在世界上任何一条小型跑道都没有问题。飞机顶部的太阳能板可以为飞机提供额外的动力,并为电子系统供电。这款飞机比空客A380还要大很多,是集现今所有科技之大成,一旦概念具体化,未来空中交通工具又多了新面貌。

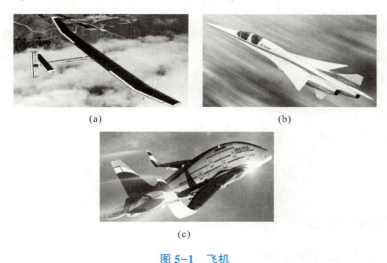

图 5-1 飞机

(a)"阳光动力2号"太阳能飞机;(b)超声速客机;(c)未来概念机"天空鲸鱼"

电子和信息技术的发展,使航空运输飞行安全保障能力不断提高。1920年,第一代空中交通管制员只能站在跑道两端用小旗和信号枪进行指挥。1930年,美国Cleveland机场建成了世界第一座装备无线电台的塔台。1935年,世界上第一个用于仪表飞行的空中交通管制中心在美国Newark机场建成。20世纪40年代,能够监视飞行动态的雷达投入使用。20世纪50年代,用于导航的全向信标和测距仪投产。20世纪60年代,出现计算机雷达数据和飞行计划处理系统以及自动转报网。20世纪70年代,出现空地数据通信和卫星导航。20世纪80年代,国际民航组织提出新一代航行系统方案。20世纪90年代,开始进入系统方案的实施阶段。

航空运输的国际化使航空运输业的运行和管理模式日趋成熟、完善。在国际民航组织(International Civil Aviation Organization,ICAO)成立后的50多年里,随着科学技术的不断进步和标准规范的逐步完善,全世界的航空运输事业得到了迅猛的发展。

2. 我国航空运输的发展

我国于1949年11月成立了中国民用航空局,揭开了我国民航事业发展的新篇章,中国民航从无到有,由小到大,经历了不平凡的发展历程。改革开放以来,民航事业在航空运输、通用航空、机群更新、机场建设、航线布局、航行保障、飞行安全、人才培训等方面都保持了快速发展的势头，取得了举世瞩目的成就，成为全球格局演变的核心力量。

航运周转量方面，受益于40多年改革开放政策，经济水平稳步提升和世界第一人口大国地位，奠定了航空运输业（特别是国内客运市场）发展的坚实基础，逐步发展成为世界航空运输大国，连续14年航运总周转量和客运周转量排名世界第二。

机场建设方面：经过近10年的建设，我国机场经历了非常大的发展，截至2020年，我国共有民用运输机场241个，其中国际机场有83个。北京大兴机场的建设更是取得了众多的突破，引领了智慧机场的建设，成为世界的奇迹。我们民航干线运输网络也逐渐完备，干线大城市交通便捷。但仍有100多个地级市没有机场，小城市之间的航空通达性仍然较弱。

飞机制造方面：我国国产大飞机"三剑客"分别为军用运-20、大型客机C919和水陆两栖飞机AG600。国产大飞机C919首飞成功，标志着中国成为第四个拥有自主制造大型干线客机能力的国家或团体。

基础设施建设、航空制造和技术创新目前仍然是限制我国航空运输发展的三大瓶颈。加快民航基础设施建设，补齐机场设施短板；发展航空制造业，民航制造硬核技术，降低飞机购置成本；以创新来驱动航空运输的发展，努力推动我国在专门技术的领先地位，是实现我国民航强国目标的必然选择。

案例思考——民航强国

基于民航设施的发展，思考我国"民航强国"的策略。

5.1 机场

5.1.1 机场的功能

机场是供飞机起飞、着陆、停驻、维护、补充给养及组织飞行保障活动所用的场所，包括相应的空域及相关的建筑物、设施与装置。它是民航运输网络中的节点，是航空运输的起点、终点和经停点。从交通运输角度看，民航运输机场是空中运输和地面运输的转接点。它一方面要面向空中送走起飞的飞机，迎来着陆的飞机；另一方面，要面向陆地供客、货和邮件进出。机场实现运输方式的转换，因此也可以称作航空站（简称为航站）。民用运输机场的基本功能是为飞机的运行服务，为客、货、邮件的运输以及其他方面的服务。

5.1.2 机场的类别和等级

1. 机场类别

机场类别见表5-1。

表5-1　机场类别

分类依据	类别	特性
航线性质	国际航线机场（国际机场）	有国际航班进出，设有海关、边防检查（移民检查）、卫生检疫和动植物检疫、商品检验等政府联检机构
	国内航线机场	供国内航班使用的机场，包括地区航线机场（指在内地与港、澳等地之间航班飞行使用的机场，设有类似于国际机场的政府联检机构）

续表

分类依据	类别	特性
在民航运输网络中的作用	枢纽机场	线密集且中转旅客比例较高
	干线机场	通过骨干航线连接枢纽机场，空运量较为集中
	支线机场	空运量较少，航线多为本省区内航线或邻近省区支线
所在城市的性质、地位	Ⅰ类机场	全国经济、政治、文化中心的机场，是全国航空运输网络和国际航线的枢纽，运输业务繁忙，具有直达及中转功能，如北京、上海、广州的机场属于此类机场，也为枢纽机场
	Ⅱ类机场	省会、自治区首府、直辖市和重要的经济特区、开放城市和旅游城市，或经济发达、人口密集城市的机场，也为干线机场
	Ⅲ类机场	国内经济比较发达的中小城市，或一般的对外开放和旅游城市的机场，也称为次干线机场
	Ⅳ类机场	省区内经济较发达的中小城市和旅游城市，或经济欠发达但地面交通不便的城市机场，也称为支线机场

2. 机场等级

1）飞行区等级

机场的一个主要分级标准是看跑道的长度，通常最高级别为F级，跑道是最长的；机场能够停靠的飞机的大小也是重要的评级标准。飞行区等级由第一要素代码（飞行区指标Ⅰ）和第二要素代字（飞行区指标Ⅱ）的基准代号划分，用来确定跑道长度或所需道面强度，即能起降的机型。在表5-2中，飞机基准飞行场地长度是指某型飞机以最大批准起飞质量，在海平面、标准大气条件（15 ℃、1个大气压）、无风、无坡度情况下起飞所需的最小平衡场地长度。代字应选择翼展或主起落架外轮外侧的间距两者中要求较高者。例如，北京首都国际机场、上海浦东国际机场和虹桥国际机场、广州白云国际机场等的飞行区等级为4E。

表5-2 飞行区等级划分表（飞行区基准代号表）

第一要素		第二要素		
代码	基准飞行场地长度 L_R/m	代字	翼展 L/m	主起落架外轮外侧间距 h/m
1	$L_R<800$	A	$L<15$	$h<4.5$
2	$800 \leq L_R<1\,200$	B	$15 \leq L<24$	$4.5 \leq h<6$
3	$1\,200 \leq L_R<1\,800$	C	$24 \leq L<36$	$6 \leq h<9$
4	$L_R \geq 1\,800$	D	$36 \leq L<52$	$9 \leq h<14$
		E	$52 \leq L<65$	$9 \leq h<14$
		F	$65 \leq L<80$	$14 \leq h<16$

2）跑道导航设施等级

跑道导航设施等级按配置的导航设施能提供飞机以何种进近程序飞行来划分，见

表5-3。目前，我国民用机场中北京大兴、首都机场、上海浦东、成都双流和天府机场有Ⅲ类精密进近跑道；Ⅱ类精密进近跑道的机场较多，如武汉天河机场、青岛胶东机场、上海虹桥机场等。

表5-3 跑道导航设施等级

分类	代字	特性
非仪表跑道	V	供飞机用目视进近程序飞行的跑道
仪表跑道	NP	非精密进近跑道：装备相应的目视助航设备和非目视助航设备，足以对直接进近提供方向性引导
	CAT Ⅰ	Ⅰ类精密进近跑道：装备仪表着陆系统和（或）微波着陆系统以及目视助航设备，能供飞机在决断高度低至60 m和跑道视程低至800 m时着陆
	CAT Ⅱ	Ⅱ类精密进近跑道：装备仪表着陆系统和（或）微波着陆系统以及目视助航设备，能供飞机在决断高度低至30 m和跑道视程低至400 m时着陆
	CAT ⅢA CAT ⅢB CAT ⅢC	Ⅲ类精密进近跑道：装备仪表着陆系统和（或）微波着陆系统，引导飞机直至跑道，并沿道面着陆及滑跑。A供飞机跑道视程低至200 m时着陆；B是50 m以上且低于200 m；C无跑道视程限制

3）机场的救援和消防等级

救援和消防勤务首要目标是在飞机失事或事故发生的情况下拯救人员的生命。为此，必须要有足够救援和消防的手段。机场的救援和消防等级以计划正常使用该机场的飞机外形尺寸（飞机机身全长和最大机身宽度）最大者为依据。

5.1.3 机场构成

机场主要由三部分构成，即飞行区、航站区及进出机场的地面交通系统，如图5-2所示。

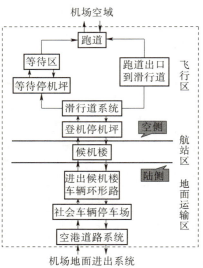

图5-2 机场构成

（1）飞行区是机场内用于飞机起飞、着陆和滑行的区域，通常还包括用于飞机起降和盘旋的空域在内。飞行区由跑道系统、滑行道系统和机场净空区构成。

(2) 航站区是飞行区与机场其他部分的交接部。航站区包括旅客航站楼、站坪、车道边、站前停车设施等。

(3) 进出机场的地面交通系统通常是公路，也包括铁路、地铁（或轻轨）和水运码头等。其功能是把机场和附近城市连接起来，将旅客和货邮及时运进或运出航站楼。

机场的设施包括目视助航设施、通信导航设施、空中交通管制设施以及航空气象设施、供油设施、应急救援设施、动力与电信系统、环保设施、旅客服务设施、安检设施、保安设施、货运区及航空公司区等。

习惯上将机场分为空侧和陆侧两部分。空侧是受机场当局控制的区域，包括飞行区、站坪及相邻地区和建筑物，进入该区域是受控制的。陆侧是为航空运输提供各种服务的区域，是公众能自由进出的场所和建筑物。

机场占地面积大、位置选择要求高，而且还包括相应的空域。机场必须要有足够的面积容纳飞行区和航站区，同时要求平台开阔；考虑噪声影响和未来的可持续发展，机场应适当远离城市市区；还应考虑周围地势、海拔高度、气象（尤其是风向）、相邻机场距离和方位、附近居民区和工业区状况、陆上客货运输工具进出机场的方便程度等。

案例一 北京大兴机场

1. 北京大兴机场概述

北京大兴国际机场于 2019 年 9 月开始运营，为 4F 级国际机场、世界级航空枢纽。大兴机场航站楼区南北长约 1 753 m，东西宽约 1 591 m，占地约 4.05 万亩，由旅客航站楼、换乘中心和综合服务楼以及停车楼三部分组成（图 5-3），共有 4 条跑道、150 个客机坪机位、24 个货机坪机位、14 个维修机坪机位、70 万平方米的航站楼，旅客年吞吐量预计达到 1.3 亿人次，是目前世界规模最大的单体机场航站楼。

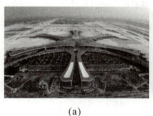  

(a) (b)

图 5-3 北京大兴国际机场航站楼
(a) 航站楼；(b) 航站楼内部

北京大兴国际机场仅用了 4 年时间创造了多项世界第一：世界规模最大的单体机场航站楼；世界最大的采用隔震支座的机场航站楼；全球首座双层出发、双层到达的航站楼；全球第一座高铁从地下穿行的机场；世界最大的无结构缝一体化航站楼；世界施工技术难度最高的航站楼；全球首创"激光导航+梳齿交换"式汽车搬运 AGV 机器人自动泊车。此外，机场还拥有国内最大的地源热泵系统工程。

2. 技术特点分析

1) 充分体现节能环保理念

航站楼按照节能环保理念，成为中国新的标志性建筑。航站楼设计高度 50 m，采取屋顶自然采光和自然通风设计，同时实施照明、空调分时控制，采用地热能源、绿色建材等绿色节能技术和现代信息技术。机场在全球枢纽机场中首次实现了场内通用车辆100%新能源，是国内可再生能源利用率最高的机场。

2）建筑艺术与数学的结合

核心区屋盖钢结构采用空间网架结构体系，12 300个球形节点和43 500根杆件组成的巨大屋顶被设计成一个自由曲面。每一个杆件和球形节点的连接都被三维坐标锁定成唯一的位置，从而构成"凤凰展翅"的大骨架。由于这个大骨架呈不规则曲面，球形节点与杆件相连部分覆盖的玻璃幕墙形状也各有其形，其难度堪称世界之最。

号称"新世界七大奇迹"之首的北京大兴国际机场，将几何学中的黎曼叶状结构发挥到极致。自由弯曲的曲面，肆意张扬的曲线，在建筑中窥见数学应用的奥妙玄机，如图5-3（b）所示。

北京大兴机场的设计结构具有极强的刚性，可以说是牵一发而动全身，这意味着设计师貌似大胆的设计实际上是基于严格精密的理性和深邃的思想。大兴机场内部钢架结构的调和叶状结构和奇异点，完美地呈现了建筑艺术和数学的结合，使得"横平竖直"的僵硬设计更加贴近自然。这也体现了设计师对人世英勇无畏，对自然敬畏，更加体现了"知识就是力量"。

3）服务至上、人性化的设计

最人性化的设计，当属5条放射状的指廊，指廊四周分布着78个近机位，从航站楼中心步行到最远的登机口，只需要8 min。

机场实行了四个国内首次：支持100%面像登机、支持100%无纸化、国内国际自主覆盖、全程无须出示登机牌。建设了19个平台68个系统，实现了对机场全区域、全业务领域的覆盖和支撑，为旅客提供"刷脸"通行、智能安检、个性化导航、行李追踪等全新智能化出行服务。如行李追踪：大兴机场行李系统全面采用了记录行李身份信息的RFID技术，共安装了82套RFID识别设备，旅客可通过机场官方APP、微信小程序、航显屏和自助查询机等多种途径，对行李全程追踪。旅客只要输入行李牌号码或身份证号或扫描行李条码等方式，便可查询到托运、安检、分拣、装车运输、装机等多个行李节点，实时掌握行李轨迹。

停车楼引进德国AGV自动泊车机器人，只需把车停在机器人停车区入口，通过车区互动屏幕绑定手机号，确认车辆相关信息，机器人便能完成后续停车操作。取车时，在车区互动屏幕上输入车牌号和手机号，点"取车"按钮，机器人便可把车停在出口位置。机器人停车场共提供近150个机器人车位，设置4个机器人停车站。机器人车位及停车站均可根据实际流量进行调整及分配。除此之外，大兴国际机场也引入了许多的现代高科技，目前航站楼内大部分区域已实现5G覆盖。同时，协同航空公司配备了400余台自助值机和自助托运设备，自助覆盖率达到了80%，可以确保旅客在值机环节排队时间不超过10 min。

4）双出发双到达

"双出发双到达"，就是四层为国际出发区，三层为国内出发区，二层为混合流动区，同时也是国内到达区，一层为国际到达区。此外，地下区域服务轨道交通，其中，地下一层是轨道交通的换乘中心，地下二层是轨道交通层。除了有机场线，这也是高铁下穿航站楼技术在全球的首次实现，从航站楼正下方就能秒速换乘京霸高铁、新机场快

第 5 章　航空运输设备

轨等。

5）中国首个"三纵一横"的跑道

跑道上的"一横"一改平行跑道的设计理念，能缩短飞机顶风北行后再折向南的距离，同时可避免一架飞机起降，好几架飞机在空中盘旋等待的局面。理论上说，当各方条件具备时，这一条跑道一个小时甚至可以放行超过 60 个离场航班。机场运行效率将大大提高。

大兴机场配备的精准的空管导航设备刷新了中国机场低能见度起降的新纪录，率先实现开航即具备平视显示器 75 m 跑道视程（HUD RVR75）起飞和Ⅲ类 B 仪表着陆系统运行能力，能够保障大兴机场在 50 m 左右的低能见度条件下起降。

6）自主创新、国产率高

北京大兴国际机场工程建设难度世界少有，其航站楼是世界最大的减隔震建筑，建设了世界最大单块混凝土板。创造了 40 余项国际、国内第一，技术专利 103 项，新工法 65 项，国产化率达 98% 以上。特别要提的是，启用了一套国产高速行李传输系统。此前，大型机场的行李处理解决方案一直被国外企业垄断，中国只能高价购买。中国工程师们历时 8 年，终于研发出了一套具有自主知识产权的高速行李传输系统，不仅速度更快，行李正确识别率也从原来的 90% 多，提升到了惊人的 99% 以上。

如此庞大的工程，我们仅仅花了 4 年的时间修建完成并且实现通航，创造了建筑史新的奇迹，而这都要得益于我们科技的不断发展、国力的不断提高。北京大兴机场充分凸显了"中国力量"和"中国卓越工匠精神"。

> **思考与探究**
>
> **卓越工匠精神**
>
> 1. 简述机场的功能和类别。
> 2. 探究分析机场的组成及各部分的功能，用思维导图表示。
> 3. 探究思考北京大兴机场建设中体现的交叉学科知识内容及人文素养。

5.2　飞机

5.2.1　飞机的分类

所有飞行器都可以分为航空器和航天器，前者是大气飞行器，而后者是空间飞行器（如火箭、航天飞机、行星探测器等）。航空器可分为轻于空气的航空器（如气球、飞艇等）与重于空气的航空器（如飞机与各种直升机、滑翔机、旋翼机等）。飞机是最主要的航空器，其分类如图 5-4 所示。

1. 按飞机构造划分

（1）按机翼数目：飞机一般可分为双翼飞机和单翼飞机，如图 5-5（a）（b）所示。

（2）按发动机类型：分为活塞式发动机飞机、螺旋桨式飞机和喷气式飞机，如图 5-5（c）所示。

螺旋桨式飞机包括活塞螺旋桨式飞机和涡轮螺旋桨式飞机，飞机引擎为活塞螺旋桨

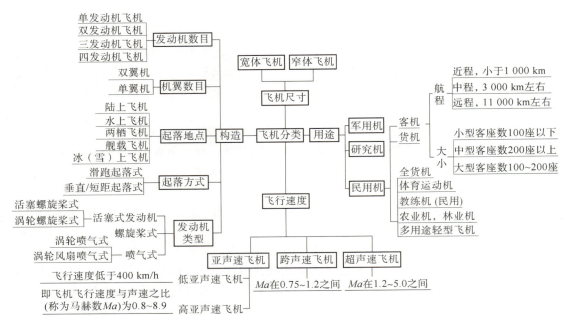

图 5-4　飞机分类

式,这是最原始的动力形式。它利用螺旋桨的转动将空气向机后推动,借其反作用力推动飞机前进。螺旋桨转速越高,则飞行速度越快。

喷气式飞机包括涡轮喷气式飞机和涡轮风扇喷气式飞机,优点是结构简单,速度快,可达 500~600 mile/h,燃料费用节省,装载量大,一般可载客 400~500 人或 100 t 货物。

(3) 按发动机数目:分为单发动机飞机、双发动机飞机、三发动机和四发动机飞机。

(4) 按起落地点:分为陆上、雪(冰)上、水上、两栖飞机和舰载飞机,如图 5-5 (d)所示。

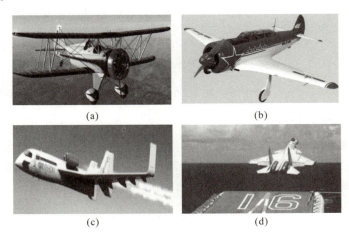

图 5-5　飞机(一)
(a) 双翼飞机;(b) 单翼螺旋桨飞机;(c) 喷气式飞机;(d) 舰载飞机

(5) 按起落方式:可分为滑跑起落式飞机和垂直/短距起落式飞机。
此外,还可按尾翼位置或数量、机身数量分类。

2. 按机身尺寸划分

（1）窄体飞机：指机身宽度约为 3 m，舱内只有一条通道，一般只能在下舱内装载包装尺寸较小的件杂货。如 B737、B757、MD-80、MD-90、A320、A321 等。

（2）宽体飞机：指机身宽度不小于 4.72 m，舱内有两条通道，下舱可装机载集装箱。如 B767、B747、MD-11、A340、A310。

3. 按飞机的用途划分

由于飞机的性能、构造和外形基本上是由用途来确定的，故按用途分类是最主要的分类方法之一。现代飞机按用途主要可分为军用机与民用机两类，另有一类专门用于科研和试验的飞机，可称为研究机。

（1）客机（客货两用机）。用于运载旅客和邮件，联络国内各城市与地区，或国际间的城市。旅客机可按大小和航程进一步分为：洲际航线上使用的远程（大型）旅客机、国内干线上使用的中程（中型）旅客机、地方航线（支线）上使用的近程（小型）旅客机。目前各国使用的旅客机大都是亚声速机。超声速旅客机有两种，其最大巡航速度约为两倍声速。中型旅客机使用较广泛，既有喷气式的，也有带螺旋桨的。

远程飞机的航程为 11 000 km 左右，可以完成中途不着陆的洲际跨洋飞行。中程飞机的航程为 3 000 km 左右。近程飞机的航程一般小于 1 000 km。近程飞机一般用于支线，因此又称为支线飞机。中、远程飞机一般用于国内干线和国际航线，又称为干线飞机。

我国民航是按飞机客座数划分大、中、小型飞机的。飞机的客座数在 100 座以下的为小型客机，100~200 座之间为中型客机，200 座以上为大型客机。航程在 2 400 km 以下的为短程客机，2 400~4 800 km 之间的为中程客机，4 800 km 以上的为远程客机。

（2）全货机。全货机是指机舱全都用于装载货物的飞机，如图 5-6（a）所示。一般载重较大，有较大的舱门，或机身可转折，便于装卸货物；货机修理维护简易，可在复杂气候条件下飞行。全货机一般为宽体飞机，主舱可装载大型集装箱。目前世界上最大的全货机装载量达 250 t，通常商用大型全货机载重量在 100 t 左右。

（3）教练机（民用）。用于训练民航飞行人员，一般可分为初级教练机和高级教练机，如图 5-6（b）所示。

（4）农业机、林业机。用于农业喷药、施肥、播种、森林巡逻、灭火等。大部分属于轻型飞机，如图 5-6（c）所示。

（5）体育运动机。用于发展体育运动，如运动跳伞等，可作机动飞行。图 5-6（d）所示是中国自主研发的"领雁" AG50 轻型运动飞机，于 2020 年 8 月首飞成功。

（6）多用途轻型飞机。这类飞机种类与用途繁多，如用于地质勘探、航空摄影、空中游览、紧急救护、短途运输等。

农、林业机，体育运动机，多用途轻型飞机均属于通用航空范畴。在美、英等国，通用航空一般指既不属于军用航空也不属于定期民用客货运输的航空活动。

4. 按飞机的飞行速度划分

按飞机的飞行速度分，有亚声速飞机和超声速飞机之分。亚声速飞机又分低亚声速飞机（飞行速度低于 400 km/h）和高亚声速飞机。多数喷气式飞机为高亚声速飞机。

经过近一个世纪的发展，飞机的速度性能已达到很高水平。虽然目前大部分民航机都是亚声速（Ma 小于 0.75）民航机，但跨声速（Ma 在 0.75~1.2 之间）、超声速（Ma 在

图 5-6 飞机（二）

(a) 全货机；(b) 教练机；(c) 农业机；(d) 体育运动机

1.2~5.0 之间）民航飞机也已投入运营。

5.2.2 飞机的基本构造和飞行原理

1. 飞机的构造

飞机有四个基本组成部分，即机体、动力装置、飞机系统和机载设备。

1) 机体

飞机机体由机翼、机身、尾翼（组）、起落架等组成，如图 5-7 所示。现代民用飞机机体除起落架外，一般都是骨架加蒙皮的薄壁结构，其特点是强度高、刚度大、质量小。机体使用的材料主要有两大类：一是金属材料，大多采用强度和刚度高的铝合金；二是复合材料，多为纤维增强树脂基层状结构材料。

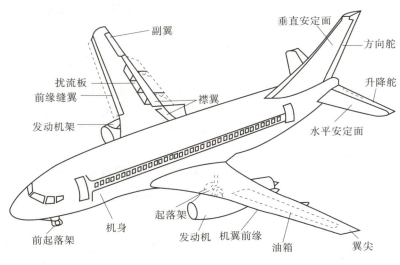

图 5-7 飞机基本结构

亚声速飞机机翼的翼型（机翼剖面形状）几乎都是下表面平直而上表面凸起的，以产生升力。大部分大型飞机的机翼在翼根处与机身的下部连接（即下单翼形式）。高速飞机常采用后掠翼设计，即机翼从翼根到翼尖向后倾斜。机翼上还装有很多用于改善飞机气动特性的装置，包括副翼、襟翼、前缘缝翼、扰流板等。副翼是飞机的主操纵面之一，位于机翼后缘外侧，一对副翼总是以相反的方向偏转，使一侧机翼的升力增加而另一侧机翼的升力减小，从而使飞机滚转。襟翼和前缘缝翼都是增加飞机起飞降落时的升力的装置，以缩短飞机的起降滑跑距离。襟翼位于机翼后缘内侧，放下时可以改变翼型形状和增加机翼面积；前缘缝翼位于机翼前缘，打开时可使下翼面的气流流向上翼面，以增加上翼面的空气流量。扰流板是铰接于机翼上表面的金属薄板，打开时分离上翼面的气流，造成机翼上的升力下降、阻力增加。在空中，扰流板可以协助副翼使飞机滚转；在地面，扰流板可起减速板的作用。

机身是飞机的主体，用于装载人员、货物，安装设备，并将飞机的各部件连接为整体。机身基本上是左右对称的流线体。大型客机机身一般由机头、前段、中段、后段和尾椎组成。机头主要是雷达天线和整流罩；前段和中段为气密增压舱，空间被地板分为上、下两部分，上部为驾驶舱和客舱，下部为货舱、设备舱和起落架舱；后段主要安装尾翼及部分设备；尾椎主要是辅助动力装置的排气管。

尾翼组由垂直尾翼和水平尾翼组成。垂直尾翼包括垂直安定面和方向舵，提供方向（航向）稳定性和操纵性。水平尾翼包括水平安定面和升降舵，提供俯仰稳定性和操纵性。

起落架主要由支柱、机轮、减震装置、制动装置和收放机构组成。其功用主要是使飞机起降时能在地面滑跑和滑行，并使飞机能在地面上移动和停放。现代飞机的起落架都是可收放的，可以大大减小飞机阻力，也有利于飞行姿态的控制。

2）动力装置

飞机飞行的动力来自发动机。航空发动机有活塞式发动机和燃气涡轮发动机两种类型。目前，时速小于 300 km 的轻型飞机的活塞式发动机仍是最经济的动力。

（1）活塞式发动机。航空活塞式发动机的主要机件包括气缸、活塞、连杆、曲轴、气门机构和机匣。这些机件的相互位置关系如图 5-8 所示。其中，活塞、连杆、曲轴三个机件组合在一起称为曲拐机构。气缸呈圆筒形，固定在机匣上；活塞装在气缸里面，并通过连杆和曲轴相连，曲轴由机匣支撑。曲轴和螺旋桨相连，有的发动机曲轴的轴头本身就是螺旋桨轴；气门机构是由进气门、排气门以及凸轮盘（或凸轮轴）、挺杆、推杆、摇臂等传动机件组成的，这些机件分别安装在气缸和机匣上。气缸是混合气燃烧，并将释放出来的热能转换为机械能的地方。活塞在气缸内往复运动，燃气的压力作用在活塞的顶面上，活塞就被推动而做功。燃气所做的功最终用来带动螺旋桨旋转，产生拉力，使飞机前进。但活塞在气缸内只能做直线运动。因此，必须把活塞的直线运动转变为螺旋桨的旋转运动，这个任务即由连杆和曲轴来完成。大功率航空活塞式发动机，在螺旋桨轴和曲轴之间一般都有减速器，使螺旋桨轴的转速低于曲轴的转速。

（2）航空燃气涡轮发动机。工作时，进入发动机的空气经压气机压缩提高压力，流入燃烧室与喷入的燃油混合后燃烧，形成高温、高压燃气，进入燃气涡轮中膨胀做功，使涡轮高速旋转并输出驱动压气机及发动机附件所需的功率。由燃气涡轮出来的燃气，仍具有一定的压力和温度。利用这股燃气能量有多种方式，相应地形成了不同类型的燃气涡轮发动机：涡轮喷气、涡轮螺旋桨、涡轮轴和涡轮风扇发动机。

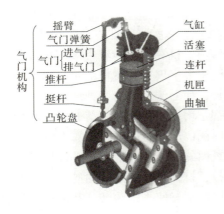
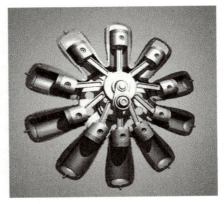

图 5-8 活塞发动机的主要机件

①涡轮喷气发动机：如果燃气涡轮后紧跟一个尾喷管，由燃气涡轮出来的燃气在尾喷管中膨胀加速，并由喷管排出，产生推力，这种发动机称为涡轮喷气发动机，简称涡轮发动机，如图 5-9 所示。

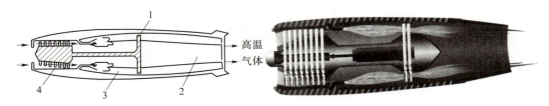

1—涡轮；2—尾喷管；3—燃烧室；4—压气体。

图 5-9 涡轮喷气发动机

②涡轮螺旋桨发动机：简称涡桨发动机。由于涡喷发动机的推力是由高速排出的高温燃气获得的，所以，在得到推力的同时，有不少由燃料燃烧所产生的能量以燃气的功能和热能形式排出发动机，能量损失较大，耗油率较高。如果从燃气涡轮出来的燃气大部分在其后的动力涡轮中膨胀做功，使动力涡轮高速旋转，然后通过减速装置降低转速后再驱动螺旋桨，提供拉力，燃气中剩下的少部分能量在尾喷管中膨胀，产生一小部分推力，这种发动机称为涡轮螺旋桨发动机，如图 5-10 所示。涡桨发动机由于有直径较大的螺旋桨，飞行速度受到限制，一般用于速度为 300～400 km/h 的飞机上。由于其排气能量损失少，推进效率高，所以耗油率低。目前其仍是支线飞机的主要动力。

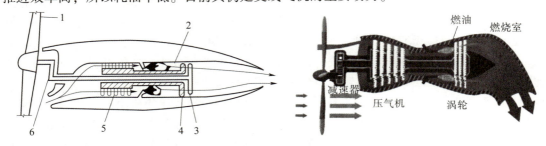

1—螺旋桨；2—燃烧室；3—动力涡轮；4—燃气涡轮；5—压气机；6—轴承。

图 5-10 涡桨发动机示意图

③涡轮风扇发动机：简称涡扇发动机，如图5-11所示，是目前应用最广泛的发动机。涡扇发动机的动力涡轮的传动轴通过燃气涡轮轴的中心，驱动压气机前的风扇叶轮，流入发动机的空气经风扇增压后，一部分流过压气机，称为内涵气流；一部分由围绕内涵道的环形涵道中流过，称为外涵气流。发动机由内、外涵气流分别产生推力。外涵与内涵空气流量之比称为涵道比或流量比。涡扇发动机具有耗油率低、起飞推力大、推重比高、噪声低的优点。因此，目前高涵道比、大推力的涡扇发动机广泛应用于大型运输机上。

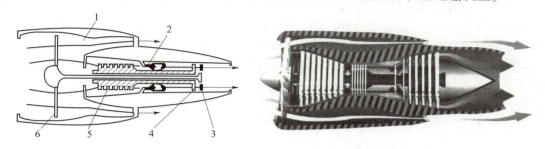

1—外涵道气流；2—燃烧室；3—动力涡轮；4—燃气涡轮；5—压气机；6—风扇。

图5-11 涡扇发动机示意图

④涡轮轴发动机：简称涡轴发动机，如图5-12所示，是直升机的动力。其工作原理和结构基本与涡桨发动机的相同。不同的是，燃气涡轮输出的能量主要是驱动直升机旋翼而不是螺旋桨。燃气涡轮排出的燃气基本上在动力涡轮中完全膨胀，所以燃气是由喷管排出的，气流速度很低。

图5-12 涡轮轴发动机

3）飞机系统

飞机系统主要有飞机操纵系统、液压传动系统、燃油系统、空调系统、防冰系统等。飞机操纵系统用于传递驾驶员的操纵动作，驱动舵面或其他有关装置，改变和控制飞行姿态。

飞机采用液压系统传动和控制操纵系统、起落架系统等。

燃油系统用于储存飞机所需的燃油，并保证飞机在各种飞行姿态和工作条件下，按照要求的压力和流量连续可靠地向发动机供油。此外，燃油还可以用来冷却飞机上的有关设备和平衡飞机等。

飞机在高空飞行气象条件较好，风速与风向稳定，保持相对空速时，发动机消耗的燃料比低空时少，航程与续航时间可相应增大，经济性提高。因此，现代大、中型旅客运输机的巡航高度都在7 000~10 000 m。但高空飞行时的低压、缺氧和低温使人体难以承受，因此现代飞机都采用了气密座舱和座舱空气调节系统。座舱空气调节系统能在飞行高度范围内向座舱供给一定压力、温度的空气，并按需要调节，保证机上人员的舒适与安全。

飞机在高空飞行时,大气温度都在 0 ℃ 以下,飞机的迎风部位,如机翼前缘、尾翼前缘、驾驶舱挡风玻璃、发动机进气道等易结冰。现代飞机都有防冰系统,以防止结冰危害。

4) 机载设备

现代大型运输机驾驶舱内的机载设备包括飞行和发动机仪表、导航、通信以及有关辅助设备等。机载设备为驾驶员提供有关飞机及其系统的工作情况,使驾驶员能随时得到飞行所必需的信息,并可在飞行后向维修人员提供有关信息。

飞行的飞行仪表包括指示飞机速度、飞行高度、升降速度的全静压系统仪表,指示飞行姿态和方向的仪表,指示时间和加速度的仪表等;现代飞机上还有自动驾驶仪等。

发动机仪表测量并指示发动机工作状态,测量的参数包括各部位的温度、压力、转速等。

导航、通信以及有关辅助设备是为了保证飞机的安全飞行而提供定位信息和通信联络等的设备。

2. 飞机的飞行原理

1) 飞机的气动升力

飞机在飞行过程中受到四种作用力:

(1) 升力——由机翼产生的向上作用力。

(2) 重力——与升力相反的向下作用力。

(3) 推力——由发动机产生的向前作用力。

(4) 阻力——由空气阻力产生的向后作用力。

飞机机翼具有独特的剖面,称为翼型。从侧面看,机翼顶部弯曲,而底部相对较平。机翼在空气中穿过,将气流分隔开来,一部分空气从机翼上方流过,另一部分从下方流过。但是由于机翼上部表面是弯曲的,因而从上方通过的空气速度加快,结果是使机翼上方的气压降低。与之相反,机翼下方的空气相当于沿直线流动,其速度与压力保持不变,如图 5-13 所示。

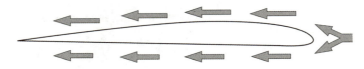

图 5-13 飞机的气动升力示意图

当气流填补局部真空时,机翼阻碍了它,这样机翼就被空气抬起,飞机向前飞行得越快,机翼产生的气动升力也就越大。当升力大于重力时,飞机就可以飞行了。

喷气式发动机使用快速旋转的涡轮来驱动风扇。风扇吸入空气,使之与燃油混合,然后向后喷射出膨胀的空气/燃气混合气。因为每个作用力都会有一个相等的反作用力,所以当涡轮发动机将空气向后推时,飞机就会向前疾冲。

2) 飞机的起降

起飞与着陆是飞机的两项重要飞行性能。涡轮喷气式发动机飞机,由于发动机拉力大,起飞过程可分为两个阶段:一是"起飞滑跑"阶段,飞机首先在地面开动发动机,将拉力增大到可使飞机在地面从静止到开始滑跑,然后将油门继续加大,提高拉力,使飞机加速前进。当速度增加到足够大时,举力超过重力,飞机便离地而起。第二阶段,即"加速与爬行"阶段。当飞机爬升到 25 m 高时,起飞结束。飞机在这两个阶段所飞越的距离就是起飞距离。25 m 是人为规定的,主要考虑避开机场周围房屋。对拉力小的喷气发动机或活塞螺旋桨飞机,起飞可分为三个阶段:离地前的起飞滑跑阶段;离地后的平飞加速阶段;速度足够大时的爬升阶段。

飞机的着陆与起飞相反，可分为五个阶段：下滑、拉平、平飞减速、飘落触地和着陆滑跑。下滑是驾驶员减速后从 25 m 处下沉；在接近地面时拉平飞机开始平飞减速；当飞机降到着陆速度时，举力小于重力，飞机机轮飘落触地。这时的速度称为着陆速度，也是飞机的最小速度，这一速度越小越安全。触地后继续前进直到停止，即完成了整个着陆。上述五个阶段的飞行距离之和称为着陆距离。

5.2.3 飞机的性能技术指标

不同用途的飞机，对飞机性能的要求有所不同。对现代民用飞机而言，主要考虑以下性能指标。

1. 飞机重量

飞机重量是飞机飞行的重要技术指标，它控制着跑道长度。飞机重量由基本重量、商务载重、航段燃油及备用燃油组成。

1）基本重量

基本重量指机组人员及为飞行所需的全部必要装备的重量，但不包括商务载重和燃油，它是随机舱座位布置而变化的。

2）商务载重

商务载重即运输机有收益的运载能力，包括旅客及其行李、邮件、快件和货物。DC-3 飞机的商务载重只有 2.4 t，到 DC-7 时达到 9 t，目前 B-747 已达 44 t。

3）航段燃油

航段燃油是指飞机在正常飞行中应耗的燃油，也就是指飞机起飞后准备到达第一个目的地两点之间所需的油料。燃油是飞机重量的重要组成部分。以 B747SP 飞机为例，其最大燃油携带量可达 15.3 t。对短程飞机来说，基本重量占 66%，商务载重占 24%，航段燃油占 6%，备用燃油占 4%；中程飞机这四部分的比例分别为 59%、16%、21%、4%；远程飞机则为 44%、10%、42%、4%；可见，航程越长，基本重量所占比例越小，燃油所占比例越大。

2. 速度性能

飞机优于其他运输工具的主要特点之一是速度快。衡量飞机速度性能的指标是飞机的最大平飞速度。

飞机的飞行速度增大时，飞机的阻力就增大，克服阻力需要的发动机推力也相应增大。当飞机做水平直线飞行，飞行的阻力与发动机的最大可用推力相等时，飞机能达到的最大飞行速度就是飞机的最大平飞速度。由于飞机的阻力和发动机的推力都与高度有关，所以飞机的最大平飞速度在不同的高度上是不相同的。通常在 11 km 左右的高度上，飞机能获得最大的最大平飞速度。

飞机不能长时间以最大平飞速度飞行，这一方面会损坏发动机，另一方面消耗的燃油也太多。所以，对需做长途飞行的运输机而言，更注重的是巡航速度。所谓巡航速度，是指发动机每千米消耗燃油最少情况下的飞行速度。也就是说，飞机以巡航速度飞行时，最为经济，航程最远或航时最长。

3. 爬升性能

民用飞机的主要爬升性能是指飞机的最大爬升速率和升限。飞机的爬升受到高度的限制，因为高度越高，发动机的推力就越小。当飞机达到某一高度，发动机的推力只能克服平飞阻力时，飞机不能再继续爬升了，这一高度称为飞机的理论升限。通常使用的是实用升限，实用升限是指飞机还能以 0.5 m/s 的垂直速度爬升时的飞行高度，这也称为飞机的静升限。

4. 续航性能

民用飞机的续航性能主要指航程和续航时间（航时）。航程是指飞机起飞后，爬升到平飞高度平飞，再由平飞高度下降落地，并且中途不加燃油和润滑油，所获得的水平距离的总和。飞机的航程不仅取决于飞机的载油量和飞机单位飞行距离耗油量，而且与业务载重量有关。飞机在最大载油量和飞机单位飞行距离耗油量最小的情况下飞行所获得的航程就是飞机的最大航程。由于飞机的满燃油重量与最大业务载重量的总和通常大于飞机的最大起飞重量，所以，为了要达到这一飞行距离，就不得不牺牲部分业务载重量。同样，飞机欲以最大业务载重量飞行，则通常要牺牲部分航程。

5. 起降性能

飞机的起降性能包括飞机起飞离地速度和起飞滑跑距离、飞机着陆速度和着陆滑跑距离。在地面滑跑的飞机，当其前进速度所产生的升力略大于飞机的起飞重量时，飞机就能够离陆了。但在正常起飞时，为了保证安全，离陆速度要稍大于最小平飞速度（飞机能够保持平飞的最小速度）。

离陆距离也称为起飞距离，由起飞滑跑距离和起飞爬升距离组成。飞机从松开刹车沿跑道向前滑跑至机轮离开地面所经过的距离称为起飞滑跑距离。从机轮离开地面到升高至规定的安全高度，飞机沿地平线所经过的距离称为起飞爬升距离。飞机的离陆距离希望尽可能的短，这样可以在较短的跑道上起飞。飞机发动机的推力越大、最小平飞速度越小，其离陆距离也就越短。

飞机的着陆过程也希望着陆的速度尽可能的小。着陆过程的速度分为着陆进场速度和着陆接地速度。着陆进场速度是指飞机下滑至安全高度进入着陆区时的速度，着陆接地速度有时也简称为着陆速度。

着陆距离可分成着陆下滑距离和着陆滑跑距离。着陆滑跑距离取决于飞机的着陆接地速度和落地后的减速性能。现代民用飞机除了在机轮上安装制动外，通常还采用减速板、反推力装置等来缩短着陆滑跑距离。

为了改善飞机的起降性能，使飞机在起降阶段并在较小的速度下能获得较大的升力，现代民用飞机均采用了不同的增生装置，如襟翼、前缘缝（襟）翼等，从而减小飞机的离地和接地速度。图 5-14 所示说明了飞机的起飞与着陆过程。

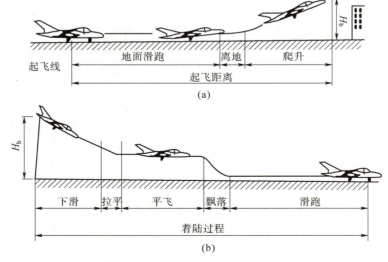

图 5-14 飞机的起飞与着陆过程
（a）起飞过程；（b）着陆过程

案例二　中国大飞机三剑客

1. 国之大运，中国大型运输机运-20

中国大飞机三剑客之运-20（鲲鹏）（图5-15）是由中国航空工业集团第一飞机设计研究院设计、西安飞机工业集团研制的新一代军用大型运输机，对改善中国军队装备现状、实现国防现代化、保卫国家安全和完成祖国统一大业有着不可替代的作用，其性能参数见表5-4。

图5-15　中国大飞机三剑客之运-20（鲲鹏）

表5-4　运-20性能参数

名称	参数	名称	参数
机长/m	47	最大速度/（km·h^{-1}）	750~800
翼展/m	45	实用升限/m	13 000
机高/m	15	最大航程/km	7 800
空重/kg	60 000	满载航程/km	4 400
最大起飞重量/kg	220 000	动力装置	4×D-30KP-2涡扇发动机
有效载荷/kg	66 000	起降滑跑距离/m	800

1）运-20的技术特点

伊尔-76和运-20都是最大起飞重量在200 t左右的大型运输机，两者在外形上基本上没有区别，但运-20在机体结构、减重以及气动布局上的设计远胜伊尔-76，其耗油量比后者低20%。在相同的航程情况下，运-20的运载量会更大。

在气动方面，运-20采用的是超临界翼型，而伊尔-76是传统翼型。从国内外经验来看，超临界翼型在升力系数、升阻比等方面都要优于后者，同时还可以降低飞机的重量。它可以在保持飞行速度不变的情况下，在机翼厚度不变时改用平直机翼，这样可减轻机翼重量，同时改善机翼的低速气动特性。如维持后掠角不变而采用厚机翼，同样可降低机翼重量，还可增加机翼内的容积，用于放置燃油或其他设备。因此，在同样条件下，运-20的载荷、航程等指标都要优于伊尔-76。

在飞行控制系统方面，运-20采用了电传操作系统和主动控制技术。相比较之下，伊尔-76采用的是机械操作系统，电传操纵系统的体积和重量更小，性能更好。尤其是通过采用机载载荷、放宽静稳度等新技术，可以改善飞机的气动特性、减轻飞机的结构、提高飞机低空低速空投时的稳定性能，从而提高飞机的飞行性能、安全性能和经济性能。

运-20采用先进的货舱设计，尤其是注意提高货舱的宽度和高度，机体显得比较短粗，适应新时期武器装备的要求。另外，货舱高度和宽度较高，也更加适合运送其他武器装备，如武装直升机、超长超宽物体等。

运-20采用了先进的航空电子系统，它以数据总线为骨干，任务计算机为核心，将飞机的通信、飞行控制、导航、气象等系统有机地连接在一起，形成了一个统一的网络，可以进行数据的综合处理和显示。另外，座舱显示器也采用了多部多功能液晶显示器，飞行员可以方便、直观地从显示器获取相关信息。运-20还配备了国产视景增强系统，它利用探测获得机场及周边的图像，可以在恶劣气候条件下帮助飞行员准确、快速地起降。

运-20采用常规布局，大展弦比主机翼，机翼的前缘后掠角恒定，尾翼为悬臂式T形垂直尾翼，并采用了复杂的三缝襟翼设计。其液压可收放前三点式起落架，能依靠重力应急自由放下，使之对起降场地的适应能力很强，短跑道起降性能优异。

运-20采用轻质材料，运用了3D打印技术生产的零部件，突破了数百项关键技术。在空气动力学、大型结构设计、超临界机翼、综合航电系统、高可靠性操纵系统的研制等方面，均有重大突破。降低了飞机的结构重量，提高了升阻比。所以，飞行员描述运-20的飞行感觉是：飞机平稳，具有优良的气动特性、起飞着陆特性和承载能力。

运-20使用多轮多柱式起落架，可在条件恶劣的简易机场起降，就连机场旁的草地经过平整后也能起降，最短时六七百米就能飞起来。

2）技术创新与突破

运-20突破了数百项关键技术，采用了超临界机翼、轻质复合材料，在空气动力学、大型结构的设计和制造、机载设备、高可靠性操纵系统等方面都有重大突破，航空电子系统的技术已达到世界先进水平，标志着中国跻身世界大飞机行列。运-20的性能优于俄罗斯的伊尔-76，在承载能力上略低于美国的C-17，而大幅领先于日本的C-2和欧洲的A-400M运输机。运-20飞机是空军战略性、标志性装备，标志着中国大飞机设计制造能力取得突破性进展，对推进中国经济和国防现代化建设，应对抢险救灾、人道主义救援等紧急情况，提高空军战略投送能力和中国军队履行使命任务能力，具有重要意义。

"三年设计，五年首飞，八年交付"，中国航空人创造了世界同类飞机研制交付的新纪录；筑梦长空，举国聚力，自主创新，中国成功跻身世界少数几个能够自主研制大型运输机的国家之列。今日凌云而起，中国大运如其名"鲲鹏"，彰显大国实力，凝聚大国智慧，承载大国重托。大运研制的每一步，都不断书写历史，创造奇迹，带领着中国航空工业在国际舞台上演更重要的戏码。

航空人有信仰、有信念、有理想、有担当、有作为，运-20的研制实践中体现了如下的大运精神：大情怀：顶天立地，实干兴邦；大奉献：艰难困苦，玉汝于成；大跨越：主动突破，创新超越；大协同：一箭易断，十箭难折；大运载：几代夙愿，梦想成真。航空人铸国之重器，强军富民，挺大国脊梁，赤胆忠心；为民族复兴，众志成城。

2. 大飞机三剑客之C919

C919大型客机（图5-16）是由中国商用飞机有限责任公司按照最新国际适航标准研制的干线民用飞机。其中C是China的首字母，也是中国商飞英文缩写COMAC的首字母，第一个"9"代表天长地久，"19"

图5-16 C919大型客机

代表客机最大载客量为 190 座。表 5-5 为 C919 的性能参数。

表 5-5　C919 性能参数

名称	参数	名称	参数
机长/m	38	最大速度/Ma	0.82~0.84
翼展/m	35.8	巡航速度/Ma	0.7~0.84
机高/m	12	实用升限/m	12 100
基本客座数	156/168	最大航程/km	5 555
最大起飞重量/kg	72 500	动力装置	2×CFM LEAP-1C 涡扇发动机
最大着陆重量/kg	66 000	起飞滑跑距离/m	2 200
有效载荷/kg	20 500	着陆滑跑距离/m	1 600

C919 大型客机采用先进气动布局和新一代超临界机翼等先进设计技术，达到比现役同类飞机更好的巡航气动效率；采用先进的发动机，以降低油耗、噪声和排放；采用先进的结构设计技术和较大比例的先进金属材料与复合材料，复合材料使用率达到 20%，减轻了飞机的结构重量；采用先进的电传操纵和主动控制技术，提高飞机综合性能；采用先进的综合航电技术，减轻飞行员负担，提高导航性能，改善人机界面；采用先进客舱综合设计技术，提高客舱舒适性；采用先进的维修理论、技术和方法，降低维修成本。这架具有自主知识产权的国产大飞机背后，是几代航空人用心血和汗水浇灌的梦想和探索。

3. 大飞机三剑客之 AG600

AG600（鲲龙）（图 5-17）是由中航工业特飞所设计、通飞公司研制生产的水陆两栖飞机。采用单船身、悬臂上单翼布局，采用前三点可收放式起落架，四台 WJ-6 发动机，机上配备探测照相、投水与汲水设施、

图 5-17　AG600

应急救护等专业设备，可以在陆上跑道长度不小于 1 800 m、宽度不小于 35 m 的机场和长 1 500 m、宽 200 m、深 2.5 m 的水域起降，主要用于执行应急救援、森林灭火、海洋巡察等特种任务，其性能参数见表 5-6。

表 5-6　AG600 性能参数

名称	参数	名称	参数
机长/m	37	最大平飞速度/（km·h^{-1}）	500
翼展/m	38.8	稳定飞行高度/m	最低 50
机高/m	12.1	起降抗浪高度/m	2
最大起飞重量/kg	53 500	最大航程/km	4 500
汲水速度/（L·s^{-1}）	600	动力装置	4×WJ6 涡桨发动机
投水高度/m	30~50	陆上跑道/（m×m）	1 800×35
投水命中率/%	大于 98	水域起降/（m×m×m）	1 500×200×2.5

AG600 按"一机多型、水陆两栖、系列发展"的设计思想进行设计,可根据用户需要加装任务载荷,执行环境监测、资源探测、客货运输、森林灭火和海难救护等任务。其任务载荷种类多,飞行速度慢,飞行高度低,一次汲水时间不大于 20 s,为快速扑灭高层建筑和森林火灾提供了必要条件。可在水面停泊实施救援行动,可抗 2 m 海浪,适应 3~4 级海况,适应 75%~80% 的南海自然海况,一次最多可救护 50 名遇险人员,堪称最专业的"救火机"。

AG600 总体技术水平和性能达到当前国际同类飞机的先进水平,具有完全自主知识产权,具备执行森林灭火、水上救援等多项特种任务的能力,是国家应急救援体系建设急需的重大航空装备。对提升国产民机产品供给能力和水平,有效促进我国应急救援航空装备体系建设的跨越式发展,尤其为"海上丝绸之路"航行安全提供最快速有效的支援与安全保障。

航空制造业被形容为"现代工业之花",而"大飞机"更被誉为"工业皇冠上的明珠",多年来大飞机市场主要被波音与空客垄断。大飞机直接反映一个国家民用航空工业甚至整个工业体系的整体水平,目前全球只有美国、俄罗斯、欧盟等能实现自主制造大飞机。生产大飞机的过程要涉及多个学科,包括空气动力学、材料学、航空电子学等,也涉及如化工、电子、冶金等多个部门。国产大飞机 C919 首飞成功,标志着中国成为第四个拥有自主制造大型干线客机能力的国家或团体。

> **思考与探究**
>
> **中国工匠精神**
>
> 1. 民用飞机是怎样分类的?主要构成部件有哪些?
> 2. 飞机有哪些主要性能指标?
> 3. 探究分析中国大飞机的制造过程中取得的技术突破,体会"大国工匠精神"。

5.3 通信与导航

5.3.1 通信设备

民航客机用于和地面电台或其他飞机进行联系的通信设备包括高频通信系统(HF)、甚高频通信系统(VHF)和选择呼叫系统(SELCAL)。

1. 高频通信系统(HF)

HF 一般采用两种制式工作,即调幅制和单边带制,以提供飞机在航路上长距离的空与地或空对空的通信。它工作在短波波段,频率范围一般为 2~30 MHz。其基本组成如下。

(1) HF 通信控制盒:用于提供方式控制、频率选择和收发机射频灵敏度调节。

(2) HF 通信收发信机:包括发信机和收信机,采用调幅或单边带方式工作。

(3) HF 天线耦合器:包括射频调谐元件和一个闭合调谐环路的控制电路,可在 2~30 MHz 范围内调谐。

(4) 音频选择盒:控制系统的发射或接收状态,输出音频信号。

高频通信系统工作过程是:①接收方式:接收到的射频信号经过天线馈线进入 HF 天

线耦合器,并通过收/发转换继电器,进入内部自动增益控制和射频放大器内,调谐电路完成频率变换,变换成的中频信号经调幅,输出到音频选择系统的耳机插孔或扬声器内。调幅音频也输出到选择呼叫系统。②发射方式:在频率选择和耦合器被调谐后,按下发射按钮使系统处于发射状态。经过音频选择盒提供的音频信号输入调制在调幅或单边带的射频上,放大后的信号通过收/发继电器和天线耦合器向空间发射电磁波。

2. 甚高频通信系统(VHF)

VHF 一般采用调幅方式工作,主要提供飞机与地面塔台、飞机与飞机之间近距离视线范围的语音通信。其工作于超短波波段,频率范围一般为 113~135.975 MHz,其基本组成和工作过程与高频通信系统的类似,仅天线有些不同。

3. 选择呼叫系统(SELCAL)

选择呼叫指地面塔台通过高频或甚高频通信系统对指定飞机或一组飞机进行联系。选择呼叫系统的基本组成如下。

(1)选择呼叫控制盒。包括指示灯、选择转换旋钮,用于指示对本飞机的选择呼叫码并选择不同通道接收。

(2)选择呼叫译码器。包括译码电路和选择开关,用于调谐所选择的频率并控制指示灯和钟声装置。

(3)钟声装置。在选择呼叫译码器上选定飞机呼叫码,系统处于待用方式。当地面通过高频或甚高频发射机呼叫时,飞机上收到的信号加到译码器中。如地面呼叫代码与飞机的代码相同,译码器便使控制盒上的灯亮、钟响,飞行员即可用高频或甚高频与地面联系。

4. 卫星通信系统

卫星通信是地面微波中继通信的继承和发展,是微波接力向太空的延伸,属于宇宙无线电通信的一种形式。通常将以空间飞行器或通信转发体为对象的无线电通信称为空间通信或宇宙通信,其包括三种形式:一是地球站与空间站之间的通信;二是各空间站之间的通信;三是通过空间站的转发或发射进行的各地球站之间的通信。通常把第三种形式的空间通信称为卫星通信。与其他通信系统相比,卫星通信具有覆盖区域大、通信距离远,具有多址连接能力、频带宽、通信容量大、通信质量好、可靠性高、机动灵活及电路使用费用与通信距离无关等优势。卫星通信系统由通信卫星、地球站群、卫星通信控制中心组成,如图 5-18 所示。

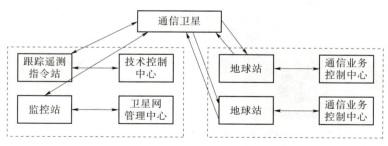

图 5-18 卫星通信系统的组成

通信卫星是卫星通信系统的空间分系统,主要由天线系统、通信系统、遥测指令系统、控制系统和电源系统五部分组成。

地球站群一般包括中央站和若干个基本地球站。中央站除具有普通地球站的通信功能外，还负责通信系统中的业务调度和管理，对普通地球站进行监测控制以及业务转接等。地球站由天线馈线设备、发射设备、接收设备和信道终端设备等组成。

卫星通信控制中心包括跟踪遥测及指令分系统和监控管理分系统。跟踪遥测及指令分系统对卫星进行跟踪测量，控制其准确进入轨道上的确定位置，并对在轨卫星的通信性能及参数进行业务开通前的监测和校正。监控管理分系统对在轨卫星的通信性能及参数进行业务开通前的监测和业务开通后的例行监测与控制，以确保通信卫星正常运行和工作。

地面基站根据观测数据计算出卫星的轨道参数；通过卫星将该轨道参数发送给飞机；飞机的机载接收机接收由卫星转送来的轨道参数，机载设备根据卫星的轨道参数和飞机相对卫星的位置参数，计算出飞机相对卫星的位置，并传回基站；基站再根据飞机相对卫星的位置，计算出飞机相对地球的位置，显示器可把这个结果显示出来。

5. 地–空数据链通信系统

地–空数据链通信系统包括机载地–空数据通信设备、地–空数据通信地面网络和地–空数据通信系统信息地面处理系统，如图 5-19 所示。

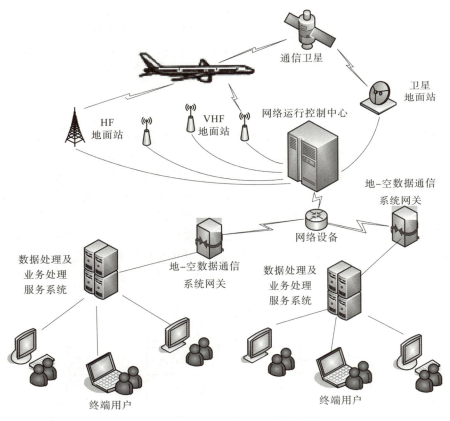

图 5-19　地–空数据通信系统组成

机载地–空数据通信设备主要包括（通信）管理组件、多功能控制与显示组件或其他显示设备、VHF/HF/卫星收发信机（电台）和打印机。

地-空数据通信地面网络主要包括 VHF 地面站、网络运行控制中心。

地-空数据通信系统信息地面处理系统主要包括航空公司数据通信应用系统、空中交通管制与服务应用系统、公共服务应用系统。

利用地-空数据链接通信系统，可在管制中心之间，以及管制中心与飞机、雷达、气象、航行情报、航空公司、航空行政等部门间实现信息的传输、交换和处理，有利于实现信息处理自动化，改善空管人员和签派人员的工作条件，提高工作效率等。

6. 平面数据通信网

通信网有着点对点通信系统中没有的网络层面的技术及工作方式。通信网的硬件设备可分为网络设备和用户终端设备。网络设备主要包括传输媒体、传输设备和交换路由设备等。终端设备指的是各种各样的通信终端。为使这些设备协调工作，还必须有信令、协议和网络管理控制系统等方面的支持。中国民航数据通信网是以异步传输模式（ATM）信元交换技术为核心，能够实现对异步传输模式 ATM、帧中继 FR、X.25、IP 及语音业务等的支持，并能提供专线连接、虚拟专用网、局域网互联、程控交换机互联等业务。能够满足高质量网络服务的要求：覆盖全民航所有的机场，提供良好的数据和专线服务；支持若干个覆盖全民航机场的程控电话交换机联网、语音拨号和专线业务网络；支持若干个覆盖全国并能满足各种规模和各种服务质量要求的 IP 业务网络及虚拟专用网络。

5.3.2 导航设备

1. 甚高频全向信标/测距机系统（VOR/DME）

（1）甚高频全向信标系统（Very High Frequency Omnidirectional Radio Range，VOR）是一种近程无线电导航系统，它被 ICAO（International Civil Aviation Organization，国际民用航空组织）确定为国际标准航线的无线电导航设备。它由地面发射台和机载设备组成。地面设备通过天线向飞机发射信息，机载设备接收和处理信息，并通过指示器指示飞机到 VOR 台的磁方位角。安装在机场的 VOR 台叫终端 VOR，使用 108～112 MHz 之间的 40 个波道，发射功率为 50 W，工作距离为 25 n mile。它通常和 DEM 或航向信标（LOC）装在一起，可以进行着陆引导。安装在航路上的 VOR 台叫航路 VOR，使用 112～118 MHz 之间的 120 个波道，发射功率为 200 W，工作距离为 200 n mile。它在航路上的安装地点叫航路点。飞机可以利用甚高频全向信标系统（VOR）从一个航路点到另一个航路点沿预定航道飞行。

（2）测距机系统（Distance Measuring Equipment，DEM）是一种高精度的近程脉冲（时间）测距导航系统，工作于 L 频段。DME 系统是一种询问-应答式测距系统，可以看成是一种二次雷达系统。如图 5-20 所示，测距机由机载 DME 询问机和地面测距信标台构成。

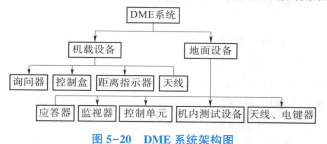

图 5-20　DME 系统架构图

地面测距信标台主要由应答机、监视器、控制单元、测试设备、天线等构成。应答器是 DME 系统地面设备的主要组成部分，由接收机、视频信号处理电路和发射机组成。接收机的作用是接收、放大和译码所接收的询问信号；视频信号处理电路的主要作用是对询问脉冲译码，并经过一定时间的延迟后，产生编码回答脉冲对；发射机的作用是产生、放大和发送回答脉冲对。机载系统由天线、询问机、导航控制面板和距离显示应用部分组成。工作方式是：机载测距机的发射电路产生脉冲询问信号，通过天线发射出去；测距信标台收到这一信号后，发射相应的应答信号；机载测距机在接收到应答信号后，即可根据询问脉冲和应答脉冲之间的时间延迟，计算出飞机到测距信标台之间的视线距离。

2. 无方向性信标系统（NDB）

无方向性信标系统（Non-Directional Beacon，NDB），即导航台，是用来为机上无线电罗盘提供侧向信号的发射设备。发射天线长 70 m，是架在两个高 30 m 铁塔上的 T 形天线。它在 150~1 600 kHz 波段内辐射垂直极化波信号，根据要执行的导航任务，导航台可以设置在航线上的某些特定点、终端区和机场。航线上的导航台，可以引导飞机进入空中走廊的出、入口，或到某一相应的导航点以确定新的航向；终端区的导航台，用来将飞机引导到所要着陆的机场，并保证着陆前机动飞行和穿云下降，也用来标志该机场的航线出口位置；机场着陆导航台，用来引导飞机进场，完成机动飞行和保持着陆航向。它和飞机上的机载无线电导航设备自动定向机（Automatic Direction Finder ADF，又称无线电罗盘）配合工作，由自动定向机测量飞机与地面导航台的相对方位。

3. 仪表着陆系统（ILS）

ICAO 确定仪表着陆系统（Instrument Landing System，ILS）为飞机标准进近和着陆设备。它能在气象恶劣和能见度差的条件下，给驾驶员提供引导信息，保证飞机安全进近和着陆。

ICAO 根据在不同气象条件下的着陆能力，规定了三类着陆标准，ILS 的设施也相应分成三类。其规定见表 5-7。

表 5-7 飞机着陆类别标准表

类别	跑道视距（RVR）/m	决断高度（DH）/m	类别	跑道视距（RVR）/m	决断高度（DH）/m
Ⅰ	800	60	ⅢB	50	
Ⅱ	400	30	ⅢC	0	
ⅢA	200				

注：跑道视程指在跑道表面的水平方向上能看见物体的最大距离；决断高度指驾驶员对飞机着陆或复飞做出判断的最低高度。

ILS 系统包括三个分系统：提供横向引导的航向信标系统、垂直引导的下滑信标系统、距离引导的指点信标系统。每一个分系统由地面发射设备和机载设备所组成。

航向信标台天线产生的辐射场，在通过跑道中心延长线的垂直平面内，形成航向面，提供飞机偏离航向面的横向引导信号。下滑信标台天线产生的辐射场形成下滑面，提供飞机偏离下滑面的垂直引导信号。航向面和下滑面的交线为下滑道。飞机沿下滑道着陆，就对准了跑道的中心线和确定了下滑角，以保证飞机在离跑道入口约 300 m 处着地。指点信标台发射垂直向上的扇形波束,只有当飞机飞越其上空的波束范围时,机载接收机才能收到发射信号。驾驶员可以据此判断飞机在哪个信标台的上空,即知道飞机离跑道端部的距离。

4. 惯性导航系统

惯性导航是利用惯性敏感元件测量飞机相对惯性空间的线运动和角运动参数,在给定的运动初始条件下,由计算机推算出飞机的姿态、方位、速度和位置等参数,从而引导飞机完成预定的航行任务。惯性导航系统最主要的惯性敏感元件是加速度计和陀螺仪。这两种元件是根据牛顿力学定律测量飞机相对惯性空间的线运动和角运动参数。用这两种惯性元件与其他控制元件、计算机等组成的测量导航参数的系统,称为惯性导航系统(Inertial Navigation System, INS),简称为惯导系统。该系统具有隐蔽性好,不受外界干扰,可全天候、全球地工作于空中、地球表面及水下,能提供位置、速度、航向及姿态角数据,数据更新率高、短期精度和稳定性好等优势。但也存在一些缺点:定位误差随时间增大,长期精度差,设备价格高,不能给出时间信息等。

5. 全球导航卫星系统(GNSS)

GNSS(Global Navigation Satellite System)是所有在轨工作的卫星导航系统的总成,包括全球定位系统(GPS)、全球导航卫星系统(GLONASS)、伽利略卫星导航系统(Galileo)、我国的北斗卫星导航定位系统(BDS)、广域增强系统(WAAS)、欧洲静地卫星导航重叠系统(EGNOS)、日本的 MSAS 多功能卫星增强系统、印度的 GAGAN 静地卫星增强系统等。

5.3.3 监视设备

监视设备包括一次监视雷达、二次监视雷达、多点相关定位系统、自动相关监视系统地面站、空中交通管制自动化系统。

1. 民航一次雷达

一次监视雷达广泛用于军用和民用。其工作原理是:通过辐射无线电波,检查目标是否反射回波及反射波的特性,可测得目标的信息和位置。根据雷达发射信号与反射波的时间差,可测得目标的距离;根据回波的波前到达雷达的角度,探测方位角。雷达发射电波后接收目标的反射波。通过此种方式获得距离和范围信息的雷达称为一次雷达。一次雷达的优点是可在荧光屏幕上显示探测目标的方位、距离、移动速度、移动方向,而不需要探测目标应答。

2. 民航二次雷达

二次监视雷达(Secondary Surveillance Radar, SSR)是指能够对管制空域的有源反射目标进行监测的雷达。相对于用于监测无源反射目标的一次雷达,二次雷达能够发射一定模式的询问信号并接收有源反射目标应答机响应的回答信号,回答信号经过处理,装有应答机有源目标的代号、高度、方位和距离得以显示。

3. S 模式二次雷达

该系统的基本思想是赋予每架飞机一个指定的地址码,由地面系统的计算机控制进行"一对一"的点名问答。即它的地面询问是一种只针对选定地址编码的飞机专门呼叫的询问。S 模式二次雷达系统由地面 S 模式航管雷达询问机和机载 ATC/S(Air Traffic Control/S)模式应答机组成。整个系统采用"问-答"方式。询问频率为 1 030 MHz，回答频率为 1 090 MHz。整个系统组成如图 5-21 所示，在传统二次雷达的基础上，询问机主要增加了 DABS（Discrete Address Beacon System）计算机，天线采用单脉冲天线，而机载应答机具有数据通信能力。

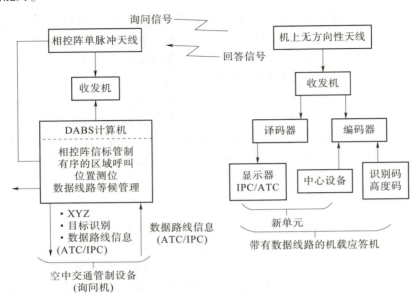

图 5-21　S 模式二次雷达系统的组成

4. 自动相关监视（ADS）

自动相关监视（Automatic Dependent Surveillance，ADS）是一种将监视服务扩展到海洋空域、边远陆地区域和雷达覆盖不到的地区的监视手段。"自动"表明无须机组人工发送飞机位置；"相关"依赖于飞机的报告，信息来自飞机，不是地面站；"监视"即飞机的位置得到监视。ADS 是应用于空中交通服务的监视技术，是由飞机将机上导航和定位系统导出的数据通过数据链自动发送。这些数据至少包括飞机识别、四维位置和所需附加数据。

ADS-B（Automatic Dependent Surveillance-Broadcast）系统（自动相关监视系统地面站）是广播式自动相关监视系统的简称，由多地面站和机载站构成，以网状、多点对多点方式完成数据双向通信。ADS-B 系统是一个集通信与监视于一体的信息系统，由信息源、信息传输通道和信息处理与显示三部分组成。它把冲突探测、冲突避免、冲突解决、ATC 监视以及机舱综合信息显示等有机结合起来，为新航行系统增强和扩展了非常丰富的功能，同时也带来了潜在的经济效益和社会效益。

5. 空中交通警戒和防撞系统

空中交通警戒和防撞系统（Traffic Alert and Collision Avoidance system，TCAS）是飞机上的机载防撞系统，是不依赖于地面空中交通管制系统为飞机提供防撞保护的机载设备，是独立于空中交通管制之外的空中分隔保证的方法，从而提供空中分隔保证或防避碰撞。防撞系统通过接收、处理其他飞机应答机的回答信号，可显示飞机周围的情况，并在需要时提供语音警告，同时帮助驾驶员以适当机动方式躲避危险，以避免灾难性事故的发生。

6. 近地警告系统

在起飞、复飞、进近着陆阶段且无线电高度低于 2 450 ft 时，近地警告系统（Ground Proximity Warning System，GPWS）根据飞机的形态和地形条件，若出现不安全情况时，在驾驶舱内以目视和音响形式向机组报警，提醒飞行员采取有效措施；当飞机遇到风切变时，发出风切变警告，及时提醒机组从风切变中解脱出来。系统包括信号输入部分、近地警告计算机、提醒和警告部件。

7. 新航行系统

新航行系统是一个以星基为主的全球通信、导航、监视加上自动化的空中交通管理系统，如图 5-22 所示。新航行系统由通信（C）系统、导航（N）系统、监视（S）系统和空中交通管理（Air Traffic Management，ATM）系统四部分组成。其中，通信、导航、监视系统是基础设施；导航是系统的核心，通信是系统的必要条件，监视是系统保障安全的手段，三者缺一不可。空中交通管理是管理体制、配套设施及其应用软件的组合。新航行系统主要新在"星基"上，即系统的关键问题是卫星的应用。从新技术利用来说，新航行系统主要是卫星技术、数据链技术和计算机网络技术的综合应用。

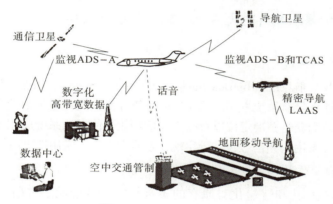

图 5-22 CNS/ATM 环境

通信系统，最关键的是发展双向数据通信，尤其是飞机与地面的通信。包括空-地数据链通信、地-地通信以及空-地语音通信。空-地数据链通信采用 HF（High Frequency）数据链通信、VHF（Very High Frequency）数据链通信和卫星数据链通信，其技术都从当前的飞机通信寻址与报告系统（Aircraft Communication Addressing and Reporting System，ACARS）向航空电信网（Aeronautical Telecommunication Network，ATN）发展。空-地数据链通信系统还包括航空移动空港通信系统，它有望提供大容量的数据链路，在飞机停靠闸口或停机坪时，实现飞机、车辆、固定站之间的高效率信息交换，以及支持不同的 ATM 和 AOC 应用。地-地通信的互联网协议由 IPv4 全面发展为 IPv6，覆盖全面的语音通信。空-地语音通信包括 VHF、HF 语音通信和卫星通信，未来主要发展数字语音系统。

导航方式从基于信号的传统导航方式向基于性能的导航方式转变，在不同的区域运用不同的 PBN（Performance Based Navigation）导航规范。采用全球导航卫星系统（Global Navigation Satellite System，GNSS）来提供全球覆盖，并发展多频、多星座的全球导航卫星系统，通过 GNSS 增强系统来提供 CATⅠ、CATⅡ和 CATⅢ类精密进近。NDB（Non-Directional Beacon）、VOR（VHF Omnidirectional Range）将逐步退出导航领域，改用 DME

（Digital elevation model）组成陆基导航网络来支持 PBN 运行。

监视系统的技术路线包括场面监视、地-空监视和空-空监视三部分。场面监视技术包括场面监视雷达、多点定位监视、广播式自动相关监视和照相机。地-空监视包括一次雷达、二次雷达、S 模式二次雷达、广域多点定位监视、广播式自动相关监视系统（ADS-B）和协约式自动相关监视系统（ADS-C）。空-空监视采用广播式自动相关监视系统（ADS-B）。

新航行系统的特点：系统方面是一个完整的系统，是一个全球一体化、滚动式发展的系统。技术方面，新航行系统利用了多种技术：卫星技术+数据链技术+计算机网络技术+自动化技术。其中，卫星技术和数据处理技术从根本上克服了陆基航行系统固有的而又无法解决的一些缺陷，如覆盖能力有限、信号质量差等。计算机技术和自动化技术是实现信息处理快捷、精确，减轻人员工作负荷的重要手段，如机载的飞行管理系统和空管自动化系统大大减轻了飞行员和管制员的工作负荷。新航行系统使空中交通管理系统的陆基航行系统向星基航行系统转变，国家空管系统向全球一体化空管体系转变，空中交通管理向自动化方向转变。

案例三　一种基于北斗的无人机数据通信系统架构

1. 北斗卫星导航系统

中国的北斗卫星导航系统（BeiDou Navigation Satellite System，BDS）是经全球卫星导航系统委员会认定的四大导航系统之一。北斗导航系统除具有无线电导航业务外，还兼容卫星无线电测定业务，从而获得精准定位以及报文通信功能，使得该系统应用面非常广泛。北斗导航具有安全性高，采用三频信号，易于实现，发展潜力大，实用性更高等优势。

2. 无人机空管面临的问题

无人机产业的多样化和普遍化对原有的飞行航空空域造成了占用过多空域资源的影响，也对原有的飞行造成了极大的限制。目前中国民用航空局无人驾驶航空器空中交通管理信息服务系统已开始进行内测，该系统能实时接入无人机用户及无人机飞行数据，是面向轻小型无人机的，通过管控系统实时监视与监控无人机的动态。目前无人机空管还面临以下问题：一是信号不稳定；二是分类标准不统一；三是无法实时监控与监管；四是未明确无人机是否依照空中交通规则；五是还存在传感器精度以及距离计算精度误差大等技术难点问题。

针对单个 ADS-B 基站覆盖范围有限、通航飞机态势信息孤立的问题，研究了基于 ADS-B 和北斗等多源数据融合的低空通航飞机飞行态势监视技术。从协议系统和应用三个层面设计并实现了监视系统，系统通过 ADS-B 地面站、机载 ADS-B 北斗便携装置以及无线网络实现多源数据获取和态势的广域的无缝监视。

3. 多源数据融合低空飞行监视系统设计

该系统主要有多源数据融合模块、网络数据服务平台和友好的用户界面。系统的结构框图如图 5-23 所示。

1）系统构成

多源融合低空飞行监视系统按功能划分为三个层面：协议层、系统层和应用层。协议

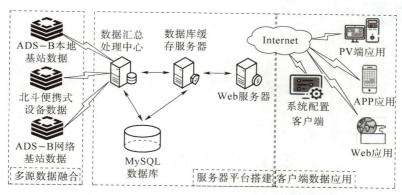

图 5-23　多源数据融合低空飞行监视系统总体结构框图

层为多源系统实现的基础，系统层保证系统的稳定性与平台兼容性，应用层使用户直观看到数据处理的结果。针对这三个层面的具体功能，做如下说明：

（1）协议层：由于数据源不同（ADS-B 北斗等），数据源传输形式不同（本地、网络、移动、固定等），多源数据融合处理技术的重点在于设计稳定、高效的系统协议。其中最重要的是针对多源数据的编码及解码协议，因此，重点研究编码协议与解析流程。

（2）系统层：硬件层的设计中，最主要的工作是数据服务平台的搭建，由于多源数据处理的特性，数据服务平台应合理、稳定、效率高。数据服务器平台搭建的合理性将决定整个系统运行的稳定性。本系统采用多个功能的服务器分别完成不同的任务，保证系统整体的运行效率以及稳定性。

（3）应用层：系统目标是保证用户可以直观、准确地看到低空飞行状况，便于随时应对突发事件。系统界面友好，结果显示直观，并且支持多终端显示，如手机、网页、电脑端等。客户端数据应用技术是将结果直接显示给用户的重要技术，直接影响用户使用体验。

2）多源数据融合处理

当不同类型数据按照系统指定的协议格式通过有线网、无线网或者其他通信方式，发送到指定的服务器网络端口时，就可以被系统识别，进行数据解码和存储等操作。同理，本系统也可以融入其他类型的数据，如气象数据、环境数据等，作为系统的扩展功能。为保证不同类型的数据都能被服务器有效识别，系统需制定统一的报文格式将数据编码。服务器通过网络端口接到报文数据后，根据报文协议将其解析处理并按照固定的格式存储到数据库。

3）服务器系统

服务器系统包括硬件和软件两部分。系统硬件包括 ADS-B 接收机、便携式机载设备以及服务器硬件。为实现数据处理中心将数据报文解析后的结果存储到数据库，客户端通过互联网发送数据服务请求给 WebServer 服务器，服务器调用数据库里的数据返回给客户端等功能，搭建 Web 服务器平台，用户也可通过互联网调用服务器开放的 API 函数直接获取数据库里的数据，这样既可以为客户端软件设计做好基础，也方便用户对系统二次开发。

4）客户端数据应用程序设计

客户端的数据应用程序是直接面向用户的，需要保证友好的交互界面以及直观的结果显示。相对于服务器复杂的数据处理技术，客户端软件设计较容易，只需要针对相应的需求进行程序设计即可。主要是航迹显示，用户可调用数据库中的飞机标识、航班号及航迹等关键信息。

思考与探究

居安思危

1. 民航通信、导航、监视系统分别有哪些？
2. 探究民航通信、导航、监视系统对安全运营的重要性，并分析预防航空事故的策略。

5.4 航天运载设备

5.4.1 航天运输概述

航天运输（Space Transportation），又称空间运输或太空运输，是把有效载荷从地面运送到太空预定位置（轨道）、从太空某位置运回地面或运送到太空另一位置的过程。

航天运输是空间探索和空间应用的基础。航天运输的有效载荷包括人员、航天器以及完成航天任务所需的设备、器材和物资等。

5.4.2 航天运载设备

1. 运载器

航天运载器是指轨道器主发动机、固体火箭助推器和外贮箱等构成发射载人或无人航天器的重型运载器，如图 5-24 所示。其是把有效载荷从地面运送到太空预定位置（轨道）、从太空某位置运回地面或运送到太空另一位置的运载工具的统称，包括一次性使用运载火箭、部分重复使用运载器和完全重复使用运载器。

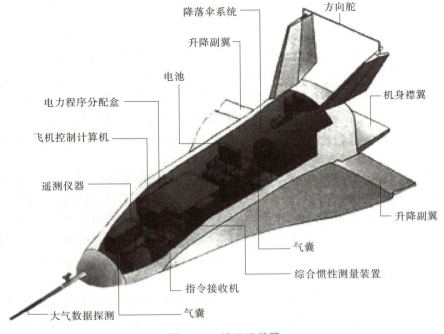

图 5-24 航天运载器

根据能否重复使用性，运载器分为一次性使用运载器和重复使用运载器。重复使用运载器是指可以重复使用的，能够迅速穿越大气层，自由地往返于地球表面与太空之间，运送有效载荷；也可以较长时间在轨停留和在轨机动，完成各种任务，具有军民两用特点的多用途航天器。通常要求重复使用运载器像火箭一样将有效载荷迅速送入空间轨道，同时，在完成任务后又能够像飞机一样安全、准确地返回地面基地，因此它是航天、航空技术高度融合的结晶。

2. 轨道器

轨道器是指往来于航天站与空间基地之间的载人或无人飞船，如图 5–25 所示，主要用途是更换、修理航天站上的仪器设备。补给消耗品，从航天站取回资料和空间加工的产品等。由于它专门来往于各个空间站，又被称为"太空拖船"。轨道飞行器有两种：一种是活动范围较小的，叫轨道机动飞行器；另一种是在大范围内实行轨道转移的，叫轨道转移飞行器。

图 5–25 轨道器

3. 运载火箭

运载火箭（Rocket Launcher）指的是将人们制造的各种将航天器推向太空的载具。运载火箭一般为 2~4 级，用于把人造地球卫星、载人飞船、航天站或行星际探测器等送入预定轨道。末级有仪器舱，内装制导与控制系统、遥测系统和发射场安全系统。常用的运载火箭按其所用的推进剂来分，可分为固体火箭、液体火箭和固液混合型火箭三种类型。如我国的长征三号运载火箭是一种三级液体火箭；长征一号运载火箭则是一种固液混合型的三级火箭，其第一级、第二级是液体火箭，第三级是固体火箭；美国的"飞马座"运载火箭则是一种三级固体火箭。运载火箭的组成部分有箭体、动力装置系统和控制系统。这三大系统称为运载火箭的主系统。另外，还包括遥测系统、安全系统、外弹道测量系统、地面测发控系统等。

箭体是运载火箭的基体，它把运载火箭各系统组合在一起形成一个完整的整体。动力系统是火箭的"心脏"，固体火箭发动机由药柱、壳体、喷管组件和点火装置等组成。液体火箭发动机一般由推力室、推进剂供应系统、发动机控制系统组成。控制系统是运载火箭的"大脑"，用来控制运载火箭沿预定轨道正常、可靠飞行，由制导和导航系统、姿态控制系统、综合线路系统三大部分组成。

固体火箭助推器（Solid Rocket Boosters，SRB）是一种捆绑在航天运载器上提供附加推力（有时是主要推力）的火箭，如图 5-26 所示。两台可重用的 SRB 提供航天飞机离地时的主要推力，一直工作到约 45 km（150 000 ft）高空。在发射台上，SRB 承担了外储箱和轨道器的全部重量，并将之转移给移动发射台。发射时，每台助推器产生约 1 245 t（2 800 000 lb）推力，随后迅速增加到 1 379 t（3 100 000 lb）推力。三台主发动机点火推力达到预设水平后，SRB 点火。SRB 分离 75 s 后到达 67 km（220 000 ft）最高点，随后降落伞打开，溅落在离发射场 122 n mile（226 km）海面上并得到回收。SRB 是最大的固体燃料火箭，也是第一次采用可重用设计的固体火箭。助推器高 45 m，直径 3.7 m。在发射台上，每台助推器重 589 550 kg（1 300 000 lb），两台助推器占全部起飞质量的 60%。而每台助推器中填充的推进剂重约 498 850 kg（1 100 000 lb）。SRB 的基本元件有发动机（含壳体、推进剂、点火器和喷管），主结构体，分离系统，飞行控制仪器，火工设备，减速系统，推力矢量控制器，回收系统，安全自毁系统。每台助推器都通过 SRB 尾部的两个横向支杆和斜向连接杆与外储箱相接，并且 SRB 前裙部与外储箱前端相接。每台助推器尾部还通过四颗脆性螺母与发射台相接，起飞时螺母断开。

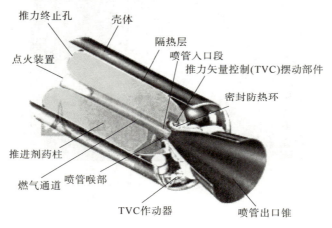

图 5-26　火箭助推器

4. 航天飞机

航天飞机（Space Shuttle）是一种往返于近地轨道和地面间的、可重复使用的运载工具，如图 5-27 所示。它既能像运载火箭那样垂直起飞，又能像飞机那样在返回大气层后在机场着陆。美国航天飞机由轨道器、外储箱和固体助推器组成。苏联航天飞机本身未装备主发动机，因而只是航天器，不是运输器，需借助能源号运载火箭送上太空。

航天飞机外储箱（Space Shuttle External Tank，ET）是航天飞机的重要组件之一，用于储存液氢（燃料）和液氧（氧化剂）。航天飞机发射升空期间，由外储箱为轨道器中的三台航天飞机主发动机提供加压氧化剂和燃料。外储箱主要由三个部分组成：前端的液氧箱；不加压的中间层，用于放置大部分电子设备；尾部液氢箱，尺寸最大，但比较轻。外储箱在航天飞机发射时充当固体助推器和轨道器的支撑与连接结构。外储箱与每个助推器通过前端的一个附着点（即贯穿中间层的横梁）和一个尾部支架连接。它与轨道器通过一

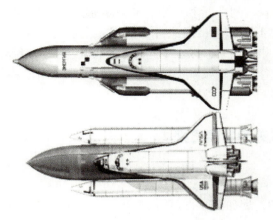

图 5-27 航天飞机

个前端双脚连接点和两个尾端双脚连接点相连。在尾部区域，还有供外储箱和轨道器进行液体、气体、电信号和电力流通的脐带管。轨道器与助推器之间的电信号和控制信号也通过这条管线传输。

5.4.3 航天运载设备发展

1. 传统航天运载器

传统航天运载器运载方式经历了由一次性使用运载火箭、航天飞机到可重复使用运载火箭的发展历程，体现了人类对不断降低发射费用的探索与实践。一次性使用运载火箭的发动机比冲较低，箭体和发动机无法重复使用，发射准备周期长，难以满足未来大规模低成本空间开发需求；航天飞机实现了轨道飞行器、固体燃料助推器的重复使用，但其不成熟的结构热防护技术使其发射成本居高不下，最终被迫退出历史舞台；可重复使用运载火箭实现了箭体、火箭发动机及其他部分设备的垂直回收和再次使用，有望通过多次重复使用将运载成本降低至一次性使用火箭发射成本的 1/3；水平起降空天飞行器可利用大气层中的氧气来大幅度降低起飞质量和总体规模，具备完全可重复使用能力，能够满足未来廉价、快速、便捷、自由进出空间的需求，具有巨大的发展潜力。

2. 空天飞行器

一次性使用运载火箭、航天飞机和可重复使用运载火箭难以进一步大幅度降低成本的主要原因是火箭发动机比冲较低，所以不得不采用多级运载方式入轨，该运载方式增加了火箭发动机、箭体数量和分离等，导致成本难以大幅度降低；同时，传统运载器的火箭发动机动力形式不得不携带大量氧化剂，致使推进剂质量占比相当高（如运载火箭推进剂占比高达 90% 以上）。计算表明，即使一级火箭全部重复使用，重复使用发射百次时，氧化剂和燃料费用将占发射费用的 40% 以上，而一级运载火箭费用占全部运载火箭费用的 70% 以上。上述分析表明，进一步大规模降低发射费用的技术方向之一是采用新型动力，尽可能利用空气中的氧气工作，大幅度降低氧化剂携带量。空天飞行器是采用吸气式组合动力、升力式构型，能在普通机场水平起降，可在稠密大气、临近空间、轨道空间飞行的重复使用航天运输系统。由于空天飞行器既可充分利用大气层中的氧气，大幅降低氧化剂的携带量，从而大幅度降低发射质量和规模，同时又采用升力体构型，利用升力克服重力，只需较小推力即可实现不断加速，因此有望实现完全重复使用，大幅降低发射成本。为此，国外自20世纪60年代以来，以水平起降重复使用空天飞行器为目标，持续开展了吸气式组合动力推进天地往返运输系统关键技术攻关及验证工作，并实施了多个国家层面的研究计划。

案例四　中国航天的发展历程

1. 20世纪航天发展

20世纪中国航天的发展如图5-28所示，从1960年2月19日中国自行设计制造的试验型液体燃料探空火箭首次发射成功开始，在航天领域陆续取得了举世瞩目的成就。1970年发射了第一颗人造卫星"东方红一号"；1980年成功发射了远程运载火箭；1986年2月1日发射了一颗实用通信广播卫星。1988年发射了气象卫星"风云一号"，这是中国自行研制和发射的第一颗极地轨道气象卫星。1999年11月20日神舟一号成功实现天地往返。

图5-28　20世纪中国航天的发展

2. 21世纪航天发展

进入21世纪，在各种新技术的加持下，中国航天领域获得了突飞猛进的发展，其发展历程如图5-29所示。

图5-29　21世纪中国航天的发展

2001年，中国第一艘正样无人飞船发射升空。

2003年，"神舟五号"实现首次载人飞行，并成功围绕地球十四圈。同年，嫦娥三号探测器成功软着陆于月球雨海西北部，并创造了全世界在月工作最长纪录。

2019年1月3日，嫦娥四号成功在月球着陆，月球车"玉兔二号"到达月面开始巡视探测。

2020年5月5日，长征五号B运载火箭在文昌航天发射场成功首飞。它采用最新的两舱式（推进舱、返回舱）布局，效率更高，技术更先进，容量更大，能搭载7名航天员，拥有较强的载货能力，在太空中使用寿命更长。通过模块化和通用化设计，它可以通过更换隔热模块实现多次低成本重复使用。飞船整体隔热能力大幅提升，足以适应包括载人登月在内的载人深空探测计划。这些优势远远超过了神舟飞船的核心指标，也使得新载人飞船成为目前世界最先进的新一代载人飞船之一。

2020年6月23日，北斗卫星导航系统第55颗卫星搭乘长征三号乙运载火箭从西昌卫星发射中心成功升空。北斗系统，历时26年研发，经历了三代系统，共计发射了59颗卫星，完成全部组网星座发射任务。在理论上，卫星导航系统能无限量为用户提供全球覆盖、全天候、全天时的高精度定位与授时服务，事关国家安全、经济建设和科学研究等重要领域，是任何一个大国必须掌握的核心竞争力。

2020年11月24日，嫦娥五号发射成功，它为人类带回月球1 731克样品。中国全面掌握了无人地月往返系列技术。嫦娥五号实现了中国航天五大首次技术突破：地外天体自动采样封装；地外天体起飞并精准入轨；月球轨道无人交会对接；携带月球样本高速（近11.2 km/s的第二宇宙速度）返回地球；建立中国月球样品的存储、分析和研究系统。

2021年5月15日，天问一号成功着陆在火星托邦平原南部预选着陆区。祝融号与天问一号两器顺利分离，并与环绕器建立器间链路，传回火星数据。

2021年6月17日，神舟十二号载人飞船将三名航天员送入天和核心舱，完成为期3个月的在轨驻留、开展机械臂操作、太空出舱等活动，验证航天员长期在轨驻留等的一系列关键技术。

2021年9月20日，长征七号运载火箭，成功托举天舟三号货运飞船准确入轨。长征七号火箭采用全数字化手段研制，使用无毒无污染的液氧煤油推进剂，采取严格的防风、防水、防盐雾措施，转场时能够抵抗八级大风，可在中雨条件下发射。

1956年我国的航天事业开始发展，在面对一次又一次的挫折和教训后，更加坚定了航天事业自主发展道路。七十多年忍辱负重，克服发展中的种种阻力。一代又一代人仰望星空，脚踏实地地奋斗拼搏中，一步一步实现我们的飞天梦、登月梦，将五星红旗插在了太空中、月球上、火星上（图5-30）。人民有信仰，国家有力量，民族有希望，未来中国的繁荣发展仍需我们的不懈奋斗。

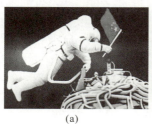 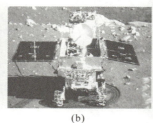 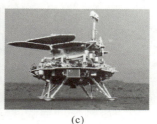

(a) (b) (c)

图5-30 五星红旗的航天旅程

(a) 五星红旗在太空；(b) 五星红旗在月球；(c) 五星红旗在火星

思考与探究

中国航天梦

1. 航天运载设备有哪些？
2. 探究分析"中国航天梦"实现过程中克服的重大难点及突破。

 本章知识总结

本章知识内容如图5-31所示，从机场、飞机、通信导航设施、航天运载设备几个方面介绍了各类航空运输设备的分类、功能、构成、飞行原理等内容。在掌握各基础知识点的基础上，了解"中国力量""卓越工匠精神"对中国航空航天梦实现的支撑作用。

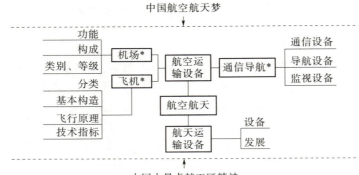

图5-31 本章知识点

注：带*部分需结合线上教学资源进行自主学习。

第6章 管道运输设备

知识目标

掌握输油管道、输气管道、固体物料浆体管道的主要设备类型;
熟悉管道构成及分类;
了解海洋油气输送管道设备构成、技术要求及发展,管道运输装备的维护与管理。

能力目标

能够描述管道运输设备的种类、功能;
能够把握管道运输设备的发展需求;
能够分析管道运输设备建设及发展过程中的服务、创新理念及安全责任意识。

 引入案例

"西气东输"管道工程

1. "西气东输"管道工程概述

改革开放以来,中国能源工业发展迅速,但结构很不合理,煤炭在一次能源生产和消费中的比重均高达72%。大量燃煤使大气环境不断恶化,发展清洁能源、调整能源结构已迫在眉睫。中国西部地区的塔里木、柴达木、陕甘宁和四川盆地蕴藏着2.6万立方千米的天然气资源,约占全国陆上天然气资源的87%。特别是新疆塔里木盆地,天然气资源量有8 000多立方千米,占全国天然气资源总量的22%。塔里木北部的库车地区的天然气资源量有2 000多立方千米,是塔里木盆地中天然气资源最富集的地区,具有形成世界级大气区的开发潜力。

"西气东输"管道工程于2000年动工,2014年完成三线工程建设,是中国距离最长、管径最大、投资最多、输气量最大、施工条件最复杂的天然气管道,也是全世界距离最长的管道工程。西气东输工程穿越的地区包括新疆、甘肃、宁夏、陕西、河南、湖北、江西、湖南、广东、广西、浙江、上海、江苏、山东和香港特别行政区，惠及人口超过4亿，是惠及人口最多的能源基础设施工程。

2. "西气东输"管道工程的建设特点

（1）西气东输管道工程首次引入社会资本和民营资本参与建设，为国内首创，有利于引导和带动民间资本向国计民生的行业和领域集中。

（2）首次在新建长输天然气管道上大规模应用国产化电驱、燃驱压缩机组和大口径干线截断球阀，打破了长期以来国外公司对中国长输天然气管道关键设备的垄断。

（3）首次推广应用新技术。在西气东输三线开展 600 km 机械喷涂液体聚氨酯补口和 400 km 中频加热辅助热收缩带安装规模应用，50 km BK-1 型机械化补口工作站试验。新技术有效保证了补口防腐层的一致性和可靠性，填补了我国管道建设在这一领域的空白。

（4）西气东输三线近20座站场均与西气东输二线已建站场合建，节省资源和费用，并提高了供气的可靠性。

（5）重视生态环保。施工前进行了严格的环境和社会评价，健全了国际通用的"健康、安全、环保管理体系"，在设计和施工上强调了环保要求。如为保护罗布泊地区的80多只野骆驼，专门追加了近 1.5 亿元投资，增加管线长度为 15 km；对挖土回填的施工标准是保证回填土上草类能够生长。管道全部铺设完毕之后对西部生态环境的影响很小。

3. "西气东输"管道工程的作用

（1）2021年累计输送天然气超过 1 000 亿立方米，输送量巨大。实施西气东输，有利于促进我国能源结构和产业结构调整，带动东部、中部、西部地区经济共同发展。为西部大开发、将西部地区的资源优势变为经济优势创造了条件，对推动和加快新疆及西部地区的经济发展具有重大的战略意义。

（2）建设优先采用国产设备和材料，作为大功率压缩机、大口径阀门等长输管道关键设备国产化的依托工程，带动钢铁、装备、机械、电子、冶金等相关行业发展。

（3）西气东输沿线城市可用清洁燃料取代部分电厂、窑炉、化工企业和居民生产使用的燃油和煤炭，将有效改善大气环境，提高管道沿线人民生活品质。

（4）西气东输三线将中亚天然气和新疆煤制天然气输往沿线中西部、长三角和东南沿海地区，对进一步构建完善中国西北能源战略通道和天然气骨干管网，保障国家能源安全，有效缓解中国中南和东南沿海各省天然气供需紧张的矛盾，促进能源结构调整和发展方式转变，保障沿线地方经济社会发展和节能减排，以及有效提高我国天然气供应调配灵活性，保障供气安全，均具有重要意义。

案例思考——国家能源战略

思考"西气东输"管道工程的建设对国家能源战略的意义。

6.1　输油管道及其主要设备

6.1.1　输油管道的分类

1. 按输送油料的种类不同

输油管道可分为原油管道和成品油管道。原油管道的起点大多是油田，终点则可能是炼油厂或转运原油的港口、铁路枢纽；成品油管道的起点常是炼油厂成品油库，沿途常有较多的支线分油或集油，其终点和分油点则是转运油库或分配油库，在该处用铁路油槽车或汽车油罐车将各种型号的成品油送给加油站或用户，或利用支线将油料直接送给大型用油企业。

2. 按输送油料的轻重不同

输油管道分为轻油管道和重油管道。由于轻重油料的黏度和凝固点相差较多，常需采用不同的输送方法，敷设不同的输油管道。

6.1.2 长距离输油管道构成

长距离输油管道由输油站与管线两大部分组成，图6-1描述了输油管道组成及输油流程。

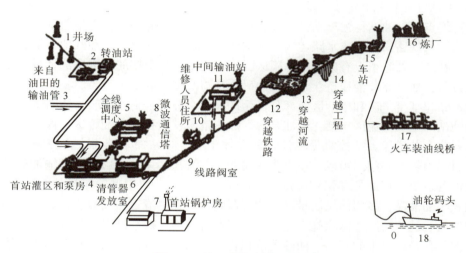

图6-1 长距离输油管道构成

1. 输油站

沿管道干线为输送油品而建立的各种作业场站称为输油站。按其所处的位置不同，可分为首站（起点站）、末站（终点站）和中间站。

1) 首站（起点站）

输油首站，通常位于油田、炼油厂或港口附近，是长距离输油管道的起点。其主要任务是接收来自油田、炼油厂或港口的油田并经计量、加压（或加热）后输向下一站。有的起点站兼有油品预处理（如原油稳定、脱盐、脱水、脱杂质；柴油、汽油脱水；顺序输送的成品油着色等）和清管器发送、污油的收集处理等功能。

首站主要由泵组、阀门组、油品计量和标定装置、油罐区、油品加热装置以及水、电、燃料供给和消防等辅助设备组成。输油站的工艺流程是根据输油量、油品性质和作业要求制定的。起点站的输油流程一般是接收来油（计量后储于油罐）后，经过站内循环和倒换油罐、正向输油（即经辅助增压泵、计量装置或经加热装置后再用输油泵增压，由管道输往下站）、发送清管器，超压保护以及出站压力调节等。

2) 中间站

输送过程中，由于摩擦、地形高差等原因，油品压力不断下降，因此，在长距离管道中途需要设置中间输油泵站,给油品增压。中间站按其任务不同,又可分为中间泵站、加热站、热泵站、分(合)输站等。

中间泵站的主要设备有输油泵、加热炉、阀门等。中间输油站与上站来的管道衔接的方式有开式旁接油罐方式和密闭从泵到泵输送方式两种。后一种方式是现有输油管道所普遍采用的。密闭输送的中间站,一般只进行正向输油和越站两种作业。

正常运行时,上站来油先经换热器进行加热,再经输油泵加压后输往下站。当需要越站输送时,可以关闭进出站阀门,由上站将油品直接输往下站。通过站内阀门的控制,也可进行只加热而不加压越站运行或只加压而不加热的越站运行。

油品先加热后进泵,可降低进泵油品的黏度,以提高泵的效率。加热装置在低压下工作,既安全,又节约钢材。站内设有辅助增压泵时,油品加热装置应设在辅助增压泵之后和输油主泵之前,这样不但保持先加热后进泵的优点,又使油流有足够压力进入主泵。

3)末站(终点站)

管道终点的输油站称为末站,接收管道来油,将合格的油品输送给收油单位,或改换运输方式,如铁路、公路或水路运输。其主要任务是解决管道运输和其他运输方式之间的不均衡问题。末站除了设有庞大的油罐区,还有用于油品交接的较准确的计量系统以及油品传输设备,如铁路装油栈桥、水运装油码头及与之配套的泵机组等。

输油站包括生产区和生活区两部分。生产区内又分为主要作业区与辅助作业区。

输油站的主要作业区包括:输油泵房、加热系统、站控室、油罐区、阀组间、计量间和清管器收发装置等。站控室是输油站的监控中心,是站控系统与中央控制室联系的枢纽。阀组间由管汇和阀门组成,用于改变输油站的流程。计量间用于管理输油品的交接计量。输油管道上常用的是容积式流量计,如原油管道上一般用腰轮流量计、刮板流量计,对黏度较小的油品,多用涡轮流量计。清管器收发装置由清管器发放、接收筒及相应的控制系统组成。清管器用于清除施工过程中遗留在管内的机械杂质等堆积物,以及清除输油过程中沉积在管内壁上的石蜡、油砂等沉积物。检测管子变形和腐蚀状况的内检测器也通过清管器收发装置发送及接收。油罐区容量的大小要根据转运方式的转运周期、一次运量、运输条件及管道输量等因素综合考虑。如转换为海运,则一次装油量大、周转期长,又受台风等气候条件的影响,故需较大的储油罐区。输送单一油品的首末站罐区容量一般不小于3天的管道最大输量。

输油站的辅助作业区包括供电系统、输油管道的自控与生产调度,以及日常运行管理等所需的通信系统、供热系统、供排水系统、消防系统、机修间、油品化验室、办公室等。

2. 管线

输油管道的线路(即管线)部分包括管道沿线阀室、穿越江河山谷等的设施和管道阴极防腐保护设施等。为保证长距离输油管道的正常运营,还设有供电和通信设施。

输送轻质油或低凝点原油的管道不需要加热,油品经一定距离后,管内油温等于管线埋深处的地温,这种管道称为等温输油管,它无须考虑管内油流与周围介质的热交换。对易凝、高黏油品,不能采用这种方法输送,因为当油品黏度极高或其凝固点远高于管路周围环境温度时,每千米管道的压强将高达几个甚至几十个大气压,这种情况下,加热输送是最有效的办法。因此,热油输送管道不仅要考虑摩阻的损失,还要考虑散热损失,输送工艺更为复杂。

6.1.3 输油站的主要设备

1. 输油泵

泵是一种将机械能（或其他能）转化为液体能的液力机械，它也是国内外输油管线广泛采用的原动力设备，是输油管线的心脏。用于长输管道的输油泵有离心泵和往复泵两种，离心泵通过离心力作用完成介质的输送任务。往复泵只在特殊条件下才使用。

1）离心泵

离心泵的扬程随排量增大而减小，出口阀门关闭时，流量为零，扬程达到最大值。离心泵自吸能力低，大排量的离心泵要求油流正压进泵。离心泵的工作特性和效率受油品黏度影响较大，因此，离心泵适用于大量输送低黏度油品。离心泵可用电动机或燃气轮机等高转速动力机直接驱动，效率可达 80%~86%，是输油管道的主要泵型。

离心泵的工作原理：启动前泵壳和整个吸入管路要充满液体，当原动机带动泵轴和叶轮旋转时，叶片间的液体也跟着旋转起来，液体在离心力的作用下，沿着叶片间的流道甩向叶轮外缘，进入螺旋形的泵壳内。由于流道断面积逐渐扩大，被甩出的流体流速减慢，将部分速度能转化为静压能，使液体压力上升，最后从排出管排出。与此同时，由于液体自叶轮甩出时，叶轮中心部分造成低压区，与吸入液面的压力形成压力差，在压力差的作用下，液体不断地被吸入，并以一定的压力排至泵外。由此可知，离心泵的工作原理就是叶轮在充满液体的泵壳内高速旋转，使液体产生离心力，从而依靠离心力来输送液体。其原理简图如图 6-2 所示。

1—叶轮；2—压出壳；3—排出管；4—进口管。

图 6-2 离心泵工作原理简图

离心泵主要优点如下：

（1）泵的流量范围很大，一般常用的为 5~2 000 m³/h，大型的输油泵可采用多级离心泵串联工作，每级的扬程可高达 500~600 m。目前国外最大的达到 54 500 m³/h。

（2）管道泵的转速较高，可以与电动机和汽轮机直接相连，传动机构简单紧凑。

（3）操作方便可靠，调节和维修容易，并易于实现自动化和远距离操作。

2）往复泵

往复泵的排量只与每分钟的冲程数有关，而与扬程无关；扬程的大小仅受设备强度和动力的限制，在容许范围内，可随管道摩擦阻力而定；往复泵自吸能力好，因此适用于输送高黏油品，或用于易凝油品管道停输后的再启动。

往复泵的主要部件有泵缸、活塞、活塞杆及吸入阀、排出阀。工作原理：活塞自左向右移动时，泵缸内形成负压，则储槽内液体经吸入阀进入泵缸内。当活塞自右向左移动时，缸内液体受挤压，压力增大，由排出阀排出。活塞往复一次，各吸入和排出一次液体，称为一个工作循环。这种泵称为单动泵。若活塞往返一次，各吸入和排出两次液体，称为双动泵。活塞由一端移至另一端，称为一个冲程，如图6-3所示。

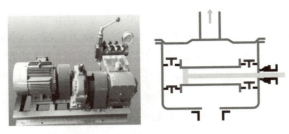

图6-3 往复泵工作原理简图

各泵机组之间有串联和并联两种运行方式。串联运行时，泵站的排量就是每台泵的排量，泵站的扬程是各工作泵的扬程之和。并联运行时，泵站的排量是各工作泵的排量之和，每台泵的扬程就是泵站的扬程。离心泵可并联运行，也可串联运行。平原地区的泵站，多采用大排量、中扬程的离心泵串联运行，有利于节能和自动控制。若输油站的下游管道上坡很大，则并联更为有利。用内燃机和燃气轮机作动力的泵站，可调节转速来改变输量。电动机驱动的泵站，因为多数电动机本身的转速是恒定的，所以普遍采用大小泵的不同组合来调节输量。近年来也有用调速电动机或液力耦合器来辅助输量的调节。

输油泵的选择需满足输油压力、排量和油品特性的要求。此外，还需考虑机组的可靠性、耐久性，并考虑易于操作、便于实现自控和遥控、有利于提高机组的效率和能够节能等多方面的因素。泵的可靠性尤为重要，它是保证管道不间歇地输送油品和实现油品输送自动化的基础。输油泵台数的确定要考虑有利于调节输量和操作方便，以及在规定的输量范围内，能够保持在泵的高效率区运行等因素。为提高设备利用率，一般每个泵站的泵机组数以4台左右为宜，其中1台为备用。

2. 原动机

驱动输油泵的原动机有电动机、柴油机和燃气轮机等。电动机具有价廉、轻便、体积小、效率高、维护管理方便、工作平稳、易于控制、防爆安全性等优点，应用最为广泛。但电动机需要可靠的供电系统。因此，在供电困难的地区，根据实际情况选用柴油机或汽轮机来驱动输油泵，可能比电动机更适宜，如我国西北地区的长输管道大部分是用柴油机做原动机的。由于大功率的柴油机往往转速不高，不能与大型离心泵直接传动，高速柴油机又大多对燃料要求严格，检修周期短，维修工作量大。目前，国外在缺电的长输泵站上已逐渐采用燃气轮机来驱动离心油泵。燃气轮机具有效率高、体积小、使用便捷、清洁环保等优势。

3. 输油泵站

输油泵站设于首站和中间输油站，它的基本任务是供给油流一定的能量（压力能或热能），将油品输送到终点站（末站）。输油泵站包括生产区和生活区两部分，生产区又可分为主要作业区和辅助作业区。主要作业区的设备或设施包括输油泵房、总阀室清管器收发装置、计量间、油罐区、油品预处理装置（多设于首站）、加热炉或换热器组等；辅助作业区包括供电系统、供热系统、供水系统与净化系统、车间与材料库、机修间、调度及监控中心、油品化验室与微波通信设备等。生活区指供泵站工作人员及家属居住的区域。

4. 加热装置

加热装置是热泵站的主要设备之一。对原油采用加热输送的目的是使原油温度升高，防止输送过程中原油在输油管道中凝结，减少结蜡，降低动能损耗。常用的加热方法有：一是直接加热方法，使原油在加热炉炉管内直接加热，即低温原油先经过对流室炉管被加热，再经辐射室炉管被加热到所需要的温度。油品在加热炉炉管内受火焰直接加热；当输油中断时，油品在炉管中有结焦的可能，易造成事故。二是用加热炉加热某种中间载体，再在换热器中用热载体加热原油。间接加热炉的优点是安全、可靠，缺点是系统复杂，不易操作，造价也较高。三是利用驱动泵的柴油机或燃气轮机的排气余热与原油换热。

加热炉一般由四个部分组成，即辐射室（炉膛）、对流室、烟囱和燃烧器（火嘴），如图 6-4 所示。加热方法有直接加热和间接加热两种方式。直接加热方法是使原油在加热炉炉管内直接加热，即低温原油先经过对流室炉管被加热，再经辐射室炉管被加热到所需要的温度。

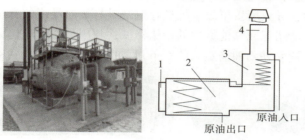

1—燃烧器（火嘴）；2—辐射室；3—对流室；4—烟囱。

图 6-4　原油加热炉

5. 储油罐

油罐是终点站和起点站的重要设备，主要用于储存石油及其产品。油罐按建造方式，可分为地下油罐（罐内油品最高液面比邻近自然地面低 0.2 m 以上者）、半地下油罐（油罐高度的 2/3 左右在地下）和地上油罐（油罐底部在地面或高于地面者）三种。按建造材料，分为金属油罐、非金属油罐。按罐的结构形式，分为立式圆柱形油罐、卧式油罐、球形油罐等，如图 6-5 所示。

图 6-5　储油罐

(a) 立式圆柱形油罐；(b) 卧式油罐；(c) 球形油罐

一般来说，应用较广的是钢质金属油罐，安全可靠，经久耐用，施工方便，节省投资，可储存各种油品。非金属油罐大多建造在地下或半地下，用于储存原油或重油，容积较小，易于搬迁。非金属油罐油品蒸发的速度比钢罐油品蒸发的速度慢，抗腐蚀能力也比金属罐强；其缺点是易渗漏，不适合储存轻质油品，并且当罐底发生不均匀沉陷时，易产生裂纹，而且难以修复。大型管道起讫点的油库还可用地下大型岩穴和盐岩穴等储存大量油品。长距离输油管道上普遍采用大容量的金属浮顶油罐或内浮顶油罐。

6. 管道系统

输油系统一般采用有缝或无缝钢管，大口径者可采用螺旋焊接钢管。无缝钢管壁薄、质轻、安全可靠，但造价高，多用于工作压力高、作业频繁的主要输油管线上。无缝钢管的规格标识方法是：外径×壁厚，如 $\phi 108 \times 4$ 表示外径为 108 mm、壁厚为 4 mm 的无缝钢管。承受压力为 $200 \sim 400 \ N/cm^2$。

焊接钢管又称有缝钢管，是目前输油管路的主要用管，制造材料多为普通碳素钢和合金钢，制造工艺有单面焊和双面焊两种，一般可耐压 $300 \sim 500 \ N/cm^2$。

7. 清管器

在运输油品过程中，管道结蜡，使管径缩小，造成输油阻力增加，能力下降，严重时可使原油丧失流动性，导致凝管事故。处理管道结蜡有效而经济的方法是机械清蜡，即从泵站收发装置处放入清蜡球或其他类型的刮蜡器械，利用泵加压输送原油时，原油流动顶挤清蜡工具，使蜡被清除并随油输走。图 6-6 所示为机械式管道清管器的结构及实体图。

图 6-6　清管器

8. 计量及标定装置

为保证输油计划的顺利完成，需要加强输油生产管理，长输管线上必须对油品进行计量，以及时刻掌握油品的收发量、库存量及耗损量。现代管道运输系统中，流量计已不仅仅是一个油品计量器，它还是监测输油管运行的中枢。如通过流量计调整全线运行状态、校正输油压力与流速、发现泄漏等。常用的流量计有容积式流量计、涡轮式流量计和腰轮流量计。流量计的一般结构及种类如图 6-7 所示。

9. 监控与数据采集系统

现代输油管道通过计算机监控与数据采集系统（Supervisory Control and Data Acquisition，SCADA）实现全线的集中控制。SCADA 系统主要由控制中心计算机系统、远程终端装置（Remote Terminal Unit，RTU）、数据传输及网络系统以及应用软件组成。控制中心的计算机通过数据传输系统对设在泵站、计量站或远控阀室的 RTU 定期进行查询，连续采集各站的操作数据和状态信息，并向 RTU 发出操作和调整设定值的指令，从而实现对整条管道的统一监视、控制和调度管理。

控制中心的主计算机是 SCADA 系统的核心。为了保证系统高度可靠，主计算机系统采用双机热备用运行方式，一台在线监控，另一台处于热备用状态。主计算机具有以下功能：①监视各站的工作状态及设备运行情况，采集各站数据和状态信息，发现异常时，发出报警信息；②根据操作人员或控制软件的要求向 RTU 发出操作指令，对各站的设备进行遥控；③提供有关管道系统运行状态的图形显示，以及历史资料的比较及趋势显示；④记录及打印各站的主要运行参数及运行状态报告；⑤记录管道系统所发生的重大事件的

第 6 章 管道运输设备

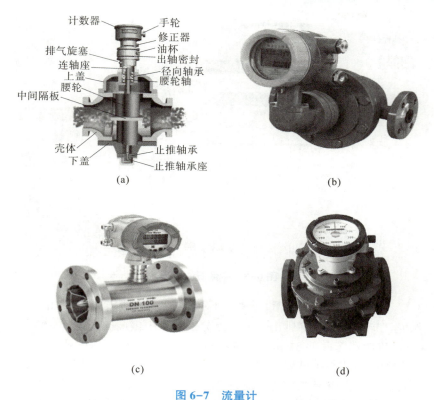

图 6-7 流量计

(a) 流量计结构；(b) 容积流量计；(c) 涡轮流量计；(d) 腰轮流量计

报警、操作指令等；⑥运行有关的应用软件。

长距离输油管道输量大，运输距离长，全年连续运行，能耗很大。对于运行中的管道，应确定其最优运行参数，采用优化运行的控制软件，使管道在最经济的状态下运行。

❖ 案例一 中俄原油管道

1. 管道概述

中俄原油管道起自俄罗斯远东原油管道斯科沃罗季诺分输站，经俄边境加林达计量站，途经黑龙江省和内蒙古自治区 13 个县市区，止于大庆末站，如图 6-8 所示，管道全长 1 030 km。按照双方协定，俄罗斯将通过中俄原油管道每年向中国供应 1 500 万吨原油，合同期 20 年。该线于 2010 年 11 月进入试运行阶段。管道在俄罗斯境内陆上长约 63.4 km，横跨两国边境段 1.15 km；在中国境内陆上全长为 965 km，管径为 813 mm，沿线设置 5 座站场 34 座阀室。作为我国重要的能源战略通道，这条管线的建设对保证国家能源安全具有重要作用。

2. 技术难点

中俄原油管道境内段是国内第一条通过冻土区的原油管道，工程北段沿线 500 km 范围内，分布有岛状冻土区及与各种冻土段相连接的冻土过渡段，在地理位置、自然环境和输送工艺上，没有可以直接借鉴的经验。必须在冬季施工的有 208 km，永冻土层施工区域极端低

253

交通运输设备

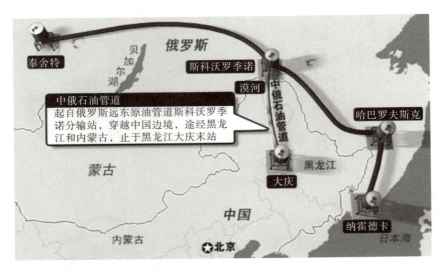

图 6-8 中俄石油管道

温达到-52.3 ℃，冬季严寒给工程建设带来了不利影响，也对原油输送提出了极高要求。

其中，黑龙江穿越工程中穿越出、入土点分别位于中俄两国境内，管线穿越水平长度1 150 m，穿越深度距河床底部38 m，穿越经过地层有9～16 m深的卵石层，17～20 m深的碎石层，其余为中风化石英砂岩和含泥碎石，岩层极为破碎，地质十分复杂，极易发生卡钻事故。因此，黑龙江穿越被称为"穿越禁区"，俄方业主称之为世界级难题，甚至是"不可能完成的任务"。为确保黑龙江穿越成功，保证在-40 ℃条件下正常施工，中俄两国政府批准设立了建设封闭区，分别在中方封闭区和俄方封闭区搭建了钢结构保温大棚，为人员、设备和材料进出境提供便利条件；在施工设备保障上，该公司调集最有岩石施工经验的精英机组，配备最先进的穿越设备（美国奥格DD-1100和DD-580水平定向钻机），在关键设备和部件上"一用一备"，在原有两台钻机和两个机组的基础上又增加了一台钻机和一个机组配合施工。主管回拖时，严格按照中俄双方协商制定的防腐层检测要求，在原管道防腐层上安装包裹了一层光固化保护层，同时制作了优质的管线顶管发送滚轮架；参建员工在零下四五十摄氏度的条件下，发扬大庆精神、铁人精神和管道光荣传统，精心组织，科学施工，严格操作，精细管理，克服地质破碎极其复杂，施工环境、材料不易采购，社会依托差以及协调难度大等种种困难，日夜奋战在黑龙江畔。最终黑龙江穿越工程主管穿越的成功，为实现中俄原油管道投产奠定了坚实基础。

中俄原油管道是中国四大能源战略通道之一，对保障国家能源安全具有十分重要的作用。

思考与探究

国家能源战略

1. 长距离输油管道的构成。
2. 输油站的主要设备有哪些？
3. 简述输油管道运输中加热的目的和方法。
4. 探究分析输油管道的发展建设对国家能源战略的意义。

6.2 输气管道及其主要设备

6.2.1 输气管道构成

输气管道系统的输气管线，按其输气任务不同，一般分为矿场集气网、干线输气管道（网）、城市配气管网以及与此相关的站、场等设备。这些设备从气田的井口装置开始，经矿场集气、净化及干线输送，再经配气网送给用户，形成一个统一的、密闭的输气系统。图 6-9 所示是输气管道系统示意图。

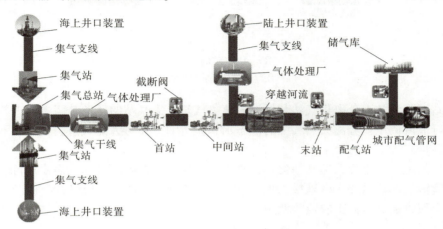

图 6-9 输气系统示意图

长输管道系统的设施一般包括输气干管、首站、中间气体分输站、干线截断阀室、中间气体接收站、清管站、障碍（江河、铁路、水利工程等）的穿跨越、末站（或称城市门站）、城市储配站及压气站。干线截断阀室是为了及时进行事故抢修、检修而设的，根据线路所在地区类别，每隔一定距离设置。另外，还有通信系统和仪表自动化系统。输气管道的通信系统通常又作为自控的数传通道，是输气管道系统进行日常管理、生产调查、事故抢修等必不可少的，是安全、可靠和平稳供气的保证。

6.2.2 输气管道主要设备

1. 矿场集气设备

集气过程从井口开始，经分离、计量、调压净化和集中等一系列过程，到向干线输送为止。集气设备包括井场、集气管网、集气站、天然气处理厂、外输总站等，如图 6-10 所示。

矿场集气管线有矿场集气支线和矿场集气干线。集气支线是气井井口装置至集气站的管线，将各气井采出来的天然气输送到集气站做初步处理，如分离除掉泥砂杂质和游离的水，脱除凝析油，并节流降压和对气、油、水进行计量。

矿场集气干线是集气站到天然气处理厂或增压站或输气干线首站的管线。含硫天然气通过矿场集气干线送往天然气处理厂（压力较低的天然气需要增压）；气体质量达到要求的天然气直接由集气站送往输气干线首站等（根据压力高低情况采取加压或不加压方式）。

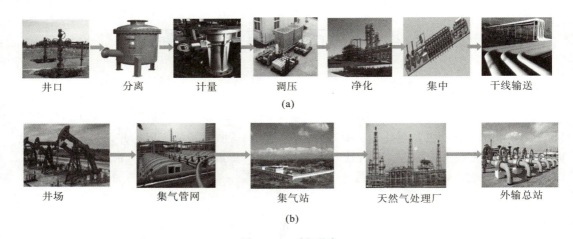

图 6-10 矿场集气
（a）集气过程；（b）集气设备

集气站可分为常温分离集气站和低温分离集气站。集气站的任务是将各气井输送来的天然气进行节流调压，分离天然气中的液态水和凝析油，并对天然气量、产水量和凝析油产量进行计量。

天然气处理厂，也称天然气净化厂，是将天然气中的含硫成分和气态水脱除，使之达到天然气管输气体质量要求，减缓天然气中含硫成分及水对管线设备的腐蚀作用，同时，从天然气中回收硫黄，供工农业等使用。

2. 压气站

压气站是输气管道的主要工艺站场，其核心功能是给天然气增压。此外，压气站通常还具有清管器收/发、越站旁通输送、安全放空、管路紧急截断等功能。如果压气站位于管道起点或分支点，则还应该具有计量和调压功能。

按压气站在管道沿线的位置，分为起点压气站、中间压气站和终点充气站。起点压气站位于气田集气中心或处理厂附近，为天然气提供压力能，并有气体净化、气体混合压力调节、计量、清管器发送等作业。中间压气站位于运输管道沿线上，主要给在输送中消耗了压力能的天然气增压。终点充气站位于储气库内，主要是将输来的天然气加压后送入地下储气库。

由压气机组合而成的压气机组是压气站的主要设备。长输管道采用的压气机有往复式和离心式两种。往复式具有压缩比（出口与进口的压力之比）高，以及可通过气缸顶部的余隙容积来改变排量的特点，适用于起点压气站和终点充气站。离心式压气机压缩比低，排量大，可在固定排量和可变压力下运行，适用于中间压气站。两种压气机均可用并联、串联或串联和并联兼用方式运行。往复式和离心式两种压气机也可在同一站上并联使用。压气机的选择，除满足输量和压缩比要求，并有较宽的调节范围外，还要求具有可靠性高、耐久性好，并便于调速和易于自控等。在满足操作要求和运行可靠的前提下，尽量减少机组台数，功率为 1 000~5 000 马力的机组，有 3~5 台压气机，并有 1 台备用；大功率机组一般设有备用机。压气机用的原动机有燃气发动机、电动机和燃气轮机等多种。

3. 调压计量站

调压计量站多设在输气管道的分输处或末站，其作用是调节气体压力、测量气体流量,为城市配气系统分配气量并分输到储气库。有的调压计量站还能监测气体的质量。末站主要是给城市配气系统分配天然气和分输给储气库。调压计量站的主要设备有压力调节阀、计量装置和分离器等。为保护调压计量站下游低压系统的安全,常在低压系统的主调压阀后串联安装一个监控调压阀。当主调压阀失灵造成下游压力升高时,监控调压阀便投入运行,以保护低压系统。

4. 清管站

清管站通常和其他场站合建。由于一次清管作业时间和清管的运行速度的限制,两清管收发筒之间距离不能太长,一般为 100~150 km,因此,在没有与其他站合建的可能时,需要单独为清管设立场站。清管站除有清管球收发功能外,还设有分离器和排污装置。

5. 防腐站

防腐站的任务是对输气管线进行阴极保护和向输气管内定期注入缓蚀剂,从而防止和延缓埋在地下土壤里的输气管线外壁遭受土壤的电化学腐蚀,以及天然气中的少量酸性气体成分和水的结合物对输气管线内壁的腐蚀。

6. 储气库

储气库设于管道沿线或终点,用于解决管道均衡输气和气体消费的昼夜及季节不均衡问题。也是为实现均衡输气、提高输气管道利用率和保证安全供气而建立的作业站。为确保管道经常处于高效率输量下运行,当管道发生事故时,仍能连续向用户供气,应在城市配气站或大工业用户附近建造储气库。它能在用气负荷低峰时储存多余的天然气,在用气负荷高峰时补充管道来气量的不足,并能调节因昼夜和季节用气量变化而引起的输气不均衡。

储气库有地下储气库、埋地高压管束储气库等。地下储气库建设投资少、储气量大,其中尤以利用枯竭的油、气田构造建造的储气库最为简单。埋地高压管束储气库容量有限,并且单位储量造价高。地下储气库的地面设施分为注气和采气两部分,如图 6-11 所示。注气时,充气站的压气机将气体加压注入地下储气库;采气时,天然气从储气库出口采出,进行加热、脱水后进入输气管道。

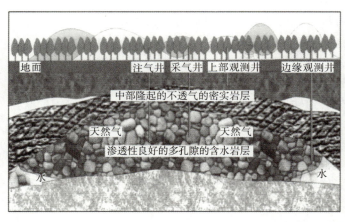
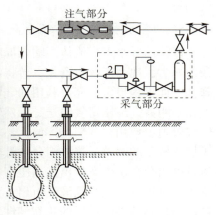

1—压气机;2—气体加热器;3—脱水装置。

图 6-11 地下储气库的设施

7. 干线输气

干线管道是指从矿场附近的输气首站开始到终点配气站为止。输气管道输送的介质是可压缩的，其输送量与流速、压力有关。压气机站与管路是一个统一的动力系统。输气管线可以有一个或多个压气机站。

8. 城市配气系统

城市配气指从配气站（干线终点）开始，通过各级配气管网和气体调压，所按用户要求直接向用户供气的过程。配气站是干线的终点，也是城市配气的起点与枢纽。气体在配气站内经分离、调压和添味后输入城市配气管网。城市一般设有储气库，调节输气与供气的不平衡。

6.2.3 油气管道发展趋势

1. 油气输送干线向长距离、大口径、高压力、大输量的方向发展

一条直径 1 420 mm、输送压力 7.5 MPa 输气管道的输量可与三条直径 1 020 mm、输送压力 5.5 MPa 的管道相当，并且前者可节省投资 35%。

2. 采用高强度、高韧性及可焊性良好的管材

大口径、高压力的油气管道需要高强度的管材。为了防止管道断裂事故，保证管道焊接质量，要求管材有良好的韧性和可焊性。

3. 管道建设向极地和海洋延伸

目前世界上新开发和待开发的大型油气田很多分布在北极地区或海洋中，如俄罗斯的亚马尔半岛、美国的阿拉斯加、欧洲的北海等，这些油气田的开发促使输气管道建设不断向极地与海洋延伸。

4. 形成大型供气系统

目前全世界已形成若干地区性、全国性乃至跨国性大型供气系统。一个大型供气系统通常由多条输气干线、多个集气管网、多个配气管网以及地下储气库等子系统构成，可以将许多气田（或油田）与成千上万的用户连接起来。大型供气系统具有多气源、多通路供气的特点，有利于供气的可靠性与灵活性。

5. 油气水多相混输、天然气高压富气输送等管道输送的新技术渐趋成熟

以往油气水多相流体混输仅局限于油田内部的短管道。海洋、极地、沙漠油气田环境条件恶劣，地面工程投资大，若将油气处理设施建在岸上或自然条件较好的地区，可大大降低地面工程投资，充分利用油气资源，便于运行管理和环境保护，但这就需要增加油气混输的距离。高压富气输送是天然气管道输送技术的重大创新，已在加拿大至美国的联盟输气管道上使用。气田生产的天然气以甲烷为主，但一般都含有不同比例的乙烷、丙烷、丁烷等较重的组分，这些组分含量较高的天然气称为富气。在压力降低到一定值时，这些较重的组分会呈液态析出。高压富气输送技术是输送过程中保持系统在某一较高的压力范围，使重组分不至于呈液态析出。其优越性是可以显著提高输送效率，但要求管材具有更高的防止延性裂纹扩展的止裂韧性。

6. 油气管道的安全日益受到高度重视

由于油气管道所输送的介质具有高度易燃易爆的特点，世界各主要工业国家都十分重

视油气管道的安全可靠性。管道安全技术是国际管道会议的主要议题之一。为了提高管道风险管理水平,北美和欧洲管道工业发达国家都在制定和完善管道风险评价的标准,建立油气管道风险评价的信息数据库,管道风险评价技术正向定量化、准确化和智能化的方向发展。

案例二 天然气地下储气库

1. 天然气储气方法

天然气一般储存在地下,以气体或液体的形态储存在地面或地下的储气罐内。由于是气体,它们可以被储存在地下具有合适渗透率与孔隙度的岩石或砂质储层内。天然气在高压状态下被注入地下,需要时,储集层中的这种压力就可将天然气压出来。天然气还可被储存在一些枯竭了的石油或天然气田内,盐穴或含水层也可以被用作天然气的地下储存库。当需要量较低时,可将一些天然气从管线中抽出储存。

储气方法有储气包法、高压法、液化法及吸附法。储气包法是将天然气压入低压涂胶气袋进行储存的,因其承受压力低、储气量小以及使用寿命短等缺点而基本被淘汰。高压法是将天然气进行高压压缩而储存的(又称压缩法),它具有储气量大、储气瓶寿命长等优点,同时,也具有投资费用高、安全性差等缺点。液化法是将天然气进行液化储存的,体积仅是原气态体积的 1/625,但液化法需低温制冷,能耗高,维护保养较困难,投资大,其经济性差。为了使天然气储存更加经济,国外学者提出吸附式储存天然气技术,它是将多孔吸附剂填充在储存容器中,在中高压(3.50 MPa 左右)条件下,利用吸附剂对天然气高的吸附容量来增加天然气的储存密度。吸附式储存方法较传统的高压法有几点优势:储存压力较低,安全性能好;投资费用和操作费用低;日常维护方便。但是,由于存在需要高储气能力的天然气专用吸附剂这一不足之处,其发展也受到限制。

2. 地下天然气储气库

储气库被称作地下"天然气银行",是集季节调峰、事故应急供气、国家能源战略储备等功能于一体的能源基础性设施。随着天然气在我国能源消费结构中所占比重不断扩大,天然气供需峰谷差、季节差等矛盾也逐渐凸显。储气库可以在天然气市场出现盈余时发挥"存入"功能,在供暖季出现供应不足时,及时"取出",从而达到天然气调峰的目的。

储气库的选址十分苛刻,需要满足安全可靠性、技术可行性、经济合理性,既要注得进、存得住、采得出,又要远离城市、居民、构筑物,而且还要经济有效。目前,储气库包括油气田、盐穴、含水层和矿坑四种类型,国内主要以油气田作为储气库,即把开采完毕的油气田改造为储气库。

相国寺储气库位于重庆北碚区和渝北区交界处,是利用废弃的气田改造而成的,是我国西南地区首座地下储气库,也是保障川渝地区和京津冀地区冬季天然气供应的重要气源,如图 6-12 所示。相国寺储气库前身为 1977 年投产的相国寺气田,国家几经考察验证将其改造为面积 25 km^2、埋深 2 500 m 的西南地区首座储气库,可储蓄天然气 42.6 亿立方米。每天采出的天然气至少保证 1 000 多万户家庭用气。相国寺气站内布满了各种颜色的管道,纵横交错。北上中亚土库曼斯坦,西接西气东输二线。这里的天然气一部分通过中贵线进入全国大管网运送全国各地,另一部分进入川渝管网,保障川渝地区用气。

图 6-12　相国寺储气库及其监控中心

3. 储气库建设的意义

我国是全世界第三大天然气消费国,需要大量进口天然气,对外依存度很高。当国外气源中断或天然气管网出现问题时,有了地下储气库,就能保障国家的能源安全,这就是建设地下储气库的重大意义。

我国建库目标地质条件复杂,国外的技术根本不适用。中国石油经过 20 年持续攻关,创建了复杂断块储气库动态密封理论、复杂储层高速注采渗流理论和优化设计方法,攻克了复杂地质条件储气库工程建设关键技术,建立了复杂储气库长期运行风险预警与管控技术,构建了成套建库技术及标准体系,形成了我国地下储气库新型产业,建库技术达到了国际领先水平。总之,我们仅用不到 20 年时间就赶上了有百年储气库建设历史的发达国家,不仅成功解决多项世界级难题,更让我国的地下储气库选址建库水平达到国际领先。

中国石油的储气库建设技术已指导建成 22 座储气库,形成 111 亿立方米调峰能力,创造 "断裂系统最复杂" 等 4 项建库世界纪录,结束了我国 "有气无库" 的历史。

对于飞速发展的中国来说,这些储气库还远远不够。到 2030 年我国每年天然气用量将增加到 5 000 亿立方米,我们将继续建设更多储气库,到那时就可以做到 "库中有气,心中不慌"。

> **思考与探究**
>
> **服务民生**
>
> 1. 输气管道的主要设备有哪些?
> 2. 探究分析中国输气管道运输技术的发展特点。
> 3. 思考国家天然气储气库的建设与日常生活的关系。

6.3　固体物料浆体管道设备

6.3.1　管道构成及分类

1. 构成

固体物料浆体的管道运输是将待输送的固体物料破碎成粉粒状,与适量的液体配制成可泵送的浆体,输送到目的地分离出水后送给用户,浓煤浆也可直接作燃料燃烧。目前,浆体管道主要用于输送煤、铁矿石、磷矿石、铜矿石、铝矾土和石灰石等矿物,以及发电厂的灰渣等。制浆液体大都用水,也有用燃料油配制成油煤浆。

料浆管道的基本组成部分与输气、输油管道大致相同,但有一些制浆、脱水干燥设备。以煤浆管道为例,整个系统包括煤水供应系统、制浆厂、干线管道、中间加压泵站、终点脱水与干燥装置等,如图 6-13 所示。也可分为三部分:浆液制备厂、输送管道、浆液后处理系统。

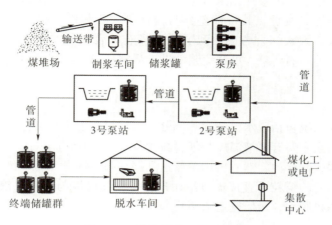

图 6-13 煤浆管道系统示意图

2. 固体料浆管道的分类

固体料浆管道可按所输物质分为煤浆管道、铁矿浆管道等;按所用的载体,可分为液送管道、风送管道等。液送管道的载体一般用水,也正在发展用甲醇等其他液体作载体。风送管道用压缩空气作为载体。目前长距离、大输量的固体料浆管道都采用浆液输送工艺。

6.3.2 料浆管道设备

1. 浆液制备系统

以煤为例,煤浆制备过程包括洗煤、选煤破碎、场内运输、浆化、储存等环节。为清除煤中所含硫及其他矿物杂质,一般要采用淘选、浮选法对煤进行精选,也可以采用化学法或细菌生物法。煤浆管道首站一般与制浆厂合在一起,首站的增压泵从外输罐中抽出浆液,经加压后送入干线。图 6-14 所示是制浆流程。

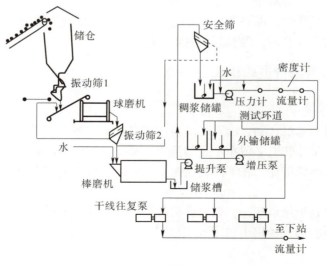

图 6-14 制浆流程

2. 中间泵站

中间泵站的任务是为煤浆补充压力能，停运时则提供清水冲洗管道。输送煤浆的泵也可分为容积式与离心式两种，其特性差异与输油泵大致相同。泵的选用要结合管径、壁厚、输量、泵站数等因素综合考虑。为了减少浆液对活塞泵缸体、活塞杆、密封圈的磨蚀，国外研制了一种油隔离泵，可避免浆液进入活塞缸内，活塞只对隔离油加压并通过它将压力传给浆液。

3. 后处理系统

煤浆的后处理系统包括脱水、储存等部分。管输煤浆可脱水储存，也可直接储存。

影响脱水的因素主要有浆液温度与细颗粒含量。图 6-15 描述了一般煤浆的脱水流程。浆液先进入受浆罐或储存池，然后再用泵输送到振动筛中区分出粗、细浆液。粗浆液进入离心脱水机，脱水后的煤粒可直接输送给用户，排出的废液与细粒浆液一起输入浓缩池，经浓缩后再经压滤机脱水，最后输送给用户。

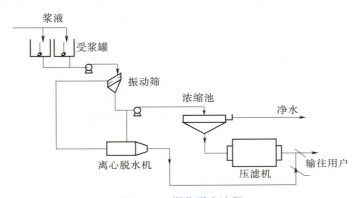

图 6-15　煤浆脱水流程

管道中流动的浆液是固液两相的混合物，其输送过程中还要考虑其沉淀的可能，尤其是在流速降低的情况下。不同流速、不同固体粒和不同浓度条件下，浆液管道中可能出现均质流、非均质流、半均质流三种流态。

要保证系统的经济性，需要考虑并确定合理的颗粒大小及浆液浓度。细颗粒含量多时，虽然可以降低管输费用，但制浆、脱水费用会增加。

6.3.3　固体料浆管道输送工艺特点

1. 浆体管道的流态

浆体是固液两相的混合物，由于密度差（浆体中固体密度一般大于液体），固体颗粒趋于沉降。因此，浆体管道必须在一定的流速下运行，以保持固体颗粒处于悬浮状态。流速过低会导致固体颗粒沉淀。在不同的流速下，浆体管道可能出现以下三种流态。

1) 均质流

固体颗粒全部处于悬浮状态，在管道横截面上颗粒浓度相同，这种流态都发生在浆体流速较高、固体颗粒的粒径较小和固液两相密度差较小的场合。

2) 半均质流

固体颗粒处于悬浮状态，但管道横截面上的颗粒浓度分布不均，大颗粒在管截面的下部运动，故截面下部的固体浓度大，上部的固体浓度小，但颗粒不沉积。在相同流速下，颗粒较大，固液两相密度差较大时，容易出现这种流态；对于一定组成的浆体，流速降低可导致流态进入此区域。

3）非均质流

整个管截面上浓度分布很不均匀，会出现固体颗粒沉淀，并可能在管道底部出现沉积层。

同一种浆体当流速变化时，其流态可能在均质流与半均质流，或半均质流与非均质流之间转化。开始出现沉积时的流速称为浆体的临界流速，它也是半均质流和非均质流分界的参数。浆体管道应在临界流速之上，半均质流态下输送较为适宜。

非均质流不仅摩阻高，管输费用高，而且沿管长方向形成浓度梯度，会导致流动不稳定，有堵管的可能，并使管道底部的磨蚀增加。均质流虽然摩阻损失小，管输费用低，但要求的颗粒太细，会给制浆和脱水造成困难，使这两部分的成本显著增大。而且当颗粒的细度超过某一极限值时，浆体的黏度将急剧增大，管输费用反而升高。故应选择最佳的颗粒大小和级配，以使制浆、管输、脱水等的总费用最低。

设计浆体管道时，常取临界流速的 1.1~1.2 倍（煤浆管道一般为 1.5~2.0 m/s）为其操作流速，以保持在半均质流或均质流的状态下运行，求得较低的固体颗粒滑动、滚动的能耗，使浆体有较好的水力特性，并要考虑到在管线停输后再启动时，易于再悬浮。

2. 颗粒大小和级配的选择

浆体输送中固体颗粒的大小是影响流动的稳定性、运行的安全性与经济性的重要因素，因而颗粒大小的选择是浆体管道运输的关键技术之一。煤浆管道的实验表明，当直径小于 0.045 mm 的颗粒含量低于 14% 时，在一般的运行流速下会形成非均质流，必须当上述细颗粒的含量超过 18% 时，才能保证稳定的悬浮状态，并容易在管道停输后实现再启动。但当上述颗粒的含量超过 20% 时，再脱水就出现困难。

对颗粒的最大直径需要有一定的限制。在一般的流速下，粒径大于 1.2 mm 的颗粒不能均匀地悬浮起来，有滞留在管底的危险。故就煤浆管道而言，合适的煤颗粒级配一般应在 0~1.2 mm，另外，在煤浆管道中要有足够数量的细煤粉，以保证较大的颗粒能悬浮流动。粒径上限对于不同的物料有不同的要求，用通过 95% 质量的物料的筛径 d_{95} 表示时，一般来说，砂为 1.0 mm，石灰石为 0.6 mm，磷灰石为 0.3 mm，铜精矿 0.2 mm，铁精矿为 0.15 mm。

我国拟建的山西盂县—潍坊—青岛煤浆管道设计的最大粒径为 $d_{100}=1.25$ mm，平均粒径为 0.34 mm。

上述要求主要是考虑了管输的稳定性，从整个系统的技术经济角度分析，颗粒大小的选择还和管道长度有关。细颗粒的含量较多时，虽然制浆和脱水这两部分费用的绝时值较大，但管输费下降，随着管道长度的增加，平均每吨·千米的总费用就会减少。而且在一定的数量下，每吨·千米的管输费用也是随着运距的增加而减少的。

从整个系统总费用的数学分析可得出，随着管道长度缩短，最优颗粒尺寸由细变粗，要求直径在 0.045 mm 以下的颗粒含量下降。但这种下降当然要以不进入非均质流为界。国外对一条长 322 km，年输煤量 237×10^4 t 的煤浆管道的分析显示，年经营费用最低时的颗粒级配应为大于 1.2 mm 的占 0.16%，小于 0.045 mm 的占 24.94%。

3. 浆体浓度的选择

浆体中固体浓度较低时，颗粒的沉降速度增大，易形成非均质流而使管道工作不稳定，但浆体中的固体浓度太高时，浆体的黏度增大，使摩阻损失加大，也促使每吨·千米的输送能耗上升。因此，存在一个输送能耗最小的最佳浆体浓度。国外文献建议，当煤的相对密度为1.4时，长输煤浆管道的最佳质量浓度为45%～55%。美国俄亥俄州和黑迈萨两条输煤管道所选的质量浓度为50%，我国拟建的山西盂县—潍坊—青岛煤浆管道设计的质量浓度为53%。

对于不同的固体物料，由于其相对密度、破碎的难易程度、终点的用途等条件不同，最佳的颗粒级配和浓度也不同。如巴西萨马科铁矿浆管道所输矿浆的质量分数为66%，其颗粒级配为小于0.045 mm的占85%，大于0.075 mm的占4%，其细颗粒的含量比煤浆管道的大，因而其重量浓度增大。

4. 浆体管道的敷设坡度

为了避免在管道停运时管底沉留的固体粒子下滑到管道最低处而形成堵塞，对浆体管道的敷设坡度有严格限制。这是浆体管道与油气管道的又一显著区别。对于磁铁精矿管道，此坡度不宜大于15%，赤铁精矿浆体管道为15%，铜精矿为12%～18%，煤浆为16%。

5. 浆体管道的腐蚀与磨蚀

浆体管道除了要遭受水的内腐蚀外，还要经受固体颗粒对内壁的磨蚀，故确定壁厚时，要留适当的腐蚀和磨蚀余量。当固体物料的密度大（如铁矿浆），粒径也大时，磨蚀就较严重。流速高时，磨蚀也加剧，故必须控制一定的流速。

一般情况下，煤的硬度较小，故磨蚀较轻。根据黑迈萨管道的实测资料，运行10年内的平均年磨蚀量为0.088 9 mm，并且管道周围磨蚀均匀。对用水作载体的浆体管道，为减少水对管内壁的腐蚀，要严格控制水质，并常往水中注入缓蚀剂。

案例三 神渭输煤管道

1. 神渭输煤管道分析

1）神渭管道概况

神渭输煤管道是由我国自主设计、建设，途经陕西省榆林、延安、西安、渭南4市18县（区），全线穿（跨）越工程1 537处，其中隧道工程59座，总长55.5 km；穿越铁路26处、公路115处、河流70处；全长727 km（图6-16），运输能力10.0 Mt/a，这是推进煤炭高效、清洁、合理转化的典型工程，也是世界最长，规模最大，我国乃至亚洲的第一条长距离输煤管道。管道全线主要包含供煤、制浆、泵输、储浆、脱水及生产辅助系统等。

图6-16 神渭输煤管道

神渭输煤管道大部分直径为610 mm，设计年运煤量1 000万t，沿线设有5个泵站，采用直流式制浆工艺流程（一段破碎+湿法棒磨+安全检查筛分）。首先将选煤厂来煤破碎至 6 mm 以下，然后加水棒磨，并筛检出+1.2 mm 粗颗粒返回棒磨机再磨，筛下物经加水稀释制成合格煤浆。输送主泵选用活塞隔膜泵，中国（沈阳）有色泵业有限公司生产，单泵额定流量 385 m^3/h，主泵出口额定压力 13 MPa，电动机功率为 1 900 kW。每个泵站设有主泵 6 台，5 用 1 备。合格煤浆通过管道输送至终端后，一部分作为煤化工用煤，另一部分经过脱水处理后作为动力煤。

项目采用 SCADA 系统和专家系统，能够远程监控和控制设备运行，能够完成管道系统运行状态评估和过压、加速流、泄漏及堵塞报警。

2）技术突破

神渭管道输煤工程存在规模大、线路长、工艺系统环节复杂等诸多难点和重大科技难题。陕煤集团和中国煤炭科工集团广大科研设计人员大胆创新、努力攻关，重点开发研究解决长距离、大运量煤浆制备技术；长距离输煤管道系统多泵并联相位角消振技术；长距离管道输煤系统 5 级泵站串联同步技术；长距离管道输煤系统多泵站闭路和开路的无扰动切换技术；5 级泵站闭路压力调节技术；浆体管道水击超前保护技术；复杂地形、大落差加速流防治技术；浆体管道的测堵和测漏技术；常规浓度煤浆转化为气化浆制备技术等多项重大技术难点。这些宝贵的科技成果和核心技术，填补了我国长距离管道输煤技术的多项空白，为煤炭高效、环保、清洁输送和利用提供了技术保障，开创了全新的煤炭物流方式，为传统能源产业转型升级提供了新动能。

神渭管道在世界输煤管道序列中运量最大、运距最长、地形复杂，表明我国在煤浆甚至其他浆体的长距离管道输送领域技术已经国际领先。神渭输煤管道的建成，将极大缓解铁路、公路煤炭运力不足问题，革新了煤炭运输方式，打破了长期制约能源企业煤炭运输的"瓶颈"，对促进我国乃至世界煤炭运输行业的发展具有重要意义。

2. 管道输煤技术的发展

管道输煤在我国是一种新的煤炭运输方式，专业技术涉及水力学、泥沙运动力学、固液两相流以及悬液流变学等学科，其影响因素众多，大量的科技人员进行多方面的试验研究，虽已取得较大突破，但是部分理论和应用技术仍有待完善。随着工业化水平的提升，管道输煤技术将沿着大运量、长距离、数字化、智能化、输送产品多样性、粗颗粒、高浓度的方向发展。技术理论和设备将具有如下特点：理论模型具有预测性，设备具有可测性、可控性、自适应性。管道的管理手段也将会更加先进。

1）煤浆管道理论及试验量测技术

由于试验设备的不同、试验条件的差异、所输送物料的性质不一，目前浆体输送的各种计算公式均是其特殊条件下的经验公式，具有一定的局限性。大颗粒、高浓度煤浆的输送参数计算、模型放大等理论研究不足，还没有一套比较准确的参数计算模型和模型放大方法。随着神渭输煤管道投入使用所带来的效应，煤浆管道输送参数计算模型和模型放大方法的理论研究将会逐渐深入并得到完善，临界流速、水击、摩阻、堵塞等实验参数的量测技术和手段会进一步改进。

2）智慧管道

随着新生代工业化与信息化技术的高度融合和深入应用，输煤管道信息化将走向更高阶段的智慧化。智慧管道基于物联网、云计算、大数据、5G 等新兴技术，从各种渠道获取精准的数据信息，进而对管道的运营情况进行分析、演算和推理，为实时决策和恰当时机采取行动提供依据，优化、整合和调度现有人力和物力资源。建立 5G 全域数字管道输送互联平台，是打造管道信息服务共享和数字引领的需要，符合国家"数字中国"重大战略部署的要求，对大力发展管道运输产业具有重大作用。

3）输送产品

目前管道输送的是精煤，随着人们的环境保护意识以及国家环保要求日益提高，管道输送将不局限于精煤产品，煤矸石和煤泥等伴生产品的输送市场前景广阔。

4）新材料、新设备

新材料：随着输送介质由细颗粒向粗颗粒、由精煤向煤的各类相关产品（煤矸石、煤泥）的方向发展，管材和管件需要有更强的适配性。煤矸石和粗颗粒煤磨蚀性强，耐磨蚀金属管材、非金属管材、耐磨蚀高承压管件等新材料将具有更广泛的应用。

新设备：目前，管道测漏、测堵设备误差较大，苛刻工况下关键部位阀门、大型煤浆搅拌器等设备尚需进口。未来高精度的测漏、测堵设备将会得到更加广泛的应用，也将会朝着国产化的方向发展。

5）管道完整性管理

煤浆管道完整性管理是将管道生命周期内设计、施工、生产检测、维修维护、环境评价等信息资料录入系统中并建立数据库。集中管理，为管道检测、维护等管理业务提供准确、多维度的相关历史资料，便于风险点定位并提早识别、应急抢修、维护方案的制定和实施，可将管道事故发生的可能性与可能产生的后果降到最低，是一个不断评估并降低风险的过程。

相对于其他煤炭运输方式，管道输煤技术具有效率高、无污染、运量大、占地少、投资低等一系列优点，在我国拥有广阔的应用前景。随着我国管道输煤技术的深入研究，它必将取代传统的铁路、公路煤炭运输，成为我国最主要的煤炭运输方式。

思考与探究

创新思维

1. 固体物料浆体管道由哪几部分构成？主要功能是什么？
2. 思考管道运输与其他运输方式的融合形式。

6.4 海洋油气输送管道设备

6.4.1 海洋油气输送管道设备构成

1. 海洋油气输送管道概述

海上油气资源的开发离不开海底管道，海底油气管道是海上油气田开发生产系统的主要组成部分，也是海洋石油的生命线。

管道将海上油气田、储油设施或陆上处理终端连接成为整体，使海上生产设施的各个环节通过这些"动脉"形成相互关联、相互协调作业的生产操作系统。海底管道按照运行位置与功能，可分为油气田内部管道和外输管道两类；按照输送介质，可分为输油管道、输气管道、输水管道、油气混输管道、油水泥混管道以及油气水混输管道等。其中，油气田内部管道通常用于输送油气田开发过程中产出的流体，包括油、气、水或其混合物，生产所需的燃料气，用于注水的海水、地下水或处理合格的生产水；外输管道通常距离较长，一般连接海上处理平台或陆上终端，用于输送经过初步处理后的原油和天然气。

海底管道系统通常指海底管道、立管、支撑构件、组装的管路附件、防腐设施、配重层、稳定系统、泄漏监测系统、报警系统、应急关闭系统等相互连接的系统。而海底管道是指最大潮汐期间位于水面以下的那部分管道，立管除外，直径一般为20~100 mm。立管指的是连接海洋管道与平台生产设备之间的管段（包括底部的膨胀弯管）。海底管道全部或部分放置于海底或埋设在海底以下，输送介质一般为油、气、水，或者三者的混合物。如图6-17所示，海底管道通常平铺在海床上，根据水深及海域不同，采用挖沟不埋或者挖沟浅埋等多种形式铺设，在运行期间还可能因地形或波浪、海流的掏蚀和冲刷作用而处于悬空状态（即悬跨管道）。

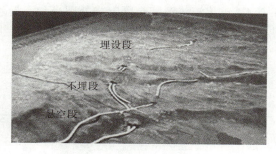

图6-17　海底管道

海底管道的优点是可以连续输送，几乎不受环境条件的影响，不会因海上储油设施容量限制或穿梭油轮的接运不及时而迫使油田减产或停产。故输油效率高，运油能力大。

海底管道的缺点是：管道处于海底，多数又需要埋设于海底土中一定深度，检查和维修困难，某些处于潮差或波浪破碎带的管段，尤其是立管，受风浪、潮流、冰凌等影响较大，有时可能被海中漂浮物和船舶撞击或抛锚而遭受破坏。一旦破坏，将对海洋生态环境带来不可估量的破坏和损失。

2. 管道分类

海上油气田开发输送管道按其功能，一般分为四类：转运管道、集输管道、外输管道和装（卸）油管道。输送流体表现的特征是其流速、流量、压力等变化范围大。

1）油气转运管道

油气转运管道是在平台、海底管汇和卫星井之间转运产品的管道。当油层压力足以使流体通过管道流动而无须增压（泵或压缩机）时，采用出流管道，出流管道将油井连接到一个平台或海底总管。出流管道依靠地下油气层压力输送介质，管内流体可能处于高压，并且不稳定。

2）集输管道

集输管道将产品由平台转运到外输管道。可以是从一个（多口油井的）平台连接到另一个平台，也可以将产品从一个钻井平台输送到一个独立的产油平台。管道内的流体用增压泵或压缩机（常安装在平台上）来驱动，工作压力一般在1 000~1 400 psi（lb/in^2）。一般是小口径到中等口径的管线（直径为203~406 mm），有时也可以是大口径管道，或者是一束油、气、凝析油或两相流管道。

3）外输管道

外输管道（通常也是干线）将来自一个或多个平台的混合流输往岸上终端（陆地处理厂、炼厂和储油装置）。通常是大口径的（直径为406~1 016 mm）油管或气管。对很长的干线，在中间平台处必须具有增压泵或压缩机。

4）装（卸）油管道

这类管道通常连接一个产油平台和一个装油设备或水下总管和一个装油设备。管道口径可大可小，但是只输送液体。装油设施可能是临时的，类似于一个早期生产系统，在集油管道或干线完工之前装运有限的产品。对于储量小的油层或在遥远区域中，装油管道可以和一个永久性装油设施一起使用。

油气田海底管道使海上生产设施的各个环节通过管道形成一个相互关联、相互协调作业的生产操作系统。图 6-18 所示的海上油气管道系统中，出流管道用于输送海上油气田卫星井的产出（包括油、气、水等混合物）至海底管汇，集输管道连接于平台（或者水下管汇），将流体汇集至固定式处理平台，处理平台通过外输管道输送经平台处理后的原油或天然气，连接于海上油气田的处理平台至陆上石油终端之间。

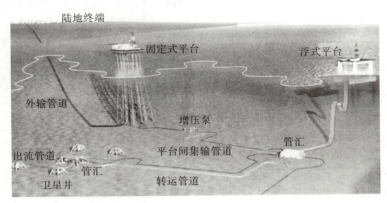

图 6-18 海上油气管道

3. 海底管道结构

输送不同类型流体的管道，其结构形式不尽相同。当前海底管道结构形式主要有三种：钢制单管、复合钢制管和柔性管（软管）。

1) 钢制单管

典型钢制海底管道截面结构形式主要由配重层、保温层、绝缘层及钢管组合而成。

与陆地管道相似，海底管道除了需要抵抗环境载荷等（如压力和热力）的钢管外，还需要附加涂层来保护和保障管道输运。海底管道配重层（一般涂敷混凝土层）要求管道重力能克服水对管道的浮力，同时也起到对钢管及防腐涂层的保护和抗机械损伤作用。含硫的油水混输、油水交替输送管道容易发生管内腐蚀，一般采用建造时增加腐蚀壁厚和生产操作时流体介质脱水、脱盐及添加防腐蚀化学药剂的控制措施；而海水和海底土壤引起管外腐蚀则必须增设外防腐涂层。

另外，对于输油或油气混输管线，需要根据油品凝固点、流动性等物性参数进行保温输送，保温层一般采用硬质聚氨酯保温材料来实现油气产品沿管道冷却时与蜡状物及水合物隔离。海底输油保温管道主要采用两种结构形式：管中管的双层钢管结构和单层钢管结构。

最普通的海底单管保温管道系统一般用于 100 m 以内水深的海底石油天然气输送，输送介质温度小于 150 ℃，采用带有高密度聚乙烯作为外保护层、聚氨酯泡沫作为保温层，可以根据需要在钢管表面涂敷 FBE、3PE 或者 3PP 防腐层，水深较深时，可以在高密度聚乙烯外表面加装混凝土配重层。单层保温加配重层管结构不存在外套管的腐蚀和防腐问题，从而提高铺管效率，降低管道造价。

2) 柔性管

柔性管作为一种细长的结构物，应用非常广泛，可用作深水中的动态立管（Dynamic

Riser)、海底管汇系统，或者立管塔（Riser Tower）与浮式生产系统的连接，还可以用作静态立管、静态出油管（Static Flowines）、海底跨接软管（Subsea Jumpers）、水线面跨接软管（Topside Jumpers）、伸缩接头（Expansion Joints）等。对于所输送的介质，柔性管可用于输送天然气、原油、钻井水，或者作为其他各种辅助管线，比如饮用水或者化学药剂管线等。

柔性管的主要特征是其具有较好的柔性，此特性通过在壁厚结构中采用多层不同性质的材料达到。各层材料在受到内部或外部载荷时，可以彼此之间相对滑动，这一特性使柔性管具有了相对于刚性管较低的弯曲刚度，并具有较大的轴向拉伸刚度，能够承受较大的弯曲变形和内外压强，使得其能够运用于超深水的恶劣环境之中。

6.4.2 海底管道技术问题分析

海底管道工作在非常恶劣的海洋环境中，不仅承受着内外压、轴向力、弯矩等静载荷和温度荷载的联合作用，还要承受交变的外压、波浪、海流等动载荷的作用，使管道承受多种荷载的联合作用并引发多种形式的破坏。

海底管道中的各种原始缺陷在使用过程中由于疲劳、应力腐蚀而会逐渐扩展。海底管道还受到腐蚀性介质的包围，受管道内部介质和外部海水的腐蚀作用，造成随机局部减薄。渔网等外物撞击产生凹陷，沙坡脊的移动会造成海底管线裸露、悬跨等。有的管线出现悬空、平面位移、管体损伤等情况，与原始设计状态有很大差异，但未得到重新校核。

损伤和缺陷的存在大大降低了海洋石油管线的承载能力，缩短了管线的使用寿命，同时，也威胁着海底管线及海洋生物环境的安全。与化工管道和陆地管道相比，海底管道投资大（每千米30万~100万美元），失效后损失也大。一旦失效，维修费用高昂，而且原油泄漏会引发海洋环境污染，造成重大经济损失和海洋生态环境的破坏。

1. 管道稳定性检查

管道的埋设和稳定性取决于土壤特性、海流载荷、全外径和管道重量。检查管道的水平和垂直稳定性旨在最终调整管道的直径和重量，例如，必要时增加混凝土层。在管道稳定性分析过程中，需考虑以下因素：海流载荷作用对管线稳定性的影响；由于管道基床底部不平整，引起管道在水流作用下的稳定性问题；管道地基稳定性引起的问题；管道浸入海底时的负浮力和浮力对管道稳定性的影响。

2. 悬跨长度计算

由于海洋环境条件比较复杂，在波浪、海流联合作用下以及管线自身变形等条件下会产生悬跨，即出现在海底管线上的与海床表面不直接接触的悬空段。

悬跨的类型主要可以分为以下四种：

（1）海床不规则引发的悬跨。其形式和长短取决于铺设路线上海床表面的形状、土壤的类型、管线内的剩余张力、管线的刚度以及它的沉没重量。

（2）残余应力或热应力形成的悬跨。残余铺设应力或热应力越大，局部产生屈曲变形的可能性就越大，管跨的数量及长度会因此增加。

（3）海底冲刷所形成的悬跨。由于海流和波浪运动的不确定性，海床土壤的运动也呈现出较强的不确定性，悬跨出现的部位、长度以及结构形式均不断变化。

（4）其他形式的悬跨。

3. 管道热膨胀分析

海底管道输送的原油多具有高黏度、高凝固点及高含蜡的特点，必须在较高温度下输送。管道内介质温度高，对其流动有利，但会增加管道结构的设计难度；反之，降低管道内介质温度，可使管道结构设计相对简单，但可能导致石蜡沉积及水合物的形成，或者难以满足停输检修所需的时间要求。随着海底管道长度和铺设深度的增加，高温高压海底管道普遍应用，由此引发的管道热膨胀问题就更加严峻。

4. 隆起屈曲

当管道内的有效压缩力增大至使管道产生侧向或竖向弯曲，并因此降低了轴向载荷时（即处于更低的能态），管道就会发生整体屈曲。埋入海底的管道在高温高压条件下作业时，由于土壤的轴向限制产生的压力载荷、海床缺陷或埋入深度不一致，使管道易于突然隆起的这种现象称为管道的隆起屈曲。隆起屈曲属于整体屈曲，当发生隆起屈曲时，管道会产生较大的弯矩以及较大的塑性变形，甚至可能进一步出现裂纹、疲劳、局部屈曲，它给管道运行带来巨大的安全隐患。

案例四 中国海洋油气输送管道的发展

1. 海底管道发展概况

在海洋工程中，也有一张"互联网"，它就是纵横交错的坐落在海床上，被誉为海上"大动脉"的海底管道系统，其布置如图 6-19 所示。它将海底的油气资源输送到全国各地，为工业用油、生活用气提供便利。

图 6-19 海底管道布置

世界上第一条海底管道是 Brown & Root 公司于 1954 年在美国墨西哥湾铺设的。目前，海底管道已被广泛应用于全世界的海洋油气开发。我国从 1985 年开始建成第一条海底管道，至今已建成近 6 000 km，经过几十年的发展，这些海底管道已经遍布渤海、南海等各个海域。我国通过不断的探索研究和实践，发展壮大了一支专业化的海底管道设计和施工队伍。中国从无到有、从浅海走向深海的一步步历程，都离不开海底管道设计和施工技术的发展。

2. 发展历程

1）技术"拓荒"与行业萌芽

1985 年，中国最早的海上油田——埕北油田投产，当时国内没有海底管道工程技术人才，只能是"外国人干，我们看"，海底管道技术亟待"拓荒"。

中国海底管道工程技术人员通过国外公司技术培训，有了一定的技术支持，国内海底管道工程行业也在此时开始萌芽。在1987年独立成功完成了国内第一个海底管道工程设计项目。到了20世纪90年代，完成了当时最长的双层保温管道工程和我国首例海底液化石油输送管道工程。随着其他大型整装油田项目的自主完成，以及工程临界状态评估设计方法、海管注水铺设方法、电阻焊海管等几项创新技术在国内首次应用，完成了海底管道领域从无到有的技术突破。

2）跨过山腰，奔向山峰

如今，国内常规水深海底管道设计、建造、安装、维保技术已较为成熟，形成了包括海底管道工艺设计、强度设计、稳定性设计、防腐设计、建造及施工技术以及维抢修技术等内容的常规水深海管技术体系。这些技术已在国内350 m水深范围内的近300条海底管道工程中得到成功应用与实施。以重点项目为依托，我国成功开发并应用了带管线三通的海管膨胀分析、较深水复杂条件下海管疲劳悬跨分析和高效能双金属复合海管技术等创新内容，夯实了海管技术体系基础。

3）迈过浅水，挺进深海

海底管道铺设设备从铺管方式上，主要分为"S"形、"J"形以及卷筒式铺管船。海底管道铺设技术的发展通过浅水走向了深海，开发了一套高效、安全的海底管道安装工程技术，解决了南海大陆坡复杂地形及恶劣海况作用下的海管高精度铺设难题，覆盖了从浅滩至1 500 m水深的海底管道铺设施工和保护。构建了适用于我国全海域的海底管道应急维抢修技术，解决了海底管道带压开孔、在役改线、缺陷检测及查找修复等服役期海管维护技术难题，形成了一套海管临时及永久修复工程技术。

海底管道焊接技术也经历了跨越式的发展。从手工电弧焊发展到半自动气体保护焊，再发展到全自动焊。随着海底管道从浅水逐步发展向深水，各种海管类型相继出现，越来越多的大壁厚和高强度的钢材不断应用，在海底管道铺设过程中，开始向自动化、系统化方向发展。

海底管道的无损检测主要指在海底管道安装阶段，对海底管道对接焊缝的无损检测。21世纪以前，海底管道对接环焊缝无损检测主要采用射线检测（radiographic testing，RT）技术和手动超声波检测（manual ultrasonic testing，MUT）技术。近年来，铺管船舶作业能力和效率都有大幅提升，自动焊的采用让焊接速度提高数倍，这对无损检测技术的精度和速度提出了更高的标准，海底管道无损检测技术朝着清洁、高效、准确的方向迅猛发展。鉴于RT技术效率、低有辐射危害、产生危废物等缺陷，先进的超声波检测技术和设备得以迅猛发展，包括全自动超声波检测（automatic ultrasonic testing，AUT）技术、相控阵超声波检测（phased array ultrasonic testing，PAUT）技术和时差衍射超声波检测（time of flight diffraction，TOFD）技术，并逐步替代RT技术成为海底管道的无损检测技术的首选。

4）持续探索

随着海底管道逐渐遍布世界的各个海域，海沟、陆坡、礁石、极不平坦海床、波流冲刷等深水复杂环境及高温高压条件下的海底管道成为国际研究的热点和难点。

深水复杂环境下的海底管道工程，不仅要求在理论知识上取得突破，而且对于海管保护措施、现场施工方法等学科交叉新领域的要求也大为提升。海沟和陆坡地形易造成海底管道悬跨、管道侧向移位、管道发生局部屈曲，其他诸如沙波沙脊、礁石、地震、断层地质、波流冲刷等复杂环境，可能引发管道总体屈曲、管道裸露和海管失稳等各类问题，对于海底管道工程的实施及安全是巨大的挑战。

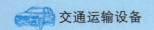

高温高压是当前深水海底管道工程的另一个焦点。高温高压介质易带来管道强度降低及疲劳问题，引发管道总体屈曲和管道移动，对管道防腐、流动安全保障产生不利影响。

我国在深水复杂环境下海底管道工程技术方面取得了一定突破。开发了海管跨越支撑设计及冲刷评估分析技术，并得到了国际权威技术机构的认证，开发了地震危险区域的抗震设计分析技术，形成了海底管道三维数字化海床模拟技术。这些核心技术的攻克将为海底管道行业技术创新突破和引领示范奠定坚实基础，也为我国南海开发战略的全面实施吹响号角。

海底管道等油气输送系统面临极端的环境和复杂的地质条件，极易发生结构失效，甚至引发泄漏事故，造成巨额的经济损失和灾难性的环境污染。若输送系统结构破裂的位置处于海洋平台附近，溢出的油气有可能发生意外引燃，进而对上部平台造成更为严重的影响。即使像欧美等发达国家在墨西哥湾、西非、巴西等深水区域建设的油气田，重大工程事故也时有发生。因此，海底管道系统，特别是深水海底管道系统，仍然有运行安全基础理论的瓶颈问题亟待研究。相关问题的探索将为深海油气开发工程提供理论支撑，进而满足人类社会对能源的重大需求。

思考与探究

探索与实践

1. 海底管道存在哪些风险隐患？
2. 探究分析未来海底管道的发展需求。

6.5 管道运输装备的维护与管理

6.5.1 输油管道防腐措施与检漏方法

1. 输油管道的防腐措施

地下管道的腐蚀主要有电化学腐蚀、杂散电流腐蚀和微生物的腐蚀等。影响金属腐蚀的因素包括金属的本性和外界介质两个方面。就金属本身来说，金属越活泼，就越易失去电子而被腐蚀。外界介质对金属腐蚀的影响也很大，假如金属在潮湿的空气中，接触腐蚀性气体或电解质溶液，都易于腐蚀。输油管道的防腐一般采用如下方法。

1) 地上管道外防腐

根据以往经验，普遍看好以红丹油性防锈漆、红丹醇酸防锈漆等作底漆。这些漆防锈性能好，于钢铁表面附着力强。施工现场用樟丹和清油现配，要把握好比例。待底漆干燥后，均匀涂刷两遍面漆。面漆材料有很多种，但使用较多的为铝粉漆。铝粉漆漆膜平滑、坚韧、附着力强，并有金属光泽。

2) 埋地管道的防腐绝缘

油品中仍残留一些杂质、水分、微生物，因为这些残留物的存在，管道内壁也会形成原电池，造成腐蚀，产生的锈片将严重影响油品质量。一般内防腐采用 036 耐油防腐涂料。该涂料化学稳定性好，机械性能高，不污染油品，使用方便。施工中要求对底材进行处理，用喷丸除锈，质量应达到国标 Sa2.5 级。做两道 036-1 底漆，再涂两道 036-2 面漆。按规定严格控制涂漆厚度。

外防腐埋地管道的防腐绝缘，一般分三级：土壤电阻率<20 Ω 时采用特加强绝缘；20 Ω≤土壤电阻率<50 Ω 时采用加强绝缘；土壤电阻率≥50 Ω 时采用普通绝缘；施工中按国标除锈，采用环氧煤沥青和玻璃丝布进行防腐绝缘，其耐油性、耐细菌腐蚀性和优异的抗阴极剥离性使其适用于各种环境。

2. 输油管道检漏方法

1) 人工巡线

人工巡线在国外石油公司也广泛应用。美国 Spectratek 公司开发出一种航空测量与分析装置。该装置可装在直升机上，对管道泄漏进行准确判断。也可雇用巡线员沿管道来回巡查。

2) 管道内部检测技术

通过对清管器应用磁通、超声、录像、涡流等技术提高了泄漏检测的可靠性和灵敏度。智能清管器应用了大量最新研发出来的电子技术和计算机技术，可依靠计算机对检测结果进行制图。新型清管器在硬件方面装备了传感器、数据储存和处理设备、电视和照相设备；在软件上配备了专门用于分析的软件包。清管器在管道中流动时，管壁内外腐蚀损伤和泄漏等部位会引起异常漏磁场，清管器中的传感器会感应到。管壁中的任何变化都会引起磁力线产生相应的变化。现在，微处理机和有限元数值计算技术的发展使清管器对信号识别和处理的功能大大增强。但磁漏式清管器的输出信号受管道压力、使用环境的影响较大，传感器的感应线圈仅对某种类型和尺寸的缺陷灵敏。一般来说，这种清管器适用于金属孔隙探测。其他智能清管器中，还有超声波检测清管器、核子源清管器等。

3) 管道外部动态检测技术

随着自动化仪表、计算机技术的深入发展，各种动态检测技术也相继出现，如压力点分析法、特性阻抗检测法、互相关分析法、压力波法、流量差监测法、管道瞬变模型法等。

(1) 压力点分析法。可用于气体、液体的多相流管道的检测。当管线处于稳定工况时，流体的压力、速度和密度的分布是不随时间变化的。当泵或压缩机供给的能量变化时，上述参数是连续变化的。当管道发生泄漏后，液体将过渡至新的稳态。过渡时间从几分钟到十几分钟不等，由动量和冲量定理确定。压力点分析法检测流体从某一稳态过渡到另一稳态时管道内流体压力、速度和密度的变化情况，来判断是否包含有泄漏信号。该方法应用统计技术，需要大量的原始测量数据，并且无法对泄漏点进行定位。

(2) 特性阻抗检测法。由传感器构成的检漏系统可随时检测到管道微量原油的泄漏情况。传感器采用多孔聚四氟乙烯树脂作为绝缘材料。这种材料的导电率、绝缘阻抗热稳定性好，不易燃烧，化学稳定性好。当漏油渗入后，其阻抗降低，从而达到检漏的目的。

(3) 互相关分析法。设上、下两站的传感器接收到的信号分别为 $x(t)$、$y(t)$。两个随机信号 $x(t)$、$y(t)$ 满足互相关函数 $R_{xy}(t)$ 关系。如果 $x(t)$、$y(t)$ 两信号是同频率的周期信号或包含有同频率的周期成分，那么即使 t 趋近于无穷大，互相关函数也不收敛，并会出现该频率的周期成分。如果两信号含有频率不等的周期成分，则两者不相关。

(4) 压力波法。压力波法是国内应用比较普遍的检漏方法。管线由于腐蚀、人为打孔原因破裂时，会产生一个高频的振动噪声，该噪声以应力波的形式沿管壁传播，强度随距

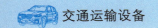

离呈指数规律衰减。在管道上安装对泄漏噪声敏感的传感器，通过分析管道应力波信号功率谱的变化，即可检测出流体的泄漏。

（5）流量差监测法。理论上，管道容量＝管道流进量－管道流出量＝常量，所以，测试上、下游的流量差，当其值超过某一阈值（常量+ΔV）时，应立即报警。

6.5.2 输气管道安全管理与维护

1. 输气管道安全设施

输气管道安全设施一般包括：压力调节系统、温度调节系统、自动连锁控制保护系统、安全泄放系统、紧急截断系统；火灾、火焰、可燃气体监测报警及灭火系统；有毒有害气体监测报警系统、管道泄漏监测报警系统、腐蚀控制与监测系统、自然灾害防护和安全保护设施、标志桩、铺固墩和警示设施。输气管道运行中应定期检查管道安全设施，确保输气管道安全设施完好，设置正确，操作灵活有效。

2. 输气生产区的警示标志

输气站生产区内设置安全生产警示标志，应执行标准《石油天然气生产专用安全标志》（SY-6355-2010）规定。包括禁止标志，如"严禁烟火""禁止乱动"等；警告标志，如"注意通风""当心泄漏"等；提示标志，如"检查路线"等。

3. 试运投产安全管理

管道试运投产执行 SY/T-5922、SY/T-5536、SY-5225、SY-6320 等标准的规定。试运投产准备：编制投产试运方案、应急预案等；制定试运投产安全措施，包括对人员、天然气管道、管道穿（跨）越点、地质敏感点、人口聚居点等的安全巡检等；试生产运行正常后管道竣工验收之前，应进行安全验收评价，安全验收评价机构不得与预评价机构为同一家机构，并应进行安全设施验收。

4. 输气管道运营安全管理

输气管道的运营安全管理内容包括：建立健全安全生产管理组织机构，按规定配备安全技术管理人员。建立并实施管道质量、健康、安全与环境管理体系。逐步开展管道完整性管理工作。管道运营单位应加强管道安全技术管理工作，主要包括执行国家有关法律法规和技术标准；制定管道安全管理规章制度；开展管道安全风险评价；进行管道检验、维修改造等技术工作；开展安全技术培训等内容。管道运营单位，应建立管道技术管理档案，主要包括管道使用登记表、管道设计技术文件、管道竣工资料等。管道运营单位制定并遵守的安全技术操作规程和巡检制度，其内容至少包括：管道的工艺流程图及操作工艺指标；启停操作程序；异常情况处理措施及汇报程序；防冻、防堵、防凝操作处理程序等。管道维修改造方案应包括相应的安全防护措施与事故应急预案，并报主管部门批准。进行动火作业时，应按有关规定办理相关手续。管道安全、消防设施应按规定使用、维护、检测、检验。

5. 输气干线维护管理

管道保护应执行中华人民共和国石油天然气管道保护法。包括禁止各类危害管道安全的行为；在管道线路中心线两侧和管道附属设施周边修建的建筑物、构筑物与管道线路及管道附属设施的距离应当符合国家技术规范的强制性要求；在穿越河流的管道线路中心线两侧各 500 m 地域范围内，禁止抛锚、挖砂、挖泥、采石、水下爆破。但是，在保障管道安全的条件下，为防洪和航道通畅而进行的养护疏浚作业除外；在管道专用隧道中心线两侧各 1 000 m 地域范围内，禁止采石、采矿、爆破。因修建铁路、公路、水利工程等公共工程，确需实施采石、爆破作业的，应当经管道所在地县级人民政府主管管道保护工作的部门批准，并采取必要的安全防护措施，方可实施。未经管道企业同意，其他单位不得使用；管道保护应由专业人员管理，根据要求进行管道的维护与管理等内容。

6.5.3 管道安全生产管理

安全生产管理是企业管理的重要组成部分，是企业生存的根本。安全生产管理是保证生产正常进行，防止发生伤亡事故，确保安全生产而采取的各种对策、方针和行动的总称。它要管理好人、物和环境。安全生产管理同样存在计划、实施、检查和处理循环等环节。

1. 输油管道事故类型

输油管道由输油站和管线两大部分组成，两者有不同的安全特点。输油站内有机泵、阀门、管汇、加热炉、油罐、通信及电力系统等，而管道则有埋设在地下、隐蔽、单一和野外性等特点。对于输油管道的易发事故，根据其不同的特点，可将其分成六类。

1）管道强度不足

这类事故多数是因焊缝或管道材料的缺陷引起的管道破裂。另外，管道的施工温度与输油温度之间存在一定的温差，造成管壁拉伸变薄，也会形成破裂。

2）管道腐蚀穿孔

一般管道都有防腐绝缘层，使管材得到保护，不会造成腐蚀破坏，但是，土壤中含水、盐、碱及地下杂散电流等，会造成管道腐蚀，严重的会造成管道穿孔。

3）凝管事故

长输热油管道发生凝管事故不仅造成管线停输，影响油田、炼厂、装油码头的正常生产，而且还要消耗大量的人力、物力来解堵，其经济损失相当巨大。造成长输热油管道凝管事故主要有以下几种情况。

（1）管道投产初期，油源不足，又无反输能力，造成凝管。

（2）管道输量不足，采用正反输交替运行时，未能及时跟踪监测运行参数的变化，没有采取相应措施而导致凝管。

（3）油源不足而采用降量输送时，因输油温度低而造成凝管事故。

（4）停输时间过长造成凝管。

（5）长期没清管的管道，清管过程中造成凝管。

4）设备事故

输油站内的泵机组、阀门、加热炉、油罐、锅炉等设备都存在发生事故的可能性。

5）自然灾害

地震、洪水、地层滑坡、泥石流、雷击等自然灾害都可能破坏管道而造成泄漏污染事故，也可能击毁油罐或其他设备，造成意外损失。

6）违规事故

操作人员因违反操作规程造成跑油、憋压、冒罐等事故。

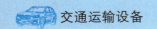
交通运输设备

2. 输油管道的维修和抢修

当输油管道发生穿孔、破裂、蜡堵、凝管或其他设备事故时，都可能伴随出现跑油或火灾事故的发生，其后果惨重。所以，一旦发生事故，必须组织力量进行抢修，而日常的维护保养更是不可缺少的。如果是管道穿孔、破裂跑油，应选择适当的位置开挖储油池，防止原油泄漏而污染农田、河流、湖泊等。对凝管事故，初凝期可采用升温加压的方法进行顶挤，管道进入凝管阶段时，应采取沿线开孔、分段顶挤的方法。此外，还可采用一种电热解堵的方法。对于长输管道的事故，应根据具体情况采取不同的措施和方法进行处理。

3. 站库安全技术

操作人员工作中的粗心大意或违反操作规程，极易发生火灾、爆炸或中毒事故。因此，在油品的收、发、储、运过程中必须加强安全工作，严格遵守操作规程和有关规章制度，最大限度地消除能引起火灾、爆炸和中毒事故的一切因素，保证平稳、安全输油。

1）防火防爆

油库发生爆炸和火灾事故的主观原因往往是油库工作人员麻痹大意、制度不严、管理不善、违章作业等。客观原因有：由于电气设备短路、触头分离、泵壳接地等原因引起弧光或火花；金属撞击引起火花；雷电或静电；可燃物自燃；油库周围的意外明火等。油品蒸气在空气中会引起爆炸的最小浓度，称为爆炸下限，最大浓度称为爆炸上限。上限和下限之间称为爆炸区间，油品的爆炸区间越大，发生爆炸的危险性越大。当油品蒸气浓度在爆炸区间时，遇到火源则会引起爆炸。

防火防爆措施有：消除火源与油品蒸气的接触；在站库内有工业用火作业时，严格执行工业用火审批制度，进行明火作业前，应提出用火施工方案、安全措施，经批准后，方可用火。针对燃烧三要素和构成燃烧的其他条件，在站库消防中常采用冷却法（目的在于吸收可燃物氧化过程中放出的热量）、窒息法（取消助燃物——氧气，使燃烧物在与新鲜空气隔绝的情况下自行熄灭）和隔离法（将火源与可燃物隔离，防止燃烧蔓延）进行灭火。

2）防雷

雷电的危害可分为直接雷电危害和间接雷电危害两大类。避雷针是一种最常用的防雷电保护装置，由受雷器、引下线和接地装置三部分组成。

3）防静电

在长输管道中，静电的主要危害是静电放电会引起火灾和爆炸。防静电的安全措施：以消除静电引起爆炸火灾的条件为目标，主要采取防止静电产生及积聚的措施，消除火花放电，以防爆炸性气体的存在。

4）防毒

油品及其蒸气具有毒性，特别是含硫油品及加铅汽油毒性更大。油品蒸气可经口、鼻进入呼吸系统，使人产生急性或慢性中毒。轻质油品的毒性虽然比重质油品的毒性小些，但其挥发性强，在空气中的浓度相应也要大。为保证站库工作人员的身体健康，必须严格控制工作场地空气中有毒气体含量，保证设备的严密性，加强通风，使其不超过最大允许浓度。

案例五　管道事故

1. 某项目海管铺设断管案例

1）事故发生过程

某铺管船在进行海管铺设任务，当天上午接收到天气预报，预报部分原文为"一股冷空气将影响你区，西南风4~5级，今天下午转东北风7~8级，明天下午减弱"。

现场根据天气预报安排了下一步工作。按步骤拖轮协助铺管船调整锚位，作业线进行弃管准备工作；现场逐渐起风，风力突然增大到10级，最大到11级，远大于当天的天气预报。

由于风力骤然增大，并且涌浪起得很快，铺管船受到强烈的横风及涌浪共同影响且由于现场为淤泥泥质，铺管船走锚，导致船位偏离设计管线路100多米。

最终确认，各工作锚不同程度发生走锚，从几十米至几百米不等。

待天气转好，经潜水员探摸检查管线，发现距离海底管道有多处水泥图层损坏脱落，并且外层管有凹陷变形，管道屈曲如图6-20所示。

图 6-20　管道屈曲

2）原因分析

（1）现场气象与预报气象存在严重误差，预报部分原文为"一股冷空气将影响你区，西南风4~5级，今天下午转东北风7~8级"。实际现场风力达到10级，阵风11级。

（2）对船舶抗风等级划分不够细化，铺管作业船属于锚泊定位，不同的泥质条件给船舶提供的系泊力不同，从而导致船舶抗风等级不同。

（3）在恶劣天气下造成船舶走锚是本次海管发生断裂的重要原因。

3）纠正、解决措施

细化船舶抗风等级划分；细化锚泊分析；细化海管应急回收程序；通过传感器、摄像探头及潜水员等多种方式对海管与托管架的接触状态进行监控。

安全应急程序要切实做到施工天气监测，并根据项目自身的环境特点编制。

2. 黄岛输油管道爆炸事故

1）事故概述

2013年11月22日凌晨3点，位于黄岛区秦皇岛路与斋堂岛路交会处，输油管线破裂，如图6-21所示。事故发现后，约3点15分关闭输油，斋堂岛街约1 000 m^2 路面被原油污染，部分原油沿着雨水管线进入胶州湾，海面过油面积约3 000 m^2。处置过程中，上午10点30分，秦皇岛路附近，为处理泄漏的管道，现场动用挖掘机，采用液压破碎锤进行打孔作业，作业期间发生爆炸。爆炸波及青岛市丽东化工厂部分设施。同时，在入海口被油污染海面上发生爆燃，造成62人死亡、136人受伤，直接经济损失7.5亿元。

2）事故原因分析

事故直接原因是：输油管道与排水暗渠交汇处管道腐蚀减薄、管道破裂、原油泄漏，流入排水暗渠及反冲到路面。原油泄漏后，现场处置人员采用液压破碎锤在暗渠盖板上打孔破碎，产生撞击火花，引发暗渠内油气爆炸。

交通运输设备

图 6-21　现场图片

事故间接原因：现场应急处置措施不当，未按规定采取设置警戒区、封闭道路、通知疏散人员等预防性措施；安全生产责任不落实，输油管道疏于管理，造成原油泄漏；忽视安全生产法律法规；安全隐患排查治理不深入；输油管道与城市排水管网规划布置不合理；对事故风险研判失误。这是一起十分严重的责任事故。

3）案例启示

（1）加强对输气管道水工保护设施、穿跨越段的维护管理，防止管道出现腐蚀减薄、破裂等隐患，地下管线复杂地区需收集相关施工资料；对已发现的隐患，要及时采取措施。在管道的建设施工过程中，要注重管道后期运行存在的问题，防患于未然。

（2）全管道巡护制度，对管道附近第三方施工（排水渠和桥涵、道路拓宽和翻修等工程）提出管道保护的要求。根据管道所处环境变化提出保护措施，尽量避免形成高后果区。

（3）制定管道维修制度，加强工作人员安全教育和安全操作技能培训，学会分辨各类现场操作的风险因素，懂得防范和安全操作规程，敢于拒绝违章指挥，杜绝盲目处置。

（4）加强应急队伍建设，应急预案及时更新，并开展演练。提高人员专业素质，防止出现对事故风险判断失误的现象。及时采取封路警戒、通知疏散周边的居民等相关措施。

思考与探究

安全与责任

1. 在管道安全管理中，站库的安全技术有哪些？
2. 探究分析管道运输风险识别、评价及管理的技术和策略。
3. 分析管道运输生产中工作人员应具有的安全与责任意识。

本章知识总结

本章知识如图 6-22 所示，从输油管道、输气管道、固体物料浆体管道、海洋油气输送管道及管道运输装备的维护与管理几个方面介绍了管道运输设备分类、构成、发展趋势等内容。在掌握各基础知识点的基础上，了解国家能源战略，建立服务民生与安全责任的意识。

第 6 章 管道运输设备

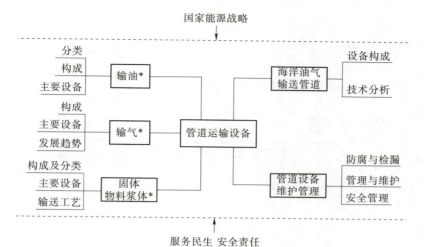

图 6-22 本章知识点

注：带 * 部分需结合线上教学资源进行自主学习。

第 7 章 特种形式的运输设备

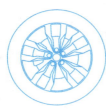

知识目标

熟悉大件货物、危险货物、鲜活货物运输设备的种类；
了解大件货物、危险货物、鲜活货物运输的特点及发展趋势。

能力目标

能够分析大件货物、危险货物、鲜活货物运输的特点及需求；
能够根据特种形式货物的运输需求，从系统角度分析运输方案，具备系统思维能力；
能够分析特种形式货物的法律法规要求，具备法律法规素养。

 引入案例

"超级仆人 1 号"船舶运输纳科卡科研生产平台

1. "超级仆人 1 号"船舶

"超级仆人 1 号"（Mighty Servant 1）如图 7-1 所示，是一艘 29 000 t 的重型起重船，能够运载非常大的船只和海上平台。1998 年，荷兰朵科瓦斯海运公司将它进行加长加宽，并进行广泛的改建，以提升 Petrobras36 或 P36 生产钻机。改装后长 150 m，宽 50 m，比一个足球场还要大，托运能力从 21 000 t 增加到了 45 000 t，它的载重量是它自重的近两倍。横梁长 164 ft，吃水深度 13 ft 1 in，建造日期是 1983 年。

图 7-1 "超级仆人 1 号"船舶

纳科卡是海上生产平台，它的任务是到 10 000 mile 之外的墨西哥湾钻取石油，"超级仆人 1 号"这艘船的升降机要将纳科卡从韩国运送到得克萨斯州。

2. 运输过程

"超级仆人 1 号"船舶运输纳科卡科研生产平台到墨西哥湾去钻探原油。

首先，"超级仆人 1 号"潜入纳科卡以下 22 m，也就是将近 80 ft 的地方，然后纳科卡被拖到下沉的"超级仆人 1 号"上部，到达甲板上的某个确切位置后，"超级仆人 1 号"就得上升，并将纳科卡完全托出水面。当"超级仆人 1 号"把将近 70 000 000 kg 的海水充入自己的压舱箱时，一场精美的海上芭蕾舞表演就在韩国的海港上演了。当纳科卡到达预定位置之后，"超级仆人 1 号"的压舱箱开始下沉，这个过程的完成需要整整一个晚上。纳科卡行驶到下沉的"超级仆人 1 号"船体上方。这是一场惊险的战斗，数兆吨的货物，一个小的计算错误、一次错误的移动，钻井平台就会倾倒，"超级仆人 1 号"也将沉没；稍许差错就会造成数百人的伤亡和数百万美元的财产损失。当纳科卡到达预定位置之后，如图 7-2 所示，"超级仆人 1 号"终于可以浮出水面。压舱箱里的水全部排出来需要 12 h 的紧张时刻。

图 7-2　"超级仆人 1 号"托举起纳科卡生产平台

通往得克萨斯州的航程终于开始了。库存中的燃料足够使它在海上漂流将近两个月的时间，它每天燃烧掉 60 t 燃料，而到达墨西哥湾和得克萨斯州的科普斯-柯瑞斯狄需要 57 天的时间，但最终"超级仆人 1 号"完成了这次运输任务。

3. 特种货物运输分析

本案例介绍的是特种货物的运输。特种货物是与普通货物相对而言的，是在运输、装卸、保管中需采取特殊措施及特殊运载工具的货物。特种货物一般包括大型特型笨重物件、危险货物、贵重货物和鲜活货物等。特种货物因其特殊性，在运输技术、组织和管理方面有诸多差异，特种货物运输的特殊性主要体现在货物性质、载运工具、装卸技术、储运管理等方面。

(1) 货物本身的特殊性。体现在化工易燃易爆货物的危险性，形状与质量的特殊性、特大性，鲜活物品的易腐性，以及价值的贵重性等。

(2) 载运工具的专用性。由于特种货物的特殊性，需要使用专用或特种车辆、专用设备进行运输，并且需要专用设施和专用技术与其载运工具相配合，实现其装卸搬运作业。

(3) 储运过程的安全性。特种货物运输需要使用专用仓库、专用停车地点，选择特定的运输线路，有的运输线路还具有保密性等要求。在仓储设施建设中，既需要满足货物出运要求，也要考虑意外事件出现的应急处理方式。

(4) 监控过程的完整性。为了确保特种货物的运输万无一失，对一些特种货物的装载、运输、卸载、安装和交付过程要实行全程监控，预防意外事件发生。

(5) 人员素质的综合性。从业人员需要具有特种货物及其相关作业的基本知识，需要有对人民、对社会的高度负责精神，从业人员要通过遴选、培训后才能上岗。

(6) 特种货物对环境的影响。特种货物物流作业质量及其过程可能对人民生命、自然和社会环境、财产安全等产生一定的影响。

案例思考——安全责任

基于案例分析特种形式的货物运输时，从安全角度应考虑的因素。

7.1 大件货物运输设备

7.1.1 大件货物运输设备种类

大件货物运输设备可按照图7-3所示分为运载车辆和运载船舶。

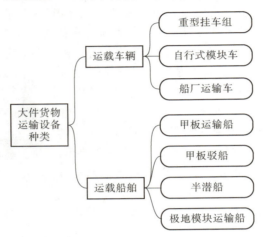

图7-3 超限超重运输设备分类

1. 运载车辆

陆上大件货物运输设备主要以长大货物车为主。长大货物车是供运输重量特大或体积特大的货物的车辆,有公路运输车辆和铁路运输车辆。

1)铁路长大货物运输车

用于特种货物运输的专用货车一般有长大货物车、毒品车、家畜车、集装箱车等。特长和特重货物无法用一般的铁路货车来装运,必须使用专门的长大货物车。随着经济的发展和国家重点建设项目的快速实施,长大货物车在特种货物车辆中占有了举足轻重的地位。

(1)凹底平车,如图7-4所示。载重量有90 t、110 t、120 t、150 t、180 t、210 t、230 t、250 t、260 t等类型。主要结构包括凹底架、大底架、中底架、小底架、侧移及导向装置、液压旁承及提升装置、空气制动装置、手制动装置、车钩缓冲装置、转向架等。主要运输支重面长度在10 m以内且重心和高度比较高的超限货物,如发电机定子和变压器等。

图7-4 D_{10}型凹底平车

（2）落下孔车，如图7-5所示。有 D_{16}、D_{17}、D_{18}、D_{19} 车型，其载重量分别为 110 t、150 t、180 t、230 t，主要用于运输轧机牌坊、水压机横梁等在高度上超限的重型货物。可将货物落入车辆中部的承载孔内运输，以降低整体高度。

图 7-5　D_{19} 型落下孔车

（3）长大平车，如图7-6所示。有 D_{22}、D_{25}、D_{27} 车型，载重量分别为 120 t、235 t、150 t，主要用于运输长钢轨、桥梁及各种大型型钢、型材等超长货物。

图 7-6　D_{22} 长大平车

（4）钳夹车，如图7-7所示。有 D_{20}、D_{30A}、D_{35}、D_{38} 车型，载重量分别为 280 t、300 t、350 t、380 t。主要由钳形梁、导向梁、大底架、小底架、转向架、调宽装置、导向侧移装置、起升装置、支撑装置、空车连接装置、制动装置、车钩缓冲装置等部分组成，并配置了液压装置、电气装置和操纵室。主要用于运输特大型发电机定子、变压器和轧机牌坊等短、粗、重、超限、超重的阔大货物，可将货物夹持在车辆中部运输。

图 7-7　D_{38} 钳夹车

（5）双联平车，如图7-8所示。主要由大底架、鞍座、制动装置、车钩缓冲装置、转向架等部分组成。该车在标准轨距上使用，可适应装运大型反应器、合成塔等筒形货物。

图 7-8　D_{30} 型 370 t 双联平车

2）公路长大货物运输车

（1）重型挂车组。这种挂车组由牵引车（Tractor Unit）和挂车（Trailer）组成。牵引车为车组提供动力，使用大排量柴油发动机，通常其功率为 290～440 kW（400～600 马力)。用于重大件货物运输的挂车与常规挂车有很大不同。这种车辆通常被称作模块运输车（Modular Trailer）或轴线车（Multi-axles Trailer）。车辆的主体为框架结构，由高强度钢焊接而成的箱型中心梁和横梁组成，具有极高的承载能力和可靠性。框架之上为装载平台（Loading Deck），该平台经过特别强化，能够承受极大的集中载荷。模块运输车下部由数量庞大的轮胎阵列提供支撑，使其承载能力大于传统车辆。每一组轮胎构成一个轴（Axle），横向共线的轴组成一个轴线（Axle Line），纵向一列轴称为纵列（File）。内置液压油缸的悬挂（Suspension）系统可将巨大的货物重量平均分配到每个轴以及每个轮胎，避免单个车桥或者轮胎承受过大压力，确保重型货物的安全运输。

（2）超重型挂车。用于装载超大型和超重货件的挂车，其基本形式为各种单体平板车。单体平板车可以纵横拼装组合，构成多种变形挂车，以适应装运不同质量和外形尺寸的大型货件。图7-9所示为运送反应炉的长货挂车车组，图7-10所示为运送变压器的低平板挂车组。

图7-9　运送反应炉的长货挂车车组

图7-10　运送变压器的低平板挂车组

（3）自行式模块车（Self-Propelled Modular Transporter, SPMT）。也称自行式液压模块运输车，由模块运输车演变而来，是一种自身带有驱动单元的超大件货物工程物流运输装备。主要应用于重、大、高、异型结构物的运输，其优点主要是使用灵活、装卸方便，载重量在多车机械组装或者自由组合的情况下可达50 000 t以上。在装备制造业、石油、化工、海洋石油、桥梁建造等工程领域应用广泛，是最具发展潜力的下一代运输设备。自行式模块车由动力机组（Power Pack Unit, PPU）和带有驱动车桥的液压挂车组合而成。PPU是SPMT的动力来源，也是独立的模块，为整个自行式模块车提供移动、行走、转向、升降、刹车、照明所需的动力和电力。PPU的高度和角度可以调节，可拆装。动力机组如图7-11所示。

2. 运载船舶

超大型货物、整体构件、大型工业模块，如海洋石油钻井平台、潜艇、游艇、军舰等货物，其质量、体积等都远远超出传统杂货的范畴和技术规范，对重大件运输船的需求日

第 7 章　特种形式的运输设备

图 7-11　动力机组（PPU）

益增强。重大件货物的水路运输以甲板运输船、甲板驳船等为主要载具，大型海洋工程结构也常使用半潜船运输。

1）甲板运输船

甲板运输船的主甲板非常宽敞，并且平整无突出。发电机舱和上层建筑布置在艏部，推进器舱布置在艉部。甲板运输船主要用于运输不可分解、尺寸巨大的整体货物，包括海工模块、大型发电设备、化工和炼油设备、钢卷等重大基建材料、卫星和军事装备，以及拖船、驳船等。图 7-12 所示为中国自主设计建造的全球最大的火车专用运输船。船总长 180 m，宽 38.6 m，设置两层火车甲板。两层甲板上都密布着火车轨道，轨道总长度达 2 500 m，可一次性载运 136 节火车车厢（单节车厢长 14 m），载重量超过 2 万吨，堪称"火车航母"。"切诺基"号在船型设计、火车装卸方式、火车区域布置、无人机舱等方面填补了国内空白，对我国今后火车运输船设计建造有着示范作用，也坚定了中国船舶建设成世界一流的步伐。

图 7-12　"切诺基"号甲板运输船

2）甲板驳船

甲板驳船通常不设货舱甲板，货物全堆装在甲板上，甲板四周一般设有挡货围板。重心较高，稳定性较差。在平静的水中行驶时，可以使用自推进式驳船；在流速较快的水域中上游航行时，可以在拖船的帮助下作为无动力驳船航行。甲板驳船运输成本低，主要用于内河或沿海短途运输。由于露天堆放，故不宜运载具有防水、防湿要求的货物，适用于对运输质量要求不高的货物的运输。甲板驳船如图 7-13 所示。

3）半潜船

半潜船的总布置特点与甲板运输船的类似，不同之处在于半潜船有艉部浮箱，并且艏部的上层建筑较甲板运输船更高。随着半潜船的不断优化，无艏、艉楼全通甲板及可移动

图 7-13 甲板驳船

式浮箱将成为新一代半潜船的设计方向。与常规货船相比，半潜船有其独特的货物装载方式：先在压载舱内打入压载水，使船半潜到水面下一定深度，然后将漂浮在水面上的大型货物定位到主甲板上方，再通过排放压载水使船上浮，将货物托出水面并使其承载在主甲板上进行运输。到达目的地后，则可以通过吊装、滚装、浮卸等方式卸载货物。半潜船如图 7-14 所示。

图 7-14 半潜船

4）极地模块运输船

近年来逐渐开发的北极地区大型天然气项目推动了极地模块运输船的发展。由于在深海和极地无法进行施工，油气平台的建设就需要在陆地工厂进行组装并整体运至目的地。因此，极地模块运输船主要用于装载大型海工结构、油气模块、发电设备、化工和炼油设备、重大基建设备等重大件整体货物。其船型基于常规甲板运输船，具有全通无障碍型载货甲板，可以采用滚装或滑装等不同的装卸方式。在此基础上，还需考虑针对冰区的加强结构设计和对船体、舱室、管道的防寒、防冻措施。极地模块运输船如图 7-15 所示。

图 7-15 极地模块运输船

7.1.2　大件货物运输的特点

大件货物运输具有以下特点：

①对路况要求更高。由于货物的特殊性，需要提前考察路况，包括沿途桥/隧运输限制、道路周边障碍等，选择道路情况良好、桥梁较少、限制较少的路线。

②具有一次性和单向性。由于重大件货物是根据不同项目需求定制的，因此，每一次运输过程都需要制订单独方案。由于货物存在制造周期长、大型化等特点，使得运输具有单向性，几乎不可能发生逆向物流。

③对操作人员专业化水平要求较高。重大件运输需要专业和有经验的操作人员，能够灵活操作特种车辆和吊车，处理突发事件。

④运输风险高。由于货物的超限，重大件运输过程中，稍有不慎，就会造成极其严重的车、货损失和其他直接、间接经济损失，直接影响工程项目的实施。

7.1.3　大件货物运输的发展

1. 国外超限运输

超限运输与一个国家的经济发展程度有较大的关系。情况可分为三种：第一，经济发达的国家，比如美、韩、日等国家，因为超限运输问题出现得早，政府对超限运输比较重视，相关法律法规比较健全。第二，发展中的国家，经济正在发展之中，超限运输问题正是比较突出的时期，由于政府不够重视，法律法规也尚未完善，对超限运输的发展还处于初期。第三，经济落后国家，由于经济水平比较低，对超限运输的需求量不大。

2. 我国长大货物运输的现状

随着我国基础行业（特别是电力、化工等行业）建设步伐的加快及国家相关政策的引导，大件货物运输需求逐渐增多，各地大件运输企业纷纷抓住契机，迅速发展壮大。目前，我国大型的大件运输企业在硬性条件与行业管理方面已初具规模，并加快了与国际市场并轨的步伐。通过与国外著名企业建立战略合作关系，引进了新的设备、新的技术、新的理念和新的管理体系。如与荷兰玛姆特公司（MAMMOET）的合作就是其中之一。玛姆特公司是目前全球最大、最具实力的大件及超大件起重吊装、运输的跨国工程公司。目前大件运输货物类型比较固定，主要有发电机定子、转子、除氧水箱、大板梁等，上下机架、主轴、座环、导水机构、闸门启闭机、主变压器、化工反应器及一些常用军工设备如战斗机部件等。在运输项目管理方面，目前我国大件运输企业主要采取两种方式：第一，对国家电力、化工、石油等行业的大型建设项目物流进行投标、竞标，中标之后负责部分或全部的物资承运；第二，与设备制造厂建立合作关系，长期负责该厂的各类设备运输业务。

目前我国大件运输业机遇大于竞争，正是发展的大好时机，应打破地域性限制，积极开拓全国市场，同时走出国门，进一步拓展国际市场。

3. 长大货物运输的发展趋势

大件运输市场竞争日趋激烈，也对大件、重件、非标准件（几何中心或重心偏离）的运输提出了严峻挑战，对载运工具、路线基础设施、相关辅助设备、操作技术、运输管理等方面提出了更高的要求。大件运输未来的发展将呈现以下特点：

1) 多种运输方式并存的多元化发展形式

首先，随着重型牵引汽车及板车技术的不断进步，在动力、性能及舒适性方面较以前都有了大幅度提升；随着国家公路（特别是高速公路）网络逐渐完善，公路大件的运输盲区越来越少；基于公路运输快速、灵活、门到门的特点，越来越多的原本用铁路承运的大型设备现今已改为公路承运。基于以上原因，公路大件运输将在未来的大件运输行业中逐渐呈上升趋势。

其次，铁路大件运输由于运输量大的特点，在今后的发展中仍然有着不可取代的地位，而海上船舶大件货物的运输也将逐渐发展起来。在不断优化运输方案的指导思想下，公路、铁路和水路三种大件运输方式联运也将成为一种选择。

2) 承运对象继续大型化

鉴于各国科学技术发展趋势，工业设备逐步向大型、重型和超重型发展。所以，承运对象的继续大型化是未来发展的趋势之一。

4. 我国长大货物运输的问题及发展对策

大件运输在我国尚属起步阶段，在车辆装备、技术水平、行业管理等方面相对落后。要使国内大件运输快速发展，首先应尽快完善项目运输机制，在人力资源、协调组织、质量安全等方面加大力度，积极引进公路、铁路、水路联运的专职管理人员和桥梁、起重、机械工程、装载加固、安全运行方面的工程技术人员，建立专业的道路勘查、装卸和运输队伍。其次，国产牵引车、板车等在性能、动力、舒适性等方面已远远不能满足大型设备运输需求，造成运输效率低下，事故频率及车辆设备维修频率高的情况极为普遍。因此，在车辆装备方面，要积极改善现有的装备，研发先进的大件运输设备。再次，目前的大件运输企业在大型项目物流总体方案设计和特殊超限设备运输的操作过程中，都是以长期积累的经验为指导，大大制约了技术创新。所以，应加强行业理论研究，加速技术水平的提升。最后，采用各种现代化技术积极探索创新，提升大件货物运输的组织管理水平。

案例一 轨道车辆的运送

1. 安-225 运输机

安-225 运输机是世界上最大的飞机，由安东诺夫设计局研制，机身全长 84 m，主翼翼展为 88.74 m，高度可达 18.1 m，使用 6 台单台推力为 23.4 t 的大推力 D-18 高涵道比涡扇发动机，巡航速度可达 800 km/h，航程高达 15 400 km。安-225 的空重就有 285 t，比我国现役的运-20 大型运输机的最大起飞重量都大，它的最大起飞重量约 640 t，是人类有且仅有的起飞重量超过 600 t 的飞机，而且具有超过 250 t 的最大载重能力，是美国现役最强的 C-5 大型军用运输机的两倍还多。安-225 整个货舱全长 43.51 m，最大宽度 6.68 m，高 4.4 m，货舱底板宽度 6.40 m，最大高度 4.39 m，加上前后延伸段可达 70 m，内部容积高达 1 300 m³。为了方便巨大货物进出，安-225 采用可上掀打开的"掀罩式"机首，货舱内可装载 16 个集装箱。

正因为具有超大的货舱和空前的载重能力，世界上很多超大尺寸的大型设备都选用安-225 来运输，比如 1990 年苏联用它运输了世界上最重的 T-800 推土机，我国曾租用安-225 运输北车唐车公司的有轨电车，还用于运输奔驰公司重达 180 t 的整车生产模具。

2010年，我国还用它把两个42.1 m的风力发电机叶片运往欧洲，创下了世界上尺寸最长的空运货物的纪录，它还曾运输单件189.98 t的亚美尼亚天然气发电机，创下单次运输253.8 t货物的世界纪录，这些空运记录很长时间内都不会有别的飞机能够超越。

安-225运输机只制造了一架，是苏联时代航空业的巅峰之作。安-225运输机作为专门特种运输机，背驮式运输"暴风雪号"航天飞机只是它的基本能力，它超过200 t的背驮能力也刺激了苏联航天人更多的进取激情。但是令无数航空航天迷扼腕叹息的是，安-225运输机在2022年2月24日的俄乌战争中不幸被摧毁，人类有史以来最大最重的运输机，人类航空工业皇冠上的明珠，在战火中毁于一旦。

2. 安-225运输轨道车辆

2013年11月29日，安-225从乌克兰基辅迪纳摩飞抵我国石家庄机场，装运由中国北车唐车公司研制的100%低地板"祥龙号"现代有轨电车（图7-16），启运飞往万里之遥，连接亚欧大陆的土耳其。整列有轨电车为4辆编组，长度近40 m，宽约2.65 m，高约3.5 m，重约60 t，一次性全部装上飞机启运飞往欧洲，这不仅是我国首次使用飞机出口发运大型轨道车辆，也是世界上第一次用安-225大型货运飞机运载轨道车辆。

图7-16 安-225运输轨道车辆

像有轨电车、城际列车这类大件货物价值高昂，运输过程受交通工具、路径情况、中转节点等多方面因素的影响，一旦运输过程中出现疏漏，会对其造成极大的损坏，严重影响工程项目的顺利进行。如何选择最优的运输路径以确保大件货物运输的顺利完成，是大件货物经营人要考虑的首要问题。航空大件运输主要用于设备价值特别高、军事化程度较大的运输，运输成本巨大，运输大件设备受限，多用于国家高机密运输。

随着我国大件货物运输市场向世界全方位开放，国内大件运输市场竞争将呈现国际化趋势，国外同行将进入我国市场，并凭借其先进的经营理念、先进的运输方式和先进的技术优势拓展其在我国的市场份额。在如此严峻的竞争环境下，我国大件运输业必须坚持科技创新，加快技术进步的步伐，研制具有国际先进水平的大件货物决策支持系统来辅助拟定运输方案，将大大提高我国大件货物运输的技术水平，增强我国运输企业参与国际大件货物运输的市场竞争力。

案例二 基于数字孪生的重大件运输智能系固

1. 重大件运输系固问题

重大件货物运输是一项高风险的工程，若系固不充分，货物在运输途中可能发生较大的滑动、翻转，而货物与载具之间的相对运动将进一步加剧载具的倾斜，甚至导致货物掉落、车辆侧翻、船舶倾覆，不仅造成巨大的经济损失，还会威胁人员的生命安全；反之，若为了保证安全而对货物过度系固,则又造成资源的浪费。因此,系固是重大件货物运输过程中要解决的一个重要问题。

2. 基于数字孪生的重大件运输系固方案

以往的计算方法通常只关注重大件运输的计划阶段,但运输过程中的频繁振动、瞬时冲击对系固系统的累加影响很难被精确预测。把重大件货物运输的系固看作一个"产品",则该产品的全生命周期应包括制订系固方案(计划)阶段、执行系固方案(运输)阶段以及评估和总结(完成)阶段。实现对重大件运输完全动态的系固有效性计算,需在研究载具运动原理的基础上,对各个运输阶段进行动态模拟,建立陆海联运"数字孪生体"。其思路如图 7-17 所示。

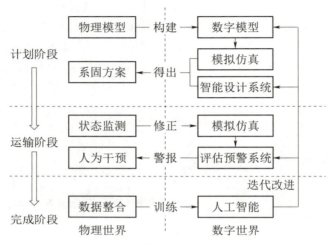

图 7-17 基于数字孪生的智能系固解决方案总体思路

在计划阶段,根据收集的资料构建一个与物理模型完全对应的数字模型。构建的数字模型应以重大件运输过程的力学原理和物理规律为依据,完整地对货物-载具-系固装置三元系统建模,创建力学动态求解器。为了实现全动态的模拟,在公路运输领域,应考虑由于路面不平度引起的振动激励载荷,以国家标准中的道路路面谱为依据,将路面激励看成一个平稳随机过程,建立不同车速下路面激励的时域函数,构建载具振动的动力学模型,认为载具的振动为在随机激励和一定阻尼条件下的受迫振动响应,据此计算货物在颠簸路面下所受的冲击载荷;在海运方面,应以船舶水动力理论为基础,应用计算流体力学(Computational Fluid Dynamics,CFD)技术,模拟不规则波下船舶的六自由度运动响应和甲板总纵弯曲变形,并据此计算货物及系固装置的受载荷情况。之后,预设一系列的路况/海况、车速/航速、风速、风向等条件,对完整的运输过程进行模拟仿真试验。根据仿真试验结果判断系固方案是否合理。若存在安全隐患,则对方案反复改进,直到系固方案满足安全性要求。在这一迭代改进过程中,可以借助人工智能+大数据技术,依据以往施工案例,智能生成一些预选的基础方案,辅助技术人员设计系固方案(包括索具选型、配车、船舶调载等)。

在运输阶段,在运输全过程中对货物、载具、系固系统和环境条件进行动态监测,合理布置传感器和数据传输存储系统,避免信号干扰,保证数据准确。在布置检测系统时,基于数字模型的模拟仿真结果可以为监测点的选取提供重要依据。收集并记录的数据应至少包括行驶位置、载货平台或甲板姿态、载具的速度和加速度、货物的速度和加速度、系固系统各装置的受力状态、风速和风向等。将监测得到的传感器数据实时传入数字模型，修正虚拟仿真模型的状态，使物理模型与数字镜像保持实时同步。此外，还需建立一套系固索具状态智能评估和预警系统，能够以货物与载具的当前状态为出发点，在数字世界进行后续过程的仿真，预测未来状态，判断各项指标是否超出安全裕度范围。

当运输任务执行完成后，会产生大量的监测数据与仿真数据。利用"机器学习"与"深度学习"等人工智能技术，可以从数据中挖掘出各物理量之间更复杂的映射关系，以更好地理解重大件运输物理模型的动态过程，改进构建数字镜像的技术，提高模拟仿真的准确度。通过不断地迭代改进，可提高系固方案智能设计、智能预测的准确性。

基于数字孪生技术的重大件货物运输智能系固解决方案，以数字孪生、人工智能等诸前沿理念为指引，涉及的关键技术包括：基于全流程动力学分析的路–车–货–系固系统、海–船–货–系固系统等多体耦合受力及运动响应预报技术；基于智能算法的多参数、多目标协同优化技术；信息采集与状态感知技术；基于数字孪生技术的实时虚拟仿真、动态决策技术等。

案例三　铁路运输反应炉需要考虑的因素

1. 反应炉基本数据

（1）发站和到站、收货人、品名、件数和重量。

（2）反应炉外形（包括固定包装和加固装置）尺寸。①全长、支重面长度和宽度。②中心高度和宽度，每一不同侧高度及其宽度；圆形货物的直径。③重心位置（以"+"号标明）。④侧视长度：货物全长，支重面长，长端长，短端长。⑤高度：自支重面起，测量其中心高度、侧高度和宽度。⑥中心高度处的宽度：货物最大高度处测点至货物重心所在纵向垂直平面的距离，分别测出左侧高效和右侧宽度。⑦侧高处的宽度：不同侧高处测点至货物重心所在纵向垂直平面的距离，分别测出左侧高度和右侧宽度。

此外，对于圆柱形货物，应测量其直径；货物上有突出部件时，应测出突出部件的位置和突出的尺寸；带轮货物，应测量轮子的直径、轴距等。同时，还应测量加固部件的有关尺寸，如加固的拴结点的位置、加固装置的有关尺寸等。

2. 承运车辆类型选择和具体型号

3. 运输路网的具体情况

需要注意的是，并不是所有铁路线网都能运输超限超载货物。不能开办运输的线路主要包括客运专线、新线、路况差的线路。

4. 反应炉的超限等级和超重等级

运输组织部门根据货物不同的超限和超重等级，选择合适的车辆和列车运行路径、制订相应的装载加固方案。

根据货物的超限程度，超限货物分为三个等级：一级超限、二级超限和超级超限。①一级超限：自轨面起，高度在 1 250 mm 及以上超限，但未超出一级超限限界者；②二级超限：超出一级超限限界而未超出二级超限限界者，以及自轨面起，高度在 150 mm 至未满 1 250 mm 间超限但未超出二级超限限界者；③超级超限：超出二级超限限界者。

根据货物超限部位所在的高度，超限货物分为三种类型：上部超限、中部超限和下部超限。①上部超限：自轨面起，高度超过 3 600 mm，任何部位超限者；②中部超限：自轨面起，高度在 1 250~3 600 mm 之间，任何部位超限者；③下部超限：自轨面起，高度在 150 mm 至未满 1 250 mm 之间，任何部位超限者。

根据货物的超重程度，分为三个等级：一级超重、二级超重和超级超重。①一级超重：$1.00<Q<1.05$；②二级超重：$1.05<Q\leqslant 1.09$；③超级超重：$Q>1.09$。注：Q 为超载系数。

5. 铁路限界

主要包括机车车辆限界、建筑限界、实际桥隧和其他设备限界。

6. 反应炉列车与临线列车、建筑物和设备的安全距离

思考与探究

系统思维

1. 重大件货物运输的设备有哪些？
2. 从系统的角度分析重大件货物在运输过程中需要考虑的因素。

7.2 危险货物运输设备

7.2.1 危险货物运输设备种类

危险货物是指具有爆炸、易燃、毒害、腐蚀、放射性等性质，在运输装卸和储存保管过程中，因容易造成人身伤亡和财产损毁而需要特别防护的货物。危险货物的危险程度依据《危险货物运输包装通用技术条件》（GB 12463—2009），分为Ⅰ、Ⅱ、Ⅲ等级。据统计，目前通过海上运输的货物中有 50% 以上是危险货物，常运的危险货物达 3 000 多种。危险货物一旦发生事故，将给人身、财产及环境造成严重的损害。

危险货物运输设备有公路罐车及有特殊要求的厢式汽车、铁路罐车及危险品运输船舶等。由于危险货物种类繁多，危险性大，所以对各类运载工具都有特殊的要求和规定。

1. 罐式汽车与危险货物

罐式汽车是专门用来装运散装的液体、粉状、粒状、气体等具有一定流动性货物的车辆。由于近年来危险货物需求量的快速增长，出现了许多具有不同外形尺寸、罐体容积和装载质量的罐式汽车。图 7-18 所示是一辆罐式运油半挂车。这类车多用来装运汽油、柴油、润滑油物等油性液体燃料，故又称为油罐车。

危险货物对罐式汽车的基本要求：

（1）罐车材质必须与所装运危险货物性质相适应。如装运硝酸的罐体应用铝板制作；装运硫酸的罐体应用碳钢板制作；装运盐酸的罐体应用非金属的玻璃钢制作；装运离子膜液碱的罐体用不锈钢板制作等。

（2）应有足够的强度，并根据不同货物需要配备双道闸门、泄压阀、防波板、遮阳物、压力表、液位计、导静电等安全装置，必须保证所装货物不泄漏。

图 7-18　罐式运油半挂货车

（3）必须符合《压力容器安全技术监察规程》的要求。

2. 厢式汽车与危险货物

厢式汽车指具有独立的封闭结构的车厢或与驾驶室连成一体的整体式封闭结构车辆，装备有专用设施，如图 7-19 所示。厢式汽车运输危险货物具有防雨、防尘、防损坏、防污染、防丢失，以及安全、便于管理并能满足多种危险货物的运输需求。

图 7-19　厢式货车

危险货物对厢式汽车的基本要求：

（1）运输危险货物的厢式货车驾驶室必须与车厢分离，以防因危险货物泄漏而释放出的有害气体导致驾驶员驾驶能力丧失，从而出现意外事故。

（2）机动车辆排气管应装在车辆前保险杠下方，远离危险货物，并配置有效的熄灭火星装置；电路系统应有便于切断总电源的装置。

（3）货厢应是木质地板，这是考虑到危险货物绝大多数是易燃易爆物品，木质地板可以避免产生火花，较为安全。同时，要求周围栏板必须牢固。如是铁质底板，应采取衬垫措施，如铺垫木板、胶合板、橡皮板等，但不能使用谷草、草片等松软易燃材料。

（4）装运的危险货物大多数应是单一品种的货物，不得装入性质相抵触的危险货物。

（5）根据所装危险货物的性质，配备相应的消防器材和捆扎、防水、防散失的器具。其消防材质、数量应能满足应急需要。

3. 铁路罐车

铁路罐车是铁道上用于装运气、液、粉等货物的主要专用车型，主要是横卧圆筒形，也有立置筒形、槽形、漏斗形。分为装载轻油用罐车、黏油用罐车、酸类罐车、水泥罐车、压缩气体罐车多种。图 7-20 所示为铁路罐车。

危险货物对铁路罐车的基本要求：

（1）根据危险货物的类别，在集装箱罐上拴挂相应的危险货物标志：箱门把手处各 1

图 7-20　铁路罐车

枚，5 t 以上集装箱罐正面吊装孔各 1 枚（1 t 箱正面吊装环各 1 枚）。危险货物标志按《铁路危险货物运输管理暂行规定》有关规定拴挂，规格为 100 mm×100 mm，标志应用塑料双面彩色印刷且应拴挂牢固，不得脱色、脱落。

（2）考虑罐体内的温度，由于危险货物对温度较为敏感，所以应加强集装箱罐的隔热性能和保温性能。

（3）装运的危险货物应为同一品种的货物，不允许拼箱罐运输。

（4）根据所装危货性质，配备满足应急需要的消防器材和捆扎、防水、防散失的器具。

4. 危险品运输船舶

运输危险品的船舶有油船、液化气船、化学品船三大类船舶，如图 7-21 所示。

图 7-21　危险货物运输船

危险货物对运输船舶的基本要求：

（1）载运危险货物的船用集装箱、船用可移动罐柜等货物运输组件和船用刚性中型散装容器，应当经国家海事管理机构认可的船舶检验机构检验合格，方可用于船舶运输。

（2）拟载运危险货物的船用集装箱应当无损坏，箱内应当清洁、干燥、无污损，满足所装载货物要求。

（3）危险货物及其包装应当保持完好，无破损、撒漏或者渗漏，并按照规定进行衬垫和加固，其积载、隔离应当符合相关安全要求。性质不相容的危险货物不得同箱装运。

（4）拟交付船舶载运的危险货物包件、中型散装容器、大宗包装、货物运输组件，应当按照规定显示所装危险货物特性的标志、标记和标牌。

（5）曾载运过危险货物的空包装或者空容器，未经清洁或者未采取其他措施消除危险性的，应当视作盛装危险货物的包装或者容器。

7.2.2　危险货物运输的特点

危险货物运输具有以下特点：

1. 高风险性

危险货物作为一种特殊品类,在各种运输方式中都具有很大的风险性,危险品运输事故造成的危害极大,容易造成人员伤亡和财产损失。

2. 运输管理方面的相关规章、规定多

例如,道路危险品运输是整个道路货物运输的一个重要组成部分,除要遵守道路货物运输共同的规章,如《中华人民共和国道路交通管理条例》和《高速公路交通管理办法》等外,还要遵守许多特殊规定,如联合国相关规定:《关于危险货物运输的建议书》和《国际公路运输危险货物协议》等。

3. 专业性强

危险品运输不仅要满足一般货物的运输条件,严防超载、超速等危及行车安全的情况发生,还要根据货物的物理和化学性质,满足特殊的运输条件。

4. 品类繁多

按照危险货物的危险性,《危险货物分类与品名编号》(GB 6944—2012)将危险品分为 9 类共 22 项。每一项中又包含具体的危险货物,《危险货物品名表》(GB 12268—2012)中在册的已达 2 763 种品名。各类危险品的物理和化学性质差异很大。

5. 运输人员专用

危险货物运输业是一个特殊的行业,例如从事道路危险货物运输的相关人员必须掌握危险货物运输的有关专业知识和技能,并做到持证上岗;从事道路运输危险货物的驾驶员、押运员和装卸人员必须了解所运载的危险货物的性质、危害特性、包装容器的使用特性和发生意外时的应急措施。

7.2.3 危险货物运输的发展

1. 国外危险货物运输

国外对危险货物运输安全的研究始于 20 世纪 70 年代,历经半个多世纪的发展,从最开始的只研究核燃料、核废料的运输安全到如今的风险度量模型的构建、危险货物运输最优路径选择、运输过程中危险区域的研究、危险货物运输信息化管理等日趋成熟。对危险货物载运工具、危险货物管理、运输应急体系等都有详细的管理规则。

最近十年来,美国因危险货物而引起的事故显著减少,特别是重大恶性事故发生的概率大大降低,这与美国危险货物法规的完善与监管体制是分不开的。日本早在 1948 年就制定了《消防法》,对危险品的储藏、运送、保管、处理等做了详细的规定,另外,还制定了一系列相关法典,如《道路运送法》《货物汽车运送事业法》等,以规范危险品行业的各种行为。德国在危险品管理上具有完备的法律法规体系及调整完善机制。在道路危险货物运输管理方面,形成了适用于欧洲或德国实践操作的《德国关于道路危险货物运输的有关规定》,以法律的形式,细化、明确了道路危险货物包装、仓储、装卸、搬运、运单填写、运输等各环节的具体要求及作业或管理人员的具体职责。

2. 国内危险货物运输

我国危险品运输占道路年货运总量的 30%以上,并呈上升趋势,这也使得国内的危险品运输行业近几年得到了快速的发展,并出台了一系列相关法律、规章制度,如铁路方面的《铁路危险货物运输管理规则》(铁总运〔2017〕164号)、《铁路安全管理条例》(国务院令第639号)等。但相比于国外来说,国内有关危险货物运输法律法规体系的建设起步较晚,想要与国际接轨,还需要付出很大的努力。

未来对危险品类别的管理会更加精细化,针对各种类别的说明也会更加详尽;危险货物运输行业标准也会更加完善,逐步形成统一、规范的行业标准;对相关从业单位和从业人员的要求也会不断提高,形成一定的进入壁垒;各种先进的信息技术、传感技术、智能监管检测技术将会在危险品行业获得大范围应用,以有效提高危险品全程运输的安全性。

案例四　危险品运输事故

1. 事故概述

2017年6月5日,位于山东省临沂市临港经济开发区的金誉石化有限公司装卸区的一辆运输石油液化气(闪点-80~-60 ℃,爆炸下限1.5%左右,以下简称液化气)罐车,在卸车作业过程中发生液化气泄漏爆炸着火事故。事故造成10人死亡、9人受伤,厂区内15辆危险货物运输罐车、1个液化气球罐和2个拱顶罐毁坏,6个球罐着火,部分管廊坍塌,生产装置、化验室、控制室、过磅房、办公楼以及周边企业、建构筑物和社会车辆不同程度损坏。

2. 事故发生原因

一是安全风险意识差。风险辨识、评估、管控缺失,没有对装卸区进行风险评估,造成风险严重叠加。二是隐患排查治理流于形式。卸车区附近的化验室和控制室均未按防爆区域进行设计和管理,电器、化验设备均不防爆。三是应急初期处置能力低下。应急管理缺失,自泄漏到爆炸间隔2 min多,未能第一时间进行有效处置,也未及时组织人员撤离。四是企业主要负责人危险化学品安全知识匮乏;管理人员安全管理水平低下,专业素质不能满足安全生产要求;装卸区操作人员岗位技能严重不足。五是重大危险源管理失控,重大危险源旁边设置大量装卸作业区。装卸管理人员、驾驶人员、押运人员不具备从业资格,装卸人员未经培训合格就上岗作业,运输车辆不符合国家标准要求等。

3. 事故启示

(1)要加强安全防范体系建设。严控新建专用线的接轨审查、新增办理限制的条件审批、运输需求的受理审核以及专用线装卸车的交接检查。

(2)加强责任落实体系建设。强化各专业的安全职责、各层级的安全责任以及一体化管控的安全责任。

(3)构建三防保障体系。提高人防能力、物防能力和技防能力。

(4)完善应急救援体系。组建专业救援队伍,完善应急救援预案,规范应急备品配置,强化应急救援演练。

(5)完善对外协作体系。加强行业层面、国家层面以及国际层面的协作。

(6)完善和落实危险货物安全运输管理制度,加强人员专业培训,提高危险品运输从业人员对法律法规的认识,可以在很大程度上提升运输安全管理水平。

> **思考与探究**
>
> **法律法规素养**
>
> 1. 危险品运输设备有哪些？
> 2. 分析危险品运输的特点及要求。
> 3. 探究分析危险品运输相关法律法规。

7.3 鲜活货物运输设备

7.3.1 鲜活货物运输设备种类

凡在运输中需要采取特殊措施（冷藏、保温、加温等），以防止腐烂变质或病残死亡的货物，均属鲜活货物。鲜活货物分为易腐货物和活动物两大类，其中占比例最大的是易腐货物。易腐货物是指在一般条件下保管和运输时，极易受到外界气温及湿度的影响而腐坏变质的货物，主要包括肉、鱼、蛋、水果、蔬菜、鲜活植物等。活动物包括禽、畜、兽、蜜蜂、活鱼、鱼苗等。针对鲜活货物的运输或存储，冷藏是迄今最大量、最普遍、最有效的方法。因此，为满足鲜活货物运输需求，各种运输方式有其相应的冷藏运载工具。

1. 冷藏保温车

冷藏车是随着冷冻运输的需求而发展起来的一种特种专用运输车辆。世界各国都致力于绿色环保产品的开发和相关工业的发展，开发新型无氟冷藏车。与一般厢式货车的主要差别在于，冷藏车安装了独立式或非独立式冷藏机组，并且采用优质保温材料制作密封车厢。非独立式冷藏机组利用汽车发动机动力工作，能使相匹配货厢内最低温度达到 $-18\ ℃$。独立制冷机组必须加装独立电瓶和柴油发动机，与非独立式冷藏机组相比，它的制冷性能要好得多，能使相匹配货厢内最低温度达到 $-28\ ℃$，并且不会因为汽车本身的故障原因而影响冷藏效果，但造价高。图 7-22 所示为中国自主研发的 $-86\ ℃$ 超低温运输冷藏车，另外还有 $-86\ ℃$ 移动集装箱、$-86\ ℃$ 超低温冷库等设施。目前，我国超低温设备技术已实现了高新技术产业化，既打破了国外 30 多年的超低温关键技术壁垒，又自主研发了更为节能高效的超低温制冷系统，大幅度降低了设备的耗电成本和采购成本。

图 7-22　$-86\ ℃$ 超低温运输冷藏车

2. 冷板式冷藏车

冷板式冷藏车是一种非常经济方便的冷藏运输工具，它的原理是运输前在保温车厢内放置冻结好的低温蓄冷板。运输时，利用蓄冷板内的高效保冷剂融化放冷来维持车厢内的低温。可根据温度要求选用不同融点的高效保冷剂来调节车内温度。冷板式冷藏车应用高效保冷剂和地面电力充冷，运行、维护成本低；运行可靠，不会出现因为制冷机组中途故障而损坏货物品质的情况；由于制冷机组无须消耗燃油，避免了尾气排放，环保、无噪声。冷板在车厢内的布置方式包括全部顶置、全部侧置、部分顶置部分侧置、部分侧置部分端置、部分顶置部分端置等。图7-23（b）所示为部分顶置部分侧置的布置方式。

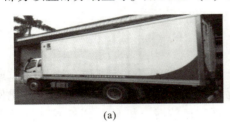 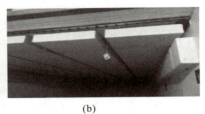

(a) (b)

图 7-23 冷板式冷藏车

(a) 冷板式冷藏车外观；(b) 冷板的布置方式之一

3. 铁路冷藏车

铁路冷藏车体隔热，气密性好，车内有冷却装置，在温热季节能进行冷却，在寒季还可用来不加冷保温运送或用电热器（机械冷藏车）加温运送，但由于它的主要设备和主要用途是"冷藏"，所以称为冷藏车。我国铁路冷藏车分为冰冷藏车和机械冷藏车两大类。

（1）冰冷藏车内设有冰箱、排水设备以及通风循环设备。冰冷藏车由于受冷源的限制，不能保持 $-8\ ℃$ 以下的温度，同时，降温比较缓慢，车内温度不能灵活控制，运行途中还需要加冰加盐，因此运送速度较慢。

铁路加冰所的任务是对冰冷藏车进行加冰、加盐、通风、清洗等作业。加冰所使用的冰由铁路制冰厂提供，或由加冰所自备天然水，加冰所为完成加冰、加盐作业，应具有制冰、储冰和加冰设备（包括加冰台与加冰机械）。

（2）机械冷藏车由于使用制冷机，在外界气温较高的条件下，在车内可以获得与冷库相同水平的低温，能够在更广泛的范围内调节温度并可在车内保持更均匀的温度，因而能更好地保持易腐货物的质量。由于备有电源，便于实现制冷、加温、通风、循环的自动化，因此不需要在途中停留补充冷源，可以缩短运输时间，加速货物送达。机械冷藏车与冰冷藏车相比，也存在着造价高、维修复杂、需要配备专业乘务人员等缺点，由于是成组运行，一次装卸货物批量较大，因此在运用上不够灵活。

4. 其他冷链设备

一些专门从事冷冻、冷藏高新技术产品研发及生产的高科技企业以冷链科技为主导，研究开发具有国际先进水平的低温物流技术，包括低温蓄冷运输箱、蓄冷板、冷藏集装箱、航空运输用冷藏箱、活鱼活虾运输箱等一系列具有国际领先水平的冷链设备。

低温蓄冷运输箱是国际上最先进的低温物流技术。该技术采用高性能蓄冷材料与保温箱体相结合，可以使货物保持 $-25\sim 10\ ℃$ 的低温长达 $20\sim 40\ h$。由于蓄冷箱本身具有保持低温的能力，所以只需使用普通货车就可以实现冷冻、冷藏物品的运输，并可以实现常温、冷冻、冷藏物品的同车混输，从而大大节约运输成本。蓄冷箱适用范围较广，可以广泛应用于生物医药、疫苗、血浆、器官、牛奶、酸奶、巧克力、冰激凌、速冻食品、保鲜肉等各种冷冻、冷藏货物的高质量运输。

7.3.2 鲜活货物运输的特点

鲜活类货物由于货物类型的特殊性，对运载工具、运输组织过程都有特殊的要求。鲜活货物运输具有以下特点：

1. 品类多、运距长、组织工作复杂

我国出产的鲜活类货物有几千种之多，性质各不相同，运距长，加之南北方气温相差大，不仅同一地区在不同季节需要不同的运输条件，就是在同一季节，当车辆行经不同地区时，也要变换运输条件。在一次运送过程中，可能兼有冷藏、保温和加温三种运送方法。鲜活类货物的组织工作与普通货物相比要复杂得多。

2. 季节性强、运量波动大

鲜活类货物大部分是季节性生产的农副产品，水果集中在三、四季度，南菜北运集中在一、四季度，水产品集中在春秋汛期。在收获季节，运量猛增，在淡季，运量大大降低，需要综合平衡运输能力。

3. 运输时间紧迫

鲜活类货物本身的特点是新鲜、成活。鲜活性质能否保持与运输时间的长短密切相关。铁路在运输鲜活货物时，虽然使用了特种车辆，采取了特殊措施，若是运输时间过长，还是会影响鲜活货物原来的质量的。

4. 易受外界气温、湿度和卫生条件的影响

鲜活类货物一般比较娇嫩，热了易腐烂，冷了易冻坏，干了易干缩，碰破了及卫生条件不好则容易被微生物侵蚀，使易腐货物腐烂变质，使活动物病残死亡。为此，人们采取各种保藏方法来抑制微生物的滋长，减缓呼吸作用，以延长保藏时间。

7.3.3 鲜活货物运输的发展

1. 鲜活货物存储运输新技术

鲜活货物保鲜技术非常关键。目前许多货物通常用低温来保鲜，大大增加了运输成本。由此许多新的技术被开发出来，以提高鲜活货物的耐藏性（指在适宜的储藏条件下，抗衰老和抵抗储藏期病害的总能力）和保鲜程度，以提高货物运输的品质，能在常温条件下被储存和运输，或减少包装，节约成本。

1) 鲜花保水运输

保水运输方式是将花卉一束束包装好，竖立在一个梯形的塑料方桶中，桶中蓄有特制的保鲜液，然后分层装满大型冷藏车。鲜花全程不脱水，并且保持着自然生长的状态。鲜花损耗降低，不再需要二次包装即可出售，虽然运输时载重有所增加，但是总成本仍比原来减少40%。

2) 新型瓦楞纸箱的采用

新型瓦楞纸箱附加了保鲜、防潮、保冷功能，主要用于蔬菜、水果或鲜花的包装，水产、肉类加工品，酒类的保冷运输。纸箱表面、里层涂有特殊涂料，可以抑制果蔬或鲜花

的呼吸或水分蒸发，或具有保冷、保湿或密封功效。可以使用由适应蔬菜水果的生理特性的保鲜剂和特殊的薄膜或特殊的瓦楞纸箱组合而成的保鲜包装，通过除去乙烯类气体，保持蔬菜水果的颜色、光泽和新鲜感。新型瓦楞纸箱易搬运、成本低、可回收，也可用于防潮包装，与预冷、保冷等一起使用则效果更好。

3）活鱼的安眠运输

把鱼放入注有二氧化碳和氧气各50%混合气体的水中，活鱼将会处于安眠状态。然后，将"醉鱼"从水中捞出并装入塑料袋或箱、盒中进行运输，可使鱼安眠近40 h。待到达目的地后，再放入清水中，只需几分钟便能清醒。这种方式还可用于包括观赏鱼在内的航空运输。

4）乙烯气体抑制剂（1-MCP）的使用

农产品使用1-MCP后延迟了成熟过程，可减少损耗。经1-MCP处理后，减轻农产品对低温的苛刻要求，使农产品即使在稍高于最适储藏的低温环境中也可运输，降低了运输成本。

2. 中国鲜活货物冷链运输发展

20世纪30年代，发达国家制冷技术快速发展，美国和欧洲相继建立了食品冷链体系。50年代出现了以商品形式的冷冻食品。随后的几十年里，欧美国家基本完善了各类低温食品冷藏链。日本、美国、德国、英国和加拿大等发达国家的冷链物流发展已经非常成熟。

中国的冷链物流产业最早产生于20世纪50年代的肉食品外贸出口。随着我国经济的快速发展，以及人们对食品质量要求的提高，冷链于2008年进入快速发展的黄金时期，各种政策规划和行业标准也陆续出台。2018年，冷链进入3.0时代，实现多方面的转型升级。

我国生鲜物流虽然有很大提升，但与发达国家成熟完整的冷链体系相比，仍然存在许多薄弱环节，主要体现在冷鲜产品损耗率高、冷链运输率低等方面。

截至2020年，大部分的生鲜供应仍处于传统方式层面，产品流通要经过农户、产地、采购商、中间商、批发市场等多重环节，损耗率居高不下。数据显示，2020年欧美国家已将生鲜产品的损耗率控制在5%的稳定水平，其他食品的损耗率也已降到了1%以下，而我国的生鲜平均损耗率在10%以上。我国水产品、肉类、果蔬冷链运输率分别为69%、57%、35%，而发达国家这部分指标的平均水平在80%~90%之间。

同时，与迅速增长的消费需求相比，冷链基础设施建设相对落后，如2019年，全国冷库总量约6 053万吨，新增库容814.5万吨，但与需求量2.352亿吨差距较大，使得大多数生鲜商品在运输全程中得不到规范的冷藏，加大了流通损耗，增加了成本。在中央政治局会议提出实施城乡冷链物流基础设施补短板工程的要求后，我国冷链基础设施建设将加快推进，以满足庞大的生鲜运输需求。

案例五　光明领鲜冷链物流

1. 光明领鲜物流简介

光明领鲜物流随着光明乳业的发展而发展，在全国拥有综合性物流中心65座，其中华东长三角区域有21座低温物流中心，低温仓储面积约4.2万平方米，库容量约17.5万吨,拥有可控冷藏车辆 2 000 余台,常温车辆 1 500 余台。长三角物流配送时效实现 12 h 送达,有全国各物流中心始发、联动的干线线路 200 余条,干线网络实现 24 h 内全覆盖。

光明领鲜物流处于光明乳业食品供应链的关键位置,不仅承载着仓储、运输、温控、信息流转等物流职能,同时也肩负着在终端的食品安全供应职能。作为一家综合型冷链物流服务企业,光明领鲜物流不仅服务光明乳业的供应链业务,同时也服务了 80 多家外部企业的仓储及配送业务。光明领鲜物流坚持"区域物流领袖、食品物流专家"的经营目标,秉承"新鲜、迅捷、准确、亲切"的服务理念,致力于为客户提供高品质的现代食品物流服务。

2. 光明领鲜物流策略

为了能让消费者更快地喝到新鲜的乳制品,光明领鲜物流从客户下单到配送完成仅用 12 h。能在如此短的时间内完成从货品到仓、卸货、检收、移动、上架、拣货、装货、配送等各环节的操作,离不开光明领鲜物流的精益化管理。

首先,多部门协同作业。新鲜乳制品从奶源产地到工厂生产再到消费者手中,光明领鲜物流梳理运营中的每个节点,协同各个部门之间的作业环节,使得各部门的流程环节无缝链接,避免浪费各环节闲置时间。在现场作业中,加快作业速度,提高作业效率。同时,为了满足庞大客户新鲜乳制品的需求,光明领鲜物流在长三角地区建立密集的冷藏配送网络,配送网络可延伸至各县级城市及乡镇,覆盖终端网点 50 000 余个。

其次,制订了完善的应急方案。在整个冷链物流链条中,针对可能发生的差错和问题,光明领鲜物流以末端交货时间为结果导向,倒推前端各环节时间,确保每个环节时间节点不受影响。不管是工厂延时出货还是车辆问题等原因,严格按制订的流程进行异常处理,各部门配合起来把问题先解决,然后再找原因,总结经验,规避风险。

最后,注重冷链物流全链条的可视化。冷链物流的运营质量直接涉及食品安全,在加快流通速度同时,领鲜物流不断地优化健全光明领鲜"五星"冷链管理系统,如图 7-24 所示。提出了多项行业独创、可量化、科学的冷链评估系统,并全面监控运营中各个环节,例如导入无盲点温度监控,利用信息化数据平台独创低温占比、散点图等衡量体系,实现 2~6 ℃ 的超短温差的全程冷链保障。

图 7-24 光明领鲜物流的"五星"冷链管理

光明领鲜物流基于领先行业的硬件设施、全程可视的温控物流管理系统,以及持续推进的精益化管理模式为光明乳业的"新鲜"战略提供了坚实保障,也得到了多家知名企业客户的高度认可。光明领鲜物流持续强化自身优势,拥抱数字化、智能化运营改革,顺应市场需求变化,强化长三角地区城市冷链配送的优势地位,为广大消费者所需的高端食品提供"新鲜"保障,同时也为冷链物流行业带去更多赋能和创新化推动。

交通运输设备

> **思考与探究**
>
> ## 创新思维
>
> 1. 分析鲜活货物运输的特点及运输需求。
> 2. 基于鲜活货物运输全程,创新设计一种相关的运输或包装材料等有关设施、工具。

 本章知识总结

本章知识点如图 7-25 所示,介绍了大件货物、危险货物及鲜活货物运输的设备种类、运输特点、发展趋势等内容。在熟悉各知识点的基础上,锻炼系统思维能力、创新性思维习惯,提升法律法规素养。

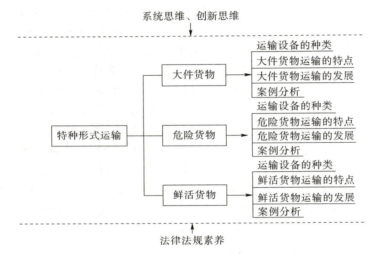

图 7-25 本章知识点

第8章 智能运输设备

知识目标

掌握智能交通、智慧交通、新基建的定义；
熟悉智能交通、智慧交通、新基建的应用领域；
理解新交通的发展需求和发展趋势。

能力目标

能够描述智能交通运输设备、智慧交通运输设备、交通新基建的技术特征及发展规划，建立行业信念；
能够整体把握智慧交通运输设备、交通新基建未来的发展需求，建立交叉学习意识。

 引入案例

深圳市大数据及智慧赋能交通新生态案例

1. 交通运输一体化智慧平台

交通运输一体化智慧平台是国内首个超大城市近 10 亿规模级别的海陆空铁一体化交通大脑，是近年国内规模最大、方案最完整的智慧交通项目之一，如图 8-1 所示。按照"世界一流、国内第一、湾区引擎、城市典范"的建设要求，通过多专业的协同作战，力争为深圳交通打造一体化集成的数字化新引擎，赋能综合大交通多业务一体化治理，打造绿色、便捷、高效、安全的数字时代交通一体化发展新标杆。力争打造超大城市交通精细化、智慧化治理五大示范，一是打造交通大脑赋能交通运输一体化流程再造的数字化改革示范；二是面向城市级交通设施集群感知预警的风险防控及性能提升示范；三是面向人-车-企业-信用运输全要素全流程的行业级智慧监管示范；四是面向交通出行全链条全方式需求识别的大公交精准调控示范；五是面向海陆空铁枢纽群客流波动预测的多模式联动协同管控示范。

大屏面向决策指挥：一体化综合运行监测与研判，13大类监测、8大专题

中屏面向全局：统一的"深圳市交通运输一体化智慧平台"　小屏：交运通、信息服务、数据APP

图8-1　一体化智慧交通平台（附彩图）

2. 城市交通运行数字孪生产品

率先实现大规模网络多模式个体交通推演，构建了城市级可感知、可计算、可连接的交通运行数字孪生平台。平台主要依托大数据、物联网、人工智能、知识图谱、交通仿真等技术，构建城市交通统一的可计算数字底座，建设与物理世界交互映射的数字孪生体，研发多模式交通实时在线推演引擎，形成面向个体出行链全过程的城市交通一张图，持续在线分析城市演变规律和交通运行态势，为城市交通基础设施全过程动态评估优化，网络化多模式运行调控，道路、轨道、枢纽数字化运营，个性化、专业化、高品质出行服务提供核心能力支撑，形成数字化交通治理体系，让城市出行更畅通、安全和高效，如图8-2所示。

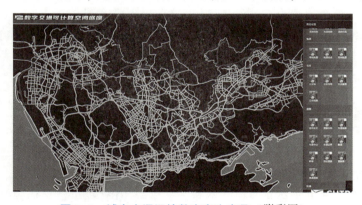

图8-2　城市交通运输数字孪生产品（附彩图）

3. 城市地面基础设施群运行保障关键技术研究与应用

针对城市大规模地面基础设施群精细化监管的迫切需求，研究建立了基于风险辨识与脆弱性分析的设施群多层次监测理论与方法，有效指导监测资源的优化配置。通过研究攻克广域监测、实时监测、定期检测等多维监测关键技术，基于自主研发产品构建物联网和智慧城市技术服务体系。项目以"云-数-网-脑"为技术底座，搭建动态感知、智能研判、快速响应、养护防控的深圳市设施群一体化运行监测平台（图8-3），支撑交通基础

设施的安全管养和城市运行的综合管控,提升城市治理能力和公共服务水平。

图 8-3 城市交通基础设施智慧监测平台(附彩图)

4. 彩田路-金田路段、上步路交通与空间环境综合提升智慧工程

2020 年 11 月,广东省人民政府办公厅提出"推进十大智慧工程,推进融合基础设施建设",智慧交通工程、智慧城市工程均位列其中,并提出充分利用智慧灯杆、智慧井盖、智慧管网等载体,部署城市数据采集智慧感知节点,推动发展成为具备边缘存储、计算等能力的感知终端。打造以服务民众为目标,以多功能智慧杆为载体,以交通组织改善、现状机动车道和人行道改造及智慧设施、自行车专用道系统、风雨连廊建设等为主要实施内容,建设集感知、管控、运营、服务于一体的市政智慧基础设施体系,连接深圳人大会堂、市府二办、市政协、市总工会等多个重点政务民生场所,形成"点-线-面-网"多维度的链条,为福田区重要纵向干线通道提供更智能化的服务和更美好的出行体验。

案例思考——行业信念

基于案例分析未来城市交通的生态发展模式。

8.1 智能交通运输

8.1.1 智能交通运输系统

1. 智能交通含义

智能交通系统(Intelligent Traffic System,ITS)又称智能运输系统(Intelligent Transportation System),是将先进的科学技术(信息技术、计算机技术、数据通信技术、传感器技术、电子控制技术、自动控制理论、运筹学、人工智能等)有效地综合运用于交通运输、服务控制和车辆制造,加强车辆、道路、使用者三者之间的联系,从而形成一种保障安全、提高效率、改善环境、节约能源的综合运输系统。智能交通不是一成不变的,会伴随着生产形态和社会形态不断地演变和进化,还会引发交通需求和交通供给的深刻变化。

2. 智能交通系统研究内容

智能交通系统是一个复杂的综合性的系统,从系统组成的角度,可分为以下子系统:
1)先进的交通信息服务系统(ATIS)

ATIS 是建立在完善的信息网络基础上的。交通参与者通过装备在道路上、车上、换乘站上、停车场上以及气象中心的传感器和传输设备,向交通信息中心提供各地的实时交通信息；ATIS 得到这些信息并通过处理后，实时向交通参与者提供道路交通信息、公共交通信息、换乘信息、交通气象信息、停车场信息以及与出行相关的其他信息；出行者根据这些信息确定自己的出行方式、选择路线。更进一步地，当车上装备了自动定位和导航系统时，该系统可以帮助驾驶员自动选择行驶路线。

2）先进的交通管理系统（ATMS）

ATMS 有一部分与 ATIS 共用信息采集、处理和传输系统，但是 ATMS 主要是给交通管理者使用的，用于检测控制和管理公路交通，在道路、车辆和驾驶员之间提供通信联系。它将对道路系统中的交通状况、交通事故、气象状况和交通环境进行实时的监视，依靠先进的车辆检测技术和计算机信息处理技术，获得有关交通状况的信息，并根据收集到的信息对交通进行控制，如控制信号灯、发布诱导信息、道路管制、事故处理与救援等。

3）先进的公共交通系统（APTS）

APTS 的主要目的是采用各种智能技术促使公交系统实现安全便捷、经济、运量大的目标。如通过个人计算机、闭路电视等向公众就出行方式和事件、路线及车次选择等提供咨询，在公交车站通过显示器向候车者提供车辆的实时运行信息。在公交车辆管理中心，可以根据车辆的实时状态合理安排发车、收车等计划，提高工作效率和服务质量。

4）先进的车辆控制系统（AVCS）

AVCS 的目的是开发帮助驾驶员实行本车辆控制的各种技术，从而使汽车行驶安全、高效。AVCS 包括对驾驶员的警告和帮助、障碍物避免等自动驾驶技术。

5）货运管理系统

这里指以高速道路网和信息管理系统为基础，利用智能化物流管理系统，综合利用卫星定位、地理信息系统、物流信息及网络等技术有效组织货物运输，提高货运效率。

6）电子收费系统（ETC）

ETC 是世界上最先进的路桥收费方式。通过安装在车辆挡风玻璃上的车载器与在收费站 ETC 车道上的微波天线之间的微波专用短程通信，利用计算机联网技术与银行进行后台结算处理，从而达到车辆通过路桥收费站不需要停车而能交纳路桥费的目的，并且所交纳的费用经过后台处理后清分给相关的收益业主。在现有的车道上安装电子不停车收费系统，可以使车道的通行能力提高 3~5 倍。

7）紧急救援系统（EMS）

EMS 是一个特殊的系统，它的基础是 ATIS、ATMS 和有关的救援机构及设施，通过 ATIS 和 ATMS 将交通监控中心与职业的救援机构连成有机的整体，为道路使用者提供车辆故障现场紧急处置、拖车、现场救护、排除事故车辆等服务。

随着信息及智能化技术的快速发展，新一代感知技术、人工智能技术、通信技术、移动互联服务、能源管理、车路协同、智能网联汽车等技术在智能交通领域的应用越来越多，智能交通系统已经进入了一个新的时代。新技术、新理念和新模式正在颠覆以往的交通运输体系，新技术推动了智能交通系统在感知、存储、共享、交互以及综合服务等方面的全面升级，原有的智能交通系统的体系和内容都在发生重大变革，其内涵也在不断丰富和完善。交通系统的基本组成要素是人、车、路和环境。人本身是智能的，但人在感知和执行方面存在缺陷，如光线不好的情况下视距不够，人在疲劳和分神时的反应能力不够等。如果能增强人在这些方面的能力，同时使车、路和环境也都智能化，那么交通系统的有关要素就都智能化了。

8.1.2 智慧交通运输

1. 智慧交通含义

智慧交通是在智能交通的基础上,融入物联网、云计算、大数据、移动互联等高新IT技术,通过高新技术汇集交通信息,提供实时交通数据下的交通信息服务。其大量使用了数据模型、数据挖掘等数据处理技术,实现了智慧交通的系统性、实时性、信息交流的交互性以及服务的广泛性。智慧交通涵盖智慧出行、智慧装备、智慧物流、智慧管理和智慧路网等。

智慧交通是在智能交通的基础上建立的,二者都是信息技术、传感技术、通信技术等多种技术在交通领域应用的产物。智能交通的本质是将计算机、控制、通信、传感、网络等先进技术运用到整个交通运输体系,实现对传统交通信息运输系统的改进,侧重于各类交通应用的信息化。智慧交通在智能交通基础上更关注交通信息的分析和决策反应,能够实现交通系统功能的自动化和决策的智能化。

2. 智慧交通应用

智慧交通系统主要解决四个方面的应用需求。

(1) 交通实时监控。获知哪里发生了交通事故、哪里交通拥挤、哪条路最为畅通,并以最快的速度提供给驾驶员和交通管理人员。

(2) 公共车辆管理。实现驾驶员与调度管理中心之间的双向通信,以提升商业车辆、公共汽车和出租车的运营效率。

(3) 旅行信息服务。通过多媒介多终端向外出旅行者及时提供各种交通综合信息。

(4) 车辆辅助控制。利用实时数据辅助驾驶员驾驶汽车,或替代驾驶员自动驾驶汽车。

数据是智慧交通的基础和命脉。任何一项应用都是基于海量数据的实时获取和分析而得以实现的。位置信息、交通流量、速度、占有率、排队长度、行程时间、区间速度等是其中最为重要的交通数据。物联网的大数据平台在采集和存储海量交通数据的同时,对关联用户信息和位置信息进行深层次的数据挖掘,挖掘数据中的有用价值,并用于提升交通服务。

案例一 北京智慧交通系统建设

1. 北京奥运智慧交通系统的应用

为确保在奥运期间提供良好的交通组织与安全保障,北京交通管理部门开展了一系列智能交通工程的建设与应用,建成了高效的奥运交通指挥调度管理系统,交通管理的信息化和智能化得到了全面的提高,有效地改善了北京的交通状况,减少了交通拥堵和环境污染,为奥运会的成功举办做出了巨大的贡献。北京智慧交通系统的建设内容主要包括以下几个方面。

1) 先进的交通管理与控制

(1) 交通指挥调度集成系统。为了保障奥运会期间交通顺畅,北京市公安交管部门首先成立了奥运交通指挥中心,建立了具有指挥调度、交通控制、信息服务和应急指挥的指挥系统。后来,北京市交管局又在这一系统的基础上建立了由奥运指挥中心、仰山桥交通勤务指挥中心和38个场馆群交通指挥组成的奥运交通三级指挥体系,能够全面地组织指挥北京市的社会交通和奥运交通。

（2）智能化的交通信号控制系统。针对北京市的路网情况和交通特点开发建设了一套智能化的交通信号控制系统。这一系统根据实时交通量的变化做出相应的反应，对车辆的分布和流通进行优化控制，使路网的综合通行能力提高15%。此外，在占据城市交通重要地位的快速路和公共交通方面，北京市交管部门也采取了相应的智能控制措施。

（3）快速路出入口。根据交通流量的变化进行适时的开启和关闭，从而控制快速路上的交通流量，保证主路顺畅。在路侧的可变情报板上向驾驶员提供可供选择的行驶路线，提醒进出口车辆注意，减少可能发生的交通事故。

（4）公共交通方面。通过对交叉路口的信号灯进行调节，改变等待时间，优先公交车辆和奥运专用车辆通行，也鼓励人们选择公交出行。

2）先进的出行者信息服务系统

通过多种渠道向交通出行者提供详细的实时信息，以帮助他们选择出行路线、出行时间等。同时，能够对车辆进行诱导，以有效解决交通拥堵问题。在奥运期间，布置在全市区主干道的228块可变信息情报板（VMS）及时发布交通信息，另外，还有大量的信息通过广播、手机、移动电视和车载导航仪等设备提供给交通参与者。

3）先进的车辆监控与执法系统

为了保证道路安全和处理紧急事件，北京市交管局建设了数字化的综合交通监测系统，利用微波监测、视频监测等各种监测设备对城市快速路和大部分主干道进行监测。系统不仅能够记录道路交通实施状况，如流量、流速等，为智慧调度提供信息和依据，还能对数百万辆机车进行有效抓拍，以监测违反交通规定、限制措施的车辆，达到保障道路安全和维持交通秩序的目的。先进的车辆监测系统还可以与数字化执法、事故管理等系统联合应用。数字化执法系统的流程如图8-4所示。系统与监测系统联合使用，自动监测道路上闯红灯、超速等违规行为，上传到互联网中心，并与北京市43个检测场和执法站信息共享，对违规车辆进行执法和管理。这一系统的应用使得违规车辆"无处可逃"，有效地规范了行车秩序，减少了交通事故，增强了交通安全。

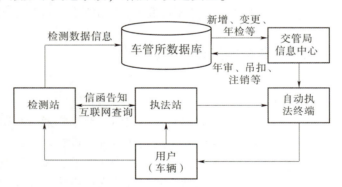

图8-4 数字化执法系统流程示意图

2. 北京的ATMS建设

智能交通管理系统（Advance Traffic Management System，ATMS）将交通出行者和管理者、车、路融为一体，使道路交通智能化，以便有效地利用现有的道路交通资源。ATMS将采集到的各类动、静态交通信息，经交通管理指挥调度中心分析、处理后，以有线或无线方式，通过各种信息发布媒体传导给：①交通出行者，以便他们合理选择交通出行方式、出行时机和出行路线；②交通管理指挥调度部门，以便他们进行合理的交通控制、交通疏导和提高对意外事件的快速反应能力；③交通客、货运部门，以便他们及时掌握本部门车辆运行状况，合理调度，提高在运车辆使用率。

北京智能交通关系系统（ATMS）是解决城市交通问题的重要工具，其结构可以概况为一个中心、三个平台、八大应用系统，如图 8-5 所示。

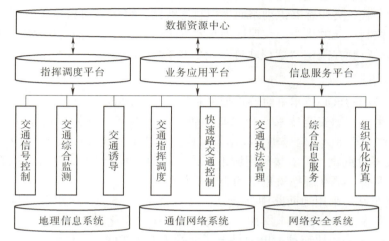

图 8-5 北京市智能交通管理系统框架体系

案例二 智轨列车

1. 智轨列车概述

智能轨道快运列车（简称智轨列车）是由中车株洲电力机车研究所有限公司于 2017 年研发生产的新型轨道交通工具。该列车无须铺设有形轨道，可通过中央"大脑"精准控制列车行驶在既定虚拟轨迹上。如图 8-6 所示，智轨列车长达 30 多米，采用了多轴转向系统等设计方式，能对虚拟轨迹进行跟踪控制，使整台列车转弯半径与普通公交车的相当，并且比普通公交车辆的通道宽度更小，能够有效地解决超长车身带来的转弯难题。

图 8-6 智轨列车

2018年5月，株洲智轨A1线首期工程是全国第一条建成并开通运营的智轨线路，正线全长约3.057 km，设路中岛式站4座、停车场1座，内设控制中心。根据规划，株洲将形成"神农大道—衡山中路—长江南路—长江北路"智轨环线，并逐步推进智轨与常规公交、BRT对接融合，与磁浮车站实现"零换乘"。

2. 智轨原理

智能轨道，是虚形轨道，并非"虚拟"轨道。智轨列车采用了"虚拟轨道跟随控制"技术。它通过车载各类传感器识别路面虚拟轨道线路，将运行信息传送至列车中央控制单元，根据中央控制单元的指令，在保证列车实现牵引、制动、转向等正常动作的同时，能够精准控制列车行驶在既定"虚拟轨迹"上实现智能运行。

3. 核心技术

智轨列车采用的核心技术有轨迹跟随控制技术、车辆的系统集成技术、基于人工智能的智能驾驶技术、主动安全技术、牵引制动协同控制技术、无网供电技术、多任务承载TCSN控制技术、车/地/人信号耦合技术等。株洲智轨示范线具有以下显著技术特点：

（1）全线不设钢轨，可直接利用城市道路，借助地面标线，通过先进的自动循迹与轨迹跟随技术，实现车辆在虚拟轨道下的类轨道行驶。

（2）全线车站均采用地面路中岛式站，站台宽度4.85 m，运用现代材料模块化设计的同时，充分考虑了地域性和人文性，展现株洲市历史文化和人文底蕴。

（3）智轨车辆采用快充动力电池供电，全线不设接触网，在体育中心站利用车站两侧上方的充电轨进行充电。

（4）采用半共享路权方式，智轨列车到达路口时，通过地磁感应调整信号灯，保证车辆行驶时绿灯亮起。

4. 智轨列车优势

以智轨列车为核心运载工具的智能轨道快运系统具有建设周期短、基础设施投资少、城市适应性高、综合运力强等优势特点，是兼顾运能与投资的中运量轨道交通系统解决方案。由于采用高铁柔性编组的模式，智轨列车还能根据客流变化调节运力。

案例三 小鹏自动驾驶汽车

小鹏汽车（图8-7）在自动驾驶领域进行下一步的探索，并对自动驾驶的软硬件体系进行大幅升级。软件架构方面，小鹏汽车拥有感知、行为规划以及行为/运动预测、地图融合等多个模块，可形成数据和算法的全闭环，支持快速功能迭代。硬件架构方面，未来小鹏汽车将采用包括高清摄像头、毫米波雷达、超声波传感器、激光雷达、高精度定位、高精地图、高性能计算平台的方案，总计32个自动驾驶传感器，打造史上最强的硬件冗余设计。

这样的体系升级会在4个方面带来重大提升：

图8-7 小鹏自动驾驶汽车

第一，控制域高度集成。XPU 自动驾驶智能控制单元实现 4 合 1，将行车和泊车的智能控制集成，打破之前 4 个域之间的交互壁垒，使决策和执行更加高效，同时，通过精简控制器、线束数量，减少系统重量，在新增功能的前提下，降低用户的购入成本。

第二，算力量级提升。高性能计算平台将实现从几十万亿次/s 到几百万亿次/s 的算力飞跃，整体算力提升 10 倍级，并且还预留了丰富的算力提升空间，支持更高级别的自动驾驶功能落地。

第三，高精度定位提升。RTK 终端从 4G 升级为 5G，高精地图除优化高速道路外，还补充城市道路，采用"IMU+GNSS+RTK（5G）+高精地图（高速 & 城市）"的新定位方案，实现厘米级高精度定位、毫秒级低延迟，以及高达 97.5%以上的覆盖率，并具备超强鲁棒性，覆盖包括高楼、地下停车场等遮挡场景。

第四，感知融合能力提升。首次在量产车上搭载激光雷达，将大幅提升小鹏汽车识别横纵向位置精度、空间分辨率（超高分辨率<0.1°）的能力，并且其感知能力不受环境光影响。通过视觉+毫米波雷达+超声波传感器+车规级激光雷达的感知高度融合，大幅提升了目标检测性能、测量分辨性能以及光线不足等条件下的性能，获得了更加完善的感知能力。

2021 年，小鹏汽车率先推出全球首款搭载激光雷达的量产智能汽车。过去，很多人都认为激光雷达受限于成本，不能在车上进行规模化搭载。小鹏汽车逆势而行，将"不可能"变为现实，而该举动将对普及自动驾驶具有重要意义。现阶段，激光雷达不仅可以有效提升车辆的高精度识别性能、覆盖更多、更细节的使用场景，还能有效支持未来城市低速 NGP 功能的实现。

> **思考与探究**
>
> **交叉学科**
>
> 1. 探究分析智能交通的含义及研究领域。
> 2. 探究分析智慧交通与智能交通的区别。
> 3. 探究分析智慧交通的发展所需的学科知识。

8.2　交通新基建

8.2.1　交通新基建概述

1. 新基建

1）新基建的含义

新型基础设施，简称新基建，是以新发展理念为引领，以技术创新为驱动，以信息网络为基础，面向高质量发展需要，提供数字转型、智能升级、融合创新等服务的基础设施体系。新型基础设施建设主要包括三个方面的内容：

一是信息基础设施，主要指基于新一代信息技术演化生成的基础设施，比如，以 5G、物联网、工业互联网、卫星互联网为代表的通信网络基础设施，以人工智能、云计算、区块链等为代表的新技术基础设施，以数据中心、智能计算中心为代表的算力基础设施等。

二是融合基础设施，主要指深度应用互联网、大数据、人工智能等技术，支撑传统基础设施转型升级，进而形成的融合基础设施。比如，智能交通基础设施、智慧能源基础设施等。

三是创新基础设施，主要指支撑科学研究、技术开发、产品研制的具有公益属性的基础设施，比如，重大科技基础设施、科教基础设施、产业技术创新基础设施等。伴随技术革命和产业变革，新型基础设施的内涵、外延也不是一成不变的，将持续跟踪研究。

2）新基建主要领域

新基建主要领域包括5G基站建设、特高压、城际高速铁路和城市轨道交通、新能源汽车充电桩、大数据中心、人工智能、工业互联网七大领域，涉及诸多产业链，如图8-8所示。

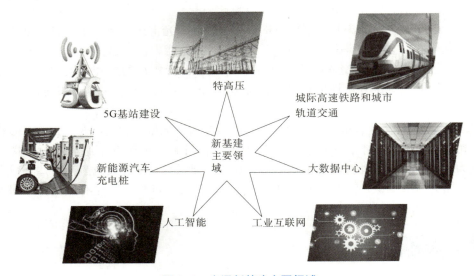

图8-8　交通新基建主要领域

（1）5G基建。5G基建，筑牢万物互联的基石。5G，第五代移动通信技术，是在前几代通信技术的基础上发展起来的，拥有前几代通信技术的优点，也有很多重大突破。5G网速更快、拥有更低的时延、可靠性更高、能耗更小，有利于经济的可持续发展。我国在5G领域处于世界领先地位，是全球的引领者。5G技术将会与充电桩、特高压、人工智能等各项新型基础设施深度融合，并逐渐渗透到现实生活的各个场景中，如无人驾驶、智慧城市等。

（2）特高压。能源是一切生产的基础，高效的能源运输不仅可以帮助能源快速迭代，实现区域间的能源共享和合理配置，还可以打破产业间的能源壁垒，实现更大范围的产业组织和空间集聚。特高压正是新时代的能源运输代表，是新基建的重要组成部分。特高压是指输电网上面负载的电压极高。在我国，特高压是指1 000 kV及以上的交流电和±800 kV及以上的直流电的电压等级。特高压主要分为两种：直流特高压、交流特高压。1 000 kV级的交流输电一般用于近距离大容量输电，±800 kV级的直流输电则更多应用于远距离大容量输电。1 000 kV级的交流电路的最远输电距离是500 kV线路的4倍，而损耗只有500 kV线路的25%~40%。特高压能够提升输电效率，减少能源损耗；基建投资成本更低；能够节省更多的土地资源；更加安全可靠。

特高压电力输送是解决新能源电能消纳问题的办法之一。特高压能解决新能源分布不均、消纳能力弱、输出困难等问题，有助于提升新能源在国家能源中的地位，弥补能源缺口，降低传统能源资源消耗，提升国家能源效率。

特高压输电中，需要一系列关键设备，主要有换流阀、换流变压器、平波电抗器、直流滤波器和避雷器等。其中，对于较为核心的换流阀和换流变压器，中国的制造技术在国际范围内处于领先水平。多组换流阀按照设定的程序触发之后可实现换流器电压、电流及功率的控制与调节。我国成功研制出世界首个特高压柔性直流换流阀，实现了开关器件、电容部件集成的功率模块单元，将这些单元像搭积木一样搭建成一个 800 kV 的大型换流阀塔。这一创举打破了西门子等公司对这一技术的长期垄断。换流变压器是整个直流输电系统的"心脏"，它的作用是将送端交流系统的电流送到整流器，或从逆变器接收电流送到收端交流系统，也就是完成交、直流电之间的转换。目前，我国已具备自主研发 ± 800 kW 特高压直流换流变压器的能力，创造了单体容量最大、技术难度最高、产出时间最短的世界纪录，克服了变压器的绝缘、散热、噪声等技术难题。

(3) 城际高铁和轨道交通。城际高铁，即城际高速铁路，是指在人口稠密的都市圈或者城市群规划和修建的高速铁路客运专线运输系统，属于高速铁路的一种类型。作为新兴的轨道交通类别，城际高速铁路兼有城际铁路和高速铁路的特征，并已率先实现智能化。2019 年年底通车的京张高铁，就融合了一系列先进技术，如电子客票一证通行、刷脸进站等，大大便利了乘客的出行；自动驾驶和智能行车系统也保障了行车安全与稳定。

城际轨道交通，是指以城际运输为主的轨道交通系统。城际轨道交通属于轨道交通的一个新兴类别，介于铁路和城市轨道交通之间，主要解决城际交通问题。城际轨道交通具有人均能耗低、承载量大、互通互联等优势，成为助力绿色出行、创建智慧城市、缓解拥堵等的重要手段。城际轨道交通有大量新技术的应用，包括轮轨的新材料应用、实时供电充电的模式、自动运行和控制系统等。结合新基建的其他几大领域，将 5G 融入运行控制体系中，可以大大提高系统的响应性能和运作能力，有效应对轨道交通多业务通信的需求，处理列车运行控制系统数据和管理数据。基于人工智能的人脸识别技术，可解决实名制身份识别和登记、安检排队等问题。

城际高铁和轨道交通作为交通基础设施，具有显著的正外部性，对城市经济具有直接和间接的拉动效应，能促进区域间工业、运输业、建筑业等相关产业的发展。在大城市群的基础上，城际高铁和轨道交通的发展将会促进人员、技术、资本要素的充分流动，按下经济发展的"快进键"，增强中国经济发展的韧性。城际轨道交通与城际高铁的融合，成为城市群内卫星城市到核心城市通勤的利器。

(4) 充电桩。充电桩是将电网的电能转化为新能源汽车电池内电能的装备，可以安装在公共停车场或私人停车位上，即为新能源汽车的"加油站"。按照充电方式，分为直流充电桩和交流充电桩两种，因为两者最直观的差别体现在充电时长上，因此被形象地称为"快充"和"慢充"。"快充"直流充电桩内置转换器，可将电网中的交流电转换为直流电后直接对电池进行充电。"慢充"交流充电桩则没有直接充电功能，它只是一个电力供给设备，只有借助新能源车内的"车载充电器"，才能将交流电转换为直流电为车载电池充电。"快充"充电桩的功率大、速度快，充满电只需要 20~150 min，而"慢充"则需要4~8 h。与高效率相伴的是高成本，直流充电桩的成本是交通充电桩的 10 倍以上，并且"快充"对电池的损耗非常严重。

充电桩作为新能源汽车的配套设施，是新基建的重点项目。在以数字化信息网络为核心、带动能源、交通等基础设施实现数字化转型的背景下，充电桩不仅仅是一个充电设备，还是一个数据端口。在为汽车提供动力的同时，也提供多重运行数据，可给庞大城市的有序运行提供宝贵的资源。最直观的信息是充电过程中的电压、电流、功率以及温度信息，当发现充电异常时，便会触发安全预警。企业可以利用充电桩运行过程中的数据来合理地调配电力，通过大数据技术对充电设施不断进行完善。例如，大数据云平台通过对充电过程进行安全监控和防护，不仅防止了多起重大事故的发生，还不断地积累处理经验，更好地进行充电桩的设计。城市层面，同时整合不同平台的监测数据，便可对整个城市的电动车保有量、用电充电量、用电区域分布、行驶里程等数据进行监控，从而更加科学地引导并协助桩企合理布局，提高充电桩运营效率，促进新能源汽车的推广。充电桩是电量输送、能源交易、车辆数据交互的节点，如果能将电网数据、电池数据、车辆数据、环境数据全面覆盖、互联互通，将会产生不可估量的价值。未来，城市规划、新型停车设施及电能供应等都会以充电桩为节点进行布局规划。

（5）大数据中心。数据中心可分为互联网数据中心（Internet Data Center，IDC）、企业数据中心（EDC）和国家数据中心（NDC）。目前，IDC 是为有互联网需求的用户提供集中存放计算、存储和网络设备的场所。IDC 所提供的互联网基础服务丰富，能高效、迅速接入互联网宽带。稳定的电力供应源、适宜的现实存储环境等，是目前大数据中心发展的重点。数据中心兼具软硬件，也可将其看作地产属性与 IT 属性的结合。5G 商用时代的来临和万物互联的美好愿景，为数据中心的发展带来了机遇。建设大数据中心，不仅能创造并刺激全新的信息消费市场，为我国的经济增长提供动能，而且有着重要的战略意义。作为新基建的重要内容之一，大数据中心所囊括的技术很广，云计算、人工智能、区块链等新兴技术皆在其中。通过对互联网、物联网以及企业和政府海量的结构化信息与非结构化信息进行分析处理，大数据中心可以迅速而准确地为用户提炼出有价值的信息。大数据中心的建设，还将辐射众多的相关产业，形成产业联动。以大数据中心的电力供应设备电源系统为例，不仅是大数据中心建设的基础，也是 5G 和新能源充电等其他新基建项目的基础。

（6）人工智能。人工智能是研究、开发用于模拟、延伸和扩展人类智能的理论、方法、技术及应用系统的一门新的技术。人工智能可分为三个层次：第一个是基础层，主要提供算力，一般包括人工智能芯片、传感器、大数据及云计算。芯片是这一层的核心，从需求类别上包括训练芯片、推理芯片；从技术架构上，包括通用性芯片、半定制化芯片、全定制化芯片和类脑芯片四大类。第二个层次是技术层，是将基础层的元件和科技有机地结合起来，主要依托运算平台和数据资源进行海量的识别训练和机器学习建模。这一层的开发更多的是面向不同领域的应用技术，如语音识别、自然语言处理等。第三个层次是应用层，是将上一层比较成熟的技术进行综合利用，是人工智能技术针对行业、应用人群提供的产品、服务和解决方案。企业将人工智能技术集成到产品和服务中，寻找到特定行业或场景的切入点，如智慧交通、智能安防等。

（7）工业互联网。工业互联网是信息技术和工业深度融合发展的产物。数字浪潮下，工业互联网是缓解我国经济下行压力和加快新旧动能转换的关键抓手，是互联网从消费领域向生产领域、从虚拟经济向实体经济拓展的核心载体，是我国实现从制造大国向制造强国转变，达成智能制造目标的基础设施，也是当今各国竞相争夺的未来产业发展制高点。近几年来，我国围绕顶层设计、项目试点、集群发展等方面做了很大努力，取得了一系列显著成果。我国工业互联网现阶段有如下特点：一是覆盖广、可靠度高的工业互联网络体系正在加速构建当中，初步形成了能力多样、特色鲜明的工业互联网平台体系，已具备技术创新、平台评测、平台管理等公共服务能力。二是在国家发改委首次明确新基建的范围后，工业互联网作为重点领域之一，各地区都将其作为重点项目进行投资。

工业互联网在实际部署时依赖的主要硬件终端设备为各类传感器。通过为工业设备安装传感器，可以实时感知被监测设备的工作状态，并将监测数据传送到存储设备中，进而在服务器中进行分析决策、精准执行，从而实现更大范围、更高效率、更加精准的优化。瑞士的 ABB 集团使用智能传感技术，将电动机与云服务器连接来对电动机的运行情况进行监控，在云端对实时收集的数据进行分析，发现问题，及时处理，大大缩短了故障停工时间，延长了设备使用期限，减少了能耗。在软件设计方面，工业互联网的软件中加入了工业知识和自动化流程，通过将工业知识写入软件，将软件嵌入芯片，再将芯片放入设备，并嵌入物理系统，最终实现"人智"向"机智"的转变。

新基建通过将信息技术与基础设施建设深度融合，构建现代化基础设施体系，开启了一个科技引领经济高质量发展的新未来。新基建将提振新消费，带来数字化、网络化、智能化等新技术的广泛应用。加速消费结构升级和消费迭代，通过创新消费模式，激活消费市场，激发消费潜力，提升经济增速。新基建通过创新商业模式赋能产业发展，为产业转型升级提供了重要支撑。新基建还能在新型政务、城市管理、社会治理等多个领域发挥重要的作用。为促进新基建的快速发展，我国还需要继续提高核心技术自主研发能力，构建网络安全体系，加大对基层新基建的投资力度，加强新基建相关领域人才培养。

2. 交通新基建内容

2020 年 8 月，交通运输部印发《关于推动交通运输领域新型基础设施建设的指导意见》（以下简称《指导意见》）。到 2035 年，交通运输领域新型基础设施建设取得显著成效，智能列车、自动驾驶汽车、智能船舶等逐步应用。《指导意见》要求深化高速公路电子不停车收费系统（ETC）门架应用，丰富车路协同应用场景；研制智能型高速动车组；建设航道地理信息测绘和航行水域气象、水文监测等基础设施；推动机场和航空公司、空管、运行保障及监管等单位间核心数据互联共享，实现航空器全球追踪等；建设邮政大数据中心，开展新型寄递地址编码应用；在城市群等重点高速公路服务区建设超快充、大功率电动汽车充电设施；推进第五代移动通信技术（5G）等协同应用、北斗系统和遥感卫星行业应用；提升交通运输行业北斗系统高精度导航与位置服务能力，建设行业北斗系统高精度地理信息地图。

2021 年 9 月，《交通运输领域新型基础设施建设行动方案（2021—2025 年）》指出：以推动交通运输高质量发展为主题，以数字化、网络化、智能化为主线，着力推进交通运输提效能、扩功能、增动能，到 2025 年，打造一批交通新基建重点工程，形成一批可复制推广的应用场景。《行动方案》共提出交通新基建的七大建设行动：

一是智慧公路建设行动。依托京港澳等干线公路、深中通道等长大桥隧、江西等地高速公路服务区开展智慧公路建设。

二是智慧航道建设行动。依托长江干线等高等级航道，加强航道运行监测能力，提高内河电子航道图覆盖率，推进梯级枢纽船闸智能调度，提升航道运行保障能力。

三是智慧港口建设行动。推进厦门港等集装箱码头智能升级，建设天津港等新一代自动化码头，推进无人集卡规模化应用，加强港口危险品智能监测和预警。

四是智慧枢纽建设行动。推动北京等开展智慧货运枢纽（物流园区）建设，以高效衔接为导向，推进多式联运信息采集交换，推广应用第三方物流信息平台。

五是交通信息基础设施建设行动。打造综合交通运输"数据大脑"，加快建设国家综合交通运输信息平台。

六是交通创新基础设施建设行动。加快交通基础设施长期性能科学观测网等重大科技工程建设，推动公路交通安全等领域综合实验基地和科研创新平台建设。

七是标准规范完善行动。完善新基建标准规范体系框架，加快研究制定关键性、基础性国家和行业标准，鼓励支持研究制定交通新基建工程建设指南。

3. 新基建面临挑战

（1）有些核心技术的对外依赖性较高。新基建的核心是科技，虽然国外对新基建的投资规模与发展速度不及我国，但其对核心技术的投资规模与开发速度远胜于我国，如芯片、传感器、服务器、操作系统等。新基建主要以信息化为基础，以核心技术为条件，从而实现产业优化升级，因此降低技术对外的依赖性，提高自主研发能力是重中之重。

（2）网络安全防护措施有待加强。目前许多企业积极加入新基建发展队伍，但安全防范意识和防护能力与新基建发展速度处于严重失衡状态，这会使产业发展面临安全挑战。

（3）政府与市场配合有待增强。如何实现由政府主导模式向市场主导模式过渡是新基建面临的另一个挑战。

（4）大数据发展瓶颈。亟待构建大数据法律体系，数据共享与开放程度不够，大数据应用融合有待提升。

（5）具体领域的实践性不足。

（6）资金和人才保障不足。

8.2.2 新交通

1. 新交通含义

新交通是以公路、铁路、航道、航空等形成的立体交通网为基础，以物联网感知、5G互联网为连接，秉持可持续发展、绿色发展的理念，以云计算、大数据、人工智能为技术手段，建设的新型交通服务体系，为人的出行和货物运输提供安全、便捷、高效、绿色经济和弹性的服务。新交通是我国建设交通强国的出发点和基础。

新交通是新基建的主要应用领域，可直接为社会经济发展提供服务和动力。新基建是新交通的基础设施建设，5G基站建设、特高压、城际高速铁路和城市轨道交通、新能源汽车充电桩、大数据中心、人工智能、工业互联网七个新基建的领域都与新交通密切相关。表8-1所示为新交通与智能交通的区别，可看出新交通是在新基建的基础上对智慧交通的升级。

表8-1 新交通与智能交通区别

领域	智能交通（智慧交通）	新交通
基础设施	道路设施、传感器、网络	立体交通网、车路协同RSU、物联网感知、5G网络
交通感知	局部交通流感知、物联网	全域感知、物联网、边缘计算
交通控制	区域信号优化、交通大脑	AI交通大脑、车路协同实时控制
出行	电子售票、APP服务、共享交通	共享交通、出行即服务MaaS

续表

领域	智能交通（智慧交通）	新交通
通信	4G 移动通信	5G 移动通信、分层
数据中心	云计算、数据中心	大数据云计算中心、云边计算
数字化	局部数字化和交通仿真	全面的数字交通（平行交通系统）和实时仿真
交通工具	ADAS 车辆（L3 级以下）、高铁	自动驾驶网联车（L4 以上）、无人机、超级高铁

2. 新交通的变化

新交通在需求、理念、技术、载运工具和运输模式等方面都有新的变化，如图 8-9 所示。

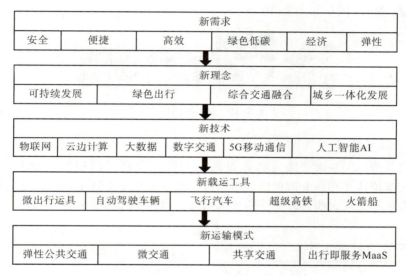

图 8-9 新交通的变化

1）新需求

交通运输发展的主要目标是提供安全、便捷、高效、绿色和经济的服务。疫情严重期间，人们更愿意选择私人交通模式，新形势需要交通运输系统具有弹性，能适应各种情况的需求。

2）新观念

交通运输需要融合陆、海、空、水等各种运输方式，形成无缝链接的多式联运体系，实现综合交通有效融合。城乡交通一体化、交通服务均等化等理念也被提到更加重要的位置。

3）新技术

物联网、云（边缘）计算、大数据、数字交通、5G 移动通信、人工智能等技术应用于交通领域，为交通管理、科学决策提供了依据。如 5G 网的广泛布设为交通通信搭建了良好的基础，人工智能、机器学习等技术使得车路协同技术的推广成为可行。

4）新运具

各个城市已认识到自行车和电动自行车在解决最后一千米出行方面的作用，开始制定政策和法规,将自行车、电动自行车、电动踏板车纳入管理。智能网联汽车在不同领域开始进入应用阶段,无人驾驶汽车在封闭的作业环境如港口、矿山开始应用;无人驾驶出租汽车(带安全员)已经在部分城市的示范区开始试运行。我国时速 600 km 的磁悬浮列车成功试跑,目前已经着手进行广州到深圳段的建设。超级高铁和火箭船等超前的交通运载工具也在研发中。

5)新模式

以自行车、电动自行车、电动踏板车、共享单车等微型交通工具形成的短距离微交通是新冠病毒持续爆发后受人青睐的交通方式。后疫情时代,基于城市规划上的职住平衡,人们选择就近就业后,微交通将发挥更大的作用。

出行即服务 MaaS 是将各种交通方式的出行服务进行整合,进而为用户提供"一键式"出行规划、预定、支付等服务,满足各种出行需求的出行服务方式,提高了公众绿色出行良好体验。MaaS 四化如图 8-10 所示。

图 8-10 MaaS 的四化

3. 新交通建设的总体架构

新交通由两横——基础设施(物理设施)和数字交通(虚拟数字孪生)两个平台、两纵——标准规范体系和新交通保障体系组成。大数据数字交通平台包括交通管理、交通服务和辅助分析决策三大类及若干个应用组组成。总体架构如图 8-11 所示。

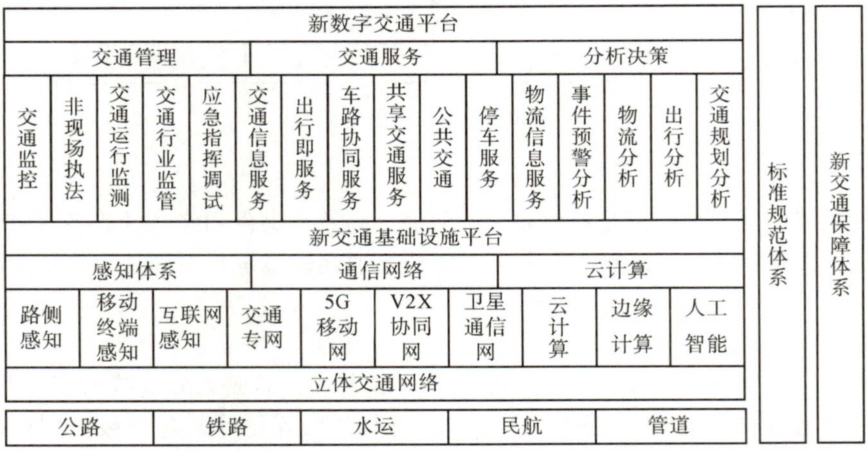

图 8-11 新交通系统架构

1)交通新基建

交通新基建是新交通的设施基础,包括综合立体交通网络、交通枢纽、5G 通信网络、交通物联网感知等方面的建设,如图 8-12 所示。

2)综合交通大数据中心

人工智能技术、视频识别技术、各类传感器技术等的发展使得从海量交通数据中提取

图 8-12　海陆空立体交通网络

有效信息成为可能。将公路、铁路、水运、航空等各类数据进行统一融合，形成综合交通运输的数据中心，如图 8-13 所示。通过大数据交换平台实现交通管理、交通监管、交通信息服务等多项应用，还可与其他政府部门、企业平台实现数据共享与交换，为民众提供信息服务。

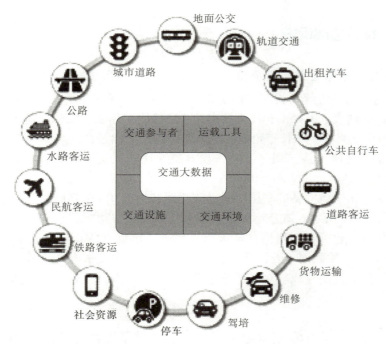

图 8-13　综合交通大数据资源

3）新交通下的数字孪生交通和交通大脑

数字交通是数字经济发展的重要领域，是以数据为关键要素和核心驱动，促进物理和虚拟空间的交通运输活动不断融合、交互作用的现代交通运输体系。近年来，我国在交通系统建设上取得了长足进步，但如何推动交通系统安全、高效运转，将管理水平提高到一个新的阶段，一直是交通主管部门的重要挑战。数字交通可以利用对物理空间的数字化映射，即从 BIM 到 TIM（数字交通）甚至到 CIM（数字城市），在虚拟空间对物理空间进行决策模拟和实验，提高决策制定的科学性。实现完整的数字孪生交通平台以后，可以通过数字建模、人工智能等技术对交通进行分析和预测,对现实的交通系统控制方案进行仿真和评价,进而形成交通大脑,如图 8-14 所示。

4)新交通 5G 车路协同和自动驾驶

新交通下 5G 车路协同应用技术必将得到迅速发展。车路协同系统,即在车联网中实现车、路、人之间信息交互、协同控制的智能交通系统,如图 8-15 所示。但随着新基建部署加快,车路协同、自动驾驶成为智慧城市、智慧交通建设的重要组成部分。

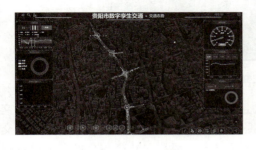

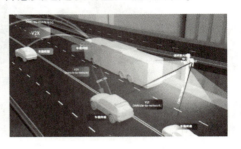

图 8-14　数字孪生交通下的交通大脑（附彩图）　　　图 8-15　车路协同示意图（附彩图）

案例四　智慧基础设施

1. 江苏首条"未来智慧高速公路"——五峰山智慧高速概述

2021 年 6 月,江苏五峰山长江大桥南北公路接线工程通过交工验收,标志着全国首条未来高速公路正式建成。五峰山长江大桥南北公路接线工程位于江苏交通中轴通道上,全长约 33 km,是沟通京津冀和长三角地区间最便捷的南北向过江通道,也是江苏第一条新建全线双向八车道高速公路（图 8-16）,设 6 处互通式立交、4 处匝道收费站和 1 处服务区。

该公路是国内第一条完备的车路协同示范应用基地,5G+车路协同开启了中国自动驾驶新阶段,如图 8-17 所示。该公路围绕"绿色、平安、智慧"建设理念,运用了二十多个创新性应用场景,包括车路协同、雾天行车诱导、路面冰雪消融、交通事件急速感知等,将 5G、大数据、物联网、云计算等技术与高速公路建设融合,让道路变得更加智慧聪明。五峰山智慧高速的建成,对于智慧交通建设,包括交通运输新基建的发展方向都具有示范引领作用。

图 8-16　五峰山智慧高速公路　　　　　　　　图 8-17　车路协同

2. 五峰山高速智慧特点

作为全国首条"未来高速",它借助 5G 通信技术,推进 BIM、大数据、物联网、云计算等技术与高速公路建设深度融合,建立全息感知的数据采集及传输系统,通过车路协同、云平台+人工智能、信息化管控等前瞻性、先进性技术,让道路变得更加智慧聪明。

1)借助 5G,向驾乘人员实时提供信息

车路协同系统在沿途安装了路测天线,可与车载终端实时进行道路信息交换,辅助、控制驾驶行为,并支持无人驾驶。利用 5G 网络极低延时的通信链路,所有交通信息将实时反馈到指挥后台,这些实时路况信息第一时间通过路侧广播诱导、高精度导航提醒等方式,向驾乘人员提供道路危险状况提示、限速预警、前方拥堵提醒、车辆汇流碰撞预警、匝道分合流预警等信息,这样行车会更加安全和省心。

2)遇大雾,安全诱导不封路

在大雾天气下,车道两侧设置的诱导灯会自动点亮,通过探测后方车辆距离,以红灯显示警示区域,提醒后车保持距离,从而实现车道级安全诱导行驶。该公路是全国首条装备车道级雾天行车诱导系统的高速公路,是原创性创新。

3)遇雨雪,传感器自动加热融雪

在雨雪极端恶劣天气下,通过遥感式路面状态检测器或埋入式传感器自动启动桥面加热系统,给桥面加热或喷洒融雪剂,使桥面积雪及时融化,既避免了积雪结冰,保证交通安全,又能节约大量的人力物力,提升恶劣天气快速响应度。

4)遇事故,第一时间快速救援

发生事故后,通过一系列传感器、机器视觉、毫米波雷达等科技组合,也能令相关部门对碰撞事件进行快速响应,实现第一时间救援,并快速捕获拥堵、车辆违规行驶等特殊情况。

5)布设"鹰眼",全天候监控路面

五峰山过江通道沿线,还布设亿级像素摄像机,像"鹰眼"一样对路面进行全天候监控。这种智能设备具备事件处理功能,能够对轻微碰擦车辆进行智能取证,从而避免因事故造成的驾驶人员纠纷,以及对交通流的影响。

6)智慧服务区,提供全方位出行服务

智慧高速的"智慧"还普及到了服务区,比如室内外智慧照明传感网,保障服务区每个角落的光亮;配套无线充电基础设施,让电动车可以即停即充,简单高效。还有厕所异味监测传感装置,配套新风除霾系统确保空气清新。

目前,五峰山高速已经完了车路协同条件下的单车自动驾驶以及重载车队编队自动驾驶的实车测试。五峰山高速路段并非国内拥有"5G+车路协同"的第一条高速公路,但完备的道路智能化能力却有望促使车路协同下个阶段探索的开始。当"老基建"碰上"新基建"时,致富路从"走得通"变为"走得好"。

思考与探究

行业信念

1. 新基建的应用领域有哪些?
2. 探究分析交通新基建的内涵及建设内容。
3. 基于中国交通新基建的发展,分析你对交通运输行业发展的认识。

本章知识总结

本章知识点如图 8-18 所示，介绍了智能交通、智慧交通、交通新基建及新交通的概念及相关研究领域等内容。在熟悉各知识点的基础上，锻炼交叉学科学习意识及创新思维能力，并建立行业发展信念。

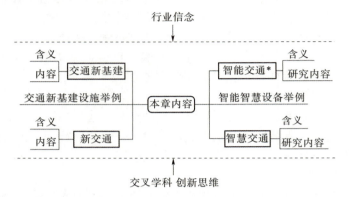

图 8-18　本章知识点

注：带 * 部分借助网络教学资源自主学习。

参 考 文 献

[1] 周桂良，许琳. 交通运输设备［M］. 武汉：华中科技大学出版社，2019.

[2] 殷勇，鲁工圆. 交通运输设备［M］. 成都：西南交通大学出版社，2014.

[3] 宋瑞. 交通运输设备［M］. 北京：中国铁道出版社，2003.

[4] 尹传忠，王立坤. 综合运输学概论［M］. 上海：上海交通大学出版社，2020.

[5] 彭其渊，姜朝哲，文超，等. 交通运输系统工程［M］. 成都：西南交通大学出版社，2018.

[6] 马书红，王元庆，戴学臻. 交通运输经济与决策［M］. 北京：人民交通出版社股份有限公司，2019.

[7] 中华人民共和国国务院. "十四五"现代综合交通运输体系发展规划［R/OL］.（2021-12-09）［2022-01-18］. http：//www.gov.cn/zhengce/content/2022-01/18/content_5669049.htm.

[8] 交通运输部. 交通运输部关于推动交通运输领域新型基础设施建设的指导意见［R/OL］.（2020-08-03）［2020-08-06］. http：//www.gov.cn/zhengce/zhengceku/2020-08/06/content_5532842.htm.

[9] 李佳，闵悦. 中欧班列开通对中国民营企业投资效率的影响研究［J］. 国际贸易问题，2021（2）.

[10] 李瑞雪. 内陆城市"沿海化"：中欧班列的战略意义［J］. 丝路经济，2018（6）.

[11] 张哲，丁晨. 城市轨道交通概论［M］. 南京：东南大学出版社，2018.

[12] 王燕梅，迟卓刚. 高速铁路信号系统［M］. 北京：中国建材工业出版社，2019.

[13] 英国未来出版社集团. 交通简史［M］. 刘洁，译. 北京：北京理工大学出版社，2019.

[14] 王强坤. 城市轨道交通系统的设备管理［J］. 工程建设与设计，2020（15）：2.

[15] 王燕梅，迟卓刚. 高速铁路信号系统［M］. 北京：中国建材工业出版社，2019.

[16] 王宏刚. 城市轨道交通信号与通信系统［M］. 北京：人民交通出版社股份有限公司，2020.

[17] 张哲，丁晨. 城市轨道交通概论［M］. 南京：东南大学出版社，2018.

[18] 胡佳琦. 上海市轨道交通车辆智能运维系统研究与应用［J］. 现代城市轨道交通，2019（7）：5-9.

[19] 裘臻，包崇美. 汽车主被动安全性的改善方法研究［J］. 时代汽车，2020（15）：173-174.

[20] 吴华杰. 汽车被动碰撞安全技术研究［J］. 企业科技与发展，2019（4）：81-82.

[21] 李淼林. 新能源汽车技术 [M]. 北京：北京大学出版社，2020.

[22] 赵福全，刘宗巍，杨克铨. 汽车技术创新 [M]. 北京：机械工业出版社，2019.

[23] 了不起的中国制造. 青岛港作为号称"亚洲首个全自动化码头"有哪些先进之处 [EB/OL].（2019-12-11）[2022-02-24].https：//www.zhihu.com/question/59753843.

[24] 卢桂峰，续凯，刘冰. 5G 赋能自动化码头——山东联通联合青岛港打造世界一流智慧港口 [J]. 中国电信业，2019（12）：66-67.

[25] 王骏. 高性能船舶研究现状及发展趋势 [J]. 船舶物资与市场，2020（8）：7-9.

[26] 罗劲松. 内河智慧航道与船舶智能航行建设 [J]. 城市建筑，2021，18（35）：157-159.

[27] 蒋见宇. 航标遥测遥控技术 [M]. 北京：人民交通出版社股份有限公司，2020.

[28] 彭新启，魏馥蔓. 广州航标处开展"智慧巡检"保障春运水上交通运输安全 [J]. 珠江水运，2021（4）：45-46.

[29] 刘天才. 浅谈国内航标新能源技术的应用 [J]. 珠江水运，2018（4）：60-61.

[30] 水新广. 智慧航标在温州航标处辖区应用思考 [J]. 中国水运，2020（11）：75-76.

[31] 刁伍星，薛政宇，宋晓博. 风力驱鸟器在航标设备上的新应用探究 [J]. 科技创新与应用，2021，11（17）：170-172.

[32] 周立，彭红春，董春来，等. "北斗"智慧航标系统构建 [C]. 卫星导航系统应用与繁荣 2011，2011：62-65.

[33] 百度百科. 北京大兴国际机场 [EB/OL].[2020-02-25].https://baike.baidu.com/item/北京大兴国际机场/12801770? fr=aladdin.

[34] 新华网. 大兴机场实现进出港行李全流程跟踪 [EB/OL].（2020-05-21）[2020-05-23].http://so.news.cn/#search/0/大兴机场实现进出港行李全流程跟踪/1/.

[35] 宋庆国. 国之大运：中国大型运输机运-20 研制纪实 [M]. 北京：航空工业出版社，2018.

[36] ［英］保罗·E. 艾登（Paul E. Eden）. 世界经典民用飞机大揭秘 [M]. 姜天元，马立军，殷莉，译. 北京：机械工业出版社，2020.

[37] 周保银，张静. 中国大飞机 [M]. 石家庄：河北科学技术出版社，2020.

[38] 皮曙初，胡喆，李劲峰. "鲲龙" AG600 成功水上首飞 [J]. 中国科技奖励，2018（11）：70-71.

[39] 訾谦. 水陆两栖飞机"鲲龙" AG600 首飞成功大型灭火和海上救援再添"利器" [J]. 班组天地，2018（11）：80-81.

[40] 卢昱锦，肖天航，邓双厚，等. 着水初始条件对水陆两栖飞机着水性能的影响 [J]. 航空学报，2021，42（7）：159-170.

[41] 胡涛，刘妍，张睿琳，等. 水陆两栖飞机投汲水灭火系统试验验证探究 [J]. 航空标准化与质量，2021（2）：24-26+56.

[42] 于新才. 全球航空运输发展趋势与我国发展重点的思考 [J]. 民航学报，2020，4（3）：1-7.

[43] 朱坤，杨铁成，周宁. 从低成本角度探讨航天运载器技术发展路线 [J]. 飞航导弹，2021（6）：1-6.

[44] 陈平，于淼，严宏，等. 马航 MH370 失联对空中交通管理的启示 [J]. 指挥信息系

统与技术，2014，5（2）：36-40.

[45] 刘鸿宾. 航空通信导航干扰问题与应对分析［J］. 数码世界，2018（6）：164-165.

[46] 李晓梦. 探讨民航通信导航监视的危机问题管理［J］. 中国新通信，2017，19（5）：9.

[47] 郭春启，汪惟平. 构建基于第四代海事卫星关口站的航空安全通信系统——马航MH370失联事件的思考［J］. 卫星应用，2014（10）：55-57.

[48] 程擎. 通信导航监视设施［M］. 成都：西南交通大学出版社，2016.

[49] 潘卫军，邹伟. 航空通信导航监视与空管新技术［M］. 成都：西南交通大学出版社，2019.

[50] 郝红勋. 飞机动力装置［M］. 北京：中国民航出版社有限公司，2020.

[51] 黄俊，吴永康. 航空航天概论［M］. 北京：北京航空航天大学出版社，2017.

[52] 黄春芳，任东江，陈晓红，等. 天然气管道输送技术［M］. 北京：中国石化出版社，2017.

[53] 于新胜，陈益滨. 管道输煤技术应用现状及展望［J］. 煤炭工程，2020，52（5）：1-4.

[54] 郭欢. 我国管道输煤技术在工程中的应用介绍与展望［J］. 山东化工，2021，50（15）：67-68.

[55] 王增国，崔矿庆，唐建华，等. 海底管道内检测作业方法［M］. 北京：科学出版社，2017.

[56] 盘和林，胡霖，杨慧. 新基建［M］. 北京：中国人民大学出版社，2020.

[57] 艾尚茂，王玮. 海底管道工程设计与分析［M］. 哈尔滨：哈尔滨工程大学出版社，2018.

[58] 余建星，苗春生，赵立财，等. 深海结构与船舶设备［M］. 天津：天津大学出版社，2017.

[59] 陈荣旗. 海底管道工程质量验收［M］. 上海：上海交通大学出版社，2020.

[60] 杜尊峰，杨超，朱海明. 重大件货物陆海运输系固与装船［M］. 天津：天津大学出版社，2020.

[61] 董千里，伍佳妮. 特种货物物流运作与管理［M］. 北京：人民交通出版社股份有限公司，2017.

[62] 百度百科. 鲜活货物运输设备［EB/OL］.（2022-01-22）［2022-02-25］. https://baike.baidu.com/item/鲜活货物运输/11057493？fr=aladdin.

[63] 吴琼. 超限超重货物专列运输组织相关问题的研究［D］. 长沙：中南大学，2007.

[64] 田葆栓. 中国铁路长大货物车使用手册［M］. 北京：中国铁道出版社，2005.

[65] 任阳. 重庆市高速公路超限运输对策研究［D］. 重庆：西南大学，2020.

[66] 肖蓉. 探讨超限运输治理的重要性及对策研究［J］. 当代教育实践与教学研究，2017（9）：113.

[67] 李宇. 超载车辆对公路路面的损害及其防治措施［D］. 长春：吉林大学，2007.

[68] 但瑞强，李绍鹏，彭凯，等. 碾压砼基层沥青路面荷载应力三维有限元分析［J］. 公路与汽运，2015（5）：69-72.

[69] 黄剑波. 浅论高速公路超限运输管理［J］. 低碳世界，2016（9）：199-200.

［70］ 吴华. 道路超限超载运输治理对策［J］. 时代汽车，2018（9）：11-12.

［71］ 梁伟明. 铁路超限超重货物运输项目评价研究［D］. 保定：华北电力大学，2008.

［72］ 倪闰霞. 铁路危险货物运输安全影响因素综合分析［D］. 大连：大连交通大学，2020.

［73］ Vladimir M, Zakhar O, Ekaterina B, et al. Dangerous zone during transportation of dangerous goods by rail［J］. Proceedings of the Ⅷ International Scientific Siberian Transport Forum，2020（1116）：1186-1196.

［74］ Sylwia B. The method of optimal route selection in road transport of dangerous goods［J］. Tr Research Procedia，2019（40）：1252-1259.

［75］ Roberto B, Sergio D C, Barbara M. Risk analysis for road and rail transport of hazardous materials：a GIS approach［J］. Journal of Loss Prevention in the Process Industries，2004，17（6）：483-488.

［76］ 张超. 基于多层次灰色评价法的铁路危险货物办理站运输安全综合评价［J］. 石家庄铁道大学学报（自然科学版），2014，27（3）：84-89+95.

［77］ 罗望. 铁路专用线安全评价系统研究［D］. 成都：西南交通大学，2018.

［78］ 杨能普，杨月芳，冯伟. 基于模糊贝叶斯网络的铁路危险货物运输过程风险评估［J］. 铁道学报，2014，36（7）：8-15.

［79］ 陈亮. 铁路危险货物运输安全综合分析研究［D］. 北京：清华大学，2013.

［80］ 姚振坤. 铁路危险货物运输安全风险识别与对策探讨［J］. 铁道货运，2020，38（6）：55-60.

［81］ 叶清贫. 铁路货运中心危险货物运输安全问题及对策分析——评《铁路危险货物运输与安全》［J］. 安全与环境学报，2021，21（5）：2353-2354.

［82］ 贾利民，王艳辉，徐杰. 智能运输系统概论［M］. 北京：北京交通大学出版社，2019.

［83］ 舒德骑. 大国起航［M］. 北京：研究出版社，2020.

［84］ 王勇，刘永. 运输与物流系统规划［M］. 成都：西南交通大学出版社，2018.

［85］ 鲁植雄. 载运工具原理及应用［M］. 南京：东南大学出版社，2020.

［86］ 中国政府网. 交通运输领域新基建七大建设行动公布［R/OL］.（2021-09-29）［2022-02-25］. http：//www.gov.cn/xinwen/2021-09/29/content_5639948.htm.

［87］ 智能交通技术前沿. 新基建、新交通［EB/OL］.（2020-08-01）［2022-02-25］. https：//baijiahao.baidu.com/s？id=1673825213699414080&wfr=spider&for=pc.

［88］ 物联网智库. 江苏首条"未来高速公路"建成，5G+车路协同开启中国自动驾驶新阶段［EB/OL］.（2021-06-23）［2022-02-25］. https：//weibo.com/ttarticle/p/show？id=2309404651195871658178.

［89］ 都市现场. 今天，全国首条"未来高速公路"通车［EB/OL］.（2021-06-30）［2022-02-25］. https：//baijiahao.baidu.com/s？id=1703992438896558476&wfr=spider&for=pc.

图 2-102　车联网地面监控系统平台示意图

图 2-103　车辆维护管理信息子系统示意图

图 3-1　延崇高速（北京段）车路协同的智慧高速

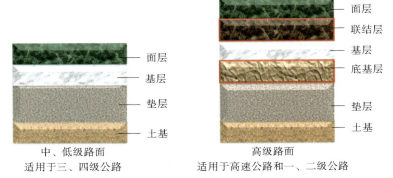

图 3-17　路面结构层构成及适用公路

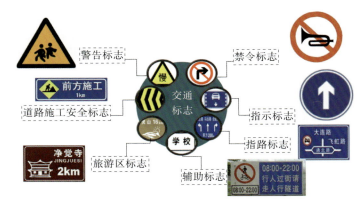

图 3-18　各类交通标志例图

图 3-20　加铺转角式

图 3-21　分道转弯式

图 3-22　加宽路口式

图 3-23　环形交叉口

图 3-24　分离式立交

图 3-25　菱形立交

图 3-26　部分苜蓿叶式立交

图 3-27　喇叭形立交

图 3-28　苜蓿叶形立交

图 3-29　子叶形立交

图 3-30　Y 形立交

图 3-31　环形立交

图 3-39　港珠澳大桥

(a)　　　　　　　　　　　(b)

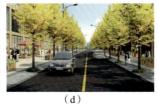

(c)　　　　　　　　　　　(d)

图 3-40　城市道路分类
(a)城市快速路;(b)城市主干路;(c)城市次干路;(d)城市支路

图 3-46　西安市方格网式道路网

图 3-47　成都市环形放射式道路网

图 3-48 北京市混合式道路网

图 3-49 重庆市自由式道路网

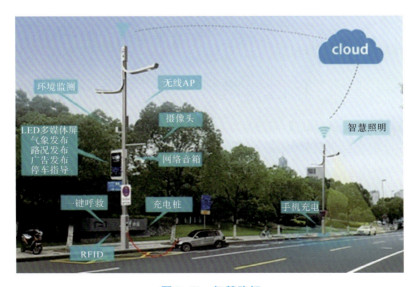

图 3-50 智慧路灯

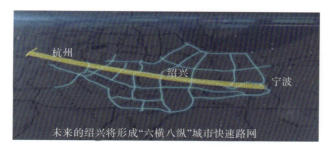

图 3-51　绍兴快速路网规划

图 3-52　绍兴智慧快速路 BIM 全寿命期大数据管理平台

图 3-53　数字化赋能绍兴市快速路智慧运营平台

大屏面向决策指挥：一体化综合运行监测与研判，13大类监测、8大专题

中屏面向全局:统一的"深圳市交通运输一体化智慧平台"　小屏：交运通、信息服务、数据APP

图 8-1　一体化智慧交通平台

图 8-2　城市交通运输数字孪生产品

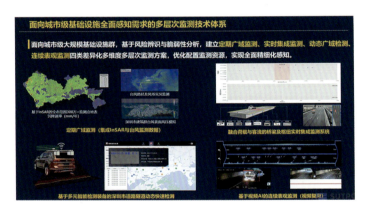

图 8-3　城市交通基础设施智慧监测平台

图 8-14　数字孪生交通下的交通大脑

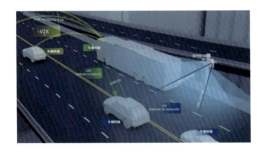

图 8-15　车路协同示意图